中国社会科学院法学研究所　　法律硕士专业学位研究生通用教材

法律硕士专业学位研究生通用教材

物权法 第二版

On The Real Right Law

孙宪忠 / 编著

社会科学文献出版社

SOCIAL SCIENCES ACADEMIC PRESS (CHINA)

法律硕士专业学位研究生通用教材
编辑委员会名单

总　序

　　法律硕士专业学位（Juris Master，简称 JM）教育旨在培养高层次复合型法律实务人才，它不同于以培养学术类法律人才为主要目标的法学硕士学位教育，是一种新型法律人才培养模式。法律硕士专业学位教育的开辟和发展，有利于会通当今世界英美与大陆两大法系法学教育的特色和优势，有利于更好地适应市场经济条件下国家和社会对法律人才特别是法律实务人才快速增长的需要，有利于推进法治领域快出人才、多出人才、出好人才。

　　中国社会科学院是中国哲学社会科学研究的最高学术机构和综合研究中心，承担着"认识世界、传承文明、创新理论、咨政育人、服务社会"的重大使命。作为它的一个重要组成部分，法学研究所秉承"正直精邃"的所训，以深厚的科研实力和独特的教育风格，在中国法学教育中发挥着越来越重要的作用。在国务院学位委员会办公室和中国社会科学院研究生院的指导下，法学研究所开办了法律硕士专业学位教育。为适应法律硕士专业学位研究生的教学需要，推进我国法律硕士专业学位教育的进一步发展，我们决定编辑出版一套法律硕士专业学位研究生通用教材。

　　根据法律硕士专业学位研究生的培养要求，本套教材由两大部分组成。一是用于传播法学知识、进行基础学术训练的教材。这部分教材囊括了各主要法学学科。二是用于职业训练的教材，目的在于培养学生从事法律实务活动所需要的基本素质和各种技能，如职业伦理与修养、法律文书写作、谈判技能、证据的取得与应用、法庭辩论技巧等。

　　法律硕士专业学位研究生教材编写得是否成功，很大程度上取决于对法律硕士专业学位和法学硕士学位这两种同一层次学位教育相同点和相异点的认识和把握。法律硕士专业学位的优势在于其非法律专业的背景（在职攻读法律硕士专业学位的学生除外），这使得该学位的毕业生比起主要是法学本科专业背景的法学硕士研究生更能适应不同专业背景下法律实务的要求。另一方面，同样是因为知识背景的问题，法学硕士研究生一般说来在其本科阶段已经接受了系统的法学教育，而法律硕士专业学位研究生通常在入学后才开始系统地学习法律和法学知识，接受基本的法学训练，这是进行高层次职业技能训练的基础。与法学硕士学位教育相比，法律硕士专业学位教育更注重培养"操作型"人才，但这两种教育之间的区别并不是绝对的。

有鉴于此，我们在编写法律硕士专业学位研究生教材时强调了以下三个方面的结合。

（1）针对性与通用性的结合。

与法学硕士研究生教材相比，本套教材的侧重点不同，但两者在知识的层次和水平上不应有高下之分。教材编写既要适应法律硕士研究生的培养目标，具有较强的针对性，同时也要具备很强的通用性，即教材也能够适应法学类研究生的教学和阅读需求，能够吸引法学类研究生以及相当水平的读者。没有针对性，教材就不会有特色；而没有通用性，教材的学术质量便无法保证。力求将教材内容的针对性和通用性结合起来，是本套教材的主要特色之一。

（2）应用性与理论性的结合。

根据法律硕士研究生的培养目标和特点，教材在内容安排或取材上强调突出应用性或实用性，尽可能减少"纯学术"的内容，力求寓学术性和研究性于知识性和应用性之中。在教材编写过程中不应把应用性和理论性对立起来。缺乏理论性的应用性，不可能达到研究生教材所要求的学术水准；反之，纯理论的知识、推理和论证也不符合法律硕士专业学位研究生教材的特点和要求。

（3）知识性与创新性的结合。

鉴于法律硕士研究生入学前多未受过系统的法学教育与训练，教材强调系统介绍相关学科的基本概念、原则原理和其他知识。在叙述时力求把"实然"的知识和"应然"的知识区分开来，把"通说"和作者个人的见解区分开来。对"实然"的知识要准确、清晰和简洁地告诉读者"事实是什么"；而对"应然"的知识，观点要明确，说理要充分而精练。"应然"的知识体现作者的学术敏感性和鉴别力，是教材具备创新性不可缺少的内容，但是，在比例搭配上，教材的重点放在对"实然"知识的介绍、分析和实际运用上，"应然"的部分要求少而精。务求避免对"实然"知识把握不准，而对"应然"知识的阐述过于艰涩、玄虚，以致产生或超出学生理解能力或误导学生的弊端。

在把握好上述三个结合的基础上，我们要求教材对概念的阐述务必准确、简练。对有分歧的概念，原则上要明确表明作者的态度。要让学生清楚地知道有没有通说、通说是什么、通说对不对，如不对，问题在什么地方。

以对案例和实际问题的分析引领和贯穿全书，是我们在教材编写过程中反复强调、要求各教材编写组务力做到的。案例可以是法院判例以及其他实际发生的事件，也可以是根据教学需要假想的。对实际发生的有重大影响的法律事件或案件，要求本教材加以引用和分析，不使遗漏。

为增强教学效果，本套教材在结构上除正文外还设立了"要点提示"、"问题与思考"、"复习题及其解答提示"、"阅读书目"、"术语索引"等辅助部分。其中"要点提示"起提纲挈领的作用，使读者在每章伊始即可了解本章主要内容的概貌；"问题与思考"是本套教材特别设立的一个部分，目的是培养学生运用所学知识分析问题和解决问题的能力，同时加深对所学知识的理解。这部分内容将使教材具有良好的"延展性"，更能体现研究生教材的特色和要求。在每章之后给出复习题，不是本教材的首创，但对学生或读者如何解答复习题给予提示却是本套教材的特色。"阅读书目"意在开出一个精选的书单，使学生能够在教材的基础上研习更广、更深的知识，了解更为复杂的学术展开或学术论证的过程和特点等。"阅读书目"是对教材内容十分有益的补充，更是学生自学的阶梯。而"术语索引"则使教材兼具了"法学词典"的功能，方便学生和读者随时查阅教材要点。除"术语索引"外，部分教材还将编列"法规和判例索引"，使教材规范化和可读性达到更高水平。

编写法律硕士专业学位研究生教材对我们来说是一次全新的尝试，不足之处在所难免。竭诚欢迎从事法律硕士专业学位教育的相关单位和从事法学、法律硕士教育工作的教师及广大读者提出宝贵意见，以利在再版时对教材加以修改和完善。我们相信，以中国社会科学院法学研究所的学术资源和优势为后盾，经过不断摸索、改进和提高，本套教材一定能够成为法律硕士专业学位研究生教材的精品，为推进我国法律硕士专业学位教育，促进法学教育的不断改革和创新作出应有的贡献。本套教材的出版得到中国社会科学院社会科学文献出版社的大力支持，在此谨致衷心感谢。

法律硕士专业学位研究生通用教材

编辑委员会

2004 年 8 月

第二版序言

《中国物权法》初版发表于 2005 年，这次应出版社之约将其修订再版。修订的主要内容是 2007 年 3 月 16 日颁布、同年 10 月 1 日实施的《物权法》中的思想和制度创新，同时也反映了一些本人近年来在法学教学和研究工作中的一点心得体会。对后者我想在这里指出的有两点。

首先，我们的授课对象和前些年相比有显著的变化，因此教材和教学方法理应与之相适应。现在坐在课堂上的学子们，不论是本科生、硕士生还是其他人，没有经历过中国曾经的法律虚无主义历史，不知道那个时代惨烈的政治斗争和民权毁灭的现实教训，因此，难以对法学中的人文主义思想、民权思想产生强烈的亲近感觉。法学教育的一个重要困难，是中国照搬引进的前苏联法学至今仍没有被认真地清理过，而前苏联法学基本上就是一种非民权法学。民法学尤其是物权法学是背负深厚历史人文思想积淀的学科，如果抛弃了它的民权思想，也就抛弃了它的灵魂。民法学尤其是物权法学中有很多具体的裁判规则，这些裁判规则是受其内在思想体系支配的，因此，培养法律人，应当首先培养其民权思想。本书第一版为解决这个问题，特别增加了"绪：学习物权法的要领"一节，专门强调这个问题。这次修订，本书又在这一方面进行了强化。

其次，本书修订进一步强化了物权法学的法理，或者说，在物权法学的技术规则方面花费了大量笔墨。强调民法学尤其是物权法学的科学性法理是本人多年的追求，制定法律不是为了做宣传，而是为了作用于社会。这些年来，实践中的民商事案件越来越复杂，对这些民商事案件，说到底，还是要依靠民法尤其是物权法中的技术规则（比如支配权和请求权的区分、物权和债权的相互区分、物权变动的技术规则等）来处理。对这些技术性规则的民法法理，我国法学界的主流观念在21世纪之前还是不承认的，就是目前，还有一些著述不予承认。比如，在我国《物权法》制定过程中一直有一种呼声说，要像"两毛钱买一根黄瓜"那样，建立《物权法》的知识体系和裁判体系。如果真依此言来培养我们的法律工作者，我们又怎样分析和裁判现实中那些订立多年才履行的合同、一个人和很多人订立合同那样稍复杂一些的案件呢？显然，从市场经济体制和民众生活的需求看，否定物权法技术规则的观点和做法是不可取的。对物权法的技术规则及其法理的强化，是本书一个核心性的努力目标。

另外，第二版的体系和内容进行了重新调整，语言更加简化，应该更有可读性了。

本书第二版大部分属于重写，工作比较艰苦，因本人身体不适，费时也比较长。所幸北京大学法学院常鹏翱副教授、中国社会科学院法学研究所博士后申海恩副教授、中国法学杂志社朱广新副研究员给予极大帮助。在此对他们付出的劳动表示衷心的感谢。当然，全书结构和全部文字均来自本人，本人对其承担各方面的责任。

孙宪忠

2010 年 3 月于北京天宁寺

目　录

绪 《物权法》学习要领

一 《物权法》与民众的关系

在学习《民法总论》这门课程之后，我们对于物权以及物权法这些名词已经不再陌生。在学习过本书作者主编的《民法总论》后，[1] 我们已经知道，物权尤其是所有权，在人民的日常生活尤其是社会经济活动中发挥着基础性的作用。有效的物权制度尤其是所有权制度是促进历史发展最为有效的制度，恰如近代工业革命、社会革命以及我国的改革开放所证明的那样。因此，我们也已经知道物权制度所包含的人文主义价值。[2] 在《中国物权法》这本书中，我们将更加深入全面地阐述物权法的原理以及我国立法机构根据这些科学原理建立的法律制度。当然，我国物权法制度的核心，就是 2007 年我国颁布的《物权法》。

在《民法总论》这门课程中，我们已经了解到，民法科学是一门既具有强烈的思想性又具有强烈的技术性的学科，而《物权法》这门课程，其思想性、技术性可以说是最为强烈的，本教材的内容也会从这两个方面展开。在学习物权法知识的时候，我们不但要掌握物权法中丰

---

[1] 本书作者主编的《民法总论》，指的是孙宪忠主编，谢鸿飞、常鹏翱副主编的《民法总论》，社会科学文献出版社 2004 年第一版（2010 年第二版），此处提到的内容，请参阅此书"民法简史"部分。

[2] 在中国民法立法的过程中有学者提出，现在的法典方案过分重视财产权利的规定而轻视对于人权的规定，这种现象是"重物轻人"。这种观点在社会上有一定影响。但是，通过阅读或者学习本书作者主编的《民法总论》中的"民法简史"部分，我们应该了解到，所有权等物权制度，其实本身也包含着丰富的人文主义内涵，尤其是在启蒙思想时代，所有权本身就是被当做一种人权来看待的。对此下文也会简要涉及。

富的技术性规则，更要掌握其民权思想。这不仅对于一般的物权法学习者很重要，而且对贯彻中国《物权法》的机构和人员，比如执法机构、司法机构及其工作人员，更是非常重要。

因为物权法知识的思想性和技术性很强，在开始正文的阐述之前，让我们先掌握一些学习这门知识的要领。

（一）《物权法》在当代社会和我们大家的关系

在中国《物权法》的制定过程中，很多人谈到，物权和物权法这些名词并不是中国本土法律文化中的概念，很难想象它们与我们的生活有什么联系。这就是我们应该首先要阐述的一个问题。虽然这些法律用语来源于外国，但是这些权利在中国早就存在，而且中国历史也给我们留下了丰富的物权知识（本书下文会多次引用这些历史知识）。最为重要的是，物权和物权法与我们的现实生活息息相关。人类生活时刻离不开拥有财产，离不开占有和使用财产，占有财产和使用财产的前提条件，就是一个人拥有的合法财产。合法拥有财产的权利，就是物权。人与人之间从古到今都存在着争夺财产的现象，物权法要解决的首要问题，就是"定分止争"。[①] 这个古老的中国故事所讲的道理是，法律通过对于每一个人合法财产权利的充分承认和保护，确定了社会稳定的基础。"定分止争"这句话，揭示了物权法最基本的社会功能，也就是要建立社会必需的正当的财产支配秩序，并进而制止争夺财产的社会纷争，使得人们和谐相处，共享社会的安定。

（二）交易问题并非仅由《合同法》解决

中国法学界曾经有一个普遍的认识，那就是交易的问题由合同法解决，与物权法无关，这种看法是不正确的。物权法发挥的社会作用并不仅仅限制在"定分止争"这一个方面，从市场交易活动来分析，就会看到物权法发挥的作用比一般人认识到的要大很多。学习过法律的人会认识到，不论是市场经济活动中，还是在人民群众的日常生活

---

① "定分止争"一词，来源于《商君书·定分》，北京，中华书局，1974。商鞅在说服秦国变法时，以此说明确定的秩序的必要性。他说，"一兔走，百人逐之，非以兔可分以为百也，由名分之未定也。夫卖兔者满市，而盗不敢取，由名分已定也。故名分未定，尧、舜、禹、汤且皆如鹜［骛］焉而逐之；名分已定，贪盗不取。名分定，则大诈贞信，民皆愿悫，而自治也。姑夫名分定，势治之道也；名分不定，势乱之道也。"商鞅这里所说的"分"，就是以所有权为核心建立的物的支配秩序。

中，人与人之间发生的各种交易，其本质主要都是以物权的取得或者消灭为目的的交易。那么交易的目的，其实就是以所有权为核心的物权。

对于"交易的本质是所有权这样的物权"这个观点，一般民众可能认识不到。如果一个法律工作者对正在购买一根黄瓜的家庭妇女说，她买的并不是黄瓜，而是黄瓜的所有权，并且黄瓜的所有权才是交易的本质，那么，这个法律工作者可能会招来家庭妇女的讥笑。许多非法律学界的人，也曾以此批评过中国《物权法》，认为它创造了一些民众不熟悉的交易概念和规则。虽然买黄瓜是一手交钱，一手交货，可能看不出它的所有权，但是如果你要购买一套房屋的时候，你购买的是什么权利就非常重要了。我国有关法律文件中对房屋的权利曾经有"完全产权"、"部分产权"、"使用产权"等各种权利的规定。一个人在中国买房子的时候，首先要考虑的并不仅仅是他所购买的房屋面积的大小和位置（这些当然也是重要的），而是房屋的权利的性质。这样看来，交易对象的物权性质，作为交易的基础要件，大家就会理解了。

在人们和房地产开发商或者其他出卖人订立了房屋买卖合同之后，就一定能够得到指定的房屋吗？现实生活中，经常会出现一些房主在订立了房屋买卖合同之后，又将房屋出卖给出钱更多的买受人的情形（因为即使出卖人将来承担违约责任，但是他再次出卖获得的利益更大）；在房地产的开发过程中，也会出现开发商在订立房屋买卖合同之后，为了贷款又将房屋抵押出去的情形；也有开发商中途因为破产等原因放弃开发的情形等。这些情形告诉我们，即使是合同已经生效，也不能确保买受人肯定能真正享有房屋的所有权。为了保障买受人取得所有权，就要在法律上建立保障买受人真正取得所有权的制度，这就是交易安全制度。这些制度都是《物权法》的内容，合同法或者其他法律依其性质并不能解决这些问题。这些交易涉及的问题，都是你们在合同法或者其他法律学科的学习中可能还没有思考或者遇见过的。所以，合同法并不能解决交易中的全部问题，甚至不能解决交易中最为重要的物权取得问题。只有将合同法和《物权法》结合起来，才能够解决交易的基本问题。

上述例子充分说明物权以及物权法在我国市场经济和民众生活中的基础地位。任何人、任何团体，不论其生活还是发展，不论是占有使用财产，还是流通交换财产，都时时刻刻离不开物权和物权法。因此，在建立我国市场经济的法律体系的时候，应该首先制定《物权法》，或者至少应该和合同法同时制定才能满足要求。但是，在我国合同法已经生效多年之后，《物权法》才历经诸多磨难，经过了很长的时间后，才得以制定出来。制定中国《物权法》的过程非常艰辛这一点，告诉了我们一个事实，那就是，不论是我国法学界还是实践部门，对于科学的物权法知识体系和制度体系了解有限。这正是我们学习该课程的价值。

二 《物权法》的政治基础： 承认个人财富进取心

民法是私法的基本法，而物权是民事权利主体取得和享有的一种基本私权。因此，《物权法》在建立关于公共财产权利制度（必须指出的是，这些制度也必须从民法的角度建立）的同时，还应该建立关于社会“私”的财产权利法律制度，包括私有财产权利取得、享有和行使的制度。这就是说，我国《物权法》首先要承认“私”有财产权利的正当性，并且要对“私”的财产权利给予充分的保护。这个问题，虽然不属于物权法学知识的组成部分，[①] 但是理解这一点，对于学习和贯彻中国《物权法》至关重要。

在确定是否要给予私有财产权利以充分的法律保护时，不论是我们的立法者、执法者还是司法者，都必须树立一种新的意识形态，就是要承认个人对财富的进取心的正当性。也就是说，那些拥有公共权力、能够制定政策和法律、执行政策和法律的机关和个人，必须承认每个人具有的为自己取得财富并且要求国家对此予以保护的要求是正当的。只有承认个人对财富进取心的正当性，才能在立法、执法和司法的各个方面对于个人取得的财富给予充分的承认和保护。我们过去的意识形态对此是坚决否定的，现在的意识形态对此也没有足够的认识。

人为肉体之身，活着就要生存和发展，人人都有改善自己的物质生活条件的本能。凡是人，都会有财富的进取心。这种进取心既然产生于自然，就应该得到法律的承认和保护。承认个人对于财富的进取心，是世界各国物权法制定的基本政治条件。资本主义革命时代的各国之所以纷纷制定民法典，其中的原因之一就是借助于民法典在保护私有财产方

---

① 如果从中国法学知识体系的通说来看，这个问题应该是一个“法理学”的问题或者是一个“宪法学”的问题。

面具有的优越性，以及民法与财产关系的内在联系，调动和利用每个人具有的对财富的进取心，激活他们创造财富的动力，以达到促进社会整体的物质文明发展的目的。因为，民法制度尤其是物权制度从本质上来说，是激活社会的创造力最有效的手段，是调动人们对于物质财富的创业精神的最有力而且也是最基本的法律手段。英国法学家布莱克·斯通在总结英国工业革命取得成功的经验时说："没有任何东西像财产所有权那样如此普遍地焕发起人类的想象力，并煽动起人类的激情……"①美国学者诺思和托马斯在对西方经济发展进行总结之后认为，正是所有权制度的有效性，才使得社会经济力量有了源源不断的发展。②

对这里的道理，我国古代先贤看得最为明白。我国"有恒产者有恒心"的古语，既是对于个人的鼓励，也是对于执政者的教导：它要求执政者尊重个人对财富的进取心，因为在个人财产得到保障的情况下，个人对社会、国家和事业才会有持久的信心。法律满足了社会的这种正常心理时，社会的物质文明发展才会有源源不断的动力。个人追求财富的行为既是个人生存与发展的必要条件，也是一个国家和社会生存与发展的必要条件。

应该承认，在过去很长的时间里，我国的政策受到极"左"思想的支配，按照计划经济体制建立了压抑私有财产所有权的意识形态，实行对个人财富的进取心予以压抑甚至打击的政策。那时，个人追求财富的正当欲望被批判为私心杂念，被当做洪水猛兽；个人取得的合法财产甚至个人通过劳动取得的财产也被一次次无理剥夺。正是由于这种政策，我国的国计民生数十年得不到有效发展。改革开放之后，这一段不理智的历史终于结束了，我国的政策早已不把人民群众对物质财富的愿望当做邪恶，法律也在保护个人财产权利方面作出了巨大的努力。这种政策与法律的改变取得了巨大的社会利益实效，我国国民经济保持持续多年的高速发展，国力逐渐强大，人民群众的生活水平大幅度提高。这些成就，其实是个人对财富的进取心给我们带来的。2004 年的"宪法修正案"，反映了保护私有所有权的正当性要求。

由于长期以来社会主导意识形态对于私有财产以及个人对财富的进

---

① 转引自〔德〕罗伯特·霍恩、海因·科茨、汉斯·G. 莱塞著《德国民商法导论》，楚建译，中国大百科全书出版社，1996，第 189 页。

② 诺思和托马斯：《西方世界的兴起》，1973；转引自《所有权与经济增长》，《中国民航报》2000 年 11 月 6 日。

取心的打压态度，社会对于我们的法律和政策是否能够给予私有财产以正当的保护信心不足。① 在制定《物权法》和学习物权法学的时候，必须要解决这一方面的意识形态问题。

我国《物权法》制定之初，本书作者就提出了以尊重个人对财富的进取心作为我国《物权法》立法指导思想的观点。这一观点就是为了纠正过去那种不切实际的意识形态观念而提出的。我们过去强调的"大公无私"，绝对压抑甚至打击个人对于财富进取心的那一套理论，最终的结果只能是消灭人的创造精神，导致社会物质文明发展停滞。所谓由政府享有绝对主导权力，使得社会的物质资源和劳动力资源有效搭配，从而实现国民经济的高速发展的社会主义理论，是有根本缺陷的。因为人不是机器，把一个劳动者放置在机器的旁边，不会自然而然地产生劳动者全力以赴工作的结果。事实证明劳动者并不会就这样勤奋地劳动，因为劳动者是人，他自己要发展自己，还有自己的家庭要养育，因此他必须看到自己的劳动是否产生了相应的收益，他才能全身心地进行劳动。尤其是那些具有更大创造能力的劳动者，那些更能够从事创造性劳动的人，当然希望自己的劳动能够获得更多的报酬。我们的宪法、我们的政策，不能把劳动者当做"螺丝钉"，不能让劳动者"讲奉献"、"提高觉悟"，不计报酬地去劳动。

长期以来的现实告诉我们，那些决策的人、安排别人的人也是人，他们也有人的缺点，比如认识的缺陷，他们并不能保证给每一个人适当而且充分的发展机会，也不会保障给予每一个人平等的权利。如果把社会的人当做"螺丝钉"任由这些执掌大权的人去安置，那是对人很不负责任的。虽然我国现在还有人主张这种"螺丝钉"理论，② 但我们应该认识到这种理论的问题所在。只有以社会人自身生来就有的对于财富的进取心作为发展的动力，我们的经济与社会才能真正找到发展的源泉。我国社会必须彻底清理那些乌托邦式的社会主义理论，建立科学的发展观。

---

① 由于过去长期实行的打击个人对财富的进取心的极"左"政策的阴影，1997 年中国外逃资金是 364 亿美元，至 2000 年外逃资金猛增到 480 亿美元，而同期的外商对中国的投资只有 470 亿美元。作为国计民生重要组成部分的外商投资，其实不如中国的外逃资金数目巨大。《民营经济内参》2002 年第 17 期，2002 年 5 月 17 日，第 12 页。

② 目前还有一些学者仍然信奉建立国家主导经济建设、必须由政府主导社会的物质资源和人力资源搭配的理论。这些学者还是没有将劳动者看成是一个个活生生的人，反而对于政府权力具有非常盲目的心理。

《物权法》建立的所有权制度等各种财产权利制度，恰恰适应了满足和保护社会大众对财富的进取心的基本要求，也给社会的正常发展提供了最基本的保障。从这个角度看，《物权法》在正常的法治社会里的地位十分重要。

三 《物权法》的物质基础：
民间财富的极大发展

社会的财富，从其归属方面来看，可以区分为公共财产和私有财产。公共财产如何占有、使用的法律规范，虽然也常常借助于民法以及《物权法》上的概念，但是具体的制度主要还是行政法等。而民间财富也就是私有财产，则全部由民法上的物权法规定。在大陆法系国家里，民法（包括《物权法》）被定义为私法，《物权法》的物质基础主要是民间财产。如果社会物质财富主要表现为所谓的"公共财产"，即国家权力机构直接或者间接占有、支配的财产，那么制定《物权法》的意义就不会很大，因为，公共财产的占有、使用的各种问题，基本上是由行政法规范的。从这一点就可以看出，我国改革开放之前，甚至到改革开放初期，都没有制定《物权法》的原因。

现在，我国民间财产的数量已经有了巨大的发展，原来的公共财产中，作为民事主体的"全民所有制企业"所占有、使用的财产，也开始按照民法上的规则来处理，我国《物权法》制定的物质基础已经发生变化。

从我国民众个人财产的角度看，1978～1998 年，城镇居民的个人平均收入从 343 元增加到 5424 元，农村居民的个人平均收入从 134 元增加到 2162 元。[①] 2009 年，城镇居民家庭人均总收入已经达到 18858 元。其中，城镇居民人均可支配收入 17175 元，同期，农村居民人均纯收入也已经达到 5153 元。[②] 可以说，改革开放至今，人民私有财富均有数十倍的增长。这一增长的幅度，在世界上居前列。由于连续 30 多年的积累，我国民众拥有的资产，即私有资产不仅数量已经相当巨大，

---

① 国务院新闻办公室：《中国人权发展 50 年》，《人民日报》2000 年 2 月 18 日第 3 版。遗憾的是本书作者无法获得这一方面的最新资料。

② 对此，见 http：//www. sina. com. cn 2010 年 1 月 22 日《中国 GDP"坐八望十"2009 年关键经济数据公布 今年国民经济总体向好》的报道。

而且内容发生根本变化。改革开放之前，一般民众所拥有的财产，除农村居民拥有私有住房和农业简单生产需要的生产工具外，其他民众的生活资料基本上只是一些简单的衣物、书籍和家具。这些民间财产的占有和转移问题，依靠继承法就能解决。而现在，一般民众的生活资料已经完全不可以和改革开放之前相比。仅以住房而言，城市居民过去除少量在新中国成立初期获得过私有住房外，基本上没有自己的私有住房。而现在城市居民基本上都拥有了私有住房。另外，过去一般民众根本不能企及的家庭小轿车，也已经进入了许多城乡家庭。2009 年，中国已经成为世界最大的汽车销售市场，人们已经开始惊叹中国进入了汽车时代。①

此外，过去法律根本不许可的民营经济的发展，构成民众财产总量中增加最快的部分。改革开放之前，中国基本上没有私有经济或者民营经济，公民个人拥有的物资中没有价值重大的生产资料。现在，不但一般民众可以从事商业性生产经营并拥有相应的生产资料，而且中国的私营企业也有了极大的发展。最初的民营经济只是一些个体工商户、承包经营户，现在的民营经济，有的已经具备相当的生产规模和可以对国计民生发挥巨大影响的生产资料。中国民营企业中的跨国公司也出现了多家。截至 2008 年底，全国登记注册的私营企业达到 657.42 万户，注册资金达到 11.74 万亿元。事实证明，民营经济不但在本土生命力强盛，而且也能够对抗类似于金融风暴这样的国际性经济危机。截至 2008 年 11 月，私营工业企业实现利润总额 5495 亿元，同比增长 36.6%，高于全国 31.7 个百分点。② 这些数字说明，民营经济在我国早已不是"拾遗补缺"的配角，它们已经是国民经济的主角之一。③

随着市场经济体制的建立，原来被当做公有资产的运营资产，也就

---

① 奥地利《新闻报》2010 年 1 月 21 日文章：《中国——还不是超级大国》，作者：布克哈德比朔夫。转引自《参考消息》2009 年 1 月 26 日第 16 版。

② 数字来源于中华全国工商业联合会组织编写的 2009 年版民营经济蓝皮书《中国民营经济发展报告 NO.6（2008～2009）》，社会科学文献出版社，2009。

③ 本书第一版曾经列举了民营经济发展到 2001 年底时的数据。鉴于这些数据有比较分析的价值，因此将这些数据保留在本版的注释里：到 2001 年底，我国个体工商户 2433 万户，从业人员 4760 万，产值 7320 亿元人民币；私营企业 202 万户，产值 12317 亿元人民币。个体和私营经济（不包括农民的个体经营和登记为集体经济、实际上的私营经济部分）占国民经济总产值的比重达到 20.46%；完成社会消费总额的比重达到 47.46%。数据来源于《金融时报》2002 年 6 月 8 日报道：《非公有制经济要以创新求发展》。

是"全民所有制企业"的资产，现在按照 1995 年以来实行的"政府投资"制度，① 也已经投入市场机制，成为按照民间资产运营方式占有和利用的资产。公有制企业资产的占有和利用，原来主要是依据行政法，目前除一小部分尚由政府垄断经营之外，大部分已经进入市场机制，而且将来还将有更大的部分进入市场机制。这些企业进入市场机制之后，也必须由《物权法》加以规范。中国《物权法》第 55 条对此已经有清楚的反映。

总而言之，现在由民法规则调整和规范的社会资产，范围已经非常巨大。我们现在制定的《物权法》，与计划经济体制下的《物权法》有本质不同。计划经济体制下《物权法》的指导思想，是公开地蔑视私有财产、在法律制度上压抑私有财产；市场经济条件下的《物权法》，不但不能蔑视私有财产，还必须平等地对待私有财产与公共财产，更为重要的是，必须认识到私有财产，包括进入民法规范范围的公有制企业财产的稳定发展，才是《物权法》得以存在和发展的基础。

四　树立"物权理念"，发展物权法学

我国市场经济发展的速度之快是举世公认的，市场经济实践对于《物权法》的需求也是非常迫切的。近年来，随着《物权法》的颁布实施，学习与研究《物权法》在我国形成热潮。由于计划经济体制对于物权知识体系和制度体系的压抑甚至排斥，多年以前，物权法是一门"冷学"而不是现在这样的"显学"。1986 年制定的《民法通则》甚至没有采用物权这个概念，后来的很多年里，许多人还是不知道物权这个概念的含义。虽然《物权法》已经颁布实施了，但它的制度是否能够得到良好的贯彻，那还是有疑问的。从我们的调查来看，社会对于这个法律还没有足够的理解。因此，胡锦涛同志在主持政治局集体学习时强调，一定要"树立物权理念，全面实施《物权法》"。②

在我国《物权法》制定的过程中，各种学说盛行，形成一种物权法学的"显学"现象，但是毕竟有莫衷一是的嫌疑。在《物权法》制定出来以后，法学研究上的多种争论还是没有停止，学习和研究它的人，对于理论上的争议应该有一定的心理准备，应当清醒地认识到，物

---

① 对此，本书下文"所有权"部分还要详细阐述。

② http://www.youth.cn 2007 – 03 – 25 09:49:00；以及新华网，北京 3 月 24 日。

权法学学习和研究需要联系实际，需要探索和扬弃的勇气。

从我们的研究和学习的体会看，如下几点是我们在学习物权法学之前就应该有所思考或者理论准备的。

（一）进一步清除前苏联法学的消极影响

我国现代法学体系建立初期对前苏联法学的大规模继受，给我国制定科学的《物权法》造成极为严重的消极后果。因为前苏联法学对市场经济体制下物权法学有过十分激烈但是又十分不中肯的批判，而且我国在 20 世纪 50 年代全部承受了这些消极的成果。前苏联法学的这些理论，事实上还在我国法学中被当做"正宗社会主义法学"。这样，学习和贯彻中国《物权法》就遇到了很多直接或者间接的障碍。

我国法学界多年来坚持的很多"正宗社会主义法学"中的物权法理论，比如"国家所有权的统一性与唯一性原则"、"两权分离"等，[①]都是来自前苏联法学。这些物权法理论甚至到了不能自圆其说的地步，但是立法政策以及许多学术著作陷入其中，至今无法自拔。其中的一个核心的制度，即所有权制度，在前苏联法学中出现了完全按照计划经济体制的解读，而这一点直接导致所有权制度这一物权法的核心部分发生严重扭曲。[②]这一扭曲有如"癌变"，造成中国民法立法中的物权法制度失去了科学性根基。虽然在我国加入 WTO 之后，根据这些理论建立的制度无法获得国际的承认，[③]但是在《物权法》甚至 2008 年制定的《国有企业资产法》中，这些问题还是得不到解决。

在物权法甚至整个法学发展中，我国长期拒绝承认物权科学体系，并常常原谅自己历史上的认识局限。现在的立法中仍然出现了难以自圆其说的制度，实践中出现了无法解决的难题，对此我们就很难为自己找到借口了。比如，大家都说国家所有权是最重要的权利，但是为什么国有资产的流失那么严重，治理很多年也没有好办法，有没有人想到这种所有权制度的设计本身就有法理缺陷呢？我们大家现在都在讨论"三农问题"，有没有人想到三农问题的核心问题是农地问题呢？而农地问题的解决，到底是以农民集体的地权为基础呢，还是以农民个人地权为

---

① 对这些概念的含义，本书下文"所有权"部分将有详细的阐述。

② 孙宪忠：《公有制的法律实现方式问题》，《法学研究》1992 年第 6 期。

③ 对此有兴趣者，可以参阅孙宪忠《我国物权法中所有权系统体系的应然结构》一文中所引用的涉及某中东国家的贸易案件，里面清楚地说明了这里的问题，此文载于中南财经政法大学学报《民商法学》2002 年第 4 期。

基础呢？另外各种各样的企业和法人，在我国现实中发挥的作用越来越大，为什么我国立法中开始并没有法人所有权这样的权利类型呢？

这些问题的出现，都说明了中国思想解放的艰难，也说明了在法学领域里进一步肃清前苏联法学的重要性。本书将在有关制度阐述中尽量做到这一点，在这一点上体现出本书和有些物权法教材的区别。

（二） 重视物权法特有的技术规则的掌握

任何科学都有自己特有的技术规则，物权法也是一样。物权法的技术规则，主要表现为物权法独特的分析案件和裁判案件的规则，这些特殊的技术规则在分析涉及物权的法律交往时，发挥核心的作用。比如，上文我们已经提到了"交易安全"这个核心的制度建设，就是依据物权法的特有技术规则建立起来的。

从法律发展历史的角度看，物权法的技术规则，经历了上千年的历史发展，到了潘德克顿法学时代，才基本上完备和成熟了。物权、物权法，其实是大陆法系中德意志法系的特征，尤其是潘德克顿法学的产物。[1] 我国自从清朝末年变法开始，就接受了这种知识体系。因此这种知识体系在我国的发展，已经有上百年的历史了。[2] 一般认为，这种知识体系具有概念清晰、逻辑性强、易于学习和传授、易于普遍适用的优点。但是在20世纪50年代后，这一法律传统在中国大陆地区中断了。自此，中国法学界对这一理论知者甚少了。现在，在中国《物权法》制定时，这一理论在该法中得到了良好的应用。

当代市场经济国家众多，立法模式各异，因此学习和研究物权法学的时候，我们可以进行比较和分析。接受潘德克顿法学，就是我国法学界前辈上自100年以前，经过认真研究后已经作出的选择，对此我们应该知道。因此，对于其中的科学道理，首先应该掌握其真实含义和应用价值，不能像有些著述那样，在还没有理解潘德克顿法学的真实含义的情况下就简单地对其采取了否定的态度。

在此我们要指出的是，如下潘德克顿法学的技术规则是在中国《物权法》中得到良好应用的，据此建立的法律制度是应该充分引起注

---

① 对于潘德克顿法学的概念和含义，本书下文在"物权概念形成的基础——支配权与请求权的区分"部分将详细阐述。

② 对这一理论进入中国以及发展演变有兴趣者，可以参阅孙宪忠《中国民法继受潘德克顿法学：引进、衰落和复兴》，《中国社会科学》2008年第2期。

意的：

1. 关于不动产物权与动产物权予以划分的理论以及制度；

2. 关于支配权与请求权作为法律上的基本权利划分的理论，以及相关的物权与债权相互区分的理论和制度；

3. 关于物权变动的理论以及交易安全制度建设；

4. 关于法律行为理论，尤其是关于负担行为和处分行为区分的理论和制度建设；

5. 关于法律关系理论，尤其是关于物权法律关系和债权法律关系区分的理论以及制度建设，这一点在理解潘德克顿法典编纂模式上是一个最关键的因素。

（三）根据我国的国情理解我国自己的物权体系和制度

传统民法中的物权，有所有权、地上权、永佃权、建筑权、耕作权、用益权、地役权、人役权、使用权、抵押权、土地债务、质权、留置权等，它们按照物权自身的逻辑形成一个体系。我国《物权法》中规定的物权体系与它们既有重合也有不同。应当说，世界各国的物权体系都是不同的，因为各国的国情不同，而《物权法》由于和经济制度、政治制度、民族文化传统的联系最为密切，所以该法是公认的本土性最强的法律。因此学习或研究物权法，应该重视自己的国情，从国情出发理解自己国家的物权体系。

此外，对于具体的物权制度的理解，也要时刻考虑中国自己的基本国情。比如，中国是一个自然资源稀缺而人口过多的国家，如此多的人支配如此少的资源，其财产支配秩序肯定有不同于他国的特点。比如，土地公有制问题、耕地保护问题、城市人口住房问题、自然资源利用问题等，均必须在《物权法》中得到反映。因此，在我国《物权法》中，必须在既符合法理又符合市场经济需要的基础上，建立有关反映这些基本国情的制度，如与耕地保护相关的制度、更加合理的住房所有权制度等。另外，考虑生态与环境保护等当代社会的基本问题，也是物权法学习的基点之一。

【复习题】

1. 如何认识《物权法》在我国社会生活中的作用？

2. 你如何看待个人对财富的进取心？为什么必须保护合法财产权利？

3. 为什么说在我国学习和贯彻中国《物权法》，还要进一步解放思想？

4. 你如何看待《物权法》中的国情因素？

┌─────────┐
│ 学术争鸣 │
└─────────┘

2009 年 9 月，中国的某邻国宣布在本国实行货币改革，改革的措施是以新元替代旧元，该国居民所拥有的旧元每 100 元兑换 1 个新元；但是，居民以 100 旧元兑换新元的限额为 10 万元，超过 10 万元的，每 1000 旧元兑换 1 个新元。这样，居民超过 10 万元以上的财富，被立法强制贬值 90%。由于该国的银行均为国有，所以这种做法是强制性的规定，居民对于国有银行的财产权利贬值 90%，或者说这些财富中的 90% 被国有银行无偿取得了。该项改革措施，已经在 2009 年 10 月 1 日起生效。

该国主政者认为，他们的这一做法是社会主义的。那么你的看法如何呢（参考资料：该国货币改革之前的汇率，1 元人民币约等于该国 40 元，故 10 万元约等于人民币 2500 元）？

第一章　物权概述

要点提示

- 物权的基本意义
- 请求权与支配权的区分
- 物权的内容
- 物权的效力
- 物权的体系
- 物权的种类

第一节　什么是物权

一　概念的界定

（一）定义

在中国民法以及《物权法》的立法活动中，有些人提出，"物权"这个词对他们而言，可能是民法中最难以理解的术语。那么，什么是物权？

我们先不考虑物权的精确定义，仅就该术语的字面意义来看，它肯定是与"物"具有密切关联的权利，与"物"无关的权利不会是物权。但是，对这个概念不能望文生义，将它理解为物品享有的权利。"物权"这个词，来源于16世纪罗马法解释运动时期，它最初被称为"对物权"。通过这个名词，我们就可以知道，物权仍然是人享有的权利，不过，他指的是人对于物予以支配的权利。

社会中每一个人、每一个团体的生活以及活动，时刻离不开对物的支配。比如，对衣服、房屋、家具的所有权，对土地的承包经营权等均属于物权。可以说，没有物权，我们就没有在世上生存和立足的可能。在这个意义上，我们每个人均有物权。

我国《物权法》第2条第3款规定，物权是权利人依法对特定的物享有直接支配和排他的权利，包括所有权、用益物权和担保物权。物权的概念，包含着"三个特定"。

1. 特定的人

在民法上作为主体的，都是特定的人，其典型的形态是指自然人和法人，非典型的形态是非法人团体。民法尤其是物权法强调主体的特定性，根本的原因在于主体不但享有权利，还承担义务和责任，不特定的主体在法律上无法承担义务和责任。这一点在《民法总论》这门课程里我们已经详细阐述过了。比如"人民"这个概念，因为无法承担义务和责任，在法律上就不能作为民事主体，当然也不能作为物权的主体。

2. 特定的客体

物权所指向的客体，一般被称为标的物，是具有特定形体或者具有特定形式的物。在《民法总论》这门课程里，我们已经知道了民事权利的客体的意义。在了解物权客体的时候，我们还可以回顾这些知识，以全面地了解物权的内涵。正如中国《物权法》对于物权所作的定义指出的，《物权法》特别强调标的物的特定性。一般认为，物权在学理上是权利人直接支配物并排斥他人干涉的权利，那么，就必须明确标的物的范围，以保障权利人正确行使权利，以免权利人行使权利的时候损害他人的权利。

3. 特定的权利

物权在法律上属于支配权，而不是请求权。关于支配权和请求权的区分，是民法上的基本的权利划分，它决定了民法的基本体系结构和裁判规则。鉴于这一点意义重大，本书将在下文详细地阐述该理论的内涵。

（二）概念的来源

物权是大陆法系的法律术语，它首先出现在德意志法系的法学家语言之中，然后反映在该法系的立法中。德语"Sachenrecht"的直接翻译，其中"Sache"就是"物"，而"Recht"就是"权利"。以后大陆法系各国民法基本上都采用了这个概念。虽然英美法中没有这个概念，但是有"财产权"的概念，这个概念源于英语"property right"，其中"property"就是"财产"，它不同于"物"，其中的缘由请回想我们在《民法总论》中有关"物"的论述。但是，英美法系尽管没有"物权"这个术语，但其"财产权"中有物权的实质内容，如土地所有权、抵押权等。

我国 1986 年颁布的《民法通则》没有采用"物权"概念，而是采用了"财产所有权和与财产所有权有关的财产权"的称谓，这样做一个重要的原因就是当时的立法者认为"物权"这个概念比较抽象，难以理解；不过，这种状况在后来得到极大的改善，立法、司法以及理论界均承认物权的概念，2007 年颁布的《物权法》则以民法基本法律的形式采用了这一概念。

关于物权的定义，各国民法典或者《物权法》中，除奥地利民法典有一个并不准确的定义之外，① 其余均没有以立法方式明确规定。在此意义上，我国《物权法》第 2 条对物权作出的定义，在物权法学发展方面很有意义。

在学者的著述中，德国、日本、我国大陆和台湾地区学者对物权的定义虽然文字表述不同，但基本意思相近或者相同，大体上均包括对物的支配、直接获得利益以及排斥他人意思几个方面的内容。②

（三）物权概念形成的基础——支配权与请求权的区分

自潘德克顿法学③以来，民法中的权利即被区分为支配权和请求权。④ 所谓支配权，是指权利人仅仅依据自己的意思就可实现权利目的

---

① 奥地利民法典第 307 条规定的物权，有"对物的物权"和"对人的物权"的区别，其对物的物权属于现代意义的物权，而对人的物权则属于债权。故该法定义的物权，与现代理解的物权并不一致。

② 德国学者的观点，参见 Deutsches Rechtslexikon, Band 1. Verlag C. H. Beck, 1994, Seite 991 - 992；中国学者的观点及其中包括的日本学者的观点，参见杨与龄编著《民法物权》，五南图书出版公司，1981，第 5 页以下；以及梁慧星等编著《物权法》，法律出版社，1997，第 15 页以下等。

③ 潘德克顿法学，指形成于 16 世纪，以民法典的编纂（pandectarum）作为研究对象的法学（Pandetistik）。潘德克顿法学的主要贡献，在于对于支配权和请求权、物权和债权的法律性质的区分，以及对于这两种权利的变动的根据的区分；并依据这种区分建立的新民法典编纂结构。这些重要成果，以 16 世纪末出现的《当代法典汇编》（usus modernues pandectarum）为代表；19 世纪末制定的《德国民法典》是这种法学最典型的代表。

④ 关于支配权和请求权的区分，详细的内容已经在本书作者编写的《民法总论》中讨论过了。本书只是就其中涉及物权法学的内容在此阐述一下。

的权利，如房屋所有权人甲因为对于房屋的所有权，他就可以独断性地根据自己的意愿占有和使用房屋，只要他有某种使用的意愿，他的意愿一旦形成就可以贯彻下去，权利人的利益就可以得到实现。比如，只要不影响邻人利益和公共利益，一座房屋的所有权人完全可以凭自己喜好装修房屋、使用房屋、出卖房屋等。这样的权利就是支配权。

而民法上的请求权，是指必须要借助于相对人的意思才可以实现权利目的的权利。比如甲和乙之间订立了买卖房屋的合同，甲作为房主要通过合同取得房屋的价款，而乙要取得房屋的所有权；他们双方根据合同已经建立了权利义务关系。但是根据买卖合同，乙要取得房屋的所有权只能请求甲交付房屋并移转房屋所有权，所以他要实现取得房屋所有权的目的，就必须要有甲的协助（即甲基于真实意思作出的交付房屋和移转房屋所有权的行为），所以乙的权利实现必须借助于合同相对人的意思表示，乙自己根据合同享有的权利无法满足他成为所有权人；乙订立了房屋买卖合同，但没有甲的履行行为，或者该行为不符合甲的真实意思表示，乙取得房屋所有权的权利目的照样无法实现。反过来，甲虽然根据合同享有向乙主张价款的权利，但是他的权利目的的实现也必须借助于乙的支付房屋价款的意思表示。没有乙支付的行为，或者乙的支付行为不符合其真实意思表示，则甲也不能取得价款的所有权。在这一买卖合同中，甲和乙所享有的向对方提出要求其作为或者不作为的权利，就是请求权。支配权和请求权是民法上两种基本权利，这一点我们在《民法总论》中已经明确地学习到了。

根据支配权与请求权不同的法律性质，法律必须建立两种不同的基本法律关系，以满足法律实践的要求。请求权的法律关系是一种只在当事人之间产生法律拘束力的法律关系；支配权的法律关系是一种不但在当事人之间产生拘束力，而且对于第三人也产生排斥力的法律关系（即我们后面要讲到的对世性的特征）。从法律性质上看，支配权的效力要大于、强于请求权的效力。就支配权制度的建设而言，不但在法律上要考虑当事人利益的保护，还要考虑第三人利益的保护。

从法学技术上看，民法必须在请求权发生变动的根据之外，为支配权的变动建立法律基础。基于合同而发生的债权是最主要的请求权，合同是请求权发生的基本根据。根据合同可以发生请求权的法律结果，但不能发生支配权的法律结果，因为它们的法律效力有根本区分。不论是从法理上看，还是从实践需求上看，必须为支配权建立一种能够符合其对世性特征的法律根据。比如，设定不动产抵押权的目的就是要排斥第三人来保障特殊的债权人优先受偿，所以设立抵押权就要排斥第三人，因此为满足抵押权这种具有优先效力的权利设定的条件，就必须进行抵押权设定的不动产登记。所以，不动产登记就成了抵押权建立的法律根据（对于不动产登记的法理问题，我们下面还要详细学习）。从这个简单的法律事实看，我们可以掌握支配权和请求权的法律根据必须有所区分这个法律原理。

支配权中，最主要的就是物权，有所有权、土地使用权、抵押权等。支配权和请求权相区分的理论，是当代潘德克顿法学的基本特征和要点。这一理论为民法区分物权制度与债权制度建立了科学基础，也在债权法之外为物权的变动建立了法律基础。从民事责任的规则来看，支配权与请求权的区分也是确立民事责任的基础，即与支配权相关联的是侵权制度，与请求权相关联的是违约制度。所以支配权和请求权区分的道理是贯彻民法制度的始终的。

正是因为有了支配权和请求权、物权与债权的区分，《德国民法典》才得以避免成为"罗马法"和《法国民法典》的复制品，成为世界上最伟大也最成功的民法典之一。在"罗马法"和《法国民法典》中，支配权和请求权、物权和债权并没有得以清晰地区分，其法律规则是混为一体的；《德国民法典》则清晰地将"物权"和"债权"作为不同的两编予以规定，这一点被视为《德国民法典》编纂体系的真正特点。[①]

立法上区分物权和债权的目的是满足经济社会的法律实践的要求。无论是从法理上看，还是从司法实践的效果上看，德国法系的这一做法都是更为优越的。[②] 这也是自清末变法开始，中国立法一直采取德国法系的原因。

把物权放置在支配权的基础上，我们就能够更好地理解这一权利的特点。

（四）物权概念科学性的限制条件

任何科学的概念都是在一定的范围内确定的，不论是自然科学还是社会科学都是如此。物权概念的科学性，也是受到如下条件限制的。

---

① 参见〔德〕霍尔斯特·海因里希·雅科布斯《十九世纪德国民法科学与立法》，王娜译，法律出版社，2003，第 182～183 页。

② 对此有兴趣者，请参阅孙宪忠《中国民法继受潘德克顿法学：引进、衰落和复兴》，《中国社会科学》2008 年第 2 期。

第一，物权是典型的民事权利，而不是公法上的权力。公法上的权力也表现为支配权，但是它的法理基础和作为民事权利的物权是完全不一样的。物权的支配权特征是物权功能实现的基本条件，但是，物权作为支配权，它的法律效果有可能会依赖于公法上的权力。比如，依据买卖合同购买不动产所有权、依据抵押合同设定不动产抵押权这些关于不动产物权发生变动，都要以不动产登记作为生效的要件；不动产登记不是对不动产物权变动的"授权"或"许可"，而是对不动产物权变动的公示方式，即满足物权对抗第三人效力的民法方式，它的法理基础仍然是法律行为，即当事人之间依据自己的内心真实意思表示变动不动产物权的行为。因此，不动产登记是民法上的制度，而不是行政管理制度。现在许多著述把这种不动产登记理解为行政管理给民事权利的授权，这种观点是错误的。

我们在民法上并不否认公法对物权制度的规定，土地法、森林法、矿产资源法、草原法等法律中就有很多的关于物权的规定。我们也不否认公法法人依据公法取得或处分其物权，比如税务机构依据税收取得所有权。民法之外的其他法律规定物权类型及其内容，行政法等法律规定公法法人对于他们拥有的物权的独特行使方式，在世界各国都是正常的、多见的。

第二，物权是财产权，不是人身权。人体不是物，人体上不得负担物权，任何人不但不得对他人的身体享有物权，也不得对自己的身体享有物权（比如不能说某人对自己的身体某一个器官享有所有权）。不过，在人体器官移植、捐赠的过程中，会发生人体器官脱离人体而短暂地成为"物"的情形，对于此种特殊的物，应该由捐赠人享有所有权。

第三，物权是民事实体性权利，而不是程序性权利。权利人享有物权，意味着对特定的物享有实际的使用价值或者价值上的利益，而不是获得法律保障的程序上的利益。这一规则并不否认在《物权法》中规定一些程序性的内容，如不动产登记程序对不动产物权发生的影响；也不否认在程序法中规定一些物权实体性的内容，如民事诉讼法中规定的财产保全就属于物权处分限制规范，其性质也是物权法规范。

第四，物权是对物的支配权。一般情况下物权的客体都是具体的物，但在特殊情况下，物权的客体可能不是物而是权利。如权利质押权就是设定在权利上的物权。不过，权利在作为物权客体时，均具有被一定书面文字定型化，即"物化"的特征。

（五）物权概念的含义

与债权以及其他权利相比较，可以看出物权概念包含的三重含义。

第一，物权是对物权，它表示的是人对物的支配关系，本质是人对物的支配权。这一概念与债权所表示的人对人的请求关系有明显的区别。从法学技术上看，物权的内容是一个具体的主体根据自己的意思对一个具体物的支配关系，并不涉及其他人的意思；而债权表示的是一个具体的主体请求另一个具体主体为或者不为某种行为所形成的法律关系。

第二，物权的实现仅仅依据权利人自己的意思，不必依靠他人的意思。债权的实现必须借助于他人的意思，必须得到他人的协助。法律上所谓权利实现，即权利人取得权利所指向的利益，获得权利的使用价值或者价值。比如所有权人使用其物或者变卖其物。物权的实现与债权或者其他权利的实现有着根本不同的法律条件。物权关系中没有相对人，物权的实现当然无从依靠相对人的意思。如所有权人需要利用其物时，只需要自己作出决定即可。债权关系中必须有一个特别的相对人，债权实现必须借助于这个特别的相对人的意思。如在买卖合同关系中，买受人要取得标的物，就必须借助于出卖人交付标的物的行为。由此，物权获得了绝对权、对世权的特征。绝对权表明权利人可以独断地按照自己的意愿行使权利；对世权表明权利人可以排除他人的意思。

第三，物权的本质是排他权。物权的实现不但不依靠他人的意思，而且必须排斥他人的意思，才能实现权利人的全部利益。比如，一个企业在客观上会同时成为数个债权人的债务人，如为租赁厂房设备而向银行贷款，为购买原材料向原材料的厂家欠贷等。此时，各个债权人的法律地位一律平等，谁也不享有优先接受清偿的权利，但是，如果某债权人要求该企业为其债权设定抵押权，则该债权人即享有排除他人而优先获得清偿的权利。抵押权人之所以能够优先清偿，就是因为抵押权人享有排除他人的抵押权，这样抵押权人在实现权利时完全按照自己的意思，排除他人的意思，从而使得自己的权利得到了实现，这就是物权排他性的表现。

二　物权与债权之间的模糊状态、物权概念的有限性

（一）物权与债权之间的模糊状态

物权与债权之间划分的基础，是物权的客体必须是有体物，即狭义上的物。如果把物权的客体确定为广义上的物，即一切具有经济价值的财产，则物权与债权最终难以区分。如果将一般的债权当做所有权的客

体，在法律上就会产生"对债权的所有权"的表述。在特殊情况下，物权与债权之间的界限表现得并不十分清楚：（1）债权人对债权的处分权（如放弃债权），其性质与物权人的处分权一样，本质均为支配权。（2）有价证券的本质为债权，但是，有价证券具有法律认可的物化形式，其流通完全采用动产物权的法律规则，所以有价证券持有人的权利地位，与所有权人的地位一致。

（二）物权概念的有限性

物权的客体一般是物，但是上文已经提到，权利物权的客体却是权利，这就体现了"物权概念的有限性"，即物权并不是在任何情况下都是"物"上的权利。正如上文所说，因为作为权利物权的权利，具有形体固定、价值相对确定的性质，所以，这种权利作为物权的客体，在立法与司法实践中并没有形成对物权制度的妨害，也没有损害物权概念的科学性。能够作为物权客体的权利，一般指的是形体固定、价值相对确定的债权，如有价证券等，否则不得作为物权的客体。

┌─────────┐
│ 复习题 │
└─────────┘

1. 请根据支配权与请求权的区分，指出物权与债权的区别。

2. 人体器官和其他组织在脱离人体后，其法律定位可能是"物"，试想，在这样的"物"上负载的物权与在土地、机器等一般的物上负载的物权有无不同之处。

3. 请你查询我国《物权法》以及《担保法》中有关权利质押权的规定，并与动产质押权的规定进行对比，看看两者的异同之处，从而深化对物权概念有限性的理解。

┌──────────┐
│ 案例分析 │
└──────────┘

（一）期房按揭所有权争议案

沿海某开发区，① 甲向房地产开发商乙购买后者正在建造中的商品房一处，因甲财力有限，不能一次性付款，于是向银行丙提出按揭贷款的申请。丙同意了甲的贷款申请，并与甲、乙同时订立了为甲贷款支付房屋价款的合同，以及将甲的房屋合同担保自己的债权的合同。依据合

───────────────

① 此案例发生在1996年，为本书作者实践调查所得。

同，乙按月持续性向丙支付房款约1年。但是在此之前，乙在房屋建设之初就因为资金不足，向另一个银行丁提出了贷款的申请，并且以自己拥有的土地使用权作为贷款的抵押，并且为此办理了抵押权设定的不动产登记。后因该区域房屋开发过多，而能够吸引来的购买者太少，和许多开发商一样，乙的商品房预售不畅，最后因为国家的治理整顿政策而难以继续开发。于是在房屋即将全部建造完成时，开发商乙（香港注册公司）携余款弃房失踪。银行丁债权到期后，率先向法院提出实现抵押权的要求，主张以土地使用权和房屋清偿其债权；经法院公示，甲也向法院提出主张所有权的申请，甲的主张是自己已经支付的钱，足以使自己成为指定房屋的所有权人；而丙作为按揭提供银行，也向法院提出主张自己对于指定的房屋享有所有权的申请，该银行的主张是，因为按揭的性质就是以所有权来担保债权，所以现在自己拥有所有权。

请依据《民法总论》中学习的法律关系理论，以及本节讲述的支配权与请求权之间关系的理论，完成如下分析：（1）此案中有几种法律关系，它们的性质是什么样的？（2）甲主张的所有权取得成立吗？（3）丙主张的所有权取得成立吗？（4）丁主张的抵押权成立吗？请回答为什么。

提示：对于本案中的这些问题，如果你现在还无法详细回答，那么请你先记住这个案例，然后在学习完本学科之后，再来分析一下。

（二）储存精子灭失案①

这是德国的一个真实案例：甲预见有不能生育的可能性，就将其精子冷冻储存到乙大学附属医院。之后，甲结婚，欲取用精子时，知悉因乙医院的过失，致使其储存的精子灭失。请问，甲对其储存的精子，享有的是人身权还是所有权这种物权？

提示：请从物权与人身权区分的角度进行考虑；当然，有条件和兴趣的话，你也可以参看王泽鉴先生的分析，见王泽鉴《侵权行为法》第一册，中国政法大学出版社，2001，第108～109页。

第二节 物权的内容、特征及效力

一 物权的内容和特征

物权的内容，是指物权人能够享有的权利，也被称为物权的权能。

---

① 参见王泽鉴《侵权行为法》第一册，中国政法大学出版社，2001，第108～109页。

物权的权能分为实际利用权和价值取得权。实际利用权，是指一切可以控制、利用物的本体的权利；价值取得权，是指将物进行处分（如出卖、出租等），从而取得物的价值上的利益的权利。

在了解物权的内容之后，我们来看一个问题：你想购买"预售房"，就与房产开发商签订了预售合同，依据该合同你享有何种权利，你是否已经取得"房屋所有权"这种物权？要想准确回答这个问题，就必须了解物权的特征。

在民事权利体系中，物权与债权一样均属于财产权，与人格、身份等人身利益无关，与债权相比，物权具有以下特征。

第一，以特定物作为客体，这是物权最基本的特征。特定物首先是客观存在的、确定的、有一定体积、占有一定空间的物；其次是人能够控制的物，人力不能控制的物（如月亮）或者没有必要控制的物（如大海）不能成为物权的客体。这样，在预售房尚未建成之前，它还不特定化，也就不能成为物权客体，你在此时当然也不能取得房屋所有权。在特殊情况下，物权的客体也可以是财产权利，比如，按照我国《物权法》第 223 条的规定，票据、债券、股票等权利能够成为质权的客体，这些客体作为物权标的的时候，它们的范围也是特别确定的。如果不能确定，就不能成为物权的客体。

第二，物权是支配权。权利人要么能控制和利用物的本体，如所有权人对房屋的使用；要么可以处分物以实现物的价值，如所有权人有权将房屋出卖、租赁。你根据预售合同，并不能实现对房屋的支配，只是有权届期向开发商提出交付房屋的请求，这种权利属于债权。

第三，物权是绝对权，即权利人实现其权利仅凭借自己意思即可，无须请求他人协助。债权属于相对权，必须借助于特别相对人的意思才能实现。根据预售合同，你必须在房屋盖成而且开发商向你移转房屋所有权后，你才能成为房屋所有权人，在此，与负担盖房并交房义务的开发商相比，你仅仅是债权人。

第四，物权具有排他性，即物权人在实现权利时，要排斥他人的意思和权利。比如，开发商在与你签订预售合同之后，又与他人签订了同样内容的合同，但只要在房屋盖成后，你通过办理房产所有权登记取得了所有权，他人就不能再取得该权利，此时尽管他人也享有有效的债权请求权，但你的房屋所有权排斥了该债权。需要提及的是，我国过去的民法学著述，一般都把物权的排他性表述为物权的消极权能，即物权人在受到侵权时表现的排斥他人干涉的权利。① 这一看法应该有误，因为任何权利均有排除他人侵权的效力，针对侵权的排斥力不是物权的特征；而物权排他性，指的是在一个物上有两个以上的权利时，物权人对他人行使权利的意思表示予以排斥的权利，而不是那种广泛意义上的对不特定的任意人进行排斥的权利。所以，物权的排他性对物权人而言，仍然是一项积极主动的权利，而不是消极被动的权利。

二　物权的效力

法学上所说的物权效力，指物权人对标的物的支配力。物权是特定主体对特定客体的支配权，但是在实际生活中，一个标的物上常常负担有多个权利，这些权利可能全部是物权，也可能是物权、债权或者其他权利。该数个权利之间，必须有先后的次序。研究物权的效力，其实是研究同一标的物上存在数个权利（包括物权、债权以及其他权利）时，各个权利支配物的次序。

（一）物权对物权的效力

所谓物权对物权的效力，是指当同一物上存在数个物权时，一个特定物权对其他物权的效力。这种情况在实践中比较多见，如一栋房屋设定了数个抵押权，在这些物权之间，到底谁能排斥谁，哪个物权能优先实现。对此，要掌握两个标准。

第一，性质标准，即根据权利的性质来判断谁优先。其标准是：同一物上的限制性物权优先于其赖以设定的基础性权利。如在土地所有权上设定使用权时，使用权优先于所有权。在通常情况下，所有权与在同一物上设定的其他限制物权相比，实现顺序要靠后，之所以如此，是因为限制物权的设立目的是对所有权进行限制，是要在所有权人部分利益得到保留的情况下，取得所有权的其他部分利益。

第二，时间标准，即根据权利取得的时间界限判断谁优先。其标准是：成立在先的物权能够优先实现。如同一房屋上设定两个抵押权，甲抵押权于 2009 年 1 月 5 日登记成立，乙抵押权于同年 2 月 5 日登记成立，则甲抵押权能排斥乙抵押权。时间标准适用于非所有权的物权之间，在所有权和其他物权之间要适用性质标准。在此，要注意如何确立物权成立，这是个极具理论意义和实践价值的问题。请认真阅读本书有关"区

① 参见《法学研究》编辑部《新中国民法学研究综述》，中国社会科学出版社，1990，第 222 页以下。

分原则"、"物权公示原则"、"物权变动"以及"物权行为"的相关内容。

（二）物权对债权的效力

物权与债权发生冲突的情况很常见，如甲将已经借给乙使用的房屋又给丙设定了抵押权，那么丙实现抵押权就要影响乙对房屋的使用债权。对此适用的基本规则是"物权优先于债权"，即丙的抵押权优先于乙的债权。

但是，在法律明确规定的情况下，债权也可以具有优先于物权的效力。这些特殊的情况主要有：

第一，根据"为债权的债权"优先的原则，新设定的债权具有优先于原来的债权以及为这些债权进行担保的物权的效力。所谓为债权的债权，即为了某些债权的实现而不得不新设立债权，这些新设立的债权，具有优先于原来的债权的效力，即使原来的债权有物权担保，此时债权也具有优先于这些债权的担保物权的效力。比如，在债务人破产时，为债权人权利实现的目的，必须依法由清算人对债务人的财产进行清算。清算人的费用，即为"为债权的债权"，也就是为了原来的债权人权利实现的目的而新设定的债权。

第二，根据"买卖不破租赁"的原则，依据租赁合同所产生的债权，具有对抗物权变动的效力。所谓买卖不破租赁，指的是在标的物出租之后，所有权人虽然可以将标的物出卖，但是该买卖行为不能成为解除租赁关系的理由，承租人仍然可以对新的所有权人主张承租的权利。这一规则为世界各国的法律普遍采纳，原因是一般情况下土地、房屋的承租人在经济上处于弱势地位，他们租用别人的土地或者房屋，也为生存所必需。所以，买卖不破租赁的原则，隐含着重要的政治意义。需要指出的是，在世界大多数国家和地区，买卖不破租赁的原则只是适用于不动产的租赁，① 因为动产租赁难以体现法律予以特别保护的价值。然而我国法律对此一直未有体察。②

第三，纳入预告登记的债权，在任何情况下均优先于物权。为保障一些特殊不动产交易中以取得不动产物权为目的的债权，德国等国家建立了一种特殊的法律设计，即预告登记制度，③ 许可债权人

---

① 请参照我国旧民法第 422 条至第 425 条。
② 请参照原"经济合同法"第 23 条第 2 款；以及合同法第 229 条的规定。
③ 请参照孙宪忠《德国当代物权法》，法律出版社，1997，第 153 页以下。也可参照下文的有关论述。

将其权利纳入不动产登记簿，并赋予这种债权具有排斥后来一切不动产物权变动的效力。这种纳入预告登记的债权，常常是购买住房的权利。因住房的权利属于人的基本权利，故法律必须特别予以保障。预告登记的本质不是不动产物权登记，而是请求权的登记，这种登记的目的就是要特别保护一些物权取得的请求权。根据本书作者的立法建议，我国《物权法》第20条以及一些地方立法也采纳了预告登记制度。

第四，民法特别法赋予优先效力的债权，可以优先于物权，如劳动法、破产法明确规定在企业破产的情况下，工人劳动工资的债权享有优先权，这一债权的优先效力超过物权；又如，海商法规定了船长以及船员的工资优先权等。①

（三）物权对占有的效力

占有不是权利，它表明的是一种事实状态，物上真正的权利相对于占有被称之为本权。虽然占有本身并不能确定占有人是否有权利，但由于占有是动产物权的公示方式之一，并具有"推定正确性效力"，即将占有人作为正确的权利人，因此，从表面上看，一物之上既有物权又有占有存在时，会发生法律保护上的冲突。但这只是一种现象，因为占有保护以及占有的正确性，都只是一种推定，占有在任何情况下都不能对抗本权，这样，当本权人行使返还请求权时，占有人负有返还的义务。

在了解物权的效力之后，请分析回答以下问题：甲因为做生意急需资金，用房产给银行设定了抵押权，从而得到借款，之后，他又把该房屋出租给乙。这样，针对同一房屋，甲享有所有权，银行享有抵押权，乙享有租赁权，其中所有权和抵押权是物权，租赁权是债权。假设借款期间于2009年1月1日到期，甲在此时没有能力还款，而乙租赁期间于2010年1月1日才届满，在这种情形下，房屋上的所有权、抵押权和租赁权之间的关系如何？

要厘清它们的关系，就要依靠物权效力规则。我们先考虑物权对物权的效力，根据限制性物权优先于所有权的性质标准，银行抵押权能排斥甲所有权，只要甲届期不履行还款义务，银行能优先实现抵押

---

① 参见我国海商法第22条："下列各项海事请求具有船舶优先权：（一）船长、船员和在船上工作的其他在编人员根据劳动法律、行政法规或者劳动合同所产生的工资、其他劳动报酬、船员遣返费用和社会保险费用的给付请求；……"

权，将房屋予以拍卖或者变卖给丁，从所得款项里优先受偿。此时，甲所有权和银行抵押权均消灭，丁成为房屋所有权人。丁所有权和乙租赁权的关系就要适用物权对债权的效力规则，由于租赁权的特殊法律地位，乙租赁权能够排斥丁所有权，乙仍然可以租赁该房屋直到2010 年 1 月 1 日为止。

复习题

1. 试论物权的特征。
2. 简述物权效力的基本内容。

案例分析

一栋房屋上的多个权利冲突案

甲想在自己享有使用权的土地上盖房子，将此工程发包给建筑公司乙，约定在房子盖好后的 6 个月内，甲向乙支付价款。房子于 2008 年 10 月 1 日竣工，之后 1 个月内，甲向房产登记机关申请了所有权登记，并将房屋出租给丙使用，约定租赁期间为 1 年，到 2009 年 11 月 20 日到期。之后，甲为了向银行丁借款，用该房屋作为抵押标的物，办理了抵押权登记。甲的借款期限于 2009 年 4 月 1 日到期，该期限也是其向乙支付价款的期限。此期限届满后，几经催告，甲既不向乙支付价款，也拒不向丁偿还借款。

请分析上述情形中存在几种权利，请回答它们之间的效力关系这个问题。

提示：请首先分析本案例中的权利类型，然后再依据物权的效力逐一进行对比分析。

第三节　物权的体系

从我国《物权法》的规定来看，物权体系大致由所有权、用益物权和担保物权以及占有构成。所谓所有权，是指权利人彻底支配物并因此排斥他人干涉的权利总称；所谓用益物权，是指对他人之物进行占有、使用和收益的物权；所谓担保物权，是指将他人之物变价并从价款中优先实现自己债权的物权；所谓占有，是指对物进行控制的事实状态，由于占有不是权利，因此被称为"类物权"。除此之外，物权还包括准物权，即由民法特别法或者行政法规定的物权类型。

一　中国物权体系的结构

（一）所有权系统

在任何一个国家的法律制度中，所有权都是核心性的权利类型。因此，关于所有权的规定理所当然地在《物权法》中居核心地位。我国《物权法》当然一样，该法第二编专门规定所有权，第39条将所有权界定为"所有权人对自己的不动产或者动产，依法享有占有、使用、收益和处分的权利"。

目前在我国，不论是学者笔下的所有权还是立法中的所有权，都渗透着过多的政治性色彩，而缺乏法学技术性的考虑。从立法政策上看，我国法律中的所有权与其说是一种民事权利，不如说是一种公共权力或者政治权利。过多的政治性色彩，妨害了从物权法学的角度对所有权制度的思考，也妨害了制定符合市场经济要求的所有权法律制度。比如，《物权法》的基本规则是一个特定的主体对一个特定的客体拥有支配权，而我国的国家所有权这种最被重视的所有权类型，却无法准确地确定谁是这种所有权的主体，也无法准确地确定它所支配的客体。现实中被广泛谈到的"国有资产流失"的原因正在于此。

在我国，不论是在物权法学中还是在《物权法》实施中，恢复所有权作为民事权利的意义，显得非常必要。所谓恢复所有权的民事权利意义，就是按照法律关系理论，从主体、客体、权利义务以及法律责任的基本结构，重新解释和构造这种权利。

（二）用益物权系统

因为历史与民族文化发展的差异，用益物权在世界各国的物权体系中都是最复杂的权利系统。在我国，由于意识形态方面的原因，在所有权作为民事权利的意义有时难以彰显的情况下，用益物权的意义在民法上凸显出来。比如，我国现实中的建设用地使用权，在民法上的意义反而比土地所有权重要。所以，确定用益物权，是我国《物权法》的大问题，该法第三编专门规范用益物权。

在传统民法中，用益物权虽然是一种非常重要的物权类型，但是这种权利基本上是设定在不动产上的限制物权，比如地上权、地役权、用益权、人役权等，都是对不动产的权利。但根据笔者调查，动产上也有设定用益物权的可能和必要，因此不要简单予以否定。① 我国《物权法》在制定时，考虑到了当代用益物权的这一发展趋势，该法第117条规定："用益物权人对他人所有的不动产或者动产，依法享有占有、使用和收益的权利。"

依据《物权法》我国用益物权主要包括如下类型。

第一，建设用地使用权。《物权法》第135条规定："建设用地使用权人依法对国家所有的土地享有占有、使用和收益的权利，有权利用该土地建造建筑物、构筑物及其附属设施。"建设用地使用权在《物权法》颁布之前称为国有土地使用权。

自1988年我国开始实行国有土地使用制度改革以来，这种权利已经为我国立法和实践普遍接受，成为我国不动产市场的法律基础。目前在法律上能够进入交易机制的，只有以所谓"出让"方式设定建设用地使用权，但是，在实践中其他各类型的国有土地使用权也进入了交易机制，司法解释与部门规章对此采取了承认的态度。对农村的建设用地的转让，现行法律的态度是不予许可，但是在实践中根本无法防止，也不符合农村地区的改革开放政策。既然不能依法禁止，不如依法放开流通。放开流通的方式，一是许可这种权利在公民、法人之间转移，二是许可在这种权利上设立法律规定的他项权利。这样，农村土地使用权与国有土地使用权不应当有较大的差别。在国家建立了严格的土地登记制度和完善的不动产登记簿之后，农村土地使用权的流通安全也是有充分保障的。

第二，土地承包经营权，即农民或者农场职工以个人或者家庭的名义以承包经营的方式占有、使用国家或者集体土地的权利。

这是一种典型的中国特色的物权类型，它产生于中国的改革开放时期，并在改革中不断完善和发展。虽然在改革的初期，它不具有典型物权的全部特征，但至少在《民法通则》颁布时，它已经被立法者确定

---

① 比如，本书作者在社会调查中发现一种少数民族地区广泛存在的动产用益物权：内蒙古牧区，许多牧民将自己的羊群交给善于放牧的牧民放养，到年底时，羊群的所有权人只收回同样数目的羊只即可；而放牧者取得羊群的羊毛以及所生的小羊。放牧者的权利，其实就是动产用益物权。这种权利制度的应用在内蒙古地区非常多。在其他牧区是否应用，尚不得而知。这一调查，得到内蒙古大学法学院丁文英教授等的协助，在此表示衷心感谢。这一调查说明，我们的立法和法学研究工作者应该更多地进行调查研究。

为一种物权，这一点当时参与立法的学者可以提供充分的证明。①

土地承包经营权，在我国是指对一切耕作地进行承包经营的权利。《物权法》第 125 条规定："土地承包经营权人依法对其承包经营的耕地、林地、草地等享有占有、使用和收益的权利，有权从事种植业、林业、畜牧业等农业生产。"故而，耕作地应该包括耕地、林地、果园、草原、养殖水面、滩涂以及荒山荒地等。因此，《物权法》规定的土地承包经营权，应该涵盖上述这些土地的承包经营活动所涉及的民事权利。当然，在草原法、森林法等法律中对这些权利再进一步细化是很必要的。

现行法律中土地承包经营权制度，虽然取得了很大的成就，但是仍然跟不上我国改革开放实践的发展。目前在我国经济发达的地区，农民需要土地承包经营权进入市场，能够按照一般独立财产权利的规则来流转；而经济不太发达的地区，农民的基本要求是将该权利进一步确认，防止基层干部剥夺农民的承包权利，并进一步延长承包的期限。

第三，农村农民的宅基地使用权，即农民对于自己住房所使用的地基土地的使用权。《物权法》第 152 条规定："宅基地使用权人依法对集体所有的土地享有占有和使用的权利，有权依法利用该土地建造住宅及其附属设施。"

第四，地役权，即为了某一土地利用的便利，为此土地的权利人设定的利用邻地或者其他土地的权利。比如一宗土地为邻地包围，没有交通上的出路，这样就必须利用邻地为其提供通道。需要利用邻地或者他人土地者，法学上称为需役地；为他人土地提供便利者，为供役地。《物权法》第 156 条对此表达为："地役权人有权按照合同约定，利用他人的不动产，以提高自己的不动产的效益。前款所称他人的不动产为供役地，自己的不动产为需役地。"在《物权法》颁布之前，我国民法中没有规定地役权，而是用相邻权法律关系来替代地役权，这种认识是错误的。在《物权法》规定地役权制度后，我国法律中的地役权，将成为一种可以由不动产所有权人、各种类型的土地使用权人等享有的权利。

此外，我国《物权法》未规定，但是可以从学术上讨论的用益物权还有：

第一，人役权，即为某个人的方便，而为其设定的利用他人不动产

① 王家福、谢怀栻等：《民法基本知识》，人民日报出版社，1987，第 176 页以下。

的权利。如丈夫用自己的房屋为离婚的妻子设定居住的人役权等。在国际上，这种物权类型也是普遍承认的。从我国社会发展的趋势，否定这种权利类型弊大于利。因为，在我国一些特殊的老人供养关系、特殊的儿童抚养关系、离婚妇女等的居住权和扶养关系等，都可以利用人役权的制度来实现。

第二，典权，即不动产的所有权人为借贷担保的需要，将自己的不动产交给出借人占有并使用，在约定的期限里可以回赎；在约定的期限届满时不回赎的，不动产的所有权由出借人取得的制度。其中，需要借贷的不动产所有权人为出典人，借贷而占有并使用他人不动产的人，为典权人。因为典权人的权利，主要是占有和使用，这种权利属于用益物权，而不是担保物权。在我国，民间相互辅助性质的典权一直存在，[①]我国司法政策对此也采取了承认的态度。[②] 这次《物权法》没有承认这一权利类型，对实践中出现这种问题的，司法者应该掌握其中的法律原理。

（三）担保物权系统

在担保物权系统中，担保法对我国担保物权的种类已经有较多的规定，而且这些物权在实践中已经发挥了比较积极的作用，故就法律已经承认的担保物权种类而言，法学界基本上没有异议，《物权法》对此也加以保留和承继，于第四编专门规范担保物权。具体而言，我国《物权法》中担保物权系统由如下权利种类构成。

第一，抵押权，即债务人或者第三人为担保债权人权利的实现，提供自己的特定不动产或者法律确定范围内的动产，以不移转标的物的占有为条件交由债权人支配，并且在债务人到期不履行债务时，由债权人将该不动产或者动产予以变价并从中优先获得偿还的权利。《物权法》第179条对此的表达为："为担保债务的履行，债务人或者第三人不转移财产的占有，将该财产抵押给债权人的，债务人不履行到期债务或者发生当事人约定的实现抵押权的情形，债权人有权就该财产优先受偿。前款规定的债务人或者第三人为抵押人，债权人为抵押权人，提供担保的财产为抵押财产。"抵押权是我国法律承认的最重要的担保物权

---

① 直至近年，仍有关于典权诉讼的报道出现，比如《北京晚报》2001年4月4日《20元典来的新房，40年后确认新主》的文章。

② 1984年最高人民法院《关于贯彻执行民事政策法律若干问题的意见》第58条："对法律政策允许范围内的房屋典当关系，应予承认。"

形式。

第二，质权，又称质押权，通常指动产质权，即债务人或者第三人为担保债权人权利的实现，提供自己的特定动产交由债权人占有，并且在债务人到期不履行债务时，由债权人将该动产予以变价并从中优先获得偿还的权利。《物权法》第208条对此的表达为："为担保债务的履行，债务人或者第三人将其动产出质给债权人占有的，债务人不履行到期债务或者发生当事人约定的实现质权的情形，债权人有权就该动产优先受偿。前款规定的债务人或者第三人为出质人，债权人为质权人，交付的动产为质押财产。"在民法的发展史上，质押其实是一种比抵押更古老的担保方式，因为在登记制度诞生之前，以交付实物的占有给债权人作为债权的担保，不论是在债权人的观念中还是在债务人的观念中，都是很可靠的。

在动产质权之外，还有权利质权，《物权法》第223条对此的规定是："债务人或者第三人有权处分的下列权利可以出质：（一）汇票、支票、本票；（二）债券、存款单；（三）仓单、提单；（四）可以转让的基金份额、股权；（五）可以转让的注册商标专用权、专利权、著作权等知识产权中的财产权；（六）应收账款；（七）法律、行政法规规定可以出质的其他财产权利。"

第三，留置权，即依据合同占有债务人的动产的债权人，在债务人到期不履行债务时，以其所占有的动产变价并从中优先获得偿还的权利。《物权法》第230条规定："债务人不履行到期债务，债权人可以留置已经合法占有的债务人的动产，并有权就该动产优先受偿。前款规定的债权人为留置权人，占有的动产为留置财产。"留置权在实践中常常应用在债权人为债务人提供了劳动服务，而债务人却不能支付报酬的情形。保护此时债权人的利益，在法律上至为正当。

此外，我国《物权法》中未规定但应规定的担保物权是让与担保，即动产的所有权人为担保其履行债务而通过一种能够证明所有权移转的法律手段，将动产的所有权移转给债权人的法律制度。与动产质押权相比，让与担保在法律实践中具有对债权人更加安全、对债务人更加实用的优点，所以在当代市场经济发达国家的动产担保实践中，它已经逐步取代了动产质押，成为主要的动产担保形式。[1] 因此，在我国《物权

---

[1] 对此请参见拙著《德国当代物权法》，法律出版社，1997，关于"非典型担保"一节。

法》中建立让与担保的法律制度是非常必要的。

（四）准物权系统

考虑到准物权具有的从属于行政权力的特点，世界各国的民法、《物权法》一般并不规定准物权，我国《民法通则》规定的采矿权应该是一个例外。目前，由于我国的准物权立法相对薄弱，所以《物权法》中涉及了一些准物权，如第118条、第119条涉及自然资源使用权，第122条涉及海域使用权，第123条涉及探矿权、采矿权、取水权和使用水域、滩涂从事养殖、捕捞的权利，它们均属于对国计民生具有重大意义的准物权。由于准物权的具体制度毕竟还是要在各种相关的行政法或者民法单行法中予以规定，因此，考虑到对准物权进行保护的必要，我国《物权法》对这些权利的规定相当简要，主要在于明确它们应受法律保护的思想。

（五）占有

在当代大陆法系中，占有指的是民事主体控制特定物的事实状态。占有并不表示主体对物拥有权利，然而为物的真正权利人的利益，即为了达到使物能够最终回到权利人手中的目的，法律必须对物的占有进行保护。这种保护，本质是法律推定占有为正确权利所进行的保护，而不是以占有为真正权利人所进行的保护。法律对占有进行保护的手段即物权保护的手段，所以虽然占有不是物权，但是大陆法系各国《物权法》中均规定占有制度，我国《物权法》也于第五编专门规范占有制度。

二　一些特殊的物权问题

（一）优先权问题

优先权的概念目前在我国法律中得到了非常广泛的使用。不但民商法中使用这一概念，而且行政法等公法中也使用这一概念。[①] 这些法律规范中的优先权包括四种含义：（1）指物权所具备的优先效力，即上文物权效力探讨的内容。（2）指一种独立的物权类型，即有些国家法律和我国海商法等法律明确规定的优先权。（3）指法律对某些特殊群体的保护措施，如某些法律要求在就业以及发放救济金时对伤残军人以

[①] 我国目前法律法规以及部门规章中包含400多项涉及"优先权"的内容。对此可以参考费安玲《对物权中先取特权一般规则的立法思考》，载《二十一世纪物权法国际研讨会论文集》，2000，北京。

及残疾人予以优先考虑的规定等。（4）指对某些事务应该优先予以处理的意思。一般来说，民法、商法中使用的优先权，意义是前两者；行政法规中使用的优先权，意义是后两者。对于该概念的后两种含义探讨，不属于本书的范围。

作为独立物权类型的优先权，与物权的优先效力之间的区别，在于优先权是一种独立权利类型，是为保障某种权利实现而在该权利之外确定的另一种权利。这种权利一般是为法律上值得特别保护的债权的实现而特别规定的，因债权在法律上没有优先性（而凡是物权，就具有优先于债权的效力），不能排斥他人而使得当事人设想的特别债权人优先受偿，故法律为这些债权设定优先权而予以特别保护。正是因为优先权是法律为保障某种权利的优先实现而赋予权利人的另一个权利，所以它才是一种独立权利类型，但不是独立物权，而是附属物权。

优先权在法学上区分为优先求偿权和优先购买权两类。所谓优先求偿权，即以保障价款债权实现而确定的优先权，如我国海商法中规定的船舶优先权，[①] 就是为价款债权的优先实现而确定的权利。所谓优先购买权，即以保障特别买受人买得某种确定的物品而设定的权利，如我国合同法第 230 条规定的房屋承租人的优先购买权就是如此。[②]

作为独立物权类型的优先权，其基本特征如下。

第一，它们都是法定物权，而不是由当事人的法律行为设定的物权。法律直接规定这种物权，是因为这种权利中有需要法律根据基本价值加以保护的重要利益。比如，我国合同法第 230 条规定的房屋承租人的优先购买权，就反映了居住安全保障这一基本人权的要求。

第二，这种优先权的产生，在符合法律规定的条件时直接生效，不必进行权利设定的公示程序。如当事人以法律行为设定物权，则物权的变动必须在公示之后生效，而优先权由于是法定权利，其生效不必公示。

第三，优先权的效力，优先于意定物权。如在船舶优先权指定的船

---

① 我国海商法第 21 条："船舶优先权，是指海事请求人依照本法第二十二条的规定，向船舶所有人、光船承租人、船舶经营人提出海事请求，对产生该海事请求的船舶具有优先受偿的权利。"

② 我国合同法第 230 条规定："出租人出卖租赁房屋的，应当在出卖之前的合理期限内通知承租人，承租人享有以同等条件优先购买的权利。"

舶之上有当事人设定的抵押权时，船舶优先权优先于该项抵押权；抵押权只能在船舶优先权实现之后获得清偿。

第四，一项标的物上存在多项优先权时，各项优先权的实现顺序按照法律规定的顺位。我国海商法规定的优先权，一共有五项，它们的标的物是重合的，对此，海商法第23条规定，这五项优先权，按照法律规定的顺序依次获得清偿。

第五，优先权的基本内容是排斥第三人而优先取得。优先权并不排斥所有权人或者其他处分人的处分权，恰恰相反，只有在处分人处分标的物时优先权人才能够也才有必要排斥第三人而优先取得价款或者标的物。在处分人处分标的物而有第三人对标的物主张权利时，优先权人方可主张其权利。如果没有第三人主张权利，则优先权人也无法主张其权利。

第六，优先权虽然优先于意定物权，但是并不意味着它绝对优先，比如，海商法第25条规定："船舶优先权先于船舶留置权受偿，船舶抵押权后于船舶留置权受偿。"

虽然作为独立物权类型的优先权在物权法学中是存在的，但是在世界各国立法中，这种权利一般并不在《物权法》中加以规定，而是在民法特别法或者法律认为必须加以保障的某种权利的立法中加以规定。正如我国海商法对船舶优先权的规定，以及合同法对房屋租赁权的规定那样。因此，我国《物权法》不必对这种权利加以规定。

（二）公房租赁权以及相关住房改革产生的房屋权利问题

1. 公房租赁的法律意义

所谓公房租赁，指我国城镇居民以名义上的租赁、实质上的福利分配所取得的对"国家"所有的房屋的租赁权，它是依据变相工资分配方式建立的所谓"租赁"关系，而非廉租房租赁。① "公房租赁"的特点是：（1）能够获得这种租赁权的人，只能是城镇居民，而且后来演化为只能是"全民所有制"机关、企业事业等单位的就业者，其他居民无法获得这种租赁权。（2）现实中这种租赁权取得的基本条件，是就业者就业应该甚至必须达到较长期限。这种住房名义上是租赁，实质上具有实物工资的意义。这种租赁房的获得，在各地各单位采取

---

① 国家建设部1999年4月22日颁布的《城镇廉租住房管理办法》第2条："城镇廉租住房是指政府和单位在住房领域实施社会保障职能，向具有城镇常住居民户口的最低收入家庭提供的租金相对低廉的普通住房。"

"分配"的方式，分配的条件是个人工作的工龄、贡献的大小等。在我国长期实行的工资高积累政策的情况下，这些"分房"指标基本上可以与职工的工资联系起来。所以，我国以前把这种住房称为"福利房"是不准确的，因为这种住房是变相的工资发放；真正的"福利房"只是现在正在实行的具有社会保障意义的"廉租房"。（3）租赁房的所有权人名义上是"国家"，实质上只是就业者所在的工作单位或者地方政府，所以租赁房有所谓"单位产权"、"地方产权"的说法。不过"单位产权"在我国现行政策上被称为"国有单位自管的共有住房"；"地方产权"被称为"各地房屋管理部门直管的公有住房"。①

不论是从法理上看，还是从实质意义上看，"公房租赁"都不是真正意义的合同法上的租赁，因为这种房屋具有所有权性质的权利，已经或者即将通过实物工资分配的方式转移到了"承租人"手中。在世界各国，不论是立法或者司法都承认这一点：任何以劳动报酬方式取得的财产权利，在法律上只能是所有权。因此，应该首先明确的是"公房租赁权"这种权利从来都不具有债权法上的租赁权的意义；考虑到这种房屋的分配并不能直接用工资来衡量，所以"公房租赁"中"承租人"所享有的权利已经成为一种"类所有权"或者"相似所有权"。无论如何，这种权利的本质是物权，即民事权利主体以自己劳动获得的权利，是比较充分的自物权。

2. 对"公房租赁"权利的保护问题

既然"公房租赁"中"承租人"所享有的权利已经成为一种"类所有权"或者"相似所有权"，那么对这种权利的立法政策应该发生根本的转变：必须把这种住房权利在立法上和司法上当做住户个人的另一种"自物权"来处理，而不能将公房租赁的法律关系当做民法上的租赁关系，也不能将"承租人"享有的权利依合同法上关于租赁权的规定来予以处理。将"公房租赁"中承租人的权利定义为自物权十分有必要，因为在我国现行法律中对这种权利的认识有着巨大的分歧，实践中如何处理这种权利引发的问题需要法律清晰的解释。比如，我国国务院 2001 年颁布的《城市房屋拆迁管理条例》第 4 条第 3 款规定："本条例所称被拆迁人，是指被拆迁房屋的所有人。"该条例第 22 条第 1 款规定："拆迁人应当依照本条例规定，对被拆迁人给

---

① 国家建设部 1999 年颁布的《关于推进现有公有住房改革的通知》。

予补偿。"① 显然，如果仅仅把"公房租赁"中的"承租人"理解为合同法上的承租人，把他们对房屋的权利理解为合同法上的租赁权，则房屋的居住人就不能成为拆迁形成的法律关系的当事人，不能独立出面与房屋拆迁人协商拆迁的损害赔偿事宜；甚至在他们的合法利益受到损害的时候，他们没有独立的诉权。这种对住房人利益造成严重损害的局面，不但不符合这种权利产生的法律基础，而且违背了立法的本意。

3. "公房租赁"在住房制度改革后的权利问题

我国关于"公房租赁"改革的基本做法，是将这些"国家住房"以成本价为基础出售给原来的"承租人"。由于我国行政立法仍然把"公房租赁"理解为合同法上的租赁，把"承租人"的权利理解为合同法中的租赁权，尤其是这些法律对这种住房对居住者具有实物工资的意义不予以承认，所以，这些法律把这种以成本价而不是以市场价购买的住房，称为"部分产权"房。② 这一不规范的法律用语主要想说明，住户购买所获得的权利无论如何不是所有权。

由于我国行政法规将住户买房取得的权利称为"部分产权"，那么就意味着在这样的房屋上还有其他人享有另一"部分产权"。毫无疑问，立法的本意就是这样："国家"也即"原产权单位"在这些住房上还保留着另一部分财产权利。这样，不论在法理上还是在实践上就"国家"保留的部分究竟有多少的问题引起了大量的争议。③ 但是认可

---

① 应该说明的是，我国旧的"拆迁法"规定，"被拆迁人"是房屋的所有权人和"使用权人"。但是，这里的使用权人指的是哪些人，立法上和司法上均没有过统一的解释。实践中拆迁人趋向于把使用权人解释为具有产权的人，例如本书此处所指的"公房承租人"，而不包括纯粹依据民事合同建立的租赁合同中的承租人。这样，如果"公房承租人"将自己的房屋以合同方式出租，则拆迁人只补偿"公房承租人"而不补偿合同中的承租人。问题是此说并无立法根据，所以现实中争议很多，因为近年来城市房屋租赁越来越多，许多依据合同取得承租人地位者，均要求拆迁人补偿。但是，拆迁补偿历来的原则是只认定一个被拆迁人，故是否给予合同承租人补偿，常常引发争议。2001年重新颁布的《城市房屋拆迁管理条例》规定的被拆迁人只有所有权人，明确排除了给予依据合同取得承租人地位者的补偿。但是，如果将此处的所有权人理解不当，也可能造成新的问题。

② 参见国家建设部1999年4月颁布的《已购公有住房和经济适用住房上市出售管理暂行办法》第三人条第（五）项。

③ 对此可以参看《民主与法制时报》2001年7月17日的文章《单位有权收回房改房吗?》。此文引用了这样一个案例：一个研究所与其职工在房改过程中签订的协议中有这样一个条款："凡调离、辞职、因私出国者，须无条件将分配的住房交还本院，院分配的住房因房改卖给职工的，职工调离、辞职、因私出国等，由原单位收购，不得私自买卖。"此种损害职工权利的情形，在各地多有出现。

"国家"保留部分所有权的做法不但违背法理，也违背当事人利益，更违背了这种权利产生的历史真相。

立法与司法在这个问题上的出路在于：（1）对于已经长期租赁公房的住户，应该承认原来的"公房租赁"具有实物工资的意义，承认住户对这些房屋的购买就是所有权的购买，承认住户已经取得了全部所有权。目前我国城镇居民多数的这种住房已经由原来的"承租人"购买，而且随着我国民众生活水平的提高，以及居民迁徙的增多，这种房屋的买卖会越来越多。承认这些居民购买的权利是所有权，而且是毫无瑕疵的所有权，对于交易安全也是十分必要的。（2）对于刚刚取得公房租赁权的住户，在他们购买公房时，应该承认他们取得权利应该是一种期待权，并给予这种权利以物权保护。期待权的含义见下文。

（三）期待权问题

所谓期待权，指的是权利取得人依据法律能够确定地取得某种物权（一般为所有权或者类似所有权的权利，如地上权）的权利。在民法中许多情况下当事人都有"期待"的权利，即未来获得某种权利的权利（如被继承人死亡前继承人的权利等）。但是这种期待的地位与期待权有显著的不同。纯粹的期待，在民法上只是一种未来事实上的可能，在当前当事人只是在等待，这种等待的地位只是一种可能，不一定会转化为权利。比如，继承人的地位，就只是一种期待，而不是期待权。真正的继承权，只能是在被继承人死亡后，继承人身份确定时才能出现。与此不同，当事人依据期待权去取得权利已经不再是一种可能，而是已经基本确定，比如，在房屋所有权预售的情况下，买受人如果将其权利进行预告登记，买受人的权利受到不动产登记簿的确认和保护，此时，第三人已经不可能取得纳入预告登记的房屋所有权。那么，买受人的这种已经得到物权保护的但是尚未取得物权之前的权利就是期待权。

期待权也可以出现在所有权保留的买卖中。在所有权保留的买卖中，买受人虽然暂时只获得物的占有使用的权利，但同时也获得未来取得所有权的权利。此后一种权利，在当代法律中也已经非常有保障。目前德国的法院判决承认附所有权保留条件的买受人的期待权可以如物权一样移转和负担担保。① 故期待权已经转化成为一种新型的物权形式。

期待权在我国现实中也是存在的。除上文所说的《物权法》中规定的预告登记所确认的期待权之外，当前已经存在的期待权，最鲜明

---

① Creifelds, Rechtswoe terbuch, 12. Auflage, C. H. Beck, 1994, Seite 64 – 65.

者，就是部分购买"部分产权"房的住户对房屋所享有的权利。具体的含义上文已经探讨。

┌─────────┐
│ **复习题** │
└─────────┘

1. 请你查询我国《民法通则》、《担保法》、《物权法》等民事法律、法规的规定，看看我国现有的物权体系构成状况，并分析其中的有待完善之处。

2. 请你查询我国《民法通则》、《合同法》等民事法律、法规对优先权的规定，总结它们的规律。

3. 请分析我国住房改革中出现的房屋物权问题。

┌─────────┐
│ **案例分析** │
└─────────┘

离婚住房纠纷案①

赵某某（女）与林某某于 1990 年 5 月登记结婚，双方均系再婚，婚后无子女。婚后，双方因性格、生活习惯上的差异产生矛盾。林某某曾 3 次起诉离婚。1996 年 3 月在双方分居近 1 年后，林某某再次起诉要求离婚，法院准许离婚。但就住房处理问题，双方当事人争执不下。经法院查明，双方现住房公寓楼一居室为林某某承租的单位公房，自结婚以来赵某某一直在此居住，林某某自 1995 年 6 月另向单位借宿舍一间独自居住。

一审法院认为，鉴于双方均要求居住公寓一居室，"若离婚后仍共同居住使用不能解决实际上的居住问题，故双方保持现有的居住状况为宜"。法院判决公寓楼一居室"由赵某某居住使用；赵某某一次性给付林某某住房经济帮助 2000 元人民币"。

林某某不服，以要求住房为由提起上诉。1997 年 5 月，二审法院认为，"关于住房一节，从方便生活及保护妇女合法权益原则出发，现由赵某某居住现住房并无不当，故林某某上诉理由，本院不予支持。"

---

① 案例来源：北京市海淀区人民法院（1996）海民初字第 1143 号民事判决书；北京市第一中级人民法院（1997）一中民终字第 1578 号民事判决书；北京市第一中级人民法院（1999）一中民再字第 1360 号民事判决书。转引自刘东华《离婚判决中女性的居住权问题——兼论我国的居住权立法》，载梁慧星主编《民商法论丛》2001 年第 1 号，金桥文化出版（香港）有限公司，第 259 ~260 页。

判决生效后，赵某某向林某某支付住房经济帮助款 2000 元，林某某将户口迁出。但是，住房产权单位拒绝为赵某某办理变更住房承租关系，拒收赵某某缴纳的房租，仍以林某某为承租方，每月从林某某工资中扣除公寓楼的房租。赵某某与住房产权单位多次交涉，未果。

1998 年 4 月，林某某就上述离婚纠纷案离婚住房处理部分向原二审人民法院提出再审申请。翌年 5 月，再审过程中，住房产权单位房地产管理处出具证明，证明公寓楼住房是分配给林某某居住。法院认为，"人民法院在判决处理双方离婚后住房时，对诉争房屋案外产权单位的权益及意见，应予尊重及保护。对于当事人承租单位所有公房的，离婚时产权人单位所在职工一方应有优先使用权"。故判决："公寓楼住房一间由林某某居住使用；赵某某暂住宿舍一间至再婚或另有住房时为止"。

就上述案例而言：（1）依据我国现行民事法律、法规的规定，赵某某居住房屋的权利是否物权？（2）如何能制度化地保障赵某某在离婚后的居住权利？（3）请分析其中存在的住房改革中的房屋权属问题。

提示：请结合物权的体系对本案进行思考。如果有兴趣的话，请你收集有关居住权的资料，再进一步深入思考本案。

第四节　物权的种类

物权是一系列权利的总称，按照不同标准能够分为不同的类型。掌握物权的类型，既有助于我们清楚地了解物权体系的内部结构，也有助于我们准确运用《物权法》去处理实际情况。

一　依据物权的法律根据对物权种类的划分

（一）公法中的物权与私法中的物权

公法规范的基本出发点，是对公共权力的应用以及制约，因此公法规范涉及民事权利如物权时，其含义不一定与民法一致。比如，我国《宪法》第 12 条、第 13 条等的规定，从字面意义上看，似乎是对所有权的规定，但是从立法的本意以及现代社会一般的理念来看，这些规定中所规定的并不仅仅是所有权，而是一切独立的民事权利的总称；尤其是指民法上所说的独立物权，包括民法上的所有权、土地使用权等。

私法上的物权规范，其出发点是协调围绕着这种民事权利而形成的社会关系，所以不论是民法还是作为私法特别法的商法等法律，其使用的概念一般而言保持了民法上的意义，与公法的意义有所不同。

（二）普通法中的物权与特别法中的物权

私法中的民法是基本法，其中规定的物权就是普通法中的物权，在我国即《物权法》中规定的物权。海商法、农村土地承包经营法等是私法中的特别法，其中规定的物权是特别法中的物权。这类区分的意义是，按照法理学中介绍的普通法和特别法的理论，特别法中的物权首先受特别法调整，只有在特别法没有明文规定的情形，才能适用普通法的规定。

（三）制定法中的物权与习惯法中的物权

所谓制定法中的物权，是指在制定法中明确列举的物权类型。而习惯法中的物权，是指在制定法中并没有明确规定，而是在现实的交易习惯和生活习惯中存在的物权类型。如渔民在传统渔场打鱼的权利，法律虽然并没有在渔场中划界，但是渔民之间互相尊重，承认各自控制的渔场。与此类似的是牧民在未圈定的草原上放牧的权利（据调查，现在我国许多草原已经圈定为牧民固定的使用权，但是仍然有一些属于未圈定的范围）。中国领土辽阔，民族众多，在制定法之外肯定存在许多习惯法，习惯法中的物权，只要不与制定法相违背，就应当具有物权的效力。

（四）国际法中的物权与国内法中的物权

在国际法上，领空、领海以及领陆均为国家主权支配的物，然而领空与领海在法学上属于人类"公有物"，依法理不得在这些公有物设置属于私权的物权。在领陆上可以存在国家主权和物权，它们不会相互排斥，比如，一个国家可以宣告某一岛屿归其所有，但是这种意义上的"所有"，并不是《物权法》上的所有，而是国家主权意义的"所有"，民事权利主体甚至是外国人在该岛屿上照样可以拥有土地的所有权。因此，国际法上的所有权与属于国内法的《物权法》上的所有权，意义大不一样。

二　按物权的主体对物权种类的划分

（一）单一主体物权与共同主体物权

单一主体物权是指一个主体拥有的物权，如你对自己钢笔的所有权；共同主体物权是指两个以上主体共同对同一标的物拥有的物权，如兄弟二人对父亲遗产的所有权。对于共同主体物权来讲，不仅要考虑物权人与其他权利人的关系，这一点在物权的效力中已经讨论过；还要考虑权利人的内部关系。这种关系存在不同形态，也导致不同规则：（1）按份共有，即共有人按照各自份额，对共有物分享权利和分担义务，如甲乙二人各出资 5 万元购买一辆汽车的情形。（2）共同共有，即共有人不分份额地对同一物享受权利和承担义务，如夫妻对共同财产的所有。（3）总有，即以成员资格不固定的团体名义享有的权利，该团体成员因取得成员资格而自然享有权利，因丧失成员身份而失去权利。在我国台湾地区，渔民加入拥有渔业权的渔会，即可在指定渔场捕鱼的权利就是总有。（4）合有，即数个主体对物虽然按照确定份额享受权利，但因共同目的的束缚，权利人对自己份额不得随意处分和请求分割的共有，如合伙对其财产的权利、共同继承人对尚未分割遗产的权利。（5）公有，即一个社会的全体民众对全部社会财产不分份额地拥有所有权的形式，其典型是社会主义社会成员之间"共同劳动、共同分配"的共同关系。这种共同关系强调的是物权的政治意义，没有体现应有的法学规范性，不应为我国《物权法》立法所采用。

（二）国家的物权、集体的物权、法人的物权和个人的物权

将物权分为国家的物权、集体的物权和个人的物权，就是我们所说的"三分法"，其起源于 1923 年的苏俄民法典。这三种物权之外的权利，最重要的如法人所有权，基本上得不到法律的承认。"三分法"的基本特点是：按照所有制的政治属性，给予不同主体的权利不同的保护地位和保护措施，这一点与我国正在建立的市场经济体制的要求发生极大的矛盾。为了消除该矛盾，就必须改变公有财产和私有财产法律地位不平等的局面，在法律上给它们平等的对待；同时，在法律上明确承认法人物权尤其是法人所有权。

三　依据物权的客体对物权种类的划分

（一）可分物物权和不可分物物权

所谓可分物，即将物从整体拆分后，其整体的功能延续到拆分后的部分，每个部分仍然可以发挥整体的经济效能的物。所谓不可分物，指物从整体拆分后，其整体的自然与经济效能无法保持的物。由此导致的物权制度差异，在物权变动制度上：可分物上的物权，可以随着物的区分而区分为两个以上的物权，比如一袋面粉，可以区分为两小袋面粉，区分后并不影响物的性能，因此，将一袋面粉上的物权，可以区分为两小袋面粉上的物权；而不可分物上的物权，因物的效能必须保持，物权也不可区分。

（二）动产物权、不动产物权与准不动产物权

顾名思义，动产物权是以动产为客体的物权，不动产物权是以不动产为客体的物权，它们的主要区别为：（1）动产物权变动（如转让电视机所有权）的根据是动产的占有交付，这是当事人自己作出的行为；而不动产物权变动（如移转房屋所有权）的根据是不动产登记，它是国家行为，这导致不动产登记必须有专门的法律进行调整。（2）动产物权范围较小，主要是所有权和质押权、留置权等担保物权，用益物权较少是动产物权；不动产物权既包括所有权、抵押权等担保物权，还包括用益物权。（3）在诉讼法上，针对动产物权争议的管辖，实行属人主义；而对不动产物权争议实行不动产所在地主义。上述区分表明了动产物权和不动产物权的深刻分离，这也成为近现代《物权法》立法的基本线索和标准。比如，德国民法物权编第二章专门规定了"土地权利通则"，从而区别于动产权利规则。车辆、船舶、飞行器在《物权法》中被称为准不动产，它们发生物权变动基本上要遵循不动产物权变动的规则，由国家专门机关进行登记。

四　依据物权的内容对物权种类的划分

（一）学术界一般的分类方法

法学界一般著述中依据物权的内容将物权划分为四种类型。

第一，完全物权和限制物权。完全物权指所有权，因为所有权具有上面我们所说的全部物权权能，而且不受时间限制，在时间上具有永恒的意义；限制物权指用益物权和担保物权，其内容受很大限制，只具有物权一部分权能，而且它们的存在受到时间的限制。

第二，自物权与他物权。自物权，指自己的物权，即所有权；他物权，指设立在他人物上的物权，也就是用益物权和担保物权。

第三，无期物权和有期物权。所谓有期物权，即存在一定期限的物权，如建设用地使用权、抵押权、质押权等；而无期物权，指没有存在一定期限的物权，如所有权、地役权等。

第四，实质物权与形式物权。所谓实质物权，即不采用物权的名义，但究其实质毕竟是物权的权利。如英美法系各国并不采纳物权法的名义，但其法律中当然包括所有权、抵押权等各种实质物权。形式物权，即采用明确的立法规定的物权类型。

对这些分类，学术界研究已久且多有阐述，本书因此不再赘述。如下内容，是本书作者认为应该进一步研究和探讨的物权类型。

（二）法定物权和意定物权

所谓法定物权，即基于法律规定直接产生的物权，如我国合同法第286条规定，建筑工程承包人在发包人到期不支付价款时，享有将建筑物折价拍卖并以其价款优先受偿的权利，就是法定抵押权。所谓意定物权，即按照当事人的意思表示设定的物权，如当事人约定设立的土地使用权、抵押权等，这是最常见的类型。法定物权与意定物权的区分在于：（1）前者直接根据法律规定产生，后者则建立在当事人意思表示基础之上。（2）前者在产生时无须进行公示，如法定抵押权就不用登记；而意定物权的设立必须公示，如按照我国《物权法》第187条的规定，当事人约定设立建筑物等抵押权时必须登记。（3）前者的效力优先，在同一标的物上存在法定物权和意定物权时，法定物权能排斥意定物权而优先得到实现。

（三）独立物权与附属物权

所谓独立物权，指可以独立进入交易机制的物权，像所有权、建设用地使用权等。附属物权，指在法律上没有独立性，不能独立进入交易机制的物权，如抵押权、质押权就属于被担保的债权的附属物权。独立物权和附属物权区分的界限是该权利能否独立进入交易机制。在司法实践中，经常可以遇到是否可以为抵押权、质押权等权利设定独立的负担的问题，比如我国一些部门曾经确定的土地和房屋抵押权登记的"年检"制度，要求抵押权每年重新登记一次的做法，就是没有道理的。因为，附属物权的性质必须由其主权利的性质决定，而不能由所谓的"年检"决定。

（四）法律物权与事实物权①

法律物权是指由法定公示方式表征的物权，如纳入登记簿的不动产物权；而真正权利人实际享有的物权，为事实物权，如本属于甲的房屋所有权被错误登记在乙的名下，则甲的权利为事实物权，乙的权利为法律物权。这类物权区分的基本意义在于，当它们产生冲突时，要根据不同情形设置不同的保护规则。在上例中，如果房屋所有权没有移转，则要保护甲的利益，甲有权要求登记机关更正这个错误登记；如果丙基于对登记的信赖而从乙处取得房屋所有权，则甲只能要求乙赔偿损失。这种处理规则的基本道理请参见下文的"物权公示原则"以及"物权

---

① 详细论述，请参见孙宪忠、常鹏翱《论法律物权与事实物权的区分》，《法学研究》2001年第5期。

变动"。

将物权区分为法律物权和事实物权还有一个十分重要的意义：即必须在立法上和司法上承认并非所有的事实物权都能够在立法上反映出来，并得到司法者的尊重和保护。有一些物权，比如渔民在海洋上享有的捕鱼权、牧民"逐水草而居"所享有的放牧权这些基于传统的谋生手段而享有的权利，以及某些少数民族地区部分居民基于历史原因对于"公山"、"公地"的专有使用权等，属于事实物权的范畴，即使对于这些权利尚无明确的立法予以规定，即使权利人取得这些权利没有纳入不动产登记，在司法实践中法律也必须承认这些权利享有的合法有效性，并且应该给予这些权利以应有的尊重和保护。

五　典型物权与准物权

所谓典型物权，即由民法基本法即民法明确承认的物权种类。按照大陆法系的传统，物权的基本种类一般均由民法明确规定，如《物权法》中规定的所有权、建设用地使用权、土地承包经营权、宅基地使用权、地役权、抵押权、质押权、留置权等。典型物权的取得与消灭，遵守民法所规定的物权变动的一般方式。

而准物权，即由民法特别法或者行政法规定的物权类型，如森林法规定的森林采伐权、矿产法规定的采矿权、水法规定的用水权、渔业法规定的渔业权以及环境资源法等规定自然资源使用权或者获得权等。准物权基本特征是：

第一，它们一般涉及某种特殊的自然资源，是对这种自然资源予以控制和利用的权利。权利主体对这种自然资源的控制与利用以及从这种控制与利用中获得经济利益的特征，与一般物权并无差异。对这些权利的保护，一般情况下同样按照《物权法》的规定。

第二，由于自然资源在当代社会的重要性，现代国家加强了对它控制和利用。由于自然资源的这一特性，现代民法中有关上述准物权的取得，从根本上来说，并不依据民法上的权利取得方式，而是"申请加批准"的方式，即权利取得人必须向政府的自然资源管理机关提出获得权利的申请，在政府管理机关批准之后，权利人才能取得这种权利。因为政府管理机关的批准是这种权利取得的根据，所以这些权利本质上都有附属于政府行政权力的特点。也正因为此，这些权利的取得与变动不能按照民法或者《物权法》所规定的物权变动的一般方式，而只能按照行政法或者民法特别法规定的方式。从这一点来看，这些权利基本上不是民法上的独立权利，权利人不能自主地转让和处分这些权利。

第三，准物权虽然一般都具有物权的特性，但是其具体的内容必须按照批准机关的文件解释。比如一项采矿权，权利人的权利到底是什么，期限到底有多长，要依据政府矿产资源管理机关的批准文件决定。

正因为这些权利既有物权的一般特征，又有附属于行政权力的特征，因此，法律上将其称为"准物权"。对准物权，在司法实践中应该注意的是，其不得按照《物权法》所规定的一般物权变动的规则取得和转移；对于权利内容的确定，应该以相关法律作为准据。但是对于当事人提起的依照物权保护的一般规则保护其权利的请求，一般应该准许。

【复习题】

1. 根据我国《宪法》和《物权法》的规定，请你谈谈物权按照所有制形态划分的看法。

2. 请查询我国《民法通则》、《担保法》、《物权法》、《民事诉讼法》等法律的相关规定，看看不动产物权和动产物权的异同之处。

3. 评析法律物权与事实物权予以区分的理论意义和实践意义。

【案例分析】

（一）政府出租渔港案[①]

我国南方某城市为海岸城市，海边有一渔港，渔港以及邻近的渔场为渔民历代自然使用。2005 年，市政府决定将该港区水面出租给境外客商作为旅游开发，因此不再许可渔民从此下海，也不再许可渔民使用该港口。政府的法律依据是：根据我国法律，领海水面属于国家所有，法律历来没有承认渔民使用该港口和渔场的民事权利；而市政府依据法律可以代表国家行使对于该港区水面的所有权，因此政府行使对于水面以及渔场的所有权，将其出租符合法律。

试分析此案。

提示：依据民法总论中有关民法意义上的物的规则，以及本书中涉及的国有物权的知识进行分析。

———————————

① 此案，为本书作者孙宪忠教授现实调查所得。

（二）购买继承房屋产生所有权争议案

北京市某城区一个老人有两个儿子，长子在"文化大革命"时期插队下乡到山西，后在当地娶妻生子，定居下来。北京的户口簿上只记载老人与小儿子的名字。后老人去世，小儿子并没有通知大儿子回京参与丧事，并依据户口簿将老人遗留的房屋一座，通过房屋所有权登记，过户到自己名下。后张某购买得此房屋，也办理了房屋过户登记，并居住数年。老人的大儿子在回京探亲时，发现父亲去世，房屋被出卖的事实。大儿子认为自己同有房屋的一半继承权，弟弟与张某订立的买卖自己名义下的房屋的合同是无效的，于是向张某提出返还所有权的要求。

请你谈谈处理此案的基本方法。

提示：根据本章讲授的物权法理论予以分析。

另外，也请你根据这里的道理，谈谈处理现实中大量存在的家庭购买房屋，只是以夫或者妻的名义进行所有权登记，而名义上的所有权人常常私自将房屋变卖的案件的规则。对此，你是否可以对完善立法提出若干建议呢？

第二章　物权法的基本范畴及规范体系

要点提示

- 物权法的定义
- 物权法解决的主要问题
- 物权法的基本范畴
- 物权法规范体系

第一节　物权法所要解决的主要问题

一　物权法的定义

按我国法学界经常采用的理解，规范社会财产关系的财产法律中，债权法（主要是合同法）规范财产"动"的关系，即财产的流通关系（主要是交易关系）；物权法规范财产"静"的关系，即权利主体不涉及他人的情况下对财产的支配关系。根据这种认识，物权法只是关于物权种类以及各种物权具体内容的规范。但是，依据物权法的法理，合同或者债权关系不能自然而然地发生物权变动的结果，所以，物权法除了规范物权种类以及各种物权的内容之外，还必须规范物权变动所发生的各种问题，以及物权变动涉及对第三人的排斥而应该建立的第三人保护制度建设问题。

本书作者认为，物权法是关于人对物的支配关系、物权变动以及物权交易安全的法律规范的总和。这一概念包括四层意思：（1）物权法首先要调整人对物的关系，这一点大家没有争议；（2）物权法要建立物权变动的规范群体；（3）物权法要建立保护交易安全的规范群体；（4）物权法为上述三个规范群体的总和，它主要表现为民法典的物权编，其他反映上述三个范畴的法律规范，也是物权法的规范。

二 物权法基本范畴分析与结论

一般而论，市场交易行为应该是比较复杂的行为，而且也是当事人利益关系敏感的行为，从对交易行为的分析所得出的结论，一般可以适用于其他民事行为，因此，我们可以以买卖合同等最典型的交易行为为例，来说明物权法的基本范畴到底如何。

（一）问题及其分析

我们先来看这样的问题：甲想购买乙的机器，双方于 2009 年 1 月 2 日签订了买卖合同，按照约定，甲当日支付了货款，乙应当在 2009 年 3 月 5 日将机器交付给甲。丙也急需乙这台机器，就出高价购买，乙在 2009 年 2 月 2 日把机器交付给丙。请问：（1）甲乙之间的买卖合同涉及几种权利？（2）甲是否已经取得机器的所有权？（3）丙能否取得机器的所有权？

这里涉及的是最常见的买卖交易，其中的问题也很普遍，非常具有代表性，对它们的分析结论，一般能够适用于整个物权体系。

1. 对问题（1）的分析

请你查阅我国合同法第九章关于买卖合同的规定，据此，买卖合同产生了债权请求权，主要表现为出卖人要求买受人支付买价的请求权和买受人要求出卖人交付标的物的请求权，还涉及标的物所有权，买受人的目的就在于取得该所有权。因此，甲乙之间的买卖合同虽然直接产生了债权请求权，但其最终结果是由甲取得机器的所有权，故买卖涉及债权和物权两种权利，这个结论对乙丙之间的买卖同样适用。

这就说明，当事人订立合同产生债权，但交易的目的是取得物权。任何以物权变动为目的的交易，都要涉及债权和物权这两种基本财产权利，这一点从买卖合同中清晰地反映出来。在买卖关系中，依据合同双方当事人之间首先会建立起债权关系，即出卖人享有要求买受人支付价款的权利，而买受人享有要求出卖人交付标的物的权利。当事人之间相互享有要求对方为某种行为的权利，在法律上为请求权。但是交易的目的并不仅仅是让当事人之间发生请求权的关系，所有权的转移才是交易的根本目的。因此，买卖必然涉及两种基本的民事权利，一是标的物的所有权，一是双方当事人之间的债权请求权。

2. 对问题（2）的分析

问题（2）实际是在问，买卖合同的成立是否必然导致所有权移转？请你先查阅我国合同法有关合同效力和买卖合同的条文，看能否得出肯定的结论。答案是否定的，因为合同法没有这种规定。也就是说，合同法为合同生效与否以及债权产生提供了规则，但对所有权何时以及怎样移转，却没有规定。那么，请你查阅我国《民法通则》第72条第2款（要注意该条规定在什么权利规则之中）以及《物权法》第23条，可知当按照合同取得财产时，所有权从交付时移转，这表明买卖合同的有效成立不必然导致买受人取得标的物所有权。甲要取得机器所有权，必须有乙在2009年3月5日交付机器的行为，不过这在事实上没有发生，故甲就没有实际取得所有权。

这说明：物权变动与债权变动需要不同的法律根据，合同生效不能发生物权变动的效果。双方当事人订立的合同生效后，在当事人之间产生债权法上的请求权效力。从法理上看，债权的效力当然不能直接发生物权变动，因为，债权的本质是对人权和相对权，它没有排斥第三人的效力；而物权的本质是对物权和绝对权，具有排斥第三人的效力。如果根据一个没有绝对权效力的法律根据来达到排斥第三人的结果，则必然妨害交易公正，对第三人极不公平。例如，一个债务人可以通过设定抵押权的方式担保一个特别的债权，但是如果当事人仅仅订立了抵押合同，债权人尚不能向法院提出实现抵押权的要求。因为，债权人提出实现抵押要求的本质，是要排斥其他的债权人而使自己的债权优先受偿，但抵押合同当事人之间订立的合同并不为其他债权人知晓，也无法预先防止债务人与他人订立抵押合同的行为，所以如果法律许可仅仅依据抵押合同订立就发生抵押权设定成功效果，则其他的债权人利益根本无法保护。这对其他债权人即法律上所谓的第三人非常不公平。

因此，法律为保护第三人的利益，特别要求在抵押权设定的行为中，除当事人之间订立合同之外，还必须进行设定权利的不动产登记行为，其他债权人可以利用不动产登记的公开性，来了解债务人是否有妨害自己债权的行为，从而提前预防交易的风险。因此，抵押权的设定成功，并不是在当事人订立合同的时候，而是在进行抵押权设定的不动产登记的时候。

在法律上，不动产物权变动在不动产登记时生效；与此类似，动产物权的变动在动产交付时生效。所以物权变动的生效，只能是在动产交付之后或者不动产登记时才发生。这表明，当事人订立的合同，即关于请求权的成立以当事人意思表示一致而生效；物权变动则根据不动产登记或者动产的交付而生效。

总而言之，在一个完整的买卖之中，包含了两种不同的法律事实：一是当事人达成一致的意思表示，这决定合同成立、生效并产生债权债务关系；二是所有权发生变动要根据特定形式的事实，这个形式对于动产物权是交付，对不动产物权则是不动产登记。

3. 对问题（3）的分析

问题（3）涉及第三人保护问题。在此所谓的第三人，是指不参与当事人的法律关系，但是与当事人法律关系的结果有密切利害关系的一切人。甲和丙对于乙均有买卖关系，两人互为第三人，因为他们没有参与对方与乙之间的买卖关系，但对方买卖合同的履行结果，却对自己能否取得标的物所有权有决定作用。这属于"一物二卖"情形中的第三人，合同法无法解决这个问题，因为合同内容依法不必也无法公示，合同法无法对出卖人"一物二卖"的行为提供限制或者禁止的措施，要解决这个问题，就要由物权法出面。根据对问题（2）的解答，我们知道甲不能取得机器所有权，丙通过乙的交付取得机器所有权的行为符合法律规定，应予保护。

除了上述类型的第三人之外，还存在另一种第三人，即与物权受让人有直接法律关系的人，其对物权出让人而言为第三人，如出卖人将物出卖给买受人后，买受人将物再次出卖，此时买得该物的人，对出卖人而言即为第三人，在这个情形下，如果原出卖人与买受人之间的合同被宣告无效或者被撤销，那么原出卖人能否要求第三人返还标的物所有权？这个问题也是合同法所不能解决的，答案仍要由物权法提供。

法律上的第三人，其实是社会经济生活整体利益的体现。如何保护第三人，涉及交易安全这一立法的根本目标，所以成为物权法必须关注的大问题。可以说合同法对上述情况下第三人的保护基本上不予以涉及，因为合同的效力有相对性，所以合同法无法解决第三人保护问题。只是在一些特殊的情况下，第三人利益涉及合同法立法的基本价值时，合同法才规定这些第三人的保护规则，比如"买卖不破租赁"原则。这些第三人保护的规则在合同法中毕竟是例外。但是由于物权具有排斥第三人的效力，所有的物权变动都会产生排斥第三人利益的结果，所以物权法中对第三人利益的保护不是例外，而是常规和基本规则。因此，合同法无法解决第三人保护问题，该问题只能由物权法来解决。

（二）结论：确定物权法基本范畴的"八字秘诀"

我国《物权法》立法过程中先后出现的几个《物权法》立法方案，均采纳了本书作者关于物权法的基本范畴必须予以扩展的理论。现在，根据物权法的基本原理，本书作者将物权法的基本范畴和要解决的基本问题归纳为八个字："静态秩序，动态安全"。

所谓静态秩序，是指在静态经济关系中，物权法的基本任务是确定物上支配秩序，即解决一个确定的物上的物权到底是什么效力的物权，如果一个物上存在多种权利时（包括多个物权，也可能是物权与其他权利如债权共存），一个特定的物权与其他权利的效力究竟谁大谁小、谁是基础性权利、谁是限制性权利、谁优先实现、谁只能在他人之后实现这些问题。所以，物权法要解决的问题，首先是物上支配秩序问题（对此问题的详细探讨，除本节外，另请参阅本书"物权效力"一节）。

所谓动态安全，是指在动态经济关系中，即在发生物权交易的情形中，物权法的基本功能是保障交易安全。这包括两个方面：（1）保证物权取得人能够真正取得并享有物权。物权法必须建立真正保障物权人取得和享有权利的制度（对此问题的探讨，除阅读本节外，另请参阅本书物权法的"区分原则"、"公示原则"以及物权行为理论部分的探讨）。（2）保证物权设定、转移、变更和废止的过程中，第三人的正当利益不受损害（对此，请参阅下文"第三人保护理论专论"一节）。

综上所述，物权法的基本范畴主要为：

1. 物权法对静态财产关系的调整：基本任务是确定物上支配秩序

所谓静态财产关系，即民事主体在不涉及他人的情况下，因如何支配自己的物而形成的社会关系，如土地使用权人如何占有和利用土地等。物权法对静态财产关系进行调整的手段，就是按照本国的政治制度、经济制度、法律体系的要求等因素，确定适应自己国情的一个个物权，建立本国的物权体系。对于这一范畴所涉及的制度建设问题，大陆法系各国以及我国均承认"物权法定原则"，即物权的种类以及内容必须由法律明确规定，而不许可由当事人任意创设的原则。关于如何适用这一原则的法律制度下文还将详细探讨。

2. 物权法对动态经济关系的调整：建立物权变动制度保障物权人真正享有权利

所谓动态经济关系，即物权在民事权利主体之间发生变动而引起的社会关系。比如，物权的设定、移转等，涉及物权的出让人与受让人之间的利益，从而在他们之间产生的财产关系，为动态经济关系。

物权法对动态经济关系的调整手段，是物权法上的物权变动制度，即关于物权设立、移转、变更以及废止的法律制度。物权的变动包括如下四种情况：（1）设立一个物权，指通过民事法律行为来创设一个原本并不存在的物权，如当事人依据法律行为设定抵押权、质押权或者设定土地使用权等。（2）转移物上物权。如移转不动产所有权、土地使用权等。（3）变更一个物权，指民事法律关系主体在不涉及其他人的情况下，对物权的内容所作的变更，这是物权所特有的内容。如土地使用权人和土地所有权人就土地的使用期限、用途等，在不涉及他人的情况下所作的变更。土地使用权主体没变，只是内容发生变化。（4）废除一个物权。最典型的是通过一个单方意思表示抛弃物权。

3. 交易安全保障，第三人保护制度的建立

保护第三人，实际上就是以客观公正的标准，确定保护正常的经济秩序。物权因为具有排他性，物权变动的任何行为，都会对第三人发生排斥的结果，所以保护第三人是物权法的基本制度。虽然在其他法律中也会有第三人保护的制度，如债权法中的"买卖不破租赁"原则，但是债权法对第三人的保护毕竟是特例，而不是常例。鉴于这一问题的重要性，本书下面着重进行探讨。

三　第三人保护理论专论

从罗马法以来，关于保护第三人问题上的法律措施，主要有如下四种观点和立法原则。

1. 罗马法的"任何人不得处分大于其取得的权利"的原则

根据这一原则，罗马法在物权受让人再次处分其物权的问题上，就会产生"无权利者不能以权利与人，其自无权利人受让权利者，常得由真权利追回之"。[①] 据此，第三人的权利难以得到保护。这一立法思想最为古老，也最为落后。

2. 日耳曼法的"以手护手"的原则

德国法历史上曾有"以手护手"的原则，即前手交易的瑕疵不及于后手。据此，动产所有权人将自己的权利交于他人的，只能向他的相对人请求返还，而不得向第三人主张返还。在物的所有权被第三人取得

---

① 史尚宽：《物权法论》，荣泰印书股份有限公司，1979，第111页。

而无法返还时，所有权人只能向相对人请求损害赔偿。① 该原则以非常绝对的做法强化了对第三人的保护。

3. 罗马法系的主观善意主义保护原则

在罗马法自身的发展过程中，忽视第三人正当利益保护的弊病已经被发现，罗马法的纠正措施是建立善意取得制度。所谓善意取得，即如果第三人对前手交易的瑕疵不知情或者不应知情时，其对标的物的取得即不受原权利人的追夺。详细地说，就是在交易中发生物权已经由第三人取得的情形时，对于第三人的取得是否予以保护，以第三人对其前手交易的瑕疵是否知情为标准，法律只是对不知情或者不应知情的第三人予以保护的原则。对前手交易不知情或者不应知情者，为善意第三人；知情者，为恶意第三人。善意第三人的取得法律予以保护，恶意者则不保护。法律在对善意第三人予以保护时，虽然第三人的物权取得为依据法律行为的取得，但是一旦确定适用善意保护原则，则其物权取得的根据（法律行为）随即消失，而转化为以事实行为取得。所以这种情况又被称为"即时取得"。② 因为，此时判断第三人权利是否应该得到保护的标准，已经不是第三人的意思表示，所以他的取得不再是依据法律行为的取得。

"善意取得"理论保护第三人的方法，是依法赋予第三人一个针对原物权出让人的抗辩权，使其在自己负有举证责任的情况下保护自己的物权取得。该理论积极作用在于它把第三人的主观心态当做其权利的取得是否受保护的标准，从第三人的主观方面解决了交易公正问题。但是，要贯彻这一原则，在法律上还要解决以下问题：（1）善意取得在债权变动与物权变动中有什么区别？（2）第三人的善意用什么标准确定？对第三人的善意确定谁负举证责任？（3）原权利人第三人应该负担什么责任？这些问题并没有得到妥当解决。

善意取得中的判断标准是主观性的，即第三人的心理状态，故是"主观善意主义"。但是，当事人的主观心态必须用客观公认的方式来确定才具有立法意义与司法意义。另外，在物权法最主要的领域不动产法物权法中，因采用不动产登记的普遍性，主观善意取得原则已经无法在这一领域适用。

---

① Hueber R. , Deutsches Privatrecht, 5. Auflage, 1930, 433ff. Aus: Deutsches Rechtslexikon, Band 2. 1994, Seite 377.

② 史尚宽：《物权法论》，荣泰印书股份有限公司，1979，第111页。

4. 德意志法系的客观善意主义保护原则（从无权利人处取得）

在第三人保护问题上，德意志法系根据潘德克顿法学将物权与债权严格区分、将物权变动与债权变动严格区分的研究成果，建立了一种新的善意判断标准，即"客观善意主义"。这一制度的基本内容，是把第三人应否得到保护的标准，确定为其对某种客观事物的"信赖"，准确地说，是对不动产登记和动产占有的"信赖"作为第三人善意的判断标准。由于不动产登记和动产占有是一种客观现象，第三人在物权取得时可以比较容易、清晰地知悉前手交易的状态。故依此为标准判断第三人对前手交易瑕疵的心态时，不但符合交易的常规，而且符合法理，而且更为重要的是，法官对第三人的这种善意的判断也很容易把握。德国民法对第三人是否应该得到保护，从表面上看，采纳的仍然是"善意"标准，所以德国法学中也有善意保护原则、善意取得制度。但是，由于善意判断的标准与罗马法系有了根本的区分，德意志法系的善意取得制度也与罗马法系产生了根本的区分。

┌──────┐
│ **复习题** │
└──────┘

1. 请你根据本书中的论述，画出物权法基本范畴的框架图。
2. 请你对比上述四种第三人保护规则的异同。

┌──────┐
│ **案例分析** │
└──────┘

"一女嫁二夫"案①

原告：王某某。

被告：李某某。

第三人：赵某某。

赵某某准备将一幢自有房屋出卖，邻居王某某提出购买，但因价格问题没有达成协议。赵某某的同事李某某经与赵某某协商，达成房屋买卖协议，约定房价20000元，分两次付清，协议签订后3日内付10000元，同时赵某某交付房屋，余款10000元在交付房屋后3个月内付清。协议还约定，如买方反悔，需赔偿卖方3000元；如卖方反悔，也需赔偿买方3000元。第三天，李某某如约交付赵某某房款10000元并占有

---

① 参见李永胜等《"一女嫁二夫"，谁是合法"丈夫"?》，《中国房地信息》2001年第4期。

房屋。王某某得知此事后，因做生意急需用房，就以 25000 元的价格提出买此房，赵某某见有利可图，便同意将房屋卖给王某某，双方另行订立了房屋买卖协议，第二天王某某将房屋价款付清并与赵某某一起到房管部门办理了房屋所有权移转登记手续。一个星期后，王某某欲搬入该房，李某某认为该房屋是自己的，双方因此而发生纠纷，王某某向区法院提起诉讼，要求宣告赵某某与李某某之间的买卖合同无效，李某某应腾退房屋。

法院经审理认为，根据《城市私有房屋管理条例》第 6、7、9 条的规定，① 公民之间买卖城市私有房屋不仅需要采用书面形式签订买卖合同，而且还要到房屋所在地的房管部门办理所有权移转登记手续，房屋买卖关系才能成立。因此，买卖房屋行为即使其他形式要件都已具备，但买卖双方未到房管机关办理所有权移转登记手续，双方的民事行为仍为无效民事行为，自始就没有法律效力。本案赵某某与李某某的房屋买卖合同虽然签订在先，但未按照法律规定到房管机关办理所有权移转登记手续，也没有付清价款，因此房屋所有权不发生转移。而赵某某与王某某之间的房款已经交付，而且到房屋管理机关办理了房屋所有权移转登记手续，房屋买卖关系已经依法成立并有效。赵某某违反与李某

---

① 《城市私有房屋管理条例》第 6 条规定："城市私有房屋的所有人，须到房屋所在地房管机关办理所有权登记手续，经审查核实后，领取房屋所有权证；房屋所有权转移或房屋现状变更时，须到房屋所在地房管机关办理所有权转移或房屋现状变更登记手续。数人共有的城市私有房屋，房屋所有人应当领取共同共有或按份共有的房屋所有权证。"第 7 条规定："办理城市私有房屋所有权登记或转移、变更登记手续时，须按下列要求提交证件：（一）新建、翻建和扩建的房屋，须提交房屋所在地规划管理部门批准的建设许可证和建筑图纸；（二）购买的房屋，须提交原房屋所有权证、买卖合同和契证；（三）受赠的房屋，须提交原房屋所有权证、赠与书和契证；（四）交换的房屋，须提交双方的房屋所有权证、双方签订的协议书和契证；（五）继承的房屋，须提交原房屋所有权证、遗产继承证件和契证；（六）分家析产、分割的房屋，须提交原房屋所有权证、分家析产单或分割单和契证；（七）获准拆除的房屋，须提交原房屋所有权证和批准拆除证件。证件不全或房屋所有权不清楚的，暂缓登记，待条件成熟后办理。"第 9 条规定："买卖城市私有房屋，卖方须持房屋所有权证和身份证明，买方须持购房屋证明信和身份证明，到房屋所在地房管机关办理手续。任何单位或个人都不得私买私卖城市私有房屋。严禁以城市私有房屋进行投机倒把活动。"

《城市私有房屋管理条例》发布于 1983 年 12 月 17 日，2008 年 1 月 15 日，该条例被《国务院关于废止部分行政法规的决定》废止。原因是该条例的内容已被 2010 年 6 月 13 日发布的《城市房屋拆迁管理条例》、2007 年 8 月 30 日发布的《中华人民共和国房地产管理法》及 2007 年 3 月 16 日发布的《中华人民共和国物权法》所代替。

某签订的房屋买卖合同，致使合同不能履行，应返还房款并支付赔偿金。

请你评析法院上述判决是否具有正当性。

提示：依据物权法基本范畴中的物权变动规则进行分析；需要注意的是，该案在实践中经常发生，其中涉及物权与债权的基本关系，在理论上十分重要，值得高度重视。

第二节　物权法体系

物权法有广义和狭义之分，广义物权法是指在宪法等公法和在民法等私法中规定的物权规范；狭义物权法是指民法及其特别法中规定的物权规范。

一　广义物权法体系

广义物权法，既包括民法、商法中的物权法规范，也包括宪法、行政法等公法中的物权法规范。研究广义物权法并非只有学理上的意义，其实践意义也很重要。有些公法中关于如何行使物权的规范，对于物权如何正确行使具有十分重要的意义。比如，建筑法、城市规划法关于如何在城市土地上营建建筑物的规定，其实是关于如何正确行使土地使用权的规范。这些规定对于土地使用权人非常重要。再如文物保护法中有关文物权利的规定，对于行使这些物品的物权意义巨大。

具体来说，公法中的物权法规范可以划分为如下方面。

1. 宪法中的物权法规范。宪法是根本大法，其中一般规定了所有权等重要物权，这类规定对民法立法具有纲领性的指导意义，这一点在我国表现得非常明显。我国宪法于1999年修改时，提出非公有制经济是社会主义市场经济必要组成部分的原则，这间接承认了私有所有权与公有所有权在法律上的平等地位，从而为我国市场经济的发展奠定了基础，也为《物权法》的科学制定铺平了道路。

2. 行政法中的物权法规范。行政法与宪法同属公法，其中也包含了大量物权法规范，我国在实践中起着重要作用的此类规范很多，如1983年的《城市私有房屋管理条例》第二章关于房屋所有权登记的规定、1991年的《土地管理法实施条例》第二章关于土地所有权和使用权的规定等。

3. 民商法中的物权法规范。在民法发达的国家和地区，民法物权编是物权法的基础，其中规定了基本规则，不过，民法亲属编、继承编中也存在物权法规范，如夫妻共同财产规范、遗产清理以及转移规范等。商法中也有物权法规范，如公司法关于公司财产的规范，海商法关于船舶所有权、抵押权规范等。我国现在尚无民法典，但物权法的规定属于基本的物权规范。此外，《民法通则》第五章第一节"财产所有权和与财产所有权有关的财产权"的规范，第二节"债权"中的抵押、留置规范，以及担保法中关于抵押权、质权、留置权的规定，在实践中发挥着极其重要的作用。

4. 地方性法规中的物权法规范。由地方立法机构制定的法规为地方性法规，其中有许多物权法规范，如深圳等地的关于国有土地使用权有偿出让和转让的法规，这些法规涉及我国城市土地使用权改革，具有重要意义。

5. 国际法中的物权法规范，如国际公约或者条约中关于国际疆界界定、领土划分等规则，就是抽象意义上的国家如何行使对物的支配权的规则。

二 狭义物权法体系

这是最具有实践意义的规范体系，也是在物权法理论学习和研究中应重点掌握的内容。狭义物权法体系主要包括以下三类。

1. 物权实体性规范，即关于物权权利义务关系的实体法律规范。上面提及的民商法中的物权规范都是物权实体性规范。

2. 物权程序性规范，即以调整如何进行不动产物权登记为内容的程序规范，主要是不动产登记法。我国法律实务要求不动产物权变动应当进行登记，其依据就是房地产登记规范性文件等不动产登记法规定的法律程序，由于不动产登记法主要内容是登记申请、审查等程序性规定，故称其为物权程序性规范。

3. 物权特别法规范，即国家在民法物权编之外制定的有关物权的法律规范，如德国的地上权条例、住宅所有权法等，我国的土地管理法、森林法等法中规定的物权制度，与《民法通则》关于物权的规定相比，属于物权特别法规范。

┌ 复习题 ┐

请你按照本书中讲述的物权法体系，整理我国既有的物权法规范，并画出框架结构图。

第三节　中国物权法的发展

一　现代物权制度进入中国

清光绪二十八年（1902 年），中国开始引进大陆法系法律体系，建立修订法律馆，开始编制"民律草案"。这一草案后来被称为"第一次民律草案"。该草案中的物权编，大胆借鉴了立法上最为精确的德国物权立法。另外，此时编纂的破产法、海船法草案中，也有许多关于物权的规定。

二　中华民国时代物权法的发展

民国政府成立之初对民法典的编纂，基本上继承清末未竟的业绩。政府变迁后，大批延揽西方留学回国的学者，1921 年重新开始编纂民法典，1925 年完成"第二次民法草案"，其中物权编共 310 条。这一草案中的物权编，与第一次草案变化不大。[①]

在中国历史上具有重大意义的民法典编纂，首先应该是 1928 年开始、1929 年完成、1930 年陆续生效的中华民国民法。其物权编部分的基本情况如下：（1）立法结构。该物权编共分为十章 210 条（第 757 条至第 966 条）。第一章通则；第二章所有权，分为通则，不动产所有权，动产所有权，共有四节；第三章地上权；第四章永佃权；第五章地役权；第六章抵押权；第七章质权，分为动产质权和权利质权两节；第八章典权；第九章留置权；第十章占有。（2）立法指导思想。立法遵循物权与债权、物权变动与债权变动严格区分的法理，力求讲究法理的科学与立法的质量。（3）立法内容。该法规定的物权的类型，包括人类社会共同的物权类型，如所有权、地上权、地役权、质权等；也包括我国当时特有的物权类型，如典权。该法物权编的编纂体例，遵循"一般概括"的规则，除物权编的总则部分之外，其他的各种具体物权，都规定法律适用的一般规则，然后规定具体特别适用的规则。（4）立法语言规范，简洁明确，可操作性非常强。

除民法典物权编之外，当时的一些民法特别法也规定了大量的物权法规范。比如，海商法（1929 年制定，1931 年施行）的第二章规定了

[①]　杨鸿烈：《中国法律发达史》，中国政法大学出版社，2009，第 1078 页。

船舶所有权、优先权及抵押权。另外，当时制定的一些行政法规中，也包含许多物权法的规范，比如土地法以及土地登记法中关于土地物权、建筑物物权以及关于这些权利如何登记的法律规范。

三　苏联民法中的物权法

新中国成立后，在"废除旧法统"的原则下彻底废除了1949年以前制定的法律，同时在无法独立思考的情况下引进了前苏联法制和法律思想。甚至到改革开放初期制定《民法通则》时，仍然把前苏联民法典作为楷模的情况，在我国还没有改变。对此，我们只要看一看《民法通则》与前苏联的"民事立法原则"，就会明白这一点。正因为如此，我们在研究中国物权法时，简要地探讨一下前苏联法中的物权制度是很必要的。

在前苏联，民法调整的是"共产主义社会中利用商品货币形式所制约的财产关系"（上述"立法原则"的序言），而这样一种财产关系，毕竟不是发达的社会主义或者共产主义社会的基本经济关系。因为，在共产主义社会中，财产关系的本质不再是商品货币关系，或者利用商品货币关系形成的财产关系。前苏联人不承认公法与私法的区分，不承认民间社会或者民法社会的存在，不承认社会基本经济关系中的交易行为，所以民法整体发挥的作用十分有限。在市场经济社会里，物权法是交易关系的法律基础；但是在前苏联，由于经济关系中已经没有交易，所以物权法的作用大打折扣。

1. 因为作为基础不动产的土地退出了财产法的范围，整个不动产法都退出了民法的作用范围，这样，主要是为不动产领域建立的用益物权制度整体都被废除了。

2. 因为没有交易，物权法关于交易安全的制度也被废除了。

3. 所有权被区分为国家、集体和个人三种类型。通过这种做法，所有权这样的物权制度被高度政治化，反而失去了其作为物权的本来意义。

4. "两权分离"理论的建立，废止法人所有权这种市场经济条件下最为活跃的物权类型。

5. 抵押与质押合并统称抵押，实际上废除了抵押。

因此，此时的苏联物权立法相比市场经济的物权立法，呈现极度萎缩的状态。民法基本法已经不是用物权这一科学概念，立法中没有了物权编，只有所有权这一种物权权利。

四 市场经济体制建设中物权法的发展

改革开放之前，我国物权法可以说没有实质的发展。改革开放后，我国物权法才开始从沉睡走向苏醒。在民法物权编制定之前，我国有一些涉及物权制度的十分重要的法律制度建设，现简要叙述如下。

（一）宪法修正案中涉及的物权法规范

1. 1988 年的"宪法修正案"废除了在我国实行近 30 年的土地无偿使用制度，开始建立土地有偿使用制。此案的重大意义在于：（1）正式启动了在我国市场经济中最为重要的不动产市场，使得我国国民经济的基础方面真正建立起市场经济体制。（2）促使土地使用权成为真正意义上的民法物权，开始了真正意义上的物权法制建设。

2. 1999 年的"宪法修正案"废止了歧视民营经济的旧意识形态，对私有经济即民营经济给予了前所未有的肯定。原来的宪法第 11 条对私有经济的规定是："在法律规定范围内的城乡个体经济，是社会主义公有制经济的补充。国家保护个体经济的合法权利和利益。""国家通过行政管理，指导、帮助和监督个体经济。""国家允许私营经济在法律规定的范围内存在和发展。私营经济是社会主义公有制经济的补充。国家保护私营经济的合法权利和利益，对私营经济实行引导、监督和管理。"而 1999 年宪法修正案将该条的内容改变为："在法律规定范围内的个体经济、私营经济等非公有制经济，是社会主义市场经济的重要组成部分。""国家保护个体经济、私营经济的合法权利和利益。国家对个体经济、私营经济实行引导、监督、和管理。"此修正案中关于民营经济是"社会主义市场经济的重要组成部分"的论断，不仅仅是给各种经济成分提供了平等的法律地位，而且也给物权法的制定奠定了坚实的政治基础。

3. 2004 年的"宪法修正案"涉及物权法内容的修正主要为：（1）宪法第 10 条第 3 款"国家为了公共利益的需要，可以依照法律规定对土地实行征用"修改为："国家为了公共利益的需要，可以依照法律规定对土地实行征收或者征用并给予补偿。"（2）宪法第 11 条第 2 款"国家保护个体经济、私营经济的合法的权利和利益。国家对个体经济、私营经济实行引导、监督和管理"修改为："国家保护个体经济、私营经济等非公有制经济的合法的权利和利益。国家鼓励、支持和引导非公有制经济的发展，并对非公有制经济依法实行监督和管理。"（3）宪法第 13 条"国家保护公民的合法的收入、储蓄、房屋和其他合法财产的所有权"，"国家依照法律规定保护公民的私有财产的继承权"修改为："公民的合法的私有财产不受侵犯。""国家依照法律规定保护公民的私有财产权和继承权。""国家为了公共利益的需要，可以依照法律规定对公民的私有财产实行征收或者征用并给予补偿。"

（二）民法中的物权法规范

1. 《中华人民共和国民法通则》

该法于1986年制定，1987年1月1日实施，是民法的基本法，它所规定的物权法规范具有一定的意义。该法第五章"民事权利"第一节"财产所有权和与财产所有权有关的财产权"，参与该法制定的学者认为，这一部分的规定就是物权，① 它规定了所有权、土地使用权、全民所有制企业的经营权等物权类型。另外，该章的第二节"债权"，规定了抵押和留置，没有明确的规定抵押权和留置权。但是，该法没有使用"物权"这一概念，它所规定的所有权，还是采取"三分法"的模式，强调国家所有权和集体所有权的神圣地位和优先保护，而个人的所有权、私有所有权受到公开的歧视。从《民法通则》中，可以清楚地看到前苏联"民事立法原则"的影子，这两个立法所使用的概念、结构、理论确实有着鲜明的因缘。

2. 《中华人民共和国城镇国有土地使用权出让和转让暂行条例》

该条例于1990年5月19日由国务院发布实施。该条例制定的目的，是在《民法通则》规定了土地不能进入市场，而修改《民法通则》十分困难的情况下，避开《民法通则》，建立城镇国有土地使用权进入市场的法律制度。该条例规定的土地使用权，是废止施行近30年的国有土地无偿使用之后，按照市场经济的规则，将土地推入市场运营。由于我国实行土地公有制，土地所有权无法进入市场，该条例规定了土地使用权进入市场的法律制度。该条例规定的基本制度有：（1）土地使用权出让，即在国有土地上设定土地使用权的行为制度（即物权法上的设定物权的制度）；（2）土地使用权转让，即将已经设定的土地使用权以买卖、赠与、交换的方式移转的制度（即物权法上的物权移转制度）；（3）土地使用权出租；（4）土地使用权抵押制度（将土地使用权作为独立物权设置抵押的制度）。该条例在我国不动产市场化方面发挥的作用非常大，正是它奠定了我国不动产物权法的基础。

---

① 王家福、谢怀栻等《民法基本知识》，人民日报出版社，1987，第146页。

3. 《中华人民共和国担保法》

该法于 1995 年 6 月 30 日通过，1995 年 10 月 1 日实施。该法规定了保证、抵押、质押、留置、定金五种担保方式，承认了抵押权、质权、留置权三种物权类型。该法是为了解决当时严重存在的"三角债"问题而制定的，具有明显的临时性特征。该法的制度存在诸多缺陷，用语也多不规范，所以该法是法理研究不足、立法质量不高的样品。根据《物权法》第 178 条的规定，该法中的担保物权制度已经不再适用。①

4. 《中华人民共和国物权法》

该法于 2007 年 3 月 16 日第十届全国人民代表大会第五次会议通过，2007 年 10 月 1 日实施。该法规定了物权法定、物权公示、区分原则等物权法应有的基本原则，规定了所有权、用益物权、担保物权、占有等应有的规范内容，修改了民法通则、担保法等法律中不合理的规范，对促进我国市场经济的发展、保障人民合法财产权有相当重要的作用。

（三）行政立法中的物权法

在这一时期内，我国行政立法为使得物权制度适应市场经济的需要，从管理的角度制定了许多确定物权类型，以及行使某种物权的行政法规。其中比较重要的有（以制定和实施时间为序）：

1. 《城市私有房屋管理条例》

1983 年 12 月 17 日由国务院发布实施，分为总则、所有权登记、买卖、租赁、代管与附则共六章。该条例从行政管理的角度规定了城市私有房屋的所有权，以及这种权利如何进入市场的一些法律规范。该条例是"文化大革命"对私有财产造成浩劫之后，第一个承认并规范重要私有财产的法规。该条例于 2008 年 1 月 15 日被废止，其内容被后来发布《物权法》，《房地产管理法》等所代替。

2. 《中华人民共和国森林法》

1984 年 9 月 20 日通过，1985 年 1 月 1 日实施，1998 年修正。该法规定了森林所有权、使用权，以及这些权利的登记发证制度。该法规定了森林使用权这种有意义的物权类型。

3. 《中华人民共和国草原法》

1985 年 6 月 18 日通过，1985 年 10 月 1 日实施，2002 年修订。该法规定了草原所有权、草原使用权，以及这些权利发生争议的解决方式，这些在物权法上具有重要的意义。

---

① 《物权法》第 178 条规定：担保法与本法的规定不一致的，适用本法。

4.《中华人民共和国渔业法》

1986 年 1 月 20 日通过，1987 年 7 月 1 日实施，2000 年、2004 年修正。该法规定了水面、滩涂的所有权与使用权，规定了捕捞权和养殖权。

5.《中华人民共和国土地管理法》

1986 年 6 月 25 日通过，1987 年 1 月 1 日实施，1988 年修订，2004 年修正。该法第二章规定了土地所有权和使用权，单独规定了农村的土地承包经营权；第四章规定了耕地的强制保护制度；第五章规定了建设用地制度，即关于将农用地转换为建设地、土地征用、建设地拆迁等涉及土地物权的重要制度。该法可以说是物权法的重要法规之一。

6.《中华人民共和国土地管理法实施条例》

1998 年通过并发布，1999 年 1 月 1 日实施。该法对土地管理法所确定的规范规定了更细致的实施规范，尤其是对土地物权的确定、争议的解决、登记制度、利用规划、征收征用等，确定了可以操作的规则。

7.《中华人民共和国水法》

1988 年 1 月 21 日通过，1988 年 7 月 1 日实施，2002 年修订。该法规定了用水权这种独特的物权类型，以及用水问题上的相邻关系。

8.《中华人民共和国城市房地产管理法》

1994 年 7 月 5 日通过，1995 年 1 月 1 日实施，2007 年修正。该法规定了城市房地产从开发到交易的一般制度。其第二章第一节规定了"土地使用权出让"，第二节规定了"土地使用权划拨"，这是关于以不同方式设定土地使用权的法律制度。该法第四章规定了房地产交易，其中规定了房地产的买卖、抵押等制度。该法在确定城市房地产市场化秩序方面作出了巨大的努力，但是该法的立法目的是实用主义的，是短期行为的性质的，它没有也不可能在解决动产物权变动采纳科学的法理并制定出科学的符合市场经济要求的规范体系。

(复习题)

1. 根据我国物权法历史发展状况，请你总结其中的规律。

2. 计划经济体制下的物权法制度体系和市场经济体制下的物权法制度体系，有哪些重大的差别？

第三章　物权法的基本原则

要点提示
- 物权法定原则
- 物权绝对原则
- 区分原则
- 物权公示原则
- 物权特定原则

物权法是调整财产关系的基本法，其体系之庞大、制度之精微为其他法律所罕见，但是该法的制定有一定的规矩，这就是它的基本原则。确实，如果没有基本原则，就不能建立起科学的物权体系和物权法体系。所谓物权法的基本原则，指对物权法的整体规则具有指导意义的一般原则。根据我国物权法的规定，结合科学的物权法理，物权法基本原则主要包括物权法定原则、物权绝对原则、区分原则、物权公示原则、物权特定原则。

第一节　物权法定原则

一　物权法定原则的含义

所谓物权法定原则，是指在一个统一的法律效力地域内，物权的种类和内容必须由法律明确规定的原则。在此所谓的法律，不仅包括民法中的物权编规定，还包括在民法其他各编有关物权的规定以及其他民法特别法的规定。物权法定原则为罗马法以来大陆法系各国所普遍遵守，许多国家民法明确规定了该原则，如日本民法第 175 条规定："物权，除本法及其他法律所定者外，不得创设。"我国《物权法》第 5 条也规定："物权的种类和内容，由法律规定。"即使在民法中没有明文规定该原则的德国、瑞士等国，其司法以及学理对此均无异议。物权法定原则与合同自由原则成为鲜明的对照，后一原则是合同法的基本原则，它表明法律对当事人意志的尊重，即当事人自己可以任意设定合同的种类和内容。

虽然物权法定原则为大陆法系各国物权法所承认，但由于各地有不同的法律传统、政治制度、经济制度、文化背景等，从而导致各国法律认可的物权种类和内容有很大的不同，并各有独特的物权类型，如德国民法中的土地债务、实物负担，日本民法中的先取特权，我国民法中的建设用地使用权、土地承包经营权、宅基地使用权等。甚至一些为各国民法所共同承认的物权（如抵押权），其具体类型、内容和实现方式也不一致。而且，即使是在一国之内，物权类型和内容也会因为时代变迁而有所不同。

二　物权法定原则的立法原因

物权法定原则之所以被普遍承认和尊重，大致有以下三点理由：（1）由于物权排他性的作用，物权成为民事权利中效力最强的权利，物权也就必须为社会公认而不能任由当事人私自认定。（2）物权的产生和形成与其所处的经济、政治、文化、交易环境等社会因素紧密相关，由于各国受各自具体条件的限制，经济、政治、文化、交易环境自然不同，由此导致不同的物权类型和内容，这样，物权法定原则就成为各国立法的必然选择。（3）物权是人们得以生活和交易的基本权利，为了保持生活便利以及交易通畅，为了建立同一的交易市场，物权类型和内容应在一国法律领域内保持统一，这也要求物权必须法定。

以上的立法理由在我国均有现实基础，故我国物权法采纳了物权法定原则，即物权在其种类和内容两个方面，只能由法律规定，而不能取决于当事人自己的意思。

三　物权法定原则的基本要求

物权法定原则的基本要求有两项：（1）种类强制原则，即当事人只能在法律规定的范围内选择物权类型，而不能私自创设新的物权类型的原则，如虽然人役权是世界上大多数国家立法中均采纳的权利类型，但我国现行法尚无人役权的规定，那么，当事人就不能约定设立人役权。（2）内容强制原则，即当事人约定的物权内容，只能是法律规定内容的原则，如当事人约定设立抵押权的内容，不能超出物权法明文规定的权利内容；又如，当事人在购买一宗房产时，其所取得的只能是法律规定的所有权，而不是什么"部分产权"、"单位产权"等。在交易实践中，当事人由于欠缺法律知识等原因，他们约定设立的物权在名义上是法律规定的物权，但他们对物权的类型或者内容有不同理解，这时物权的类型和内容必须按照法律规定来解释，而不能按照当事人自己的意思来解释，这正是物权内容强制原则的本意。

四 违背物权法定原则的后果

物权法定原则是法律中的强制性规范，当事人必须遵守。但是，不论是法律规定，还是法学研究，仅仅要求当事人必须遵守这一点是远远不够的。作为一种在实践中可以操作的法律，物权法还必须指出违背物权法定原则的后果，以便于法官在实践中应用这一原则。其实，对物权法定原则的认识，最具有实践价值的方面就是在违背物权法定原则后，当事人应当承担什么样的法律后果，这是一个与当事人利害攸关的大问题。根据物权法的法理和国际物权立法的经验，违背物权法定原则的后果，可以归纳为如下三个方面。

第一，不认可为物权的原则，即不依法律规定的物权种类设定的物权，不可认定其为物权，这一点不但是对物权法定原则从反面的强调，更重要的是，它对规范我国民法实践中设定物权的各种行为定能发挥基本准据的作用。在我国的司法实践中，当事人常常会约定一些法律并没有规定的物权类型，如"典押"等，它们就不是受法律保护的物权。

第二，无物权效力的原则，即不依法律规定的物权内容设定的物权，无物权的效力。这一规则，针对的是当事人虽然按照法律规定的物权种类设定物权，但其设定的内容违背法律的情形。如当事人在名义上也采纳了"抵押权"、"质权"这样的合法术语，但是其内容背离了法律的规定，它们依法不能发生物权法上的效果。需要特别注意的是，在我国当前的物权法律实践中，许多交易活动都违背了物权内容强制原则，如某些银行根据系统内部的规定，开设了"公路收费权质押、农村和城市电网电费收益权质押、有线电视收视维护费质押、电话费和手机费质押、自来水收费质押、学校学杂费收费质押、旅游景点门票收费权质押"等。虽然其中的一些收费权质押得到了国务院某些部门的批复认可，但这些权利质押权还没有得到立法部门的认可，因此其有效性无法得到确认。

第三，无效物权行为转换为其他有效法律行为的原则，即物权的设定、移转行为虽然无效，但是该行为符合其他法律行为的生效条件的，许可其产生相应的法律后果。比如，当事人之间设定或者移转建设用地使用权的，如果建设用地使用权的设立或者移转行为未有效成立，则应许可当事人以其意思成立债权法上的租赁关系，这一处理不但对当事人无害，而且也不违法理。又如，当事人约定承租人就租赁的房屋和地基有物权效力的先买权时，因我国法律不承认这种物权，故这种权利不能成立；但不能否定当事人之间约定所发生的债权效力，即出租人违反约定时，应负损害赔偿的责任。

为了加深大家对违背物权法定原则之结果规则的理解，我们再看这样的事例和问题：甲向乙借款，乙要求甲提供担保，甲就委托丙做自己的担保人，丙与乙订立了质押合同，约定丙将自己闲置的三间房屋交给乙占有，以担保甲的债务，如果甲届期不清偿借款，乙有权变卖房屋并从中优先受偿。在此，乙丙之间的质权是否符合法定原则？乙丙之间是什么关系？

通过查阅我国物权法以及担保法关于质权的规定，我们知道质权的标的物要么是动产，要么是特定的财产性权利，不动产不能成为质权标的物，也就是说，我国法律不承认不动产质权，那么，乙丙所设立的"房屋质权"就不是质权。同时，物权法和担保法规定房屋能成为抵押权的标的物，那么，这个"房屋质权"是否为抵押权呢？显然不是，因为房屋抵押权不仅要通过登记产生，而且债权人（即抵押权人）无须占有标的物，抵押人要为自己占有标的物的状态承担风险，而"房屋质权"导致债权人占有房屋并要承担因此产生的房屋毁损的风险，这种权利内容不符合法律规定的抵押权的内容。乙丙设立的"房屋质权"既非质权又非抵押权，那么，乙丙之间就不存在担保物权的关系。由于他们就借款担保达成了真实一致的意思表示，并且有交付房屋的实际行为，丙用自己房屋为甲担保的意思虽然最终没有产生担保物权，但这一意思是真实、合法的，更为重要的是，它符合担保法关于"保证"的要求，据此可认定乙丙之间存在保证的关系。

┌ 复习题 ┐

1. 根据你对物权法定原则的理解，整理我国现行民法规范中的物权，看有哪些类型的物权，其各自的内容如何？

2. 为何物权法强调法定原则，而合同法以合同自由为原则？

3. 试分析无效法律行为与违背物权法定原则之后果之间的关系。

┌ 案例分析 ┐

（一）抵押设定未登记案①

上海市两个企业之间发生借贷关系，债权人要求债务人提供担保。债务人请求其关联企业某房地产开发公司以其即将建设完成的一个写字楼为其担保，该房地产公司表示同意。于是该房地产公司和债权人订立了一个抵押合同，其中约定房地产开发公司将指定写字楼的两层用来作为抵押物，在债务人届时不能履行义务时，由债权人依据这两层楼房变价受偿。双方在抵押合同上已经签字盖章。抵押订立后，到房地产登记机关进行不动产抵押权设定登记时，房地产登记机关以房屋尚未建设完成不予登记。但是本案中的债权人认为抵押合同已经订立，放贷安全就没有问题了，于是向债务人发放了借贷。但是，债务人届时确实发生了不能履行义务的行为，于是债权人向法院提出了以抵押权清偿债权的要求（此时写字楼已经建成）。写字楼的所有权人房地产开发公司的律师提出，我国担保法规定，抵押合同登记时生效，未登记时不生效，因此，该抵押合同为无效合同。法院支持了房地产开发公司的主张。

请从物权法定原则的法理，分析此案判决以及立法的得失。

提示：如果你一时还无法全部理解这里的问题，你可以在学习后面的“区分原则”之后，再来讨论一下这个案子。

（二）眺望大海权利纠纷案

某甲经营了一栋高档海滨宾馆，旅客能在该宾馆中眺望到大海。在该宾馆之前 300 米，距大海更近的还有乙经营的一处商店。甲为了防止乙加高楼层，妨碍其眺望大海的视线，就与乙约定：在 25 年之内，乙不得加高楼层；作为补偿，甲每年付给乙 10 万元。之后，乙的生意比

---

① 本案发生在 1999 年，为本书作者调查所得。

较清淡，就将商店转让给丙。丙办理了一系列行政许可手续后，将商店拆掉，在原址上盖了一栋比某甲的宾馆更高的宾馆。甲以丙侵害其眺望大海权利为由，要求认定丙赔偿其损失。

试问：（1）根据现有的法律规定，甲和乙之间是否存在物权法律关系？（2）乙和丙之间的转让合同是否无效？（3）如何保护甲的利益？

提示：本案涉及物权法定原则，在此，请你首先查阅我国现有的民事法律规范，看甲对乙现有的权利是否为物权，然后再进一步分析。

第二节 物权绝对原则

一 基本意义及其根据

物权绝对原则，指物权只能由权利人依法并根据自己的意愿享有并行使的原则。根据物权的排他性，物权人行使权利时完全基于自己的意思，而不必借助于他人的协助，还可以排斥他人的干涉，所以基于这一特征将物权称为绝对权、对世权。对物权绝对原则，可以理解为两个方面：（1）物权人依自己的意思行使物权具有绝对性，即物权人在服从法律的前提下完全基于自己的意思，而不必依照任何他人的意思行使其权利。（2）物权排他的绝对性。确定某人对某物享有某种物权，也就在同时排斥了其他任何人对该物享有同样的物权。所以权利人可以根据其权利排斥任意第三人的干涉。

物权绝对原则之所以应该成为一项物权法的基本原则，是因为这一原则在物权法的整体制度中具有指导性意义：它不仅仅是物权定义的根据，不仅仅是物权享有的根据，也是物权的各种变动包括物权的取得与消灭的根据，更是物权法保护交易安全、保护第三人利益的根据。物权绝对原则有时在物权的标的物丧失的情况下也能表现出来，比如，物权人可以行使的物权代位权、代物请求权等，就是这种情形的反映。

二 物权绝对原则基本要求

物权绝对原则的基本要求主要为：

第一，物权意思的对世性。物权绝对原则最基本的表征，就是物权意思的对世性，即物权人可以对抗任何人的意思，有权利完全自主地按照自己的意思有效地支配物权的客体。所谓物权意思，即权利人以行使物权作为其效果意思的法律行为意思。所谓物权意思对世性，是指法律必须承认并保护物权人独立形成的自己对物权的支配意思，并按照这一意思发生法律上的结果，如抵押权人在实现抵押权时，可以独断行使处分标的物的意思，并排斥其他债权人的意思介入，从而使自己的权利优先得到实现。正是在物权意思对世性的基础上，物权具有了对世性的特点。

物权意思的对世性，归根结底，是指物权的意思形成与表达，均属于物权人自己绝对性的权利，它既与物权人自身不可分离，又不许可他人的意思介入。① 所有权人物权意思的独断性自不必言，用益物权人、担保物权人的意思独断也是非常明显的。比如，抵押权人在实现抵押权时，可以独断性地行使处分抵押标的物的意思，排斥其他债权人的意思介入，使自己的权利优先得到实现。正因为如此，将抵押权当做债权、或者认为抵押权具有债权性质的观点是不正确的。②

第二，一物一物权，即在一个标的物上，不能同时存在两个以上同种类型同种效力的物权。在此，要注意以下三点：（1）由于所有权是完全物权，同一标的物上不能同时存在数个所有权，所以，一个物上存在"双重所有权"的观点，从物权法的科学性来看，无论如何是无法成立的。③

---

① Baur/Stürner, Sachenrecht, 17 Auflage, Verlag C. H. Beck, 1999, Seite 31.

② 我国过去曾有学者认为抵押权具有物权和债权的双重性质，参见中央政法干部学校民法教研室《中华人民共和国民法基本问题》，法律出版社，1958。2000 年在由中国社会科学院外事局与法学研究所共同举办的"二十一世纪物权法研讨会"上，日本名古屋大学加贺山茂教授提出，抵押权就是债权，不可以将其规定为物权。

③ 我国学术界曾经使用"双重所有权"，来描述国营企业的财产权利：对企业的财产，国家拥有最终所有权、法律所有权，企业拥有使用所有权、经济所有权、实物所有权、商品所有权等。对此观点，可以参看《法学研究》编辑部主编《新中国民法学研究综述》，中国社会科学出版社，1990，第 339 页以下。
另外，我国历史上也有过把"永佃权"制度下形成的、农民对自己长期租佃的土地拥有所有权的习惯用法。这种习惯，把地主对土地的所有权，以及农民对土地的永佃权均称为所有权。对此请参见程宗璋《明代土地法制叙论》（续），《不动产纵横》2000 年第 2 期；以及杨国桢《明清土地契约文书研究》，人民出版社，1988，第 93 页。这种情况在欧洲也是存在的。中世纪时，西欧的土地处于封建制度之下，地主对土地有所有权，但是佃户也有永久使用甚至可以继承的永佃权。在封建时期末期，佃户的权利终于被承认是一种所有权，但是，佃户在继承时，必须向地主缴纳租税或者过户费。这样，法律上似乎也存在着"双重所有权"的情形。对此，请参见《不列颠百科全书》第 15 版第 12 卷，第 459～462 页；转引自周楠主编《民法》，知识出版社，1983，第 49～50 页。但是，依据物权排他效力的差异，可以看出地主的权利与佃户的权利，是不同的权利。

（2）一个物上能够同时存在数个类型不同的物权，如一栋房屋之上既能设定地役权又能设定抵押权，因为地役权与抵押权的内容不一样，它们之间不会互相排斥。（3）如果一个物上设置了数个类型相同的物权，它们的效力必须有别，如一栋房屋上设定了两个抵押权，它们的实现顺序有先后之别，设定在前者优先得到实现。

第三，物权的保护。物权绝对原则在实践中的最主要意义，是权利主体保护物权的权利。这首先表现为，物权人依法按照自己意思行使和实现物权时，可以排除第三人干涉，如物被他人不法占有时，物权人依法要求其返还占有。其次就是物权代位权，即其他物权人代替所有权人行使物权保护权的权利，如所有权人在不动产上设置抵押权之后，不动产受他人妨害，所有权人如不积极主动排除妨害，抵押权人即可以自己名义主张排除对物的妨害，以保护抵押权能够实现。

三　物权排他性的限制

物权排他性原则指的是物权人形成自己处分意思的独断性和对世性，但是这一原则不能被理解为物权人形成处分意思的随意性或者任意性。即使是作为完全物权、充分物权的所有权，即使是在崇尚所有权绝对原则的西方国家，“单纯而没有附加义务的所有权几乎只有在罗马时代初期和末期存在过。在法国大革命后又再一次出现”。① 在有法律文明的历史上，物权的排他性基本上一直受到限制。这表明，物权绝对原则中的“绝对”并不绝对。

物权有强烈的排他性，如果对物权的排他性不加限制，则必然导致物权人滥用权利，妨害他人利益和公共利益发展的结果，为了防止出现这种恶果，各国法律普遍规定了限制措施，这在所有权上表现得最为突出，如著名的德国魏玛宪法就要求“所有权承担义务、所有权的行使必须服务于公共利益”。至第二次世界大战后德国制定基本法（即宪法）时，更明确地采纳了这一原则。《德国基本法》第 14 条第 2 款规定：“所有权承担义务。它的行使应当同时为公共利益服务。”

大体说来，对物权绝对性的限制分为两个方面：（1）公法限制，主要表现为宪法、行政法等公法为了公共利益而对个人物权的行使或者享有的限制。征收和征用是这种限制的典型表现。所谓征收，是指以国

---

① 《不列颠百科全书》第 15 版第 12 卷，第 459～462 页；转引自周楠主编《民法》，知识出版社，1983，第 49 页。

家名义强制取得个人财产所有权的行为，如政府征收个人土地、房屋以兴建道路、医院等。所谓征用，是指以国家名义强制取得个人财产使用权的行为，如国家在抗洪救灾中征用个人的车辆等。在征收征用之外，因公共利益的需要，也可以对个人的财产权利施以其他的限制。比如，现代各国法律规定，个人可以对于土地拥有所有权或者使用权，但是不论是城市土地还是乡村土地的建设，都必须服从规划和耕地保护的要求，个人不得主张"建筑自由"。（2）私法限制，如当事人约定限制物权人行使权利的任意性，这典型表现为当事人约定设立限制物权，从而对所有权的行使构成限制。又如，民法等私法直接规定对物权人的限制，《德国民法典》第905条第2句即规定："在土地的高空和地层中，所有权人不得排除对自己没有利益损害的干涉。"

最后，必须指出的是，对物权人绝对意思的限制，并不是要放弃物权绝对原则。在物权人形成处分意思的过程中，没有相对人的参与，相对人也无法参与。作为一项重要的民事权利，物权将永远保留其绝对权的特征，这是物权与债权的基本区分。对物权绝对原则的限制，并不是将其"相对化"，而只是要求物权人在行使权利时，必须尊重他人利益和公共利益，从而使个人物权与他人利益、公共利益相互协调发展。

┌─ 复习题 ─┐

1. 请你谈谈物权绝对性的基本含义。
2. 针对我国现实中发生城市拆迁问题，谈谈你对限制物权绝对性的理解。

┌─ 案例分析 ─┐

房屋拆迁案

王老汉有一处祖产房屋处于闹市区。有关行政主管机关提出，要发展该区域的经济，要求王老汉搬迁，言明为了公共利益的需要，要拆除该房屋，并给予其适当补偿。待王老汉搬出后，发现该房屋并未被拆除，而是被一港商稍加修缮后当做高档酒店营业使用。

请问，根据物权绝对原则，王老汉是否有权收回这套祖产房屋？

提示：请思考物权绝对性以及对物权绝对性进行限制的正当性标准。

第三节　区分原则

一　区分原则的含义

（一）负担行为与处分行为

所谓区分原则，即在发生物权变动时，物权变动的原因与物权变动的结果作为两个法律事实，它们的成立生效依据不同的法律根据的原则。区分原则的法理基础，是请求权与支配权的区分以及负担行为与处分行为的区分。关于请求权与支配权的区分，我国民法学理一直是承认的，因此本书不再探讨，我们重点讨论负担行为与处分行为区分。

所谓负担行为（Verpflichtungsgeschäfte），就是民事主体向一个或者多个相对人承担某种作为或者不为某种作为的义务的法律行为。它的直接的法律后果就是给自己确定一个给付义务，从而与相对人建立起一种债权法律关系。依据这种债权债务关系，当事人向相对人承担着履行或者给付的义务，因此这种行为在德语法学中的本意是"义务行为"。而处分行为（Verfügungsgeschäfte），指的是直接将某种既存的权利予以变更、出让、设置负担或者予以抛弃的行为。比如将所有权移转给他人或者在所有权上设置负担的行为。① 对它们的区别，我们可以简单地总结为：负担行为是产生请求权的法律行为；而处分行为是产生支配权变动的行为。

负担行为与处分行为的区分，是交易性法律行为中最基本的分类。对此可以举例说明。比如，甲公司和乙公司订立了一个买卖合同，约定合同订立后第6个月由乙公司向甲公司交付某种精密机床若干台。但是，合同的订立，并不能保障合同肯定能够得到履行。因为，有可能发生一些主观、客观上情况，使得合同的履行成为不可能或者没有必要。但是，合同不能履行，或者没有必要履行时，不能因此而得出合同无效的结论。因为根据合同所产生的权利是相对权、对人权、请求权，所以当事人意思表示一致这一法律事实，完全能够满足合同生效的法律条件。在合同不能履行或者不必要履行时，为理清当事人之间的法律关系，也必须以合同有效成立作为基本前提。所以，上述合同应该是在双

---

① Karl Larenz, Allgemeiner Teil des Bürgerlichen Rechts, 7 Auflage, Verlag C. H. Beck, 1989, Seite 332 – 333.

方当事人意思表示一致时生效。此时的生效，旨在当事人之间发生债权法律关系的约束力。合同订立后第 6 个月，也就是在债权法上的约束力顺利产生之后，乙公司应该交付的精密机床已经制造出来（或者其已经采买到自己手中），乙公司才具有了实际向甲公司交付的实际能力和权利，其以向甲公司的交付，履行了自己合同，完成了所有权的实际移转。在这一交易中，由于负担行为已经先行成立生效，所以后来当事人依据自己的意思完成的交付，也成为一个独立的法律行为，即以所有权的实际移转为目的的处分行为。所以，处分行为是独立于债权关系之外的另一个法律行为。

在任何一种以物权的设立、转移、变更为目的的交易中，如果交易能够顺利完成，这就会产生负担行为，也会产生处分行为。其中，负担行为是这一交易的原因，所以这一行为又被称为原因行为或者基础行为；而后来发生的物权实际设立、转移、变更的行为，是交易的结果，所以它又被称为结果行为。

当然，一个交易只是发生了负担行为的情况也是可能的。因为，从上面的分析中可以看出，合同订立生效后，不一定会得到顺利的履行。在这种情况下，我们只能得出物权的设立、移转、变更没有完成，即处分行为无效的结论，而不能得出作为原因行为的合同无效的结论。这一点可以说是交易的常识。

同时，一个没有原因行为或者基础行为的处分行为，即单方处分行为，在现实中也是存在的。比如，权利的放弃（包括物权的放弃、债权的放弃、其他财产权利的放弃等）就是这种行为的典型。这种行为同样是当事人意思表示的结果，它的效力必须根据法律行为的一般生效条件处理。因此将这种行为归纳为事实行为的看法是错误的。

因此，我们就此可以得出一个结论：负担行为和处分行为的区分是一种客观现实的存在；在任何一个以物权的设立、转移、变更的交易中，都存在着负担行为与处分行为的区分。这一区分的原因，是任何以财产权利为交易对象的交易中，都要涉及支配权与请求权这两种基本的权利划分；由于这两种权利的效力有根本的不同，支持这两种权利变动的法律根据当然也是不同的。在负担行为生效之后，后来的处分行为以不同的法律根据生效，不具备这种法律根据时，处分行为就不生效。由于支配权与请求权的区分是民事权利的基本区分，所以负担行为与处分行为的区分，也是法律行为的基本区分。这一区分在法律上被称之为"区分原则"（Trennungsprizip）。

一般来说，我国法学界对于债权法意义上的合同的本质特征均予以认可，认为它是发生债权法律关系的根据之一。由于这一基本认知基础，应该说从法理上承认负担行为没有什么障碍。既然能够认识到，债权法上的合同只是发生债权法律关系的根据，那么，当然应该认识到，仅仅根据债权法产生的合同不能发生物权变动的效力。在这一基础上，我们可以很清楚地看到，在债权法上的合同生效之后，同样以权利主体的意思表示作为本质要素的结果行为（即处分行为）独立存在的客观性。由于该行为的基本效果意思是处分一个既存的权利，如物权的出让、放弃，债权的放弃、转让等，所以该行为在法学上才被称之为处分行为。如果处分行为指向一个确定的物权，如物权的出让，则该行为被称为物权行为（dingliches Verfügungsgeschäft）；① 如果处分行为指向一个物权之外的权利，如债权等票据权利的放弃等，则该行为被称为"准物权行为"（Para dingliches Rechtsgeschäft）。

由于物权为最基本的支配权，所以，区分原则主要应用在物权法关于物权的设立、转移或称为移转、变更、废止的规范体系中，即物权法关于物权变动的规范中。所以从法理上看，对债权等权利从持有的角度予以规范时，比如债权的放弃、让与的规范中，也会发生区分原则被加以运用的情况。其他的财产权利应用区分原则的情况也是一样。

（二）国际立法例的比较

区分原则是确定支配权（主要是物权）变动的原因与其结果之间关系的基本法律规则。它的根据是支配权和请求权基本性质的差异（其最主要者，是物权与债权基本性质的差异）。因为对物权与债权之间的区分认识不一，尤其是对物权变动的成立生效与债权变动的成立生效的关系认识不一，在当代大陆法系各国的立法体例中，就物权变动的原因与结果之间关系的规定有很大差异。对此的比较分析，对加深区分原则的理解是十分必要的。②

1. 同一原则的立法模式

按《法国民法典》的规定，以买卖合同作为原因的所有权的变动完全依据合同中当事人的意思来判定，只要双方当事人的合同成立、生

---

① Deutsches Rechtslexikon, Band 3. 2. Auflage, Verlag C. H. Beck, 1994, Seite 52 – 53.

② 此处的分析比较，参照有前列 Baur/Stürner 书，第 178 页以下；史尚宽：《物权法论》，中国政法大学出版社，2000，第 20 页以下；王泽鉴：《民法物权（一）通则·所有权》，三民书局，1992，第 61 页以下；谢在全：《民法物权论》（上），五南图书出版公司，1989，第 64 页以下等。

效，则标的物的所有权当然发生转移。《法国民法典》第 1583 条规定："当事人双方就标的物及其价金相互同意时，即使标的物尚未交付、价金尚未支付，买卖合同即告成立，而标的物的所有权即依法由出卖人移转于买受人。"只是对待建不动产的买卖，法律规定可以对买卖合同进行公证，但是所有权的移转仍然是在买卖合同成立之时（《法国民法典》第 1601 - 2 条）。另外，关于抵押权的设定，该法规定的基本原则是："协议抵押权，仅得由具有让与不动产能力的人同意设定。"① 根据这些规定可以看出，在法国法中，物权变动的法律根据与债权变动的法律根据是同一的。一项法律行为，如果能够发生债权法上的效力，也就能够发生物权法上的效力。因此这种立法被称为"同一原则"，它明显不同于德国法系的区分原则。法国民法是不承认区分原则的。法国法如此处理物权变动问题立法的原因，在于法国民法中并无严格而且准确的物权与债权的区分；法国民法中并没有形式意义上的物权立法；而学者们关于物权的认识，是把物权定义为"广义财产权"。所谓广义财产，"指为民事主体拥有的财产和债务的综合，亦即属于民事主体之具有经济价值的权利义务的综合"。② 从这一表述可以看出，法国法并没有清楚地认识到或者说没有在立法中确立物权与债权的界限。由于没有物权与债权的界限，故也就没有物权变动与债权变动的界限。

债权意思主义的立法在实践上对第三人的安全有着很大的风险。因为，债权的意思只因当事人的意思表示一致而生效，而第三人无法知悉这一意思，但是由于债权的意思可以使得物权的变动生效，即使得当事人的意思直接产生排他的结果。对这样的结果，法律既未提供方式让第三人预防，也未提供对第三人损害的救济。这种损害交易公正与安全的情形在不动产的物权变动中表现得最为充分。对此问题，法国立法者并非没有认识，经过长期的争论，法国在 1855 年即《法国民法典》实施半个世纪之后，制定了不动产登记法，规定了不动产物权的变动不经登记不得对抗第三人的原则。但是，由于这一原则规定在单行法中而不是规定在基本法之中，其效力历来存在争议。

2. 区分主义的立法模式

德国民法、瑞士民法、奥地利民法及我国旧《民法》采用了这种

---

① 此处关于《法国民法典》的译文，引自马育民译《法国民法典》，北京大学出版社，1982。

② 尹田：《法国物权法》，法律出版社，1998，第 2 页以下。

模式。所谓区分主义的立法模式，指物权变动的成立、生效，不但需要当事人债权法上的意思表示一致，而且还需要物权的公示，即动产的交付和不动产登记，并且以动产的交付和不动产的登记作为物权变动生效的根据这样一种立法模式。

《德国民法典》第 873 条第 1 款规定："为转让一项土地的所有权，为在土地上设立一项权利以及转让该项权利，或者在该权利上设立其他权利，在法律没有另行规定时，必须有权利人和因该权利变更而涉及的其他人的合意，以及该权利变更在不动产登记簿上的登记。"第 929 条第 1 款第 1 句规定："为让与一项动产的所有权，必须由所有权人将物的占有交付与受让人，并就所有权的移转由双方达成合意。"① 德国民法中的合意，指专门为发生物权变动的效果而产生的物权意思表示，即物权契约。② 德国民法对于物权变动的基本规定，其基本特征是在发生物权变动时，不仅仅需要双方当事人交付物或进行不动产登记的事实，而且还需要双方当事人就物权变动进行新的合意，即建立纯粹的物权意思表示一致；而且物权变动的原因，并不是当事人债权法上的意思的结果，而是该物权合意的结果。这样，物权法上的意思，就成了物权变动的直接原因。这种立法，完全是负担行为与处分行为相互区分原则的结果。

此外，我国旧《民法》（1930 年）第 758 条规定："不动产物权，依法律行为而取得、设定、丧失及变更者，非经登记，不生效力。"第 761 条第 1 款第 1 句规定："动产所有权之让与，非将动产交付，不生效力。"《瑞士民法典》第 656 条第（一）项规定："取得土地所有权，须在不动产登记簿登记。"第 714 条第（一）项规定："动产所有权的移转，应移转占有。"③ 这些规定的关键在于，双方当事人订立的合同本身并不发生物权的变动，而只是在动产的交付或不动产登记后才真正发生物权变动，这与法国法和日本法的规定有非常清楚的区别。这一立法的法律思考，就是关于物权变动的区分原则。它不把物权变动的时间界限确定在意思表示一致的时候，而是确定在物的交付或者登记的时候。如果没有进行动产的交付或不动产登记，物权不发生变动。这些规

---

① 本文关于《德国民法典》的译文，皆为作者自译。译文来源是：Bürgerliches Gesetzbuch, 34. Neubearbetete Auflage, Stand 10, Deutscher Taschenbuch Verlag, 1993。

② 孙宪忠：《德国当代物权法》，法律出版社，1997，第 61 页以下。

③ 关于《瑞士民法典》的译文，引自殷生根译《瑞士民法典》，法律出版社，1987。

则，也是区分原则应用的特征。

由于"同一原则"明显的缺陷，后来法国法系的立法均不再采纳这种模式。比如在法理上属于法国法系的意大利民法，也依据合同订立并不意味着合同必然能够履行的客观性，承认了负担行为与处分行为之间的区分。《意大利民法典》第 1478 条第 1 款规定："如果缔结契约之时出卖人不享有买卖物的所有权，则出卖人承担使买受人取得物的所有权的义务。"① 出卖人出卖他人之物，在法律上属于无权处分。根据本条的规定，意大利民法没有将无权处分规定为无效行为，而是规定为有效行为，出卖人无非比一般买卖多承担一项义务而已。这一点符合上述关于负担行为的成立生效不以行为人有处分权为必要条件的观点。在合同届期出卖人尚未取得处分权而导致合同不能履行时，出卖人应该承担违约责任。因此，该法对负担行为与处分行为实现了法律上的区分，法律不认为处分不能而合同无效。如果在此情况下法律规定合同无效，则买受人失去追究违约责任的请求权。意大利民法的这一规定既合乎法理，也符合交易常识。②

在没有物权与债权的区分的英美法系国家的立法中，强调物权变动必须公示从而将物权变动与债权变动在法律上予以区分者也不少见。起源于澳大利亚的托仑斯登记制，以登记权利作为不动产物权的基本根据，结果上达到了原因行为与物权变动的区分。这一制度，除实行于澳大利亚全国外，还实行于爱尔兰、加拿大、菲律宾等国家以及美国的伊利诺伊和加利福尼亚等 10 余州。③

3. 日本民法：争议的典型

近年来在我国不断有学者提出日本法的理论，因此，日本法学开始对我国民法学界产生影响。但是，日本民法关于物权变动虽然对于采纳同一原则还是区分原则态度暧昧，但是也并不是像有些学者所描述的那样，对区分原则采取简单否定的态度。④

《日本民法典》第 176 条规定："物权的设定及移转，只因当事人

---

① 费安玲、丁玫译：《意大利民法典》，中国政法大学出版社，1997，第 394 页。
② 从此处的探讨，可以更清楚地看出我国合同法第 51 条规定的无权处分制度的不足。
③ 李鸿毅：《土地法论》，三民书局，1991，第 254 页以下。
④ 将日本法关于物权变动的规则归纳为对抗主义的评价，根据是台湾等地学者日本民法学界的主流观点，尤其是我妻荣等人的观点。但是如果按照田山辉明的观点，日本立法对物权变动建立的规则应该与德国法一致。对此请参见田山辉明著《物权法》，陆庆胜译，法律出版社，2001，第 34 页以下，尤其是作者所写的脚注。

的意思表示而发生效力。"同时，关于不动产的物权变动，该法第 177 条规定："不动产物权的取得、丧失及变更，除非依登记法规定进行登记，不得以之对抗第三人。"关于动产物权的变动，该法第 178 条规定："动产物权的让与，除非将该动产交付，不得以之对抗第三人。"①一些学者认为，日本民法对此处所说的当事人的"意思"只有一个，不区分为债权法上的意思和物权法上的意思，也就是不区分为负担行为和处分行为。这样，《日本民法典》此处显然是采纳了法国民法的基本模式。与法国民法不同的是，日本民法以基本法的方式将公示原则直接规定出来，并将这一原则推行至动产。这样在民法的发展中就产生了对抗主义的立法模式。日本民法的规定就是指如果发生物权变动，则物权变动从当事人意思表示一致时生效，但如果没有交付或没有进行不动产登记，不能对抗那些已经完成交付和不动产登记的第三人。如在一物多卖的情况下，日本民法规定标的物已交付或已经进行不动产登记的买受人取得标的物真正的所有权，而未登记的或者未接受交付的买受人不能取得真正的所有权，虽然他们在法律上也有一种"所有权"。对抗主义的立法，看到了物权变动与债权变动之间的区分，它也试图以立法将这两者在立法中区分开。但是，由于第 176 条规定的原则，该法并未将它们区分开来。按照这种观点，日本民法关于物权变动的规定，在物权变动的原因与其结果的区分原则上，采取了骑墙式的不彻底的态度。

但是，另一些日本学者认为，日本民法此处明确地采纳了德国民法的思维模式，即负担行为与处分行为的区分。因为，上述条文中的"意思"，其实是物权意思，是债权意思之外的另一个意思表示。这些学者明确指出，这里的"意思"，就是"物权合同"。只有这样理解，才是"顺理成章"的。②如果按照这些学者的观点，则日本民法也是承认并采纳区分原则的。但是无论如何，日本民法关于此处的规定是有争议的。

二　区分原则的基本要求

如上所述，区分原则，简而言之，就是处理物权变动的原因行为与其结果行为之间的关系的原则。因为在一般交易中，依据法律行为进行

---

① 关于《日本民法典》的译文，引自曹为、王书江译《日本民法》，法律出版社，1986。

② 前引田山辉明书，第 35 页。

的物权变动是最为常见的，而且依据法律行为进行的物权变动都存在应用区分原则的价值，所以该原则应该是物权法的基本原则。

根据区分原则，物权变动中的原因行为与结果行为各自有不同的生效条件：（1）负担行为的成立生效，不以标的物的成就为必要条件；而处分行为的成立生效，必须以标的物的成就为必要条件。因为，当事人订立合同是标的物还可能没有生产出来；但是在履行合同时，标的物一定要客观存在。（2）负担行为的成立生效，不以当事人对标的物的处分权为必要条件；而处分行为的成立生效，必须以当事人具有处分权为必要条件。如上文引用的《意大利民法典》第 1478 条第 1 款规定那样，买卖合同成立时，出卖人不一定有处分权，合同照样成立；只要出卖人在合同履行时能够取得这一权利即可。（3）负担行为的成立生效，不以标的物的交付为必要条件；而处分行为的成立生效，必须以标的物的交付为必要条件。[①]

物权法上的区分原则，实际上直接为负担行为与处分行为区分规则的应用。其具体要求是：

（一）原因行为遵守债权法律行为的生效条件

在以双方法律行为从事以物权变动为目的的交易时，当事人之间首先订立合同，这就是发生负担行为，即物权变动的原因行为。对这一行为的成立和生效，区分原则的基本要求是：原因行为只能按照原因行为的生效要件判断其是否生效，物权是否发生变动，不是该行为的生效要件。如果该行为是一项债权关系的约定，那么该行为的成立与生效，都应该按照债权关系法律行为的判断标准确定。至于后来的物权变动是否成立生效，对原因行为没有决定作用。正如上述所言，任何合同成立后都有结果不能履行或者没有必要履行的问题；不能履行或者没有必要履行时，不能反过来一律认为合同无效。

在《物权法》颁布之前，我国相关的司法解释就已经承认了这一点。如在土地使用权转让的合同与土地使用权登记的问题上，司法解释机关坚持了上述区分原则："转让合同订立后，双方当事人应按合同约定和法律规定，到有关主管部门办理土地使用权变更登记手续，一方拖延不办，并以未办理土地使用权变更登记手续为由主张合同无效的，人民法院不予支持……"在这里，法律的解释文件坚持了不能以未发生

---

① 参见王泽鉴《民法总论》，三民书局，2000，第 284 页以下；〔德〕迪特尔·梅迪库斯著《德国民法总论》，邵建东译，法律出版社，2001，第 207 页以下。

物权变动来作为债权法上的合同无效的观点。其实这正是区分原则的要求。①

我国《物权法》第15条直接规定了不动产物权变动领域的区分原则，即"当事人之间订立有关设立、变更、转让和消灭不动产物权的合同，除法律另有规定或者合同另有约定外，自合同成立时生效；未办理物权登记的，不影响合同效力"。这也就是说，未能发生物权变动的情况下，不能否定有效成立的合同的效力。因合同仍然是有效的合同，违约的合同当事人一方应该承担违约责任。依不同情形，买受人可请法院判决强制实践履行，即强制出卖人交付或办理登记，或判决其支付损害赔偿金。

我国《物权法》虽然未直接规定动产物权变动领域的区分原则，但根据物权法理，动产物权变动同样应遵循区分原则。

（二）物权变动遵守处分行为的生效条件

从上面的叙述可以看出，物权的设立、移转、变更和废止，在法律上是一个独特的法律行为，即处分行为。因此，物权的各项变动，应该遵守处分行为的生效条件。这一点是区分原则另一个基本要求。

中国《物权法》第9条规定的不动产物权变动以不动产登记作为要件；第23条规定的动产物权变动以动产交付作为要件，就是这一立法原理的运用。

根据上述关于处分行为的生效条件的探讨，可以看出，处分行为的生效条件是：标的物成就，即标的物已经客观存在并且已经特定化；处分人具有处分权；进行交付，即动产的实际交付、不动产的登记（拟制交付），或者其他从客观上可以表示物权变动的行为。这一要求可以作如下理解：首先，不能认为已经生效的合同均能发生物权变动的结果，即仅仅以生效的合同作为物权变动的充分法律根据。因为，只能产生请求权效力的行为不能产生物权排他性效力的效果。其次，物权变动一般情况下，只能是在不动产登记与动产的占有交付之时，物权的变动必须以公示的行为作为其基本的表征。在当事人的处分行为能够为其他客观可以认定的事实加以证明或者表征时，此行为照样可以生效，物权的变动可以成立。比如，房屋买卖中当事人订立合同之后出卖人在登记过户之前将房屋实际交付给买受人的情形，当事人订立合同后将该合同

---

① 1995年12月27日最高人民法院印发的《关于审理房地产管理法施行前房地产开发经营案件若干问题的解答》的第12条、第14条。

予以公证的情形，出卖人在登记之前将自己的房屋权利证书交付给对方的情形等，都属于这类情况。在这种情况下，当然应该认为物权的变动是有效的。

（三）合同生效、物权未变动时的责任

合同生效、当事人物权变动没有发生的情形，只有依据区分原则才能合理地处理。

依据区分原则，在物权变动的原因行为生效也就是合同已经生效，而物权变动没有成就的情况下，对于不履行合同有过错的一方当事人应该承担违约责任。① 我国《物权法》生效之前的司法解释，也坚持了这一点。比如，在土地使用权"一权二卖"的情况下，后一合同的买受人通过办理登记取得了权利而前一合同的买受人无法取得土地使用权的，"转让方给前一合同的受让方造成损失的，应该承担相应的民事责任。"显然，从要求转让方（即出让人）承担因其过错使得买受人不能取得权利的责任（即违约责任）这一点来看，司法解释显然承认，合同的约束力不是根据物权是否发生变动为标准来判断的，而是根据当事人所订立的合同来判断的。② 这也是区分原则的正确运用的例子。③

至于违约责任的承担条件、具体类型以及承担的方式等，我国合同法有详细的规定。按照我国合同法的规定，违背合同规定的义务而不能就其违约举证说明无过错者，就应该承担合同法上的违约责任。但是没有发生物权变动，无论如何不能作为当事人违约的免责事由。这正是本书作者提出区分原则所要解决的问题。按照过去的司法解释，可以得出当事人在以合同约定物权变动而在事实上未发生物权变动时，违约人可以免责的结论。这对无过错一方当事人是非常不公平的。本书作者提出区分原则，就是为了科学地理清两种不同的法律责任，即正确区分物权变动中原因行为的责任与物权法上的责任，从而达到解决这个问题的目的。

---

① 按照我国担保法、城市房地产管理法等法律的规定，物权的变动反而被当做合同的生效条件，比如担保法规定，抵押权的设定，不登记者合同无效。如果按照这一规定，没有发生物权变动时合同是无效的；既然合同是无效的，则违约人也就不承担责任。这种不公正的做法，本书当然持否定的态度。对此请参见下文。
② 1995年12月27日最高人民法院印发的《关于审理房地产管理法施行前房地产开发经营案件若干问题的解答》的第12条、第14条。
③ 当然，根据《合同法》第51条，这样的行为可能被理解为无效行为。目前一些学者也坚持这一看法。但是不论是《合同法》第51条还是这些学者的看法，在法理上都是站不住脚的。

三 区分原则的实践价值

在了解区分原则的基本要求之后，请评析以下两则法院判决情形，看它们是否符合区分原则的要求：（1）甲工厂因为急需资金，向乙银行借款，乙要求甲提供抵押担保，双方签订了抵押合同，约定甲用厂房作为抵押权标的物，在办理抵押权登记之前，乙反悔不愿提供借款，甲就向法院起诉，要求乙承担违约责任，但法院认为甲乙双方的抵押合同没有登记故应无效，乙不用承担违约责任。（2）丙将一间铺面房出卖给丁，在过户登记前，戊从丙处购买该房屋并办理了登记。丁向法院起诉，认为自己订立买卖合同在前，已经优先取得了房屋所有权，戊要返还该房屋，法院支持了丁的诉讼请求。

对于情形（1）而言，法院的判决符合我国《担保法》第 41 条规定，即以合同设定抵押权时，抵押合同从登记之日起生效。但这种规定不符合我国《物权法》第 15 条有关区分原则的要求，它将登记所标志的物权变动当做合同的生效要件，一旦物权没有变动，合同就将被认定无效，根据无效合同没有约束力的规则，一方当事人就可以毫无顾忌地违约，而另一方当事人对此毫无救济的请求权，显然很不公平。按照区分原则，只要抵押合同符合法律行为的一般生效条件，即可发生效力，是否进行抵押权登记，并不影响抵押合同的效力，在此前提下，不办理登记的当事人导致抵押合同不能履行的当事人要承担相应的违约责任。

在情形（2）中，法院的做法是合同生效即产生物权变动，这不符合区分原则的要求。由于丙丁之间的买卖合同产生的是请求权，本身不具有公示的形式，由此来确定所有权归丁享有，将导致作为第三人的戊根本无从知悉物权归属何人，使其不能获得充足信息的情况下遭受损害。

由此，我们能看出区分原则的实践价值在于：

（一）保护非违约当事人的请求权

按照区分原则，在未发生物权变动的情况下，合同仍旧可能成立生效。因为，在合同成立生效后，物权变动可能会因为多种原因而不能成就。比如在出卖人一物二卖的情况下，就肯定只能有一个买受人才能取得标的物的所有权，而其他的买受人绝对不能取得标的物的所有权。在此时，对其他的买受人而言，标的物的所有权虽不能取得，但是他们在合同法上的权利却不能抹杀，他们仍然可以请求追究违约责任等方式来实现自己的权利。

在我国《物权法》颁布前的一些立法及其相关的法律解释中，区分原则的科学法理并未得到彻底的坚持。例如，我国《担保法》第 41 条规定，当以合同设定抵押权时，"抵押合同自登记之日起生效。"第 64 条第 2 款规定："质押合同自质物移交于质权人占有时生效。"司法解释也有这样的问题。如：（1）"土地使用者就同一土地使用权分别与几方签订土地使用权转让合同，均未办理土地使用权变更登记手续的，一般应当认定各合同无效；……"（2）在土地使用权抵押时，如果未办理登记手续，则应当认定抵押合同无效。[①] 本来，根据债权与物权的法律性质的区分，不动产物权登记以及动产的交付应该是物权变动成立、生效的条件，而不是债权法上的合同成立、生效的要件。这一立法的错误，就是把结果行为当做原因行为的生效条件。这就违背了原因与结果之间的最一般的逻辑关系，因此被物权法所修改。

从上文关于买卖关系的举例中可以清楚看出，由于以发生不动产物权变动为目的的合同与物权变动本身是两个法律事实，只在买卖合同有效成立后，才发生合同的履行问题，亦即在合同生效之后才发生标的物的交付和登记问题。未交付或未登记，其法律效果是不发生物权变动，绝不是合同不生效，所以不能以未交付或未登记而否认买卖合同的效力。

显然，在这种情况下如果认定合同无效，根据无效合同没有约束力的规则，一方当事人就可以毫无顾忌地违约，而另一方当事人对此毫无救济的请求权。如果坚持区分原则，在合同生效而物权变动未成就情况下，合同仍然有效，合同当事人中非违约的一方享有主张违约责任的债权请求权，他们的正当利益就能够得到保护。因此，在未能发生物权变动的情况下，不能否定有效成立的合同的效力。因合同仍然是有效的合同，违约的合同当事人一方应该承担违约责任。依不同情形，买受人可请法院判决强制履行，即强制出卖人交付或办理登记，或判决其支付损害赔偿金。

（二）确定物权变动的时间界限、保护第三人的正当利益

按照区分原则，即使是当事人之间的合同已经生效，但是如果尚未发生不动产物权登记或者动产的占有交付，则不应认为物权已经发生变动。因此，不能按照合同生效则物权必然发生变动的思想规范现实的交易秩序。因为，合同的生效，只是产生了关于发生物权变动的请求权，

---

① 1995 年 12 月 27 日最高人民法院印发的《关于审理房地产管理法施行前房地产开发经营案件若干问题的解答》第 14 条第 1 句，第 15 条，第 16 条。

而不是实际的物权变动。合同只有债权法上的约束力，即合同的相对权、对人权上的约束力，而没有发生物权法上的约束力，即绝对权、对物权上的约束力。合同是不能当然地发生物权变动结果的，物权的变动必须以不动产登记和动产的占有交付作为事实根据。

违背区分原则的这一要求，就必然会损害第三人的合法利益及正当交易秩序。在作为原因行为的合同成立生效之后，有可能会发生合同所指向的标的物被第三人取得的情况。如上所述，物权法上的第三人，指的是没有参与物权变动的法律关系，但是又与这一变动有利害关系的人。保护第三人利益有一个基本的前提条件，就是要判断当事人与第三人之间的物权变动是否已经发生和成就。这就需要把债权变动与物权变动区分开，不能认为合同一生效就发生了物权变动。私法上更不能根据债权法上的合同，来排斥第三人的合法权利及利益。

从上述阐述可以看出，将以发生物权变动为目的的合同与不动产物权变动分为两个法律上的事实，这本身不是人为的拟制，而是实践的反映。这一区分是科学的，符合法理的，对分清责任，保障原因合同当事人的合法利益而言也是非常必要的。

在这一方面司法实践中常常出现的问题，是将已经生效的合同当做物权变动的充分根据。比如，以当事人之间订立的买卖合同，作为判断买受人是否取得所有权的根据；以当事人之间订立的抵押合同，作为抵押权设定的根据等；以当事人之间订立的土地使用权转让的合同，作为判断土地使用权取得的根据等。[①] 这种做法最大的问题，是损害交易中的第三人。在坚持物权行为理论的情况下，这些问题都可以顺利解决。

复习题

1. 仔细阅读和理解本书对区分原则的阐述，指出该原则的理论基础。

2. 请你查找我国《民法通则》、《担保法》、《城市房地产管理法》、《城镇国有土地使用权出让和转让暂行条例》等法律、法规中有关物权变动的规则，看它们是否符合区分原则。

---

① 对此，可以参考拙作《论物权变动的原因与结果的区分原则》，《法学研究》1999年第5期上引用的两个现实的案例。实际上这样的案例还很多。

┌─────────┐
│ 案例分析 │
└─────────┘

房屋买卖合同纠纷案①

1997 年 5 月 15 日，王某与某实业公司签署了《房屋买卖合同》。合同约定，实业公司一套房屋出售给王某，房价为人民币 248 万元。合同经房地产交易管理部门批准后，王某应于 1997 年 10 月 31 日前将房屋价款一次付清，实业公司应于 1998 年 1 月 30 日前将上述房屋交付给王某，且经本市房地产交易管理部门批准过户后合同生效。1997 年 6 月 12 日，实业公司未办理过户手续即向王某交付了合同约定之房屋，王某签署了房屋验收交接清单。同年 11 月 6 日，王某结清了全部购房款。1998 年 8 月 28 日，实业公司书面通知王某共同前往房地产交易管理部门办理过户手续，为王某拒绝。另查明，实业公司出售的房屋于 1996 年竣工，1998 年 8 月 29 日取得沪房地卢字（1998）第 001548 号上海市房地产产权证。

原告王某诉称：实业公司与其签订的《房屋买卖合同》约定须经本市房地产交易管理部门批准过户后生效。现实业公司未按约定将合同交房地产交易管理部门批准过户，故请求依法确认双方于 1997 年 5 月 15 日签订的房屋买卖合同不生效，判令实业公司退还王某购房款 248 万元及利益。被告实业公司辩称：本合同系双方当事人的真实意思表示，且双方均实际履行了合同。王某已经支付了全部购房款，实业公司也交付了房屋。合同中关于生效的条款不符合现行法律规定。至于合同未办理过户手续的责任并非在于原告，故请求驳回王某的诉讼请求。

法院经审理认为：当事人对房地产交付条件有约定从约定。本案中，原被告双方在合同中特别约定，被告于 1998 年 1 月 30 日前将房屋交付给原告，为原告办理产权证书，将该证书正式交付给原告，并最终成为合同生效的条件。现被告未按合同约定履行交付的义务，故原告主张合同不生效的理由成立。鉴于合同不生效，原告应将房屋退还给被告，并支付该房屋的使用费，而被告应将购房款返还原告。依照《中华人民共和国民法通则》第 4 条之规定，判决：一、原被告双方签订的《房屋买卖合同》未生效；二、原告应将该房屋腾空退还给被告，被告应在同日将人民币 248 万元返还给原告。

---

① 参见蔡育天主编《房地产案例精选》，上海人民出版社，2000，第 73 页以下。

请对上述判决内容进行评析。

提示：请你根据区分原则分析本案，看何人能取得该房屋所有权。

第四节　物权公示原则

一　基本意义

所谓物权公示原则，指物权的各种变动必须采取法律许可的方式向社会予以展示，以获得社会的承认和法律保护的原则。物权既然是排他权，也就是排斥第三人保障权利取得人稳定享有和行使其权利的权利，所以物权发生变动时，必然排斥第三人利益；因此，为保护以第三人为代表的社会秩序，法律要求物权的变动必须向社会展示，以期获得保护第三人的功效。只有这样，社会的交易秩序才能建立在公正的基础之上。

物权公示，最根本的作用是给物权的各种变动提供有公信力的法律基础。这一意思包括三个方面的含义：（1）公示是为物权的变动提供法律基础。如上所述，物权的公示，对物权人而言，是其物权获得法律承认的过程，也是其权利获得法律保护的基础。如其物权的变动未能进行公示，则法律并不承认其具有排他的作用。（2）公示所提供的法律基础具有普遍信服的公信力。不动产登记是以国家行为支持的物权公示手段，故不动产登记的法律后果当然为社会普遍信服。动产物权的占有交付是依据社会常识建立的公示手段，其法律后果当然为社会所承认。故物权的公示所提供的法律基础，无不具有公信力，是法律可以直接认定的，它与一般意义上的权利根据有显著的不同。（3）由于物权公示在物权变动中所发挥的提供法律基础的作用，使其在物权的变动中具有决定物权变动的效力、物权权利正确性推定的效力、善意保护的效力。大陆法系各国虽然在物权公示与物权变动的效力的关系上有不同的立法体例，但就物权的公示对物权所产生的效果而言，各国的做法有许多的相同点。

我国城市房地产管理法、担保法、物权法以及最高人民法院的有关司法解释均坚持了物权依法律行为发生变动时的公示原则。故在物权法中规定公示原则，不但是对国际认可的法理的遵守，而且也是对我国现行立法已经承认这一原则的重述。物权法的基本任务，应当是对根据这一原则建立的法律制度作出更为详备的规定。

二 公示的基本方式

物权公示的方式按不动产、准不动产和动产有两种基本区别：动产的公示方式是占有、交付；不动产以及准不动产的公示方式是登记。因此，物权公示原则的基本要求，就是要进行不动产登记和准不动产登记，以及动产物权的交付与占有。

（一）不动产登记

依据我国《物权法》第二章第一节所确定的规则，不动产物权的基本公示方式是不动产登记。

所谓不动产登记，就是将不动产物权变动的法律事实记载于国家专门设立的不动产登记簿的过程或者事实。从登记机关所从事的工作看，登记主要是一种工作程序或者过程；在物权法上，从物权公示的原则看，物权法注重的是登记与否的事实对不动产物权变动的影响。目前，我国进行不动产登记的机关，有土地管理机关、房地产管理机关、森林管理机关、草原管理机关、水域管理机关等等。这种登记的基本出发点是不动产的行政管理，而不是物权公示。当然，登记的结果，不论是依据物权法，还是依据物权法之前制定的城市房地产管理法、担保法等，均会对物权变动发生直接的结果。当然，依据物权公示原则，应该实行统一的不动产登记（对此下文"不动产物权登记"一节将详细探讨）。

（二）准不动产登记（机动车、船舶和航空器的登记）

根据我国现行法律的规定，准不动产物权变动的公示方式是准不动产登记。我国目前进行的准不动产登记，包括机动车、船舶和航空器的登记。不同的准不动产，在相应的登记机关登记。从世界各国来看，准不动产登记，并没有实行统一的登记，因此我国实行的这种分部门的登记并不奇怪。但是问题是除海商法之外，其他的关于准不动产登记的法律规范也主要是从行政管理的角度制定的。这一点是未来立法需要解决的。

（三）动产的交付与占有

动产物权的公示方式有两种：一是作为动态公示方式的交付，一是作为静态权利表征的占有。在我国一般学术著作中的观点，只把交付当做动产物权的公示方式，这种观点忽视了占有表征静态权利的公示作用。

动产的交付，即动产占有的交付，动产实际控制的交付。在动产物权发生变动的情况下，比如设定物权、转移物权的情况下，交付发挥着表示权利有效取得的作用。交付的基本要求即将物的实际占有移转给对方当事人。如果不能移转标的物的实际占有，则必须移转标的物的物权返还请求权或者以占有改定来替代交付（对于替代交付，见下文动产物权变动的"动产交付、准不动产登记、权利的交付与登记"一节）。

动产的占有，即动产的事实控制状态。占有作为动产物权的公示方式，所发挥的作用就是以占有的事实状态被"推定"为正确的权利占有，并获得法律的保护（关于占有，下文"占有"一章将专门探讨）。

在物权法学中，一般的公示方式是不动产登记和动产的占有与交付，但是还有其他特殊权利的特殊公示方式。比如我国物权法和担保法规定的权利质权制度中，以有价证券作为权利质权的标的时，以证券登记作为权利设定的公示方式。另外，在证券权利交付中，证券的背书，实际上也是一种特殊的公示方式。

三　公示的基本效力

在物权公示原则中，最具有理论意义和实践价值的是公示的如下基本效力，即决定物权变动生效、权利正确性推定和善意保护。

（一）决定物权变动能够生效的作用

1. 公示要件主义原则

从上文的表述中已经知道，一般情况下，我国现行法律在不动产登记方面实行登记要件主义，即关于不动产物权依据法律行为进行的各项变动，实行不登记不生效的基本规则；在动产物权方面，实行交付要件主义，即动产物权的变动，实行不交付不生效的原则。比如，我国《物权法》第 14 条规定："不动产物权的设立、变更、转让和消灭，依照法律规定应当登记的，自记载于不动产登记簿时发生效力。"第 23 条规定："动产物权的设立和转让，自交付时发生效力，但法律另有规定的除外。"

所谓不登记不生效，就是不动产物权变动，不经登记不产生当事人期待的物权变动的结果。比如，当事人依据法律行为设定抵押权，没有登记的，在法律上不认为抵押权一定设立。所谓不交付不生效，也就是不交付不产生当事人期待的物权变动的结果。比如当事人依据法律行为设定质权，没有交付动产占有的，不认为质权已经设定。因此，公示与否对于不动产物权变动和动产物权变动具有决定性作用。但是，对于准不动产物权不能发挥这样的作用。

　　在法学上首先要明确的是，要件主义只是适用于依据法律行为发生物权变动的情形。如果一项物权变动不是依据法律行为发生的，而是依据公共权力、事实行为、自然事件发生的，则物权变动的生效或者成就并不实行登记要件主义或交付要件主义，这些物权变动应该在上述公共权力生效时生效，或者在事实行为、自然事件发生和成就的时候生效。比如，法院判决将一项不动产所有权归属于某人时，某人即在法院判决生效时取得该项所有权；某人自己盖了一座房屋，某人即在房屋盖好时取得房屋的所有权（关于这一类物权变动，请看下文"非依法律行为发生的物权变动"一节）。另外，在添附、混合等情况下，所有权转移判断标准，也不是登记或者交付，而是添附与混合的事实条件成就。

　　在《物权法》颁布之前，一些部门、地区的不动产管理部门规定，即使是根据法院判决、根据事实行为和自然事件发生的物权变动，也采取"不登记不生效"的规则。有些城市的房地产管理甚至把没有登记的房地产当做违章建筑，这种做法既不符合法理，也有害于实践。

　　依据要件主义原则，一项根据法律行为发生的物权变动，如用益物权和担保物权的设定、既存物权的转移等，均以不动产登记或者动产交付作为必要条件。在当事人订立的以不动产物权变动为目的的合同成立生效后，当事人之间发生债权法上的约束力，即当事人之间受到请求权的约束，但是这一约束力不能被理解为物权法上的排他性效力。要发生物权变动的目的，必须进行不动产登记或者动产交付。这是物权变动的原因行为与结果行为相区分的基本原理（对此，请参见上文"区分原则"）。

　　在依据法律行为发生不动产物权变动的情况下，"不登记不生效"规则的例外是，在当事人之间的物权变动的意思表示能够被与登记类似的公开展示行为予以证明的情况下，物权的变动依据法理也能够生效。比如，当事人之间订立房屋买卖合同后虽然没有变更登记，但是当事人将此合同进行了公证，或者出卖人自愿地交付了标的物，那么，这种当事人公证的行为，或者出卖人自愿交付标的物的行为（即合同生效后当事人的另一个移转标的物所有权的行为），都是当事人转移标的物所有权真实意思表示的体现。根据民法的基本原理，符合当事人真意的行为，就是正当的行为。同时，这里的物权变动，也能够满足物权排他性效力的要求（已经公证和实际交付）。所以，此时，依据公证和当事人交付的行为确定不动产所有权已经发生转移是非常正当的。此种情况，正如《德国民法典》第 873 条第 2 款的规定。①

依据登记之外的其他行为所表征的物权意思表示确定物权变动的有效性，在实践中具有相当的实践意义。因为我国不动产市场和登记制度都正处于创建阶段，如果完全不考虑能够被客观证明的当事人物权变动的意思表示，僵硬的要求只是以登记作为物权变动的效力依据，结果必然违背法律的公正性。同样根据物权法的法理，此处的物权变动，不得对抗已经纳入登记的物权变动。

2. 公示"对抗主义"的例外情形

公示要件主义在我国物权法中是一项可适用于诸多物权变动情形的立法原则，但它并不绝对，立法上也有许多例外的情形。主要表现为动产物权变动的登记"对抗主义"，比如，《物权法》第 24 条规定："船舶、航空器和机动车等物权的设立、变更、转让和消灭，未经登记，不得对抗善意第三人。"《物权法》第 188 条规定：以生产设备、原材料、半成品、产品、交通运输工具、正在建造的船舶与航空器抵押的，抵押权自抵押合同生效时设立；未经登记，不得对抗善意第三人。《物权法》第 189 条规定：企业、个体工商户、农业生产经营者以现有的以及将有的生产设备、原材料、半成品、产品抵押的，应当向抵押人住所地的工商行政管理部门办理登记。抵押权自抵押合同生效时设立；未经登记，不得对抗善意第三人。

另外，在主要适用于农村地区的土地承包经营权以及地役权的变动，比如设定、转移等，物权法等相关法律也实行了对抗主义的做法，比如，《物权法》第 129 条规定："土地承包经营权人将土地承包经营权互换、转让，当事人要求登记的，应当向县级以上地方人民政府申请土地承包经营权变更登记；未经登记，不得对抗善意第三人。"第 158 条规定："地役权自地役权合同生效时设立。当事人要求登记的，可以向登记机构申请地役权登记；未经登记，不得对抗善意第三人。"之所以这么规定，是基于这种现实考虑：农村地区的土地权利交易并不频

---

① 该款的规定是："在登记之前，当事人之间的物权合意只有在该意思表示经过公证证明、或者已经向土地登记机关作出、或者当事人已经向登记机关提出登记申请、或者向另一方当事人提交了符合土地登记法要求的登记许可证时，才具有约束力。"请注意此处《德国民法典》的译文，目前该法典的其他翻译有误。

繁，而农民与农民之间联系非常密切，"一家煮肉十家香"，地权交易常常是四邻皆知，有自然的公示的效果，所以采取对抗主义对交易安全基本上没有妨害。

（二）权利正确性推定的作用

1. 基本意义

所谓权利正确性推定，即将纳入公示的物权作为正确权利的假定。如以登记的权利人以及权利作为正确的权利人和权利，以占有人作为正确权利人的推定。

物权公示行为所发挥的权利正确性推定作用的意义是：在事实上的物权与法律上的物权发生冲突时，在司法上以及法律解释上确定法律保护的基准点，即法律首先将什么权利当做正确权利而予以保护的规则（关于事实上的物权与法律上的物权的区分，见上文"物权的种类"一节）。当然，事实上的物权是应该依法予以保护的，但是从物权公示原则出发，司法上和法律解释上首先确定的正确权利是经过公示手段确定的权利，即纳入登记的不动产物权和准不动产物权，以及被占有确认的动产物权。所以《德国民法典》第 891 条规定："（1）在不动产登记簿中为某人登记一项权利时，应推定，此人享有此项权利。（2）在不动产登记簿中涂销一项被登记的权利时，应推定，此项权利不存在。"这就是不动产登记"法律推定"（Gesetzliche Vermutung）。关于动产，《德国民法典》第 1006 条第 1 句规定："为动产占有人的利益，推定占有人为所有权人。"该条第 2 款规定："为以前的占有人的利益，推定该占有人在占有期间一直是物的所有权人。"这就是"为占有人的所有权推定"（Eigentumsvermutung für Besetzer）。①

依法公示的物权具有的正确性推定，为世界大多数大陆法系国家立法确认，并被称为"公示的公信力"原则。我国旧《民法》（1930 年）对此虽然没有明文规定，但是旧《土地法》（1930 年）第 43 条规定的"以本法所为之登记，有绝对效力"一句，在学理解释上与德国民法的规定一致。② 以日本民法的对抗主义规则，公示的物权具有的对抗第三人的效力，其基础也是公示物权的正确性推定。

---

① "Gesetzliche Vermutung" 即"法律推定"或者"依法推定"；"Eigentumsvermutung für Besetzer" 即"为占有人利益的所有权推定"。这些名词均为立法中的法条名称。

② 史尚宽：《物权法论》，中国政法大学出版社，2000，第 43~44 页。

2. 登记的正确性推定

在我国物权法中，不论是依据不动产登记的要件主义，还是根据准不动产登记的对抗主义，都可以得出登记的物权具有正确性推定效力的结论。而且，《物权法》第16条专门规定了不动产登记簿的作用，即"不动产登记簿是物权归属和内容的根据"。因此，"不动产登记权利的正确性推定"在我国物权法中，可以说是普遍承认的规则。

3. 占有的正确性推定

作为动产物权的一种公示方式，占有也发挥着正确性推定的作用。这种推定包括两个内容：（1）占有的正确性推定。这一推定作用就是为动产物权交易的安全，以占有人为物的所有权人而给他的一种临时性保护的推定，如同《德国民法典》第1006条的规定①。（2）占有人的受领权推定。占有人，有受领关于物的给付以及关于物的损害赔偿的权利。所谓受领权，指的是获得他人物的给付或者支付的赔偿的权利。同样根据前条的立法理由，占有人既然被推定为物的所有权人，当然也应该被推定为关于物的给付或者损害赔偿的受领权人。德国民法中有受领权（Empfangsrecht）理论。该理论的基本价值，是在动产物权领域彻底贯彻物权公示原则，排除他人的抗辩，尽快恢复物的正常效用。考虑到这一权利制度建立的积极意义，我国物权法应该采纳这一规定。

占有作为动产物权的公示方式，其最主要的功能，就是表示动产物权人的权利。为交易的安全起见，占有对第三人而言，就是免除第三人在动产的物权取得过程中以及取得之后关于物权处分人的权利的举证责任，打破罗马法所确定的"任何人不得处分不属于自己的权利"的原则，限制原所有权人的追夺权，以保护交易的安全。这就是当代世界各国立法在"以手护手"的思想指导下，普遍建立动产物权的善意取得制度的基本原因。

4. 推定的限制

公示物权的正确性，在立法上只是一种"推定"，而不是绝对肯定。因此，对当事人事实上的物权，法律当然是予以保护的。这方面的

---

① 《德国民法典》第1006条（占有人的所有权推定）第1款："为动产的占有人的利益，推定占有人为物的所有权人。但是，此规定不适用物为被盗窃物、遗失物和其他类似的使原权利人失去占有的物。但是但书所称物，不包括货币及无记名有价证券。"

制度有：对于未纳入登记的不动产物权、准不动产物权，法律许可权利人依据合法方式更正错误登记；在错误登记未更正之前，法律许可当事人以异议登记的方式暂时中止登记的正确性推定效力，以保护自己的利益（对于异议登记以及更正登记，见下文"不动产物权登记"一节）。对于非权利人的占有，法律许可权利人提起"占有返还请求权"，来保护自己的权利（对此，见下文物权请求权部分）。

（三）善意保护的作用

1. 一般意义

上文物权法的基本范畴分析一节，已经指出第三人的保护，是物权法的基本范畴之一。物权公示原则所发挥的善意保护作用，就是以一种公开的方式确定善意的标准，而不是像罗马法那样，将对于前手交易的瑕疵的不知情或者不应该知情的心理状态作为善意的标准。罗马法中的主观善意观念，与物权公示原则的要求刚好相反：物权公示原则从物权的排他性效力出发，要求以可以公开展示的客观行为来确定权利取得人的善意与否。显然，根据物权公示原则建立的客观善意标准，对保护交易安全更为有利（对此的详细讨论，请参见上文"物权法的基本范畴及规范体系"和下文"物权行为理论"）。

2. "从无权人处取得"

在坚持公示的权利正确性推定原则下，就会发生物权的"从无权利人处取得"[①] 的情况，此即《物权法》第 106 条的规定："无处分权人将不动产或者动产转让给受让人的，所有权人有权追回；除法律另有规定外，符合下列情形的，受让人取得该不动产或者动产的所有权：（一）受让人受让该不动产或者动产时是善意的；（二）以合理的价格转让；（三）转让的不动产或者动产依照法律规定应当登记的已经登记，不需要登记的已经交付给受让人。受让人依照前款规定取得不动产或者动产的所有权的，原所有权人有权向无处分权人请求赔偿损失。当事人善意取得其他物权的，参照前两款规定。"

依据物权公示原则确定物权取得人是否善意的标准，主要是判断物权取得人对于物权出让人纳入公示的物权是否知情以及应否知情。就不动产物权来说，判断物权取得人否善意，就是看其对于他人纳入登记的

[①] "Erwerb von Nichtberechtigen"，参见 Wieling, Sachenrecht, 3. Auflage, Verlag Springer, Seite109 usw. 对此的讨论，也可以参见上文"物权法的基本范畴及规范体系"中的"第三人保护"部分。

不动产物权是否信赖。准不动产登记对于准不动产物权的取得人具有同样的效力。登记国家机关所为的行为，是以国家信誉为担保的行为，所以物权取得人依据国家设立的不动产登记簿取得物权、依据国家建立的机动车登记簿、船舶登记簿、航空器登记簿取得物权，在法律上当然是善意取得。所以就不动产登记和准不动产登记来说，罗马法上的以当事人心态作为标准的"善意取得"已经基本上不再发挥作用。而第三人信赖不动产登记的物权，即使是非事实上的物权时，也可以取得这一物权。这就是登记的"从无权利人处取得"的正当性。这一规则在司法实践中是非常有用的。

就动产物权取得而言，因为一般情况下交易当事人只就交易的外观事实负注意的义务，比如一项买卖合同而言，只要出卖人对标的物的占有是公开的，则买受人只应该就出卖人提出的价格、法律对买卖的一般规定负注意的义务；对于出卖人的占有是否有权利瑕疵，买受人可以说完全无法知情，因此，一般情况下法律不应该对买受人提出"善意"的要求。这正是物权公示原则（占有的正确性推定）的结果。罗马法中的善意保护标准在当代社会只能在十分狭小的范围内发挥作用。那种将罗马法中的善意保护当成十全十美的原则的观点，违背了交易的常识。在当代市场经济条件下，动产物权的依据是"从无权利人处取得"的占有的情况也是非常多见的。

在了解了公示的基本效力之后，请分析以下案例：兄弟二人共同继承了一处房产，老大将房产独自登记在自己名下。张三通过查阅不动产登记簿，知道老大是房产所有人，就从老大处购买了该房产并办理了所有权移转登记。弟弟老二知道后，要求张三搬出房屋，张三拒不搬出。请依据物权公示原则判断，老二的要求是否合理，他们之间的纠纷如何处理？

要回答这个问题，首先要判断老大是否房产所有权人。虽然该处房产应属老大和老二共有，但在老大将其登记在自己名下，依据登记的权利正确性推定力，老大因此被法律推定为房产的所有权人，并无需对此负担举证责任。其次判断张三是否取得该房产所有权。根据公示的善意保护效力，尽管老大作为单独房产所有权人的登记是错误的，但张三信赖该登记状态而从老大处购买了该房屋，则这种信赖标志着张三的善意，张三因此能取得该房屋所有权，老二因此丧失了房屋所有权。这样，老二就不能要求张三搬出房屋，老二在此时只能要求老大承担诸如赔偿损失之类的责任。

┌─────────┐
│ 复习题 │
└─────────┘

1. 根据你对物权公示原则的理解，试想，如果公示没有上述三个基本法律效力，那么公示对物权变动的作用是什么？

2. 试想，为何债权没有公示的要求？

┌───────────┐
│ 案例分析 │
└───────────┘

（一）不能查明真相的邮票案①

甲在报刊上刊登广告，要出售一张价值昂贵的邮票。乙知道后主张他是邮票的所有权人，称他在出国旅游之前将邮票交给了甲保管。乙向法院起诉，要求甲返还邮票。法官不能查明该案件的事实。如果你是法官，应该如何处理这个案件？

提示：正确处理该案的依据就是公示的法律效力。

（二）夫妻一方出卖夫妻共有汽车案②

孙某与丁某系夫妻关系，家里有一部汽车。因家庭矛盾，夫妻发生纠纷，当晚丁某开车离家。之后，丁某未与孙某协商，以 8 万元价格把车卖给李某，并于当天到市交通部门，谎称其丈夫外出办事，办理了汽车买卖手续，把车籍转到李某名下，但相互没有交付车款和汽车。后丁某觉得卖 8 万元价格低，就又将汽车以 10 万元价格卖给胡某。当天，胡某把 10 万元车款全部付给丁某，丁某将车交给胡某，未办理车籍移转手续。次日，此事被孙某发现，将车证扣留。

据此，孙某向法院起诉，诉称：丁某与他人合谋擅自将家庭共同财产的汽车出卖给李某，并办理了车籍移转手续，后又转卖给胡某，侵犯了我的合法权益，请求法院对车予以确权。

丁某答辩并反诉称：该车是夫妻共同财产，我有处分的权利，买卖过程中不存在合谋、欺骗有关部门的行为，属于合同交易，没有侵害原告的权利，请求法院驳回孙某的起诉。

---

① 参见〔德〕鲍尔、施蒂尔纳《德国物权法》上卷，张双根译，法律出版社，2004，第 63 页。

② 参见最高人民法院中国应用法学研究所编《人民法院案例选》1993 年第 2 辑，人民法院出版社，1993，第 62～64 页。

　　李某答辩称：丁某卖车，我同意买车，事先不知孙、丁之间的矛盾，属于自愿合法交易，不存在合谋行为，手续办到我的名下是丁某一手筹办的。之所以未成，是丁某觉得8万元的价格低，又把车卖给胡某。我买车无过错，不应承担民事责任。

　　胡某称：我买车出于自愿、善意，无过错。如买卖不成，丁某应退还车款，并承担经济损失。

　　法院认为：汽车是孙某和丁某的夫妻共有财产，丁某未经孙某同意，擅自处分不当；且在办理买卖手续过程中有欺诈行为，故丁某与李某之间的买卖关系无效。此后，丁某又擅自将汽车出卖给胡某，更为不当，又未办理转籍手续，因此，丁某与李某之间的汽车买卖行为无效。在两次汽车买卖行为中，李某和胡某不明真相，与丁某没有合谋串通行为，过错均在丁某，由此造成的经济损失应由丁某承担。孙某诉讼确认汽车所有权有理，应予支持。丁某反诉汽车买卖有效无理，不予支持。李某无过错，不应承担民事责任。胡某买车出自善意，其合法权益应当受到保护。根据《中华人民共和国民法通则》第58条、第61条、第78条以及有关法律规定，判决如下：一、丁某与李某之间的汽车买卖无效；二、汽车归孙某和丁某共有；三、丁某与胡某之间的汽车买卖无效，丁某返还给胡某车款10万元，并赔偿占有此款期间的利息。

　　请你对法院的上述判决作出评价。

　　提示：该案属于典型的"出卖他人之物"，你应根据区分原则和物权公示原则进行分析。

第五节　物权特定原则

一　基本含义

　　所谓物权特定原则，也被称为物权确定性原则，即要求物权支配的客体必须特定化，必须与其他物有明确肯定的区分的原则。我国《物权法》虽然没有专门规定该原则，但从《物权法》第2条对物权的定义中可以得出确定的结论，因为该条第3款将物权界定为"权利人依法对特定的物享有直接支配和排他的权利"，其中"特定的物"即是对特定原则的体现。特定物是相对于不特定物而言的概念，特定物指在法律上已经能够和其他物有确定区分的物。这里的区分，只是指法律上的区分，而不是指事实上的区分。一物只要与他物在法律上能够区分开，即使在事实上无法区分开，也可以成为特定物。

物权的客体只能是特定物。其中的原因，就是物权的排他性本质。因为物权具有排斥他人意思介入的特征，所以物权人排斥他人的范围必须明确肯定。比如在一块土地上，依据法理可以同时存在所有权、建设用地使用权、抵押权等物权，如果各个物权人支配的范围不明确肯定，那么该土地上的支配秩序就必然出现混乱。所以，只要一物之上存在物权，该物权的支配范围就必然是明确肯定的。这也就是说，物权的客体是特定化的，不会与别的物有所关联。

物权特定原则是物权法与债权法的根本区别之一。物权是对物的支配权，所以只有在物特定化之后，才能成立物权的法律关系，也才能发生物权的变动（即处分行为的成立有效）；但是债权的本质是请求权、对人权，物不特定时，甚至物没有产生时，请求权关系照样可以成立并生效。比如，一个企业在接到他人订货之后才组织生产，这是很正常的。企业在与他人订立合同时，其产品并没有生产出来。这就是说，以发生物权变动为目的的合同在没有物的时候也能成立生效，当然依据合同产生的请求权也能够成立生效（负担行为的成立生效）。① 当然，这一点与我国《合同法》第 51 条的规定并不一致，因为合同法在该条的规定中没有完全坚持物权与债权的区分、物权变动与债权变动的区分的法学原理。

二　基本要求

和物权法其他的基本原则一样，物权特定原则也对物权法律关系具有特定的要求。这些要求是：

第一，物必须已经存在。这是贯彻物权特定原则的前提条件。物权支配的对象必须是已经存在的，只有已经存在的物，才能产生物权。而物如果作为债权的对象且物不存在时，债权法律关系照样可以成立生效。比如一个企业与别人订立买卖合同之后，才开始组织货源，或者才开始自己生产别人要购买的货物。所以合同成立生效时，物尚不存在是正常的，但是这并不影响根据合同产生的债权的效力。但是，如果一个物权已经发生时，物必须已经存在。

第二，物必须特定。所谓特定的含义，是指物权设定、移转、变更

---

① 关于负担行为与处分行为的细节讨论，请参见上文"区分原则"部分的探讨。

与废止时，作为物权客体的物，与其他物已经没有法律上的关联。物必须特定的要求，是说物权的客体——物与其他的物没有法律上的联系，即物的一部分或者全部没有与他人的物权在法律上不可以分割的情形。比如，移转给他人的所有权的标的物，不得有一部分或者全部无法与出让人或者第三人的所有权无法区分的情形。这样，即使是在一幢住宅内，如果一个个房间是可以特定化的，则在这些房间上就可以成立单独的所有权（该规则常常适用于共同财产分割的情形）。又如，立法规定可以在一个不动产的"份额"上设定抵押权，但是按照物权特定原则，这一部分"份额"必须在不动产登记簿上特定化，应该明确地与其他的份额区分开来。

物权支配的客体与其他物发生事实上的关联时，不妨害物权的设定与取得。比如一栋楼房，各个居住单元之间有着事实上的关联，但是因为各个居住的单元可以特定化，物权的设定和取得就没有障碍。聚合物中的一部分是否可以特定化的问题，即该部分是否可以单独设定物权的问题，应该根据该物的具体形态来予以决定。如果聚合物的组成部分对于物的整体效能具有决定性作用，则该部分不可以特定，不可以在此之上设定单独的物权。传统民法关于聚合物的组成部分可以特定化的观点应该予以更正。

物的特定，不以物的自然形态的完成作为必要条件。这也就是说，未完成中的物，只要可以与他物明确区分时，也可以成为物权的客体。比如未建造完成的房屋、未建造完成的船舶、未制造完成的机器，等等，在法律上和事实上均可以特定化，均可以成为物权的客体。

当特定的债权成为物权的客体时，该项债权也必须符合物权特定的原则，才能成为真正的物权支配的对象。比如，如果要在一项债权上设定一项权利质权，则该项债权必须具有"物"的外观，即成为一项由"物"记载的权利，比如成为一项由票据或者由其他根据"物化"的权利。只有这样，才能移转对这种权利的占有，才能成立权利质押。设立在无法"支配"的债权上的权利质权，无法满足债权人优先受偿要求，所以对"质押权人"并无意义。

┌复习题┐

请回想本书作者在《民法总论》一书中阐述的负担行为与处分行为的区别，看看物权特定原则在其中的意义。

┌╌╌╌╌╌╌╌╌┐
┆ **案例分析** ┆
└╌╌╌╌╌╌╌╌┘

简单的权利类型案

　　甲和乙是邻居。甲外出旅游回来，家里没有东西可以做饭，就向乙借了一袋米、一斤肉和三棵白菜。之后，他把这一袋米分成两小袋，把肉切成两块，将其中的一袋米、一块肉和一棵白菜送给了村里的困难户丁。请问，甲和丁分别享有哪些具体的权利？

　　提示：请根据物权特定原则进行分析。

第四章　物权变动

要点提示

- 物权变动的基本规则
- 非依法律行为发生的物权变动的基本类型及其规则
- 依法律行为发生的物权变动的基本法理和基本规则
- 不动产登记
- 动产的交付

第一节　含义以及基本规则

一　物权变动的基本意义

所谓物权变动，指物权的设立、移转、变更和消灭。物权的设立指创设一个本来不存在的物权，如当事人约定设定抵押权；物权的移转指将已存在的物权在民事权利主体之间转让，比如房屋所有权的出让；物权的变更指物权在主体不变更的条件下改变物权的内容，比如改变土地使用权的期限或者内容；物权的消灭指物权的终止。

建立物权变动制度，最直接的根据在于确定物权享有以及行使的基准。在市场经济的条件下，物权时刻处于变动中，如何判断当事人有权行使权利，对于当事人的利益和第三人的利益都很重要，比如，某一所有权在被权利人取得后，只要权利人不出让该权利，就不会再发生被他人取得的后果。可以说，保护交易安全，是物权法的基本功能；交易安全的实现，主要靠物权变动制度。

同时，物权变动还是确定风险负担的标准。此处所谓的风险，是交易风险，即交易目的无法实现的风险。在交易因为法律上的原因或者自然原因无法实现其目的时，有必要确定风险由交易双方中的哪一方来承担的规则。一般而言，法律上的交易风险虽然与物权变动无关，但是因为自然原因发生的风险的承担，即标的物灭失的风险负担，却是由物权变动的有效性来确定的。目前，世界公认的这种风险负担的准则，是"风险随所有权转移"，即所有权转移前标的物灭失的风险由所有权出让人承担，出让人不能向受让人主张标的物的对价；如果所有权转移之后发生标的物的灭失，则受让人必须向出让人支付标的物的对价。所有权之外的其他物权应承受的风险，也应遵从物权变动生效的规则，即这种物权变动成就时，因此而取得物权的人才承担权利范围内标的物的风险。物权变动不生效的，权利取得人自无风险可言。比如，建设用地使用权人、土地承包经营权人所承受的风险，与所有权人是一样的。

二 物权变动的基本类型与基本原则

物权变动的原因大体上有两种，一种为法律行为，包括当事人的约定（如一方向另一方交付所有权的意思和另一方表示接受的意思）和单方意思表示（如抛弃所有权的行为）；另一种为法律行为之外的因素，如法院在夫妻离婚案件中作出的将他们的共同财产变为夫妻一方单方财产的判决等。

根据这两种原因，可以把物权变动分为依法律行为发生的物权变动和非依法律行为发生的物权变动，前一种物权变动是物权变动中的主要类型，是市场交易的主要形式，也是物权法规范的主要内容，它适用区分原则和物权公示原则，并与不动产登记制度和动产交付制度有紧密的关联。但是公示原则在非依法律行为发生的物权变动中也有很大的适用价值。现在我们先探讨非依法律行为发生的物权变动的一般规则，然后再分析不动产登记和动产交付。

传统民法在本节所阐述的领域里，从"权利取得"的角度，建立了"传来取得"和"原始取得"相区分的理论和制度。"传来取得"和"原始取得"划分的要素或者基础，也是当事人之间的意思表示：权利的受让人依据出让人的出让意思表示取得其权利的，为传来取得，也称为继受取得，比如买受人依据买卖合同取得标的物的所有权；权利非依据出让的意思表示取得的，为原始取得，比如种植者取得土地出产物。这一划分的理论，在传统民法已经有很长的历史了，它确实具有比较清晰易解的积极意义。但是，这一理论中的传来取得，把债权合同理解为物权变动全部的根据，完全依据债权合同来判断物权取得的效果；它的理论和制度的要点是合同生效时所有权取得有效，合同无效时所有权取得自然失效。因此这种理论放弃了对于第三人的保护。所以，在中国物权法起草之初，我们就有意识地放弃了该理论，而另行建立"物权变动"的制度和理论。①

第二节　非依法律行为发生的物权变动

一　具体类型

非依法律行为发生的物权变动大体上相当于传统民法所说的原始取得的情形，它有很多类型，它们的法律效果和实践意义很值得讨论。

中国《物权法》第二章第三节的规定，基本上就是这种物权变动的规定。应该指出的是，该法在立法的时候并没有将非依法律行为产生的物权变动的情形全部列出，这对于准确的法律贯彻不利。本书将它们详细列出，并作出简单的探讨。

（一）依据公共权力发生的物权变动

1. 概念和意义

依据"公共权力"发生的物权变动，即直接依据法律的规定、法院的判决或者裁定、仲裁机构的裁决、政府的指令所发生的物权变动，如国家根据土地改革法没收地主土地、法院将有争议的财产判定为某人所有、城市建设中的征地等。现实生活中，这种物权变动，经常指向所有权尤其是不动产所有权。

这种物权变动的生效时间是在法律颁布生效、法院裁判生效或者政府指令生效之时。② 对此，《物权法》第 28 条规定："因人民法院、仲裁委员会的法律文书或者人民政府的征收决定等，导致物权设立、变更、转让或者消灭的，自法律文书或者人民政府的征收决定等生效时发生效力。"在学说上，这种物权变动也称为"法定物权变动"。

2. 特征

依法律规定而直接获得的不动产物权，具有如下特点：（1）该不

---

① 对其中更为详细的讨论，可以参阅孙宪忠《中国物权法总论》，法律出版社，2009，第 296 页以下。

② 对这种物权变动，详见孙宪忠《不动产物权取得研究》，载《论物权法》，法律出版社，2001。

动产物权可不经登记而直接发生效力，因为取得权利的根据是法律，而法律当然具有与登记相同的公示效力，甚至有比登记更为强烈的公示效力。但此原则的例外情况是《瑞士民法典》第 837 条的规定，即法定抵押权可根据为保护因土地买卖、共同权利人分割土地、地上建筑而生的债权的请求而设，但这种法定抵押权只有在登记后才能生效。（2）法定不动产物权，具有比依法律行为的原因而生的同类物权优先的效力。如一物之上有多个抵押权时，法定抵押权能优先实现。（3）法定不动产物权除法律有明确规定外不得单独转让（但可继承），因为它们都是法律为保护特定主体的利益而设的。

3. 具体类型

我国现行法律承认的法定不动产物权有：

（1）法定土地使用权。具体包括：其一，农村的法定土地使用权。如 1956 年中国农村实行集体化到公社化时，土地归集体所有，入社农民对自己住房宅基地的所有权依当时具有法律效力的中共中央文件①转化为使用权；至公社化后，全部农民加入人民公社，全部农村住房宅基地的所有权都转化为使用权。其二，1982 年前，中国城市居民的私房及私房宅基地所有权仍然存在，根据 1982 年宪法，全部城市土地所有权归于国家，城市居民的私房主对宅基地的所有权也随之转化为使用权。其三，城市国有企业及集体企业征用农村土地，不论其资金来源，按土地管理法规定，其土地的所有权一律归于国家，企业只享有使用权，依物权法，这种权利被定义为"建设用地使用权"。其四，改革开放后未按照国有土地有偿转让制度批转给"三资企业"的土地使用权，依法理也属于法定土地使用权。

（2）法定抵押权。主要表现为根据我国《合同法》第 286 条的规定，承包人在发包人逾期不支付建设工程价款时，可以申请法院将该工程拍卖，并从所得价款中优先获得偿还的权利。

（3）法定优先权。如我国海商法规定的船舶优先权。

（4）法定居住权——一个有争议的问题。最高人民法院《关于适用〈中华人民共和国婚姻法〉若干问题的解释（一）》第 27 条第 3 款规定："离婚时，一方以个人财产中的住房对生活困难者进行帮助的形式，可以是房屋的居住权或者房屋的所有权。"显然，居住权对照顾生活困难的离婚一方的利益有重要的作用。依一般的做法，该权利不得转

---

① 即 1962 年制定的《农村人民公社工作条例（修正草案）》，一般称"六十条"。

让，不得继承，法律基础未改变时不得涤除，居住权人去世或法律原因改变（如离婚妇女再嫁）房屋原所有权自动恢复。但是，在物权法制定时，这种权利并没有得到反映。

在国外的物权立法中，有关于法定人役权的制度，其中主要应用于法定居住权。法国、德国、瑞士等国的民法典均有法定居住权的规定。此一立法的原因，在于西方国家大多实行夫妻分别财产制，为保护离婚妇女的利益，法律赋予她们对前夫的房屋享有法定居住权。

（二）因继承发生的物权变动

《物权法》第29条规定："因继承或者受遗赠取得物权的，自继承或者受遗赠开始时发生效力。"

继承是民事生活中的常见事件，因为继承当然会发生物权变动。继承的特点是，自然人死亡一般是自然事件，而自然人死亡之时，也就是他的所有权以及其他民事权利关系因为主体消灭而消灭之时。所以，继承人的物权取得应该是在继承开始之时生效。

因遗赠引起的物权变动，本质上虽然属于依据法律行为发生的物权变动，但就物权变动的生效时间而言，也适用这一法理。学术界有一种观点认为，既然遗赠发生的物权变动以受遗赠人接受遗赠的意思表示为要素，那么这种物权变动应该在受遗赠人作出接受的意思表示的时候生效。这种观点看似有理，但是也有明显的失误，因为按照这种观点，受遗赠人作出接受的意思表示之前，遗物的所有权归属在法律上成为疑问而无法解答。所以，遗赠发生的物权变动，还是在被继承人死亡之时。不过，这种"开始"，是在受遗赠人作出接受的意思表示之后"推定"过来的；如果受遗赠人作出放弃的意思表示，那么遗产的所有权就会归属于其他继承人。

总之，在遗产涉及的所有权归属的法律制度中，没有"无主物"的存在。这一制度设想，是为了保护财产的安全。

（三）因事实行为发生的物权变动

1. 含义

《物权法》第30条规定："因合法建造、拆除房屋等事实行为设立或者消灭物权的，自事实行为成就时发生效力。"法律上所谓事实行为，指不以人的意思表示作为生效的要素或者必要条件的行为。这个概念虽然有些抽象，但是并不复杂。在《民法总论》这门课程中我们已经了解了它的含义，在此我们可以回顾一下。事实行为当然是指人的行为，但是它所产生的法律效果不由行为人自己的内心意愿决定，而由法律规定。当事人有无发生这种效果的意愿，对这种效果不起决定性作用。

2. 大体类型

现实中因事实行为发生物权变动的情形大体上很多，除了《物权法》的规定之外，还有其他的情形，这里将他们列举一下：

（1）自我劳动。此类变动的典型事例为在自己土地上盖房屋，其因事实行为完成而发生效力，即只要房屋盖好即可取得房屋所有权。另外，在自己享有合法权利的土地上种植而取得土地出产物的过程，也属于此类情形。

劳动可以导致物权产生，但是也可以导致物权消灭。比如，拆毁房屋或者其他设施，会导致物上的所有权消灭。

（2）先占，即依取得所有权的意思，依控制支配的事实管领无主物的行为。我国长期以来出于某种不合时宜的观念的限制，排斥了先占取得的可能。因此《民法通则》规定无主物均归国家或集体所有，物权法也基本上遵循这一看法。但是这种做法既不可能也无必要。如果依据实事求是的精神，那么，在动产范围内，应当允许民事主体自由先占取得；当然，受生态及环境保护法禁止的动物与植物除外。在不动产范围内，基本上可以实行政府先占主义。

（3）添附，即物与物相互紧密联结形成新物，在法律上或者经济上不可分割的事实。在传统民法中，添附在法律上包括混合、加工、附和三种情形。它们常常会因为人的行为发生，比如在土地上栽树、将两个人的粮食混合、为别人雕刻图章等。这些人的行为会导致新物的产生，也就导致了新的所有权的产生。一般情况下，新物的所有权由当事人之间的合同确定。但是有时候，当事人之间并没有订立合同，或者他们之间的协议无效，此时，添附就成为事实行为，其法律效果也就是所有权的归属由法律规定。

因为《物权法》对这个问题没有规定，因此，我们对此可以借鉴国际上普遍的做法来确定。在事实行为情况下解决添附的一般规则是，在新产生物上区分主物与从物，由主物的所有权人取得从物的所有权；如动产添附于不动产，则以不动产为主物，由不动产之所有权人取得附合其上的从物的所有权。如果原物之间无法区别主物与从物，那么，由原物的所有权人均享其所有权。[①] 而且，因为这种所有权的变动直接来

---

① 参见《德国民法典》第946条；《瑞士民法典》第671条；我国旧民法典第811条；《法国民法典》第546条等。

源于法律的规定，所以物权变动的生效，并不取决于登记和交付。

（四）因自然事件发生的物权变动

该类物权变动有可能导致物权的消灭，如自然灾害导致标的物灭失；也有可能导致物权的产生，如自然淤积于河滩的土地。对自然所生之物，自罗马法以来的法律均许可土地的所有权人、主物的所有权人任意取得。但是近代国家根据自然资源日趋稀缺的事实，规定河流、海滩淤积的土地，一律属于公有，个人不得先占取得。但是，对于自然所生的动产，以及土地之外的不动产（比如自然生出的竹木等），法律许可主物的所有权人取得。

中国《物权法》对此没有规定针对性的规则。在实务上，大体可以依据下面的规则处理：

如果标的物因自然事件而消亡，标的物上的所有权以及其他权利，也随之一并消灭。农村土地因为洪水而冲毁，那么集体土地的所有权以及农民个人的土地承包经营权都会消灭。

如果因自然事件而产生，那么，如果发生了添附的，则依据上面所说的添附的规则予以处理。如果发生了先占的，那么应该按照先占的规则予以处理。

（五）时效取得

在《民法总论》这门课程中，我们已经讨论了时效制度。而时效取得，就是时间发生的法律效果之一。

时效取得，即依取得所有权的意思，公开、和平、继续地占有他人之物达到法律规定的期间，从而取得物之所有权。取得人为依此方式取得所有权而必须占有他人之物的法定期间，为取得时效，取得时效亦称为占有时效，因此而取得所有权亦称占有时效取得。时效取得的一般条件是：和平、公开、自主、持续占有达到法定时效期间。依据暴力的占有、隐藏占有、为他人的占有（他主占有）、断断续续的占有、未达到时效期间的占有，不发生时效取得的结果。

中国《物权法》对于时效取得没有规定，原因是在立法时很多人看到的情形，都是人们激烈争夺物质财富情形，而很少有"让权利睡大觉"的情形。因此，在这一点上主导立法的观念是不规定这种制度。

即便如此，我们认为对于传统民法或者国外民法的知识简单介绍还是必要的。因此这里简要介绍一下时效取得在传统物权法学中的情形。一般认为，时效取得，因不动产和动产而异。不动产的时效取得，分为"登记取得时效"和"占有取得时效"两种情况。登记取得时效，指登记为不动产物权的权利人，在未取得不动产的实际占有的情况下，经过一定的时效期间可以主张取得标的物的实际占有的取得时效；而占有取得时效，指非登记的实际占有不动产者，经过一定的时效期间可以主张的涂销登记权利、而将自己作为所有权人纳入登记的取得时效。动产物权的取得时效，只有占有取得时效一种类型，指动产的占有人自主占有达到一定的期间，可以主张的对抗所有权人返还请求权的一种抗辩权。拥有这种抗辩权时，其实也已经取得了该动产的所有权。

时效取得的基础，乃是法律对物的原权人的意思表示的公然排斥，并以此为前提对占有人的权利赋予。故该取得不适用关于法律行为的一般规定。取得时效届满，一般认为取得人已获得物之所有权，但这种权利因无公示，依法理也不可对抗第三人，也不可转让。依德国民法的强化公示效力的做法，此时取得人只取得排斥他人的返还请求权的抗辩权，以及不动产上请求登记为所有权人的权利。

二 非依法律行为发生的物权变动适用的规则

非依法律行为发生的物权变动的法律效果，多数已经在上面简要阐述。这就是：法律不强制要求物权变动的生效必须以不动产登记以及动产的交付作为生效的要件。中国《物权法》第 31 条规定："依照本法第二十八条至第三十条规定享有不动产物权的，处分该物权时，依照法律规定需要办理登记的，未经登记，不发生物权效力。"

这就是说，如某人为了自己居住而建造了一座住房，则其无需登记即可取得房屋所有权，法律必须对此种权利给予保护。这意味着，只要权利取得人不处分物，法律并不强制其登记或者交付。处分一词在这里的含义，只是法律上的处分，如将权利转让给他人，或者在权利上设定负担，比如在自己的所有权上设定抵押权、质权、地役权等。当事人对标的物事实上的处分，比如消费、使用等，不在此限。如果权利人对所取得的物权并不进行处分，则任由该权利处于事实状态，比如一个人依据法院的判决获得了一座住房，如果此人只自己居住，而没有将其出卖、抵押等行为，则法律当然承认其占有和使用的合法性，并给予权利人以足够的保护。

但是，权利人在取得权利后如欲实施处分（如移转所有权、设定他物权等），则必须进行公示，如上述房屋主人想在房屋上设定抵押权，则物权人必须先办理房屋所有权登记，否则，权利人所进行的处分无效。之所以如此，是因为这些物权变动没有公示，不为社会所知，有妨害物权相对人利益的危险。法律限制权利人的处分，是为了保障交易安全。

通过上面的分析，我们可以看出依法律行为发生的物权变动与非依法律行为发生的物权变动之间的区别主要为：（1）在物权变动的原因方面，前者的原因是当事人的意思表示因素，包括双方法律行为（如买卖合同）和单方法律行为（如抛弃）；后者的原因是非意思表示因素，主要是国家公共权力（法律规定、法院裁判和政府指令）、继承、事实行为、自然事件和取得时效。（2）在适用的原则方面，前者要适用区分原则和物权公示原则，后者则不完全适用区分原则和物权公示原则。（3）在物权变动的生效方面，前者不因原因行为的生效而直接生效，只有在公示后才能生效；后者因原因事实的完成而生效，无需经过公示。（4）在公示形式的意义方面，在前者，公示具有三个基本效力：决定物权变动是否生效、对权利正确性的推定和对第三人的善意保护；在后者，公示的效力为：决定物权能否处分，不公示者得不处分，以及在公示后同样产生权利正确性推定和善意保护的效力。

复习题

1. 简要论述依法律行为发生的物权变动和非依法律行为发生的物权变动的区别。
2. 简要分析依据公共权力发生物权变动的理论和制度。
3. 简要分析传统民法中的添附理论在我国实践中的使用价值。
4. 简要分析自然事件导致的物权变动。

争鸣与思考

现实中曾经有国家某部门规定，建造房屋没有进行登记的，不认可房屋的所有权。你认为这种做法对吗？

在上面这个问题中，如果涉及"违章建筑"，那么你的看法。

对这些问题，你可以联系行政法学的知识予以思考。

案例分析

孔照与何珊婚后，由孔照的单位"分配"到一处住房。现两人离婚，法院将住房判决给何珊。何珊到房产局办理过户登记手续，房产局要求房屋的产权单位开具同意过户的证明，但是孔照的单位拒绝为何珊开具这个证明。拒绝的理由，一是法院判决了，但是还没有登记；二是这个房子属于本单位的部分产权房，不能过户给外单位的职工。

这样的案子，在现实中已经发生了多起，你对此有什么观点？

第三节　不动产物权登记

一　含义以及立法意义

（一）含义

所谓不动产物权登记，即经权利人申请国家专职部门将申请人的不动产物权变动事项记载于国家不动产物权登记簿的事实，简称为不动产登记。

在物权法学、不动产法学中，不动产登记作为一种法律制度，其实包括着两层相互关联的含义：一是登记与否的事实状态，二是登记的过程或者程序。物权法学上所说的不动产登记，主要是指登记与否对不动产物权的影响，而不是登记的过程。但是在不动产登记法中，登记的制度主要表现为如何进行登记，也就是登记的各种程序。

中国《物权法》第二章第一节比较详细地规定了"不动产登记"这个制度。从这些制度的规定，以及从上面我们已经阐述过的"物权公示原则"、"区分原则"这些物权法的规则看，我们就可以知道，不动产物权登记本质上并非行政法问题，而是物权变动的公示方式之一，是民法中的基本制度。关于不动产登记的基本理论，详见上面讲过的物权区分原则和公示原则，以及后面将要仔细讨论的物权行为理论。

（二）立法意义

1. 不动产登记依据物权公示原则建立，并无行政管理的意义

前面"物权公示原则"一节，已经对于不动产登记作为不动产物权变动的公示方式的基本价值进行了阐述。从中我们已经知道，公示原则其实是适用于依据法律行为发生物权变动的情形，当然这是最主要的物权变动的情形；但是我们还要知道的是，非依据法律行为发生的物权变动，其实也有登记的制度建设问题，上一节我们已经对此进行了阐述。这样看来，不动产登记制度，就并不仅仅是为依据法律行为发生的物权变动建立的，而是为全部不动产物权变动制度建立的。

　　讨论不动产登记制度的立法意义是很必要的，因为在中国当前的一些立法中，以及一些法学著述中，不动产登记被当做政府对于不动产予以行政管理的手段，不动产登记法也被当做行政法的制度，这一看法不符合物权法的法理。从上面的分析我们已经充分得知，不动产登记没有任何行政管理的意义。

2. 不动产登记的具体立法意义

　　也就是因为这样，我们必须简要地阐述一下不动产登记制度建立的立法意义。简要地说，不动产登记的立法意义，就是通过这一制度为不动产物权交易提供具有国家公信力支持的、统一的、公开的法律基础。具体地说，这些道理表现为：

　　（1）不动产登记为不动产物权变动提供法律基础。在依据法律行为发生的物权变动的情况下，为了表现物权的排他性并保障交易安全，物权公示原则要求不动产物权变动以登记为要件；在非依法律行为发生的物权变动的情况下，不动产登记是权利人处分权的前提条件。因此，不动产登记在本质上是决定不动产物权变动是否完成的法律工具，旨在给不动产物权变动提供法律基础，而不是为了实行行政管理。

　　（2）不动产登记为不动产物权变动提供了由国家公信力支持的法律基础。由于不动产物权是涉及国计民生的重要权利，故现代社会中的不动产登记机关都是国家机关，由国家出面承担登记责任，以国家行为的严肃性为登记的真实性提供保障，使登记具有为社会一体信服的法律效力，即任何民间证明都不可比拟的国家公信力。不论客观情况如何，法律确认不动产物权的标准是登记簿的记载，以登记簿上记载的权利为正确权利，并依此建立不动产物权的交易秩序；同时，如果第三人依据不动产登记簿取得登记权利，这种行为及其后果当然应该得到物权法保护。

　　（3）不动产登记的统一性是不动产物权统一的法律基础。通过不动产登记，国家为不动产物权提供了一个在整个法律实施范围内均有效的法律基础，有了这个基础，在整个法律实施范围内发生的一切不动产物权交易（实际上是整个不动产市场）才有了统一的法律基础和规则。如果没有这个统一基础，公正有序的不动产物权流转制度的建立就完全是一句空话。

二　当代世界主要登记制度

　　世界各个国家与地区建立的不动产登记制度有相当大的区别，原因在于立法所依据的法理有相当的差别。在学理上和实践中与我国现行立法有一定关系的模式，有大陆法系模式，英美法系模式，我国香港法的模式，我国传统模式等。

（一）形式主义登记与实质主义登记

1. 含义以及立法例

我国的不动产立法主要受大陆法系立法的影响。在大陆法系国家里，民法典关于不动产登记对于依据法律行为发生的物权变动的效力，有形式主义登记和实质主义登记两种不同的立法模式。①

所谓形式主义登记，是登记对不动产物权变动只具有确认或者证明的作用，而没有决定其能否生效的作用的立法模式。这种立法模式是法国1855年《不动产登记法》创立的，后来为《日本民法典》等所继受。1804年的《法国民法典》对不动产物权的各种变动，除协议抵押权的成立需要公证之外，其他各种物权变动，都仅仅要求订立合同而不要求进行登记。但是在半个世纪之后，法国立法者认识到这种立法产生的以合同对抗第三人的缺陷，于是改行"对抗主义"，也就是建立以登记作为对抗第三人的要件的制度。具体来说，这种制度认为，物权变动仍然以合同作为生效的要件，不登记者不得对抗第三人。但是，不动产登记对于物权变动仍然没有决定的作用，而只有证明的作用。《日本民法典》立法时采纳了《法国民法典》的做法。法国与日本民法的这种做法，法学上称之为登记的对抗要件主义。

所谓实质主义登记，即不动产物权依法律行为的各种变动，即不动产物权设立、转移、变更和废止等行为，非经登记不得生效的立法模式。其含义是一切依据法律行为发生的不动产物权变动，除具有双方当事人的意思表示一致这一必要条件之外，而且还必须将该意思表示予以登记，并自登记时起不动产物权变动有效成立。这种观点为《德国民法典》创立，为《瑞士民法典》和现在仍在台湾生效的我国旧《民法》采纳。《德国民法典》第873条第1句规定："为转让一项地产的所有权，为在地产上设立一项权利以及转让该项权利或者在该权利上设立其他权利，如法律没有另行规定，必须有权利人和因该权利变更而涉及的其他人的合意，以及权利变更在不动产登记簿上的登记"。第875条第1句规定："为放弃一项地产的权利，如法律没有另行规定，必须有权利人放弃其权利的意思表示，以及该项权利不动产登记簿的涂销登

---

① 史尚宽：《物权法论》，荣泰印书馆股份有限公司，1979，第39页以下。

记"。据此规定，不动产的登记就不仅仅只具有确认或者证明不动产物权变动的法律行为的效力，而且还具有决定其能否生效的作用，不登记者物权变动不能生效。《瑞士民法典》和中国旧《民法》继受。《瑞士民法典》第656条第1句规定："取得土地所有权，须在不动产登记簿登记。" 第666条第1句规定："土地所有权，因登记注销或土地灭失而消灭。" 我国旧《民法》第758条规定："不动产物权依法律行为而取得、设定、丧失及变更者，非经登记，不生效力。" 这种做法，建立了双重法律事实作为不动产物权变动的根据的立法模式。所谓双重法律事实，即当事人的意思加上不动产登记，这两个条件在法律上缺一不可。

2. 实质主义登记和形式主义登记有如下差别

（1）依合同方式创设、移转、变更、废止物权时，形式主义登记认为该种合同属于债权债务关系，与一般债权法的合同没有本质的不同。而实质主义登记认为该合同包含着两种契约：一种是原因行为，其目的在于使当事人之间发生一般债的请求权的法律关系；另一种结果行为，即 "物权契约"，就是专门以物权的变动为目的而成立的，其结果是发生物权关系变动的法律关系的契约。《德国民法典》把这种契约命名为 "合意"（Einigung），以示其与债权法上的契约或者 "合同"（Vertrag）的区别。

（2）形式主义登记的立法规定，物权变动是债权债务合同的必然结果，故对当事人的行为完全按合同法的规则规范。这种立法的出发点是合同一经订立生效、则肯定能够得到履行的假想，所以它规定合同生效时物权随即发生变动（如买卖合同成立生效所有权便随之转移）。但实质主义登记的立法规定认为，合同订立生效不一定能够得到履行，合同产生的债权法上的约束力不能自然产生物权法的排他效力。所以它规定当发生物权变动时，在当事人之间的债权合同关系之外，还应该有物权变动的合意，还要求必须将其合意进行不动产物权登记，而且物权的变动只有在登记之后才能生效，即登记对不动产物权的变动发挥着实质的效力。

（3）按照形式主义登记的立法，物权变动是债的合同的当然结果，因此债的合同的无效必然会导致物权变动行为的无效；实质主义登记的立法规则认为，物权变动与债的合同无关，合同的无效不能导致物权变动当然无效，因为物权变动被认为是物权合意的结果。因此，当不动产物权登记之后，不能随意被当事人撤销；当原因行为被撤销时，因该行为受损失的当事人可以对相对人按照法律关于不当得利的规定提起保护自己利益的请求权。

形式主义登记的历史源溯是罗马法的"法学阶梯"学派。罗马法的这一流派对动产和不动产的法律规定并无严格划分，因此它关于法律行为的有效成立只源于当事人的意思表示、形式对法律行为不起决定作用的立法，基本上没有考虑到不动产特殊性。而实质主义登记来源于罗马法的"学说汇纂"学派，以及因此发展而来的德国普通法学。[①] 实质主义登记的基本理论更加符合法理：物权依法律行为变动时，当事人的意思表示一致与具体权利的实际转移是两个事实而并非同一事实、而且不动产物权的变动只能以登记作为公示手段，而不能依据占有作为公示手段的特点。揭示这一特点的，是德国法学家萨维尼的物权行为理论，该理论对当代不动产法发挥着很大的影响。[②]

（二）托伦斯登记制和契据登记制

1. 托伦斯登记制

英美法系采取的不动产登记制度，影响最大的是托伦斯登记制。托伦斯登记制的基本特点，是首先由政府进行一次土地总清理，将土地按照自然区划做成不动产登记簿或者土地登记簿；然后将土地的权利人"对号入座"，即进行按照土地的权利人确定其权利的"地籍"总登记；后来的不动产物权变动则在此基础上进行变更登记。这种登记体例在国际上有很大的影响。[③] 从登记的内容看，托伦斯登记的主要意义是确定了土地的"地籍"，即土地与行政区划之间的地理位置关系，从而为现代化的登记制度（如登记的电子化）确定了基础。但是，所谓地籍，其实就是法律上的所有权以及其他独立物权的"地籍"，因为地籍的内容就是所有权或者其他独立物权如地上权的"籍贯"。"地籍"在我国就是土地所有权"籍"以及各种以土地为核心的独立不动产物权的"籍"。托伦斯登记制条件下的登记，其法律效力与实质主义登记相同。

2. 契据式登记

我国香港地区建立的不动产登记制度，为契约登记或者合同登记。依香港土地登记条例，凡涉及不动产的一切交易的合同均应登记，包括物权变动的登记和债权关系的登记，如租赁关系也应该登记。这种登

---

① Konrad Zweigert / Hein Koetz, Einfuehrung in das rechtsverglsichung, Seite 216, 1971.

② 关于物权行为理论，参见拙作《物权行为理论探源及其意义》一文，《法学研究》1996 年第 3 期。

③ 李鸿毅：《土地法论》，著作人自办发行，1991，第 254 页以下。

记，在技术规则方面，是依据合同编号排列，而不像大陆法系式的登记或者托伦斯登记制那样以土地地籍排列。

契据式登记，对先纳入登记的交易即合同，法律给予充分保护，使其可以排斥在时间上先生效的合同。① 这种不动产登记虽然不是典型的物权变动登记，但是，通过这种登记，可以赋予其他的不动产权利具有物权的效力。比如，对一宗不动产的买卖合同的两个买受人而言，登记在先的合同买受人，可以比订立在先的合同买受人优先取得指定不动产。此时登记发挥的作用，类似于德国法的预登记或者预告登记。②

（三）我国的做法

1. 中国古代的地契和房契

中国古代不动产登记，也被称为"契据登记"，其基本做法是由政府将土地的权利以及房屋的权利制作成"地契"和"房契"；这些契据又被区分为正本和副本，政府保留其正本，权利人保存其副本即"地契"，作为权利的凭证。土地权利人可以将地契作为自己的权利证明，在其处分其土地如出卖土地、抵押土地时，可以用地契的交付表示土地所有权的移转、表示土地抵押关系的成立等。土地所有权人交付地契即可表示物权变动。这种登记体例的特点，是用地契的移转来表示土地权利的变动，登记本身不参与土地物权变动的过程。这种登记模式，在新中国成立后一段时间内仍然采用。

2. 中国现实中的房地产权证

1949～1956 年我国也曾建立有不动产登记制度，但是后来不幸中断 30 多年。到 20 世纪 90 年代恢复登记制度时，登记只是作为不动产行政管理部门进行管理的一种手段，或者是行政管理部门对土地物权变动进行监督管理的手段。③ 法律明确我国的不动产登记不是不动产物权变动的公示手段，因此这种登记和民法上的不动产物权变动没有法律上的联系。

---

① 洪秉戎、关道培著《香港法律指南》，郑振武译，中银集团培训中心，1999，第 207 页以下。
② 德国法中的预登记，指的是为保障一项以不动产物权取得为目的的债权人的利益，在该债权生效而物权变动未来生效的情况下，将该债权所涉及的物权变动提前纳入登记。对此请参见孙宪忠《德国当代物权法》，法律出版社，1997，第 153 页以下。
③ 关于不动产登记的行政管理性质，最明确的规定是我国 1994 年制定的《城市房地产管理法》第五章的规定："房地产权属登记管理"，该法关于登记的规则基本上都是从管理的角度制定的。

当前，我国有关不动产物权的立法，除了土地承包经营权、地役权等例外情形，通常规定不动产物权的设立、变更与废止必须进行登记。而且近年来我国的物权立法，已经逐渐摆脱登记的形式主义影响，基本上确立了实质主义登记模式。我国物权法也基本上确定了这一模式。据调查，我国法院一般是把登记作为不动产物权变动的实质要件来对待的。这一点与《德国民法典》和我国台湾地区的做法基本相同。

从中国物权法规定的公示原则、该法第 9 条、第 31 条等的规定可以看出，中国法律中不动产登记的基本法律方面，在依法律行为发生的物权变动方面，采取实质主义登记原则，而在非依法律行为发生的物权变动方面采取对抗主义原则，个别的制度建设方面（比如农村土地承包经营权），还有其特例。这些做法基本上符合法理，也比较符合中国法律实践的要求。

三　登记的基本类型

从登记的内容来看，不动产登记可以区分为初始登记、变更登记、更正登记和涂销登记这些基本的类型。在我国清末法律变革之后，不动产登记重新创立，1934 年的土地法，将不动产登记中的所有权登记称为初始登记或者总登记，将此后发生的其他登记通称为他项权利登记。这一概念一直沿用到台湾地区当前的立法。

在实质主义登记制度中，比如在中国、德国等登记模式中，还有异议登记、预告登记。这两种登记在形式主义登记立法例中是不存在的。

考虑到这些概念在目前我国都有使用，因此下面简单予以介绍。

（一）初始登记

所谓初始登记，指新生的不动产的所有权的第一次登记，如新生土地的登记、房屋建成后明确房屋所有权的登记。在我国，具有基础性不动产物权的建设用地使用权的第一次登记，也有初始登记的意义。

在各种不动产实体权利登记中，初始权利登记制度意义显著。初始登记发生在不动产的所有权登记中，是所有权登记中的特别的登记程序，有的也称之为总登记。[①] 因为是第一次登记，其权利对以后的不动产物权变动具有原始根据的意义，故法律对该登记一般均规定有特别的申请程序和申请条件。

需要注意的是，新建成的建筑物是因事实行为发生的物权变动，当

---

① 参见我国旧土地登记法第 61 条，日本不动产登记法第 100 条等。

事人在登记之前即享有建筑物的所有权，故未经初始所有权登记的建筑物，建筑人已经有了事实上的所有权，法律也应当对它进行保护。与建筑物的这种情况不同，新生土地（如河流冲积、海滩淤积土地）是自然而生的，没有人劳动因素，本来也没有所有权，所以新生土地在世界其他国家都必须在初始登记之后才能确定所有权，以免发生争执。不过依据中国法律，这些土地应该属于国家所有。

我国国有土地管理部门制定的土地登记办法规定，国有建设用地使用权也应纳入初始登记。这一规定是正确的。因为，我国现阶段的国有建设用地使用权，是一种基础性的物权；土地的抵押权等权利，只能设立在这个物权基础上，而不能设立在所有权之上。因此从这些特点来看，把它在学理上解释为一种"相似所有权"是完全可以成立的，因此它在登记上也应该遵循所有权的登记规则。

（二）他项权利登记

实体权利登记中，所有权登记之外的其他登记一般称之为他项权利登记。它们是不动产所有权确立之后，对所有权的各种限制性权利的登记。比如，在不动产上创设建设用地使用权、地役权、抵押权以及设立有物权化倾向的租赁权的登记等。他项权利登记这个概念，目前在我国土地登记实务部门普遍使用。

（三）变更物权登记和废止物权登记

变更物权登记，它包括两种：（1）不动产物权主体的变更登记，如房屋所有权因买卖而移转的登记；（2）不涉及他人情况下，权利主体对权利内容进行变更的登记，如建设用地使用权的权利人变更土地使用目的的登记。

废止物权登记，包括权利人抛弃其不动产物权的登记，和不动产自然灭失（如土地和房屋因自然灾害而灭失）的登记等。物权法学上废止物权登记，在土地法学上也称为涂销登记。

（四）预告登记

1. 概念及其意义

当了解上述几类最基本也是最常见的登记类型后，我们来看下面这种情形能否被纳入上述登记类型之中：在房屋尚未动工之前，甲与房产开发商签订了预售房买卖合同，并将其因此所获得在房屋盖成后请求开发商移转房屋所有权的请求权予以登记。这种情形在我国商品房交易中极为常见，属于预告登记，其记载的对象是合同债权，是将来发生不动产物权变动的请求权，而上述四类登记的对象是既有的不动产物权，这是它们的区别。

在中国，预告登记的法律基础是我国《物权法》第20条的规定："当事人签订买卖房屋或者其他不动产物权的协议，为保障将来实现物权，按照约定可以向登记机构申请预告登记。预告登记后，未经预告登记的权利人同意，处分该不动产的，不发生物权效力。预告登记后，债权消灭或者自能够进行不动产登记之日起三个月内未申请登记的，预告登记失效。"

预告登记，即为保全关于不动产物权的请求权而以此权利为对象的登记。德国、瑞士、日本等均规定了预告登记制度。预告登记的本质特征是使被登记的请求权具有物权效力，从而排斥后来发生的与该项请求权内容冲突的不动产物权的处分行为，以保证将来只能发生请求权所期待的法律结果。比如，无住房者购买预售住房，在预售房屋合同订立后，购房者只享有合同请求权，但该请求权没有排他效力，购房者无法防止预售者将房屋以更高价格出卖给他人，一旦这种情形发生，购房者只能要求对方承担损害赔偿的违约责任，而无法获得该房屋所有权。但是，如果购房者将该合同请求权以预告登记形式记载在登记簿，它将产生物权的排他效力，预售者实施的移转房屋所有权、在房屋上设定抵押权等违背预告登记内容的处分行为均无效，这就保证购房者将来能够获得该房屋。

2. 法律效果

预告登记的目的在于保全请求权，该目的的实现依靠预告登记的下列效力：（1）保全效力，即排斥后来的与该请求权内容相冲突的其他物权变动的效力。在一项不动产物权变动的原因发生之后和物权变动之前，虽然不动产现时物权人已经承担了未来发生物权变动的义务，但合同相对人享有的债权没有对抗第三人的效力，一旦不动产的物权人将物出卖给第三人，相对人将来获得物权的目的不一定会实现。而此种请求权被预告登记后，后来的违背预告登记的不动产物权变动无效，从而使得请求权将来产生不动产物权变动的目的就会得到保全。（2）顺位保证作用。预告登记在保全请求权的同时，还给该请求权实现所产生的不动产物权提供了有利的实现顺序，使得其请求权具有排斥后序登记权利的效力。比如，甲对乙享有请求设定抵押权的权利，该请求权被预告登记，之后，乙将房屋移转给丙，丙仍然要负担甲的预告登记，其道理仍在于登记的公示作用。（3）破产保护效力，即在相对人破产时，预告登记保障的请求权能够排斥他人的请求权而实现。这一效力，同样适用于相对人死亡情形，此时，继承人不得以继承为由要求涂销预告登记。

（五）异议登记和更正登记

请先看这样的问题：甲购买了乙的房屋，双方共同到登记机关申请所有权移转登记，由于登记机关工作人员的失误，本应由甲享有的所有权被错误登记在丙的名义下面，此时，甲和丙的法律地位如何？甲能否用上述类型的登记来保障自己利益？要回答这个问题，请先回想我们在物权类型中对法律物权和事实物权的讨论，由此得出的结论是，丙的所有权由登记形式表示出来，其为法律物权人；甲实际上应享有房屋所有权，其是事实物权人。前面列举的登记类型旨在确定不动产物权变动的结果，正如甲乙之争的所有权移转登记一样，其正当结果应是将甲确立为所有权人，但实际结果出现错误，此时就要用其他登记手段来消除错误结果给事实物权人带来的损害，这就是异议登记和更正登记的功用。

异议登记，即以事实物权人及其他利害关系人对现时登记权利正确性的异议为内容的登记。比如，上例中的甲将登记有误的信息告知登记机关，登记机关将此信息登记于丙所有权处，社会公众据此知道该权利可能有误，从而提高交易的警惕心。异议登记破坏了登记权利的正确性推定效力，第三人也不能根据登记的善意保护效力按照登记内容取得登记的不动产物权，故异议登记作为保护事实物权人和利害关系人有效措施，在德国、瑞士等国民法中均有规定，我国《物权法》第19条第2款规定了这种登记类型，即"不动产登记簿记载的权利人不同意更正的，利害关系人可以申请异议登记。登记机构予以异议登记的，申请人在异议登记之日起十五日内不起诉，异议登记失效。异议登记不当，造成权利人损害的，权利人可以向申请人请求损害赔偿"。

更正登记，即以更正登记错误为内容的登记，如上例中的甲向登记机关申请涂销丙的所有权登记，恢复自己所有权人的法律地位。更正登记与异议登记同样是保护事实物权的法律措施，但与异议登记不同的是，更正登记彻底终止了现时登记权利的正确性推定效力，彻底杜绝第三人依据不动产登记簿取得现时登记物权的可能性。对此，我国《物权法》第19条第1款规定："权利人、利害关系人认为不动产登记簿记载的事项错误的，可以申请更正登记。不动产登记簿记载的权利人书面同意更正或者有证据证明登记确有错误的，登记机构应当予以更正。"

四　不动产登记机关

不动产登记对不动产物权的各种作用，说到底是通过登记机关的工作实现的，是通过登记簿予以记载和表现的，因此，登记机关和登记簿也是不动产物权登记制度中的重要组成部分。

（一）不动产登记机关的法律性质

从上文的分析可以看出，不动产登记机关必须具有司法的性质，即使是行政机关从事这一工作，不动产登记也不是行政管理。为了保障登记正确性和实现登记公信力，国外一般将登记机关纳入到司法机关系统，从事登记的官员，必须具备司法官或者司法公务员的资格才能从事这一工作。

而且，登记机关具有统一性，即无论登记的标的是土地、房屋或者其他的不动产，均由登记机关予以办理，以对市场提供统一的不动产交易资讯，和统一的、恒久的不动产交易法律根据。

但我国目前的登记机关是各种行政机关，法学界、立法者以及法院系统均将不动产登记当做行政管理，这一点不但与法理不合，而且在实践中产生了很多问题。这一点是我国将来立法要予以修正的地方。

（二）不动产登记机关的设立及其管辖权

因为不动产登记的本质是不动产的所有权和其他物权的登记，故关于不动产登记机关的设立，首先应当考虑的问题是登记的地域管辖问题，即是根据权利人的户籍还是根据不动产的地籍确定登记地的问题。在这一问题上，各国法律无一例外地采纳了属地主义原则，即根据不动产的所在地确定登记地的原则，无论本国人还是外国人均无例外。我国旧《土地登记规则》（1946 年）第 4 条规定："土地登记，由土地所在地之市县办理之。"《德国土地登记条例》第 1 条即关于不动产登记机关及其管辖的规定，其中第 1 款是："不动产登记由地方法院（不动产登记局）进行。不动产登记局对位于本区域内的地产有管辖权。"我国《物权法》第 10 条第 1 款规定："不动产登记，由不动产所在地的登记机构办理。"由此可以看出，登记管辖的属地主义原则，即不动产登记由不动产所在地的地方登记机关管辖，是国际上普遍承认的不动产属地主义原则的具体体现。

不动产登记机关的设立级别也是一个应当考虑的问题。德国的不动产登记局一般设立在县一级。我国旧土地登记规则规定的登记机关也是在市县一级，与我国目前普遍的做法相同。不过应当说明的是，不论登记机关选择在哪一级，登记机关都对本区域内的登记事物具有统一的管辖权。这是因为，登记必须按照物权公示原则，对市场提供统一的不动产交易资讯，和统一的、恒久的不动产交易法律根据。在一个登记区域内，法律不允许有开天窗式的把个别不动产交给他人登记管辖的现象发生。但是，如果该登记区域内某一特定地区事务繁多，登记机关可以在该地区建立登记派出所，① 实行特别地域派出管辖。

在一桩不动产跨越两个以上登记区域时，德国法律允许权利人自己选择其中一个登记机关进行管辖，日本法律规定由司法行政长官指定登记管辖机关，而我国旧法律规定由建筑物的门牌所在地的登记机关管辖。

总之，不动产登记机关只能依地域设立，而不能依权利人的身份设立，这是不动产物权公示原则的要求。由此看来，我国目前一些地方实行的所谓"分级登记"制，即按照登记申请人的级别确定登记机关的做法，是不符合国际一般规则的。

五 不动产登记簿与权属证书

（一）不动产登记簿的法律意义

我国《物权法》第 17 条规定："不动产权属证书是权利人享有该不动产物权的证明。不动产权属证书记载的事项，应当与不动产登记簿一致；记载不一致的，除有证据证明不动产登记簿确有错误外，以不动产登记簿为准。"从这一规定可以看出，不动产登记簿在不动产物权法制度建设中处于核心的地位。

不动产登记簿，即记载不动产物权事项的专用簿册。根据物权公示原则，不动产登记簿实质上成为不动产物权的法律根据，它具体地实现着登记对不动产物权的三大效力，即物权变动根据效力、权利正确性推定效力、善意保护效力。人们不但要根据不动产登记簿来完成不动产物权的设立和转移，而且根据不动产登记簿确定某人是否对某项不动产具有权利，法院也只能首先根据不动产登记簿对权利进行保护。故不动产登记簿在不动产物权法中的地位十分重要。

（二）不动产登记簿必须具备的特征

1. 统一性

即将一定地域的不动产纳入统一的地籍登记簿。统一性的基本要

---

① 参见日本《不动产登记法》第 8 条。

求，是将各种不动产物权登记在一个不动产登记簿上。因为不动产登记的基本职能是为不动产物权提供统一的法律根据，因此国家必须建立统一的不动产登记的簿。

2. 官方性

即不动产登记簿只能是国家专门机构从事的工作。国家的专门机构通过特别程序制作的档案文献，它具有特别的规格和形式，以体现不动产登记的严肃性。世界上建立不动产登记制度的国家，登记都是由国家来从事的。

事实上法律上所谓登记，均与国家的行为有关，登记都是在国家或者政府机关进行，比如法人登记、婚姻登记等。不动产登记也是一种国家登记。作为一种物权变动的公示方式，它与动产物权变动的公示方式交付的区别是，交付只具有社会承认的法律意义，而不动产登记兼具有社会承认和国家承认的意义。因此不动产登记的公示效力，即"公信力"远远大于动产的交付。这一点体现了国家对于不动产这种重大社会财富的支配秩序和交易安全必须给予极大关注的立法精神。

3. 公开性

即不动产登记簿记载的资料，必须向社会公开，必须许可权利人、关系人查询和复制，并作为关于不动产权利的最有效的证据使用。这是物权公示原则的要求。

国家登记的有些资料是国家的秘密，不能向社会公开。但是不动产登记，是为了实现物权公示原则的要求而建立的制度，所以，不动产登记簿必须是公开的，而不是秘密的。不动产登记是为贯彻物权公示原则而建立的制度，物权公示原则的要求就是利用不动产登记的公开性，达到将物权变动展示给社会的目的。因此，不动产登记簿必须向社会公开，必须许可第三人和一切有兴趣的人查询。前些年有些不动产登记部门不许可民众查询不动产登记簿，这一点在立法上特别予以纠正了。《物权法》第 18 条即规定："权利人、利害关系人可以申请查询、复制登记资料，登记机构应当提供。"在实现不动产登记的电子化（即电脑化）以后，不动产登记的公开性会越来越强，不动产的交易安全会越来越有保障。

4. 持久性

即不动产登记簿是国家长期保留的档案，只要不动产存在，不动产的登记簿也会存在，不得由任何机关销毁。

在世界上，有些国家的不动产登记簿保存的资料已经有数百年的历史。这种长期保存的资料，对于不动产交易的安全提供了切实的保障。因为不动产权利作为基本的人生权利，保持了不动产登记资料的长期性，也就保持了不动产权利的稳定性，也就保持了人及社会一个最基本问题的稳定性。

（三）登记簿册页的设置

单一不动产登记簿的册页，指的是记载具体的不动产物权的登记册页。这些簿册如何设置是完成登记职责的关键。目前我国还没有相关的法律，因此我们可以在这里介绍一些国外的知识。

在德国，不动产登记法规定的每一个单一的不动产登记簿的册页包括三个部分①：第一部分，称为"地产的名录"或者"不动产的标识"（Verzeichnis der Grundstuecke），它主要记载该项地产具有法律意义的标识，及其自然特性的简要描述。具有法律意义的地产标识，指的是该项地产从地籍管理的角度所确定的位置。以此可以确定该项地产或者不动产所处的某个州某个城市某个区域的哪个地段。这些地理意义的标识，附有地区图、地籍图等来说明。在这一部分里，还登记着该项不动产的简要自然特性。主要内容有土地的面积及其四邻界址；关于土地为耕地还是建筑地的登记；当土地为耕地时，属何种耕作地（如农林种植，渔业养殖等）；土地为建筑地时，是否已经有建筑物、有何种建筑物以及建筑物的大体状态的登记；等等。这些登记内容对不动产的价值有很大的决定意义，但这一部分登记内容主要登记的是技术性问题，基本上不属于物权法探讨范围。

在这一部分里，物权法意义上最为显著的登记，就是该项不动产的所有权的变更档案。不动产所有权的资料，反映在登记簿的这一部分之中。因为不动产登记簿是以不动产所有权为基础建立起来的，因此不动产登记簿上所说的地籍，其实就是不动产所有权的"权籍"。在上述资料确定的同时，也就从客体和主体两个方面确定了不动产的所有权。

德国不动产登记法确定的不动产登记簿册的第二部分，称为"所有权的负担和限制"（Lasten und Beschrankungen des Eigentum），记载那些将要长期存在的所有权限制的发生以及消灭的情形。这些限制，主要是民法限制，比如地上权、地役权和人役权这样长期存在的所有权限制。在此部分，也可以记载基于公法产生的所有权限制。

---

① 关于此处德国法的资料，来源于 Fritz Baur, Lehrbuch des Sachenrechts, Verlag C. H. Beck, 1978, Seite 637 usw。

德国不动产登记法确定的不动产登记簿册的第三部分，为"抵押权、土地债务和定期金土地债务"（Hypotheken, Grundschulden, Rentenschulden）的登记。这些权利发挥着担保的作用，其存续期限不会太长；但是，它的登记最后会导致登记簿的第一部分的变更，即所有权易主的情形。

从德国法中的不动产登记簿册页的设置我们可以看到其完成物权公示原则方面的一些设想：（1）通过不动产标识部分的记载，建立不动产所有权和不动产所有权支配客体的同一性，也就是建立不动产地籍。（2）通过所有权的长期限制的记载，确定长期稳定的支配关系。因为这一部分所确定的所有权限制是长期存在的物权类型，比如地上权等，它们之上还可以设立新的物权类型。因此这一部分簿册必须和第三部分区分开。（3）通过建立担保物权的各种登记，确立变价权方面的支配秩序，保证信用秩序的安全。

（四）纳入登记的物权内容

不动产物权登记，是不动产法的基本内容，它包括土地上以及地上或者地下的建筑物上的各种物权权利的登记。这一部分登记内容包括如下需要在法律上解决的问题：

第一，不登记可以生效，但是不得处分的物权变动类型。上文"非依法律行为发生的物权变动"一节，已经探讨这些物权变动类型。非依法律行为发生的不动产物权变动，不必把登记作为权利变动的生效要件。但是不动产登记机关是社会公众取得不动产物权资讯的统一而且唯一的国家性机构，为交易安全计，法律禁止未为登记的各项不动产物权之处分。所以立法对这些物权变动纳入登记，实际上采取的是鼓励的态度，而不是强制的态度。

第二，不登记不生效的实体性物权变动类型。所谓实体权利，就不动产而言，指的是可以对不动产占有使用并获得一定物质利益的权利。与实体权利相对应的是程序性权利，后者指的是人们在行使权利或者取得利益的程序上所享有的权利。在传统民法中，所有权、地上权、地役权、人役权、用益权、抵押权等不动产物权，都是不动产的实体性物权。目前我国物权法中的实体性不动产物权，包括不动产所有权、土地承包经营权、建设用地使用权、宅基地使用权、地役权、抵押权等。所谓实体权利登记，就是指对当事人所享有的实体权利的登记。依物权法定主义原则，上述这些实体性权利均由法律明文规定，可纳入登记。

第三，必须登记的程序性权利，即下文将要论及的"顺位"。

（五）不动产权属证书

上文在登记类型部分中，我们已经阐述了中国历史上的地契、房契这样的制度，而且我们已经说道，它们其实就是官府发放给权利人的不动产的所有权证书。我国历史的这一制度演化了数千年，所以我国有很久的不动产权属证书的历史。我国目前发放给民众的土地所有权证、建设用地使用权证、房地产权证、房产证等，如果从本源上来说，都是历史上的地契、房契这些证书的演化。这些权属证书，是中国法律的特色，大陆法系国家一般只有不动产登记簿，国家并不向权利人发放这些证书。

我国民众比较重视这些权属证书，不动产登记机关也是这样。我国的不动产登记机关，将登记发证工作长期以来当做不动产实务的核心。不过，在物权法颁布之后，我们应该明确的是，不动产权属的根据，是不动产登记簿；不动产权属证书其实只是不动产登记簿的外化形式，它们也可以证明不动产物权，但是如果它们记载的内容和不动产登记簿不一致时，应该以不动产登记簿的记载为准。

六　登记制度的基本原则

每一项不动产物权纳入登记时，如何启动登记程序、登记必须坚持哪些原则，对于民众的权利保护意义重大，因此，凡建立不动产登记制度的国家或者地区，一般对登记的基本原则均有规定，这些原则对不动产登记机关的活动有重要指导意义。一般承认的原则，也是我国法律应该承认的原则有：

第一，合法原则。它的基本要求是，不动产登记机关的活动不但要遵守专门的不动产登记法，而且登记权利的种类和内容必须以民法所确定的物权种类为根据。

第二，申请原则。它的要求是，登记首先由当事人、受益人或涉及的机关提起登记申请。各国法律规定，一般不允许登记机关在没有申请人提起申请的情况下就进行登记、涂销或者更正。

第三，形式审查原则。该原则的意思是，只要登记申请人提供的资料能够满足法律所规定的程序性条件，不动产登记局即为其登记，而对申请人与相对人的关于实体法律关系的意思表示不予审查的原则。因为不动产登记机关在登记中既不享有权利也不承担义务进行调查和举证，所以登记机关无法对申请人的实质权利义务关系进行审查。另外，不动产登记机关无权、也不必要改变当事人依据自己的意愿建立的财产法律关系。德国法学家认为，如果进行实质干预，不但违背意思自治的原则，还有可能引起对登记机关不必要的纠纷。只有在不动产登记有害于公共利益时，不动产登记机关才进行调查和举证，并作出是否登记的决定。① 德国法学的这一考虑，我国将来的不动产登记法也应该采纳。

第四，法定文字登记原则。即登记机关只能使用本国法律确定的法定文字，而不能使用方言和外国文字登记的原则。同时，法律要求登记只能使用法定文字，而不能使用划线、括号、涂抹加其他线条和符号等不具有公信力的技术手段。

第五，精确性原则。即对涉及的登记事宜必须使用确切的文字表述的原则。不但物权类型的表述，而且其他事宜的表述，如不动产担保中的确定金额，建设用地使用权中的确切期限等，凡是纳入登记的，均必须清晰、明确、肯定。

第六，证据原则。即要求登记发动人（包括申请人及不动产登记机关）提供必要的证据的原则。

七 顺位制度

（一）含义及其立法价值

1. 含义

所谓顺位，是指某个具体的不动产物权在不动产登记簿所记载的一系列物权中占据的先后顺序位置。由于不动产具有稀缺性，其上一般会设立数个物权，如某地方人民政府代表国家将土地给他人设立了建设用地使用权，使用权人为了借款在土地上为银行1设定了抵押权，又为银行2设定了另一个抵押权，此时，土地上存在所有权、建设用地使用权、两个抵押权，这些权利在不动产登记簿中会排列为整齐的顺序，其中每一个权利所占据的位置，就是该权利的顺位。

顺位意在解决物权之间的冲突，对此，请你回想物权效力中"物权对物权的效力"，顺位实际上就是此种效力中"时间标准"在不动产物权中的应用。这意味着不动产物权的顺位依登记的时间确定；如果对

---

① Dr. Joachim Kuntz ／ Dr. Hans Herrman usw. Grundbuchrecht, Verlag W de G, 1991, Seite112. 顺便说一句，中国一些学者在否定物权行为理论的时候，提出了承认这一理论就必须像德国不动产登记法那样实行实质审查制度。可是，德国法确实是采纳了物权行为理论，却没有在不动产登记时进行实质审查。这些中国学者的资料实在是有问题，而且他们也没有搞清楚实质审查和形式审查的含义。对物权行为理论的相关讨论，下文有专门一章展开。

同一权利有数人提出登记申请时，以登记机关收到申请的时间先后决定登记的顺序；在同一日登记的权利，其顺位相同。顺位的制度价值就是决定权利的实现先后顺序，其规则为：顺位优先的权利比后续顺位权利优先得以实现，在此意义上，可以说顺位权是不动产物权的次序权或者程序权。

2. 立法意义

从法律效力的角度来看，顺位的法律意义为：优先顺位的权利对后续顺位的权利有绝对排斥的效力，它包括了两层含义：（1）优先顺位的权利优先实现，后续顺位的权利只有在优先顺位的权利完全实现之后，才能有实现的机会。（2）后续顺位的权利不得登记有妨害优先顺位权利的内容，否则这些内容无效。

（二）顺位的确定

顺位的特征为：（1）顺位主要适用于不动产物权，一般的动产物权（准不动产物权除外）没有这一制度，因为动产物权以占有为公示形式，一个动产上只能存在一个限制物权，故动产物权无法设定顺位。（2）顺位是为不动产限制物权设立的法律制度，按照物权效力中的"性质标准"，限制物权要优先于所有权而得以实现，只有在限制物权设立顺位才具有法律意义。（3）顺位因登记而生，某一权利的精确顺位依不动产登记簿为准。

在了解了顺位制度的大致内容后，请回答这个问题：

甲为一房产开发商，其将房产承包给乙建筑公司，在房产建设过程中，甲为了筹措资金，用这些在建工程作为抵押向银行丙借款，并于2008年11月15日办理了抵押权登记，其后甲又向银行丁借款，还用这些工程作抵押担保，于2008年12月15日办理了抵押权登记。房屋于2009年1月15日盖成，甲不按期支付价款，乙经过几个月的催告，甲仍然不付款，乙就依据合同法第286条的规定，向法院申请将该房产拍卖，并从拍卖价款中优先受偿。对此，丙、丁均提出异议，认为抵押权设定时间在先，应优先受偿，请问，这种异议是否合理？乙、丙、丁之间的受偿顺序是怎样的？

要回答上述问题，首先要界定乙依据合同法第286条所享有的权利是什么性质，请回想我们在物权类型中提及的法定物权和意定物权的分类，无疑，乙的权利是直接依据法律规定产生的法定抵押权。按照我们已经掌握的知识，当法定物权和意定物权共同存在时，前者要优先得以实现，而不论它们产生时间的先后顺序，故乙的抵押权要优先于丙、丁的抵押权，这也说明，法定物权不受顺位制度的制约。在乙抵押权实现以后，丙、丁抵押权按照各自登记成立的时间排列顺位，也就是说，丙抵押权要优先于丁抵押权。通过这种分析，我们的答案就是丙、丁提出的异议不合理，这三个抵押权的实现顺序是乙优先、丙居中、丁殿后。

八　建立我国不动产登记制度的"五统一原则"

依据物权法不动产登记的基本法理，目前，我国《物权法》已经确立了在我国建立符合物权公示原则的不动产登记制度的基本原则和制度框架。上文也已经谈到，由于历史的原因，我国现行的不动产登记制度并不是根据物权公示原则建立的。这一点，我们看看《物权法》制定之前的一些法律规定就知道了。比如《城市房地产管理法》第五章规定的"房地产权属登记管理"，这些法律就是把不动产登记制度当做行政管理的方式。因为这个根本的认识缺陷，以前的不动产登记法确定了许多不动产的登记机关，建立的不动产登记簿根本不统一，发放的不动产权属证书更是混乱。这些都不符合物权法的法理和制度，会对我国的市场经济和人民群众的权利造成隐患。

作者在我国《物权法》立法之初就已经提出我国不动产登记制度的"五个统一原则"，作为物权法立法的基本制度设计之一。《物权法》承认了统一不动产登记制度的原则。该法第10条第2款规定："国家对不动产实行统一登记制度。统一登记的范围、登记机构和登记办法，由法律、行政法规规定。"但是在现实中，建立统一的不动产登记制度的目标还没有实现，登记事务还是由土地管理部门、房地产管理部门、森林管理部门、海洋管理部门、农业管理部门等分别进行的。因此，我们要在这里重新提出这"五个统一"，希望能够推动物权法确定的统一不动产登记的目标得到实现。

（一）统一法律依据

即以物权公示原则为基础统一我国不动产登记法律制度的原则。目前我国没有统一的不动产登记法，实践中有一些涉及不动产登记的具体部门即不动产的管理部门按照不同的管理体制，对土地、建筑物（包括房屋）、森林、水面、滩涂、道路等各项不动产，分别制定了部门规章意义的不动产登记规则。这些登记规则不但散乱而且法律效力严重不足。从这些制度建立的目的就可以看出，它们基本上只能满足对土地、房屋进行行政管理的需要，而不能满足不动产进入市场经济交易的需要，不能满足依据物权公示原则和物权交易的客观公正原则对物权交易进行保护的需要。虽然近年来有所改观，但是最重要的内容基本未变，还是计划经济体制下的老样子。因此，在制定物权法时，必须按照建立在物权公示原则上的物权法对旧不动产法进行统一。

鉴于不动产登记法属于民法程序法或者不动产物权法的程序法，所以在制定《物权法》的同时，必须制定我国《不动产登记法》。① 但是，我国《物权法》已经制定完毕，而不动产登记法尚付阙如。

对这个不动产登记法，应该提出的设想是与不动产物权法的统一相适应，我国只能制定一部统一的不动产登记法，该法的名字可以称为《土地登记法》（如德国或者我国台湾、香港地区的做法），也可以称为《不动产登记法》（如日本的做法）。即使我国制定的不动产登记的法律称为《土地登记法》，其所涵盖的业务，也应包括其他的不动产，如我国旧《土地法》第 37 条第 1 款规定的那样。② 无论如何，在我国建立的不动产登记法，必须要由国家立法部门制定效力足够、形式统一的法律。

（二）统一登记机关

在国际上，不动产登记机关，在德国为属于地方普通法院系统的土地登记局；在日本为司法行政机关法务局，地方法务局及其派出所；在瑞士，大多为各州的地方法院。考察世界各地的不动产登记制度可以发现，关于不动产的登记机关有两个规则性的特点：（1）不动产登记机关一般是司法机关。（2）登记机关的统一性。这两个特征都是物权公示原则决定的。

但是，目前在我国，关于不动产登记存在着"多头执政"的局面，而且其依据的法律也不同。如《担保法》第 42 条明确规定的不动产登记部门就有四个，即土地管理部门、房地产管理部门、森林管理部门、运输工具的登记部门等，而且这些部门都是有关不动产的行政管理部门。此外，还有一些机构如一些地方的邮政系统、铁路系统也在进行着自己的不动产登记。据笔者调查，我国目前的不动产登记机关共有八九个之多。前些年，在四川、吉林等地区，还建立了土地的"分级登记"或者"级次登记"，即以土地权利人的级别的不同，将中央所属企业、

---

① 旧中国在 1929 年制定民法的同时，于 1930 年制定了土地法，其中就土地登记问题做了明确的规定。

② 中国 1930 年制定的土地法第 37 条第 1 款规定："土地登记，谓土地及建筑改良物之所有权与他项权利之登记。"

事业单位以及省级政府所属企业事业单位的土地登记在省级土地或者房地产管理部门，其他的企业事业单位的土地以及不动产登记在市县一级政府的土地管理部门或者房地产管理部门。这种做法，无疑是给原来已经十分混乱的不动产登记制度雪上加霜，造成了更为复杂而且消极的结果。近年来经过大家共同的努力，这种多级别登记的做法已经被废除了，但是登记机构还没有统一。

登记机关的不统一，只有行政管理性，而没有物权公示性即司法性，必然损害经济发展和权利人的正当利益。当两个或者两个以上的登记机关权力交叉重合时，不但会损害当事人的正当利益，而且会扰乱正常的法律秩序。比如，在第三人依据法律行为设定抵押权时，如果两个或者多个登记机关都要求当事人在自己的机关登记，那么就不但会增加当事人的经费开支，而且会造成抵押权（其他利也一样）的成立有多个时间标准而难以判断其到底是何时成立的问题；如果当事人只是在其中一个部门登记而未在其他部门登记，而其他物权相对人却在其他部门进行了登记，这就造成了物权变动的法律基础的互相冲突，最后的结果是严重损害市场经济秩序和人民群众生活秩序的稳定。①

不动产登记机关不统一，造成不动产登记簿不统一；而不动产登记簿不统一，意味着不动产物权的法律基础不统一。这是我国不动产市场发展最大而且后果最严重的障碍。

我国的不动产登记机关应当统一，这是一个必然的趋势。而且将来的统一，必然是以土地为基础和为核心的统一，因为这是自罗马法以来一切建立不动产登记制度的市场经济国家和地区的共同做法，其理论根据是，不动产物权的核心是土地的物权；非直接针对土地的不动产物权也必然是以土地物权为基础的，比如，在大陆法系国家，一般来说，独立的房屋所有权必然建立在地上权之上。现行体制中不动产登记机关非

---

①　这种情况已经不是推想，而是现实。本书作者在调查中发现的一起不动产抵押案件纠纷就是十分典型的例子。某地一宗房地产开发时，在初级的土地开发阶段，开发商向银行的贷款使用的是土地使用权抵押，按照我国担保法和房地产管理法，该抵押在土地管理部门进行了登记。随后，该开发商在建造厂房、安装设备时，又向另一家银行提出贷款。而这一次向银行的贷款，开发商使用的是"房地产"抵押担保，同样按照我国担保法和房地产管理法，只能在房地产管理部门进行登记。随后由于经济政策调整，指定的房地产开发难以为继，企业到期无力偿还贷款，两家银行均向法院提出依据抵押权偿还债权的请求。然而由于两家银行的抵押权登记在不同的登记簿上，而且在不动产登记簿上都是第一顺位的抵押权，他们的效力和支配范围完全一致。这样，这两个"第一"顺位的抵押权均无法实现。

常分散、而且纷纷试图脱离土地登记而独立的情况，既不合法理，也严重妨害不动产市场经济体制的建立。根据这种情况，本书作者建议我国也采纳法院统一登记的立法体例，如果法院登记实行有困难，可以考虑建立以土地登记为基础的不动产登记。

（三）统一登记效力

就不动产登记对不动产物权变动所发挥的作用的比较分析可以看出，不动产登记法应当依实质主义登记的原则，只有在法律另有规定的情形，才能采纳登记的形式主义，即对抗主义。从上文的分析可以看出，这不仅仅是法理的要求，更是建立客观公正的不动产交易制度、保障不动产市场安全、有序地得到发展的要求。同时，这也是一个国际性的趋势。我国目前的不动产登记，效力并不统一，给不动产市场埋下了隐患。

（四）统一登记程序

登记程序是不动产登记机关的工作程序，在法律上指总登记程序、变更登记程序、更正登记程序和涂销登记程序。这些登记如何启动，登记机关应该通过哪些程序进行登记，这些对当事人权利的保护有至关重要的作用。由于不动产登记基本制度的不统一，登记程序也不统一，从而给当事人权利保护构成了妨害。在不动产登记法中，应该统一登记的程序，杜绝登记机关私设程序的做法。

（五）在统一不动产登记簿的基础上统一权属证书

根据上文关于不动产登记簿的分析，可得知不动产登记簿在物权法的地位非常重要。不动产登记簿，必须早日实现统一，以达到不动产法律基础的统一。

同时，登记机关下发的不动产权属文书也应当具有统一性，而不能像现在这样，存在着地权证、土地使用权证、房地产权证、房屋产权证、林权证等多种不动产权属文书并行的情况。不动产权属证书不统一，不但加重了权利人的经济负担，加重了市场规范的矛盾，而且加剧了不动产管理机关之间的争执。早日在不动产登记簿的基础上实现不动产的权属证书的统一，不但是物权法的使命，也是不动产登记法的使命。

上述"五统一原则"，虽然不都是物权法应当规定的内容，例如不动产登记程序、不动产权属证书的格式及其内容等，应当在专门制定的不动产登记法中加以规定，但是对涉及不动产物权实体权利义务关系的内容，必须在《物权法》中有足够的反映。

（复习题）

1. 如果你有买房的经历，根据本书的论述，请你谈谈你对房地产登记法律性质的看法，尤其是不动产登记为什么不能作为行政管理制度的看法。

2. 实质主义登记和形式主义登记各有什么特征？哪一个更符合物权法的法理和基本原则？

3. 预告登记的法律意义是什么？怎样进行预告登记？

4. 异议登记的法律意义是什么？异议成立或者不成立的法律效果会怎样？

5. 为什么说不动产登记簿在不动产登记制度中具有核心意义？哪些内容应该纳入登记？

6. 回想本书对物权效力的论述，认真理解顺位制度的法律意义。

7. 简述不动产登记的程序原则的含义和内容。

8. 谈谈你对完善我国不动产登记制度的看法。

（案例分析）

（一）房产管理局登记错误案①

农民万某拥有一处住房，并在市房产管理局办理了房屋所有权证书，该证书一直由其母负责保管。后其同村村民刘某从万某母亲处取走该房产证，随即以该房产证为抵押与某银行订立了一份最高额抵押担保借款合同。后该银行与刘某到房产管理局进行了房产价值评估，又将房产评估报告连同借款合同及以万某名义书写的委托书等递交给市房产管理局，办理了房产抵押登记手续。万某得知上述情况后，以市房产管理局为被告向法院提起行政诉讼。一审庭审期间，市房产管理局出具了署有万某签名的借款合同和委托书时，万某当庭予以否认，法院经过司法技术鉴定，结果证实借款合同、委托书上的签名非万某本人书写。法院认为，被告市房产管理局在办理房产抵押登记手续时，未严格审查，造成事实不清，侵犯了原告万某的合法权益，判决撤销市房产管理局颁发的房地产抵押权证。

---

① 参见杨天歌《房管局未严格审查法院判决登记无效》，《中国房地信息》2001 年第 10 期。

请你分析这样的判决，看看它和异议登记的功能有什么不同。

提示：本案属于行政诉讼，而异议登记与诉讼无关，但它们的目的都在于防止错误登记导致的严重后果，那么，它们达到该目的的途径分别是什么呢？

（二）登记机构设置引发的矛盾案①

我国南方某地，20世纪90年代中期大搞房地产开发，某开发商在获得一块地皮的开发权之后，为了向政府支付土地出让金，以其获得的国有土地使用权作为抵押，向银行甲获得了第一笔巨额贷款。该项抵押权，按照《担保法》的要求，在土地管理部门设置的土地登记簿上进行了登记。开发商进入该宗土地开发建设一幢大楼，已经完成部分工程后，出现资金短缺，于是向另一家银行提出贷款要求，该银行也提出了抵押担保的要求。因为此时土地上已经有了建筑物，按照《担保法》的规定，该项抵押权在建设部门设置的房地产登记簿上进行了登记。20世纪90年代中期，中国建筑市场原材料大幅度涨价，该开发商力不能支，于是席卷剩余资金，抛弃工程，逃跑到了国外。第一家银行贷款还贷期限到达后，银行向法院起诉，要求实行抵押权清偿还贷；法院通过公告，第二家银行也提出了抵押清偿还贷。因为这两个抵押权在各自设立的不动产登记簿上都是第一顺位的抵押权，因此，究竟由谁优先受偿，在法院系统内部和法学界产生争议。

某学者向法院建议，可以由这两家银行平均受偿，因为它们的贷款合同都是有效的。此一方案等于宣告两个抵押权都是无效的，因此导致很多第三人提出平等受偿的请求，银行债权大幅度缩水。这一方案在法理上实践上无法成立。

请你思考这个案件的问题，为什么这两个抵押权难以实现？是哪里出现了问题？

第四节　动产交付、准不动产登记、权利的交付与登记

一　动产交付

（一）概念及其意义

动产的交付，即依据权利人设立、移转物权的意思表示，将动产交

---

① 案例来源于本书作者的社会调查。

付给物权受让人占有的法律事实。上文"物权公示原则"一节涉及对于中国《物权法》第 23 条的讨论，对于交付的基本含义已经有较多的阐述，从中可知，交付是依据法律行为发生动产物权变动的公示方式。因此，动产交付的有效成立，表示动产物权变动的有效成立。所以，交付发挥着动产物权动态安全保障的功能。

因为交付是动产物权发生变动的公示方式，在掌握交付的规则时首先应该明确的，是动产物权的类型。在物权体系中，动产物权的种类比较简单，一般只有所有权和质押权（或者质权）两种类型。世界各国民商法所说的动产物权，大多也是指这两种权利。唯有德意志法系国家民法立法中存在动产的用益权和权利用益权，[①] 但是现实中已经极为少见。中国物权法明确承认的动产物权，有所有权、质权和留置权三种类型。从这一点上看，似乎该法没有明确承认动产之上可以设立用益物权的情形。但是正如上文"物权类型"部分的分析所述，对于中国法律实践中动产之上得设立用益物权的情形，立法并没有否定；而且从法律实践看，这种情形也是可能的。[②]

其实，动产物权的公示方式，应该有占有和占有的交付两种形式，其中占有发挥的作用是静态的权利正确性推定，对此上文"物权公示原则"一节的"占有的正确性推定"部分已经进行了讨论；在此专门探讨动产物权的另一种公示方式——交付。

交付，简言之即物的占有由出让人转移给受让人。不过在动产物权制度中，动产交付与不动产登记一样发挥着物权公示原则所要求的作用。因为，在该词为动词的情况下，交付表示的是动产由物权的出让人转移给受让人的过程；在该词为名词的情况下，交付表示的是动产由物权出让人转移给受让人后由受让人控制的事实状态。

从法理上看，一项交付必须具备如下因素：（1）"受让人方面"取得了对物的占有，而出让人方面彻底地脱离了对物的实际联系；（2）出让人已经将占有取得的处分权（或者支配权 Disposition）移转给了受让人；（3）该项占有以及支配权的移转是按照当事人之间的

---

① 所谓动产用益权，指专以取得他人动产的孳息为目的的用益权，比如定期的取得他人母牛所产牛奶的用益权；所谓权利用益权，常常指的是在股票、有期债权等权利上设立的用益权。德国民法到目前为止仍然承认这些权利的存在。但是实践上较为少见。

② 见上文关于内蒙古地区牧民之间形成的"苏鲁克"协议的探讨。

"故意"，即由当事人的出让以及受让的意思表示形成的结果。① 在这三项表示交付有效成立的要素中，第一项说明的是对物的事实上的控制的移转；第二项说明的是占有的受让人获得的，是有权占有；第三项说明的是，交付中包括明确的转移物的支配权给受让人的意思表示。

在中国法学界有一种观点认为，交付是一种事实行为，当事人没有什么物权的意思或者物权行为。或者说，物权变动同样是当事人债权意思的结果。② 这一观点在一些学者的著述中多次得到引用。③ 但是从物权变动的角度看，这一观点明显不符合法理和事实。我们可以简单地想一想，如果你要出卖一个东西给买受人，你交付标的物的时候，会没有移转标的物所有权的内心意愿吗？所有权的移转难道不是你的意思表示推动的结果吗？

在物权法上，没有当事人之间这种确定发生物权变动的意思表示，只有事实状态的标的物的转移，不能成为物权法上所说的交付，或者不能发生物权法上的交付的效力，即有效的物权变动的效力。比如，两个无行为能力人之间所为的"交付"一项物品的所有权的行为之所以是无效的，是因为无行为能力人在法律上没有独立的意思表示能力，也就是说，他们的意思能力是有重大缺陷的，所以他们的"交付"行为是无效的。正因为这样，物权法上所说的交付，是一项独立的法律行为，即关于动产物权变动的物权行为。也正因为如此，萨维尼说："交付也是一个独立的契约"。④

交付在动产物权变动中的作用条件，如《物权法》第 23 条规定，是依法律行为"设立和转让动产物权"。这也就是说，交付在中国《物权法》中，作为依据法律行为发生物权变动的生效条件。这一规则仅仅适用于依法律行为出让动产物权，即设定和移转动产物权的情形。非依法律行为发生的动产物权变动，不适用这一规定；然而，依据上文"非依法律行为发生的物权变动"一节的阐述，即使依据单方法律行为

---

① Deutsches Rechtslexikon, Verlag C. H. Beck, Seite 709.

② 董安生：《民事法律行为》，中国人民大学出版社，2002，第 128 ~ 130 页。

③ 对此可以参见梁慧星《中国民法是否承认物权行为》，载《民法学说与立法研究》，中国政法大学出版社，1993。王利明：《物权行为若干问题探讨》，《中国法学》1997年第 3 期。以及参见王轶《物权变动论》，人民大学出版社，2001 等。

④ 〔德〕K. 茨威格特、H. 克茨：《法学总论》第 15 章《"物权契约理论"——德意志法系的特征》，孙宪忠译，《外国法译评》1995 年第 4 期。

即遗嘱发生的动产物权变动，适用因继承发生物权变动的规则（《物权法》第 29 条）。

（二）交付的成立

在物权法中，交付的成立必须具备如下条件：

1. 交付必须是将占有移转给物权的受让人。交付中转移的占有，可以是直接占有（以物权受让人作为直接占有人），也可以是间接占有（以物权受让人作为间接占有人，使直接占有人为物权受让人占有，甚至占有出让人也可以成为这里的直接占有人），[①] 甚至可以是通过占有辅助人的占有（比如将货物交付给物主雇佣的店员）。但是无论如何，物权受让人必须获得对物的最终支配权意义上的占有。只有如此，物权受让人才能依据对物的占有，获得真正意义的物权。

2. 交付必须具有公开可以认证的形式，即必须是明确可见的占有移转。按照公示原则的要求，物权法中所要求的交付，必须具有一般情况下可以从客观认定法律事实的特征，所以交付必须是明确可见的占有移转，从而给司法机关和社会确定物权变动提供客观的依据。

3. 交付必须是一次性的、全部的占有移转。由于物权变动的确定性，所以所有权、质权的交付不能分期分批。如果债务人履行义务是分期分批的，则每一次履行，只能表示一次的特定物的物权变动，而不能表示整个物权变动发生。例如，债务人应该交付的货物是 100 吨，而债务人第一次只是交付了其中的 50 吨，则这一次的交付只能确定 50 吨货物的物权变动，而不能确定为 100 吨货物的物权变动。如果债务人履行义务必须将整体物分为部分履行，则一次履行，只能表示部分的物权变动，而不是整体的物权变动。例如，债务人将汽车整体拆开交付，则在交付发动机时就是发动机的物权变动，在交付轮胎时就是轮胎的物权变动，而不是汽车整体的物权变动。

（三）交付的生效

交付作为物权法律行为的外在表现方式，其生效必须符合民法总则规定的法律行为生效的一般条件，以及作为物权变动的独特要件。

首先，民法总则关于法律行为无效、可以撤销的规定，也可以适用于交付中的意思表示。比如未成年人所为的交付，即可以由其法定代理

① 在占有改定的情况下，占有的出让人实际上就是物权受让人的直接占有人，物权受让人此时的地位是间接占有。关于占有改定，见本节下文关于中国《物权法》第 27 条的探讨。

人撤销。①

其次，交付作为物权变动的行为，必须有实际的转移占有的行为发生作为生效要件。当事人之间可以就交付形成意思表示一致，但是如果当事人之间仅仅有这一意思表示，交付并不生效；交付的生效应该有明确的、具有公示意义的行为，即表示"交付"的行动或者动作。这是物权行为与债权行为的显著区别。

最后，交付必须是当事人物权变动的意思的外在形式，当事人依据这一形式，来达到动产物权变动的结果。如果当事人没有这一意思，则不发生物权法意义的交付。债权人即使拥有合法请求权，但是也不可以在没有债务人的意思表示的情况下，依据强力取得债务人的物，即使是交易标的物。

（四） 交付的类型以及效果

物权法上的交付，可以区分为直接交付和非典型交付。直接交付，即物权受让人成为直接占有人的交付。以直接交付为典型，其他的交付为非典型交付。

1. 直接交付

如上所述，直接交付就是以物权受让人成为直接占有人的交付，即由物权受让人直接占有交付标的物的交付。直接交付为交付的常规方式，一般所说的交付，就是指直接交付。物权受让人直接占有的交付，基本的特征是交付的动产由物权受让人自己控制，或者由物权受让人辅助人（如物权受让人的员工）控制。不论是在所有权的移转还是质权的设定，直接交付均可以发生效力。

2. 先行占有

所谓先行占有，指动产物权出让之前，受让人已经占有该项动产的情形。这种情形的含义和效果，在中国《物权法》第25条规定："动产物权设立和转让前，权利人已经依法占有该动产的，物权自法律行为生效时发生效力。"

在动产物权变动中，先行占有是一个特殊的情形：物权的受让人已经取得了动产的占有，而后又与物的所有权人达成移转所有权或者设定质权的协议。如承租人或者借用人，依据租赁合同或者借用合同已经取得了动产的占有，而后又与物的所有权人达成购买该项动产的协议而取

---

① 此处的撤销，当然是物权意思法律行为的撤销，因此撤销，直接发生物的所有权返还的结果。因为，未成年人的处分行为具有法律上的瑕疵。

得其所有权，或者在其上设定质权。这种情况在实践中并不少见。

在受让人已经取得对动产的占有，又依法律行为取得其物权的情况下，因物权的公示已经在事实上完成，物权受让人已经能够享有物权，故物权的变动当然在当事人之间的协议生效时生效。该项协议，即当事人之间关于物权变动的协议。国际上民法物权制度对此均有规定。《德国民法典》第 929 条对此的规定是："为转让一项动产所有权，必须有物的所有权人将物交付与受让人，以及双方就所有权的移转达成合意。如受让人已经占有该项动产的，则仅须让与所有权的合意而生效。"该法第 1205 条就质权的设定也规定了同样的内容。中国旧《民法》(1930 年) 第 761 条第 1 款第 1 句规定："动产物权之让与，非将动产交付，不生效力。但受让人已占有动产者，于让与合意时，即生效力。"

中国《物权法》对此规定，当事人之间的物权变动，在法律行为生效时成立和生效。

关于先行占有情况下物权变动的规则，必须加以说明的是：在先行占有的情况下，当事人之间的法律行为必须生效，然后物权变动才可以生效。此时的法律行为到底指的是哪一个协议或者合同？这些合同有没有必要作出债权意义的合同行为还是物权行为的区分？提出这一问题是否必要？

本书作者认为，提出这一问题并思考其中的规则，对于清晰地确定当事人之间的法律关系，还是很有意义的。比如甲 2008 年 8 月借用乙一台电脑，此二人又在 2008 年 10 月达成甲购买乙这一电脑的协议。为理清这一交易，我们有必要认为：(1) 2008 年 8 月至 2008 年 10 月之间，电脑的所有权归属于乙，乙承担电脑的法律负担的责任；(2) 2008 年 10 月达成购买协议时双方当事人关于购买电脑的意思表示一致，为债权行为；(3) 同时双方协议中关于电脑占有以及所有权归属的协议、关于标的物价款已经支付的表述（基于同时履行或者同时交付原则的分析）等，应该是物权行为。之所以要区分此处的 (2) 和 (3)，是因为在现实中这两点协议，当事人并不总是同时达成的；而且动产之上一般可以有所有权和质权两种物权，因此当事人必须对于他们之间到底是发生所有权移转还是设立质权的行为有明确的表述。

3. 替代交付

所谓替代交付 (übergabesurrogaten)，指动产物权出让时物尚为第三人合法占有，物权出让人以向受让人移转该物的物权请求权，以代替实际交付的情形。中国《物权法》第 26 条规定："动产物权设立和转让前，第三人依法占有该动产的，负有交付义务的人可以通过转让请求第三人返还原物的权利代替交付。"这一规定，就是替代交付的规则。

替代交付也是交付规则的特例。在动产物权设定或者移转时，该项动产为第三人合法占有的情形并不少见。因为第三人的合法占有不能解除，故物权的出让人不能实际交付或者直接交付，而只能以移转物权请求权来代替交付。如一项动产在出租期间内被所有权人出卖或者出质，因承租人权利得到买卖不破租赁原则的保障，故实物交付无法进行；在此情形，所有权人即物权变动的出让人可以把针对承租人的返回请求权（关于返回请求权，见下文"物权保护的基本意义以及自助"一节）移转给受让人，表示自己的交付完成。这种情形，多为法律承认。中国旧《民法》（1930 年）第 761 条（动产物权之让与方法）第 3 款规定："让与动产物权，如其动产由第三人占有时，让与人得以对于第三人之返还请求权，让与受让人，以代交付。"

第三人合法占有的原因可以有多种，如根据债权关系的占有，根据物权关系的占有，根据亲属关系的占有，甚至根据公法的占有等。

第三人有合法的占有权利，而物权必须发生变动的情形是客观经济实践的反映。在此情形，以移转物权请求权的方式来代替交付，表示物权变动的成立和生效，在本质上也是符合物权公示原则的，对交易的安全也无妨害。因受让人取得的物权请求权可以满足其取得物权本身的需求，而且它无论对物权的出让人、受让人和第三人利益均有切实的保障，故替代交付制度的建立十分必要。

在替代交付的情况下，出让人应当就物权变动的情况通知物的现时占有人，以便于受让人向第三人主张权利时，第三人向受让人履行其义务。对替代交付情况下，出让人通知现时占有人的规则，中国《物权法》没有明确的规定。但是依据法理，物权出让人应该作出这样的通知。

4. 占有改定

所谓占有改定，指的是在动产物权出让时出让人必须继续占有该项动产的情况下，出让人与受让人之间所约定的一项由受让人取得间接占有的法律关系以替代物的交付的协议。中国《物权法》第 27 条规定："动产物权转让时，双方又约定由出让人继续占有该动产的，物权自该约定生效时发生效力。"这一规定就是占有改定。

占有改定（Besitzinsititut）指的是这一情形：在物权出让时，出让人自己因为生产或者生活的需要必须继续占有将出让的动产，因此无法按照一般的交付规则将动产的占有转移物权受让人；但是为了表明物权的出让（即表明物权转移给受让人）已经发生，因此由出让人与物权受让人达成一项关于承认受让人已经取得指定的物权的协议，由物权受让人依据这一协议的持有表示其物权取得。法律之所以要作出这么复杂的制度设计，是为了满足经济生活的需要。在经济实践中常常发生一种混合型的交易：出卖人将一项动产出卖给买受人，而买受人又同时将该物出租给出卖人；这样做的经济意义是，买受人获得了物的所有权，又获得了租金，而出卖人不但获得了买价，又可以继续使用原来的物，它原来利用该物的生产与生活不会造成破坏。在这种情况下，物的实际占有是不发生转移的（即不发生实际交付），而物的所有权却发生了转移。为了保护受让人此时获得的权利，就有必要使受让人获得证明其权利的身份，以确定物权真实变动。这种混合型的交易，在罗马法中就已经得到了承认，罗马法中的"constitutum possessorium"制度就是占有改定，它的意义是表明混合交易中物权的转移成立和生效。

占有改定就是为了解决上述混合交易情形下，物权受让人的交易安全问题。因为动产物权是以占有作为其公示手段的，出让人继续占有该项动产，会形成物权没有出让的假象。因此占有改定制度的核心，就是在当事人之间产生某种法律关系，使得受让人获得间接占有人的身份（即上位占有人），依此能够证明其权利存在。所以，占有改定就是在这种情况下解决物权公示与权利的实际享有不相符合问题的特殊法律手段。

因为中国《物权法》没有采用直接占有和间接占有这些概念区分，因此在这里稍作解释。所谓间接占有，指的是给他人发布指示，由他人为自己直接控制物的占有形式。此时直接控制物的，就是直接占有。如果存在间接占有时，直接占有是接受间接占有指示的占有形式。比如，物的所有权人将物出租，那么此时所有权人为间接占有人，而承租人为直接占有人。在一个物上既有直接占有又有间接占有的情况下，间接占有人为发布指示的人，其占有被称为上层占有；直接占有为接受指示的人，其占有被称为下层占有。下层占有是典型的他主占有，即以物不属于自己所有的心态进行的占有。依据这一原理，受让人的权利即使在这种复杂的情况下也能得到足够的保护。

占有改定所确定的情形，不仅仅发生在动产所有权变动的情形，也有可能发生在质权发生变动的情形。中国旧《民法》将占有改定制度规定在动产物权变动的总则部分。但是，日本民法却禁止将占有改定适用于质权的设定。《日本民法典》第345条（出质人代理占有的禁止）规定："质权人，不得使出质人代自己占有。"日本民法这一规定的理由，是质权人的安全。因为质权人就是依据占有出质物来保障自己的优先受偿权，如果将质物由出质人继续占有，则质权人的受偿权无法保障。

占有改定中用来替代交付的法律关系，一般是协议，也可以是其他的法律关系。对于当事人达成的占有改定的协议，我们可以清楚地看出这种协议的效果意思，是典型的以物权变动作为目的的效果意思，因此这种法律行为是典型的物权法律行为。否定物权行为理论的学者，常常无法理解占有改定制度中清晰的逻辑关系。

占有改定制度是一种特殊的动产物权变动，也可以说它是替代交付制度的一种特殊形式。这种罗马法中的混合交易，在现代社会已经发展成为大陆法系普遍采用的"让与担保"或者"担保让与"制度。担保让与的基本含义是：借贷人为出借人的债权实现的目的，将自己的一项动产的所有权依据占有改定的方式移转至出借人；但是自己仍然保持对于该项动产的占有使用；在借贷人按期归还借贷的情况下，所有权自然回归于借贷人；在借贷人按期不能归还借贷的情况下，则出借人彻底取得标的物的所有权；在借贷关系存续期间，如果发生借贷人破产的情形，则出借人行使所有权人的取回权，取回标的物，以保障自己的债权能够充分获得实现。

担保让与制度，就是以所有权担保债权的一种特殊的担保方式。因此担保让与与"所有权保留"一起，相对于上文"物权种类"部分所阐述的"担保物权"而言，被称为"非典型担保"。这种担保方式，对债权人的利益而言比担保物权发挥的作用还要积极。因为，一般的担保物权虽然是一种优先权，但是这种优先权只是比一般的债权优先，而不能比法定优先权等优先；但是非典型担保是所有权担保，债权人在债务人清算的情况下可以行使所有权人的取回权，因此这一担保实际上实现了比法定优先权还要优先的效果，对债权人最为有利。因此，这种非典型担保，在国际法律实务中反而后来居上，成为动产担保的主要方式。目前，德国民法、瑞士民法、奥地利民法、日本民法和中国台湾地区"民法"立法也都建立了这一制度。中国《物权法》规定占有改定制度，应该说为这种让与担保制度的发展建立了法律基础。

二 准不动产登记

(一) 一般规则

船舶、航空器和机动车,因其物权变动采取登记规则而类似于不动产的缘故,在物权法学中被通称为"准不动产"。因此缘故,船舶、航空器和机动车作为物的担保的标的时,成立抵押权而不是像一般动产那样成立质权。关于准不动产物权变动的一般规则,中国《物权法》第24条规定:"船舶、航空器和机动车等物权的设立、变更、转让和消灭,未经登记,不得对抗善意第三人。"

这一规定,为中国准不动产物权变动确立了"对抗主义"一般原则。依据法理,既然是准不动产物权变动的一般规则,那么不论是物权的设立、移转、变更还是消灭,都应该适用这一规则。"未经登记,不得对抗善意第三人",此处的含义,指的是在中国准不动产物权变动中,比如一个船舶、航空器或者机动车的物权所有权的移转或者抵押权的设立,在没有办理准不动产登记时,不得对抗他人经过登记取得的权利。比如,甲从乙处购买汽车一辆,甲虽然获得了汽车的占有使用而没有办理汽车的过户登记,此时甲虽然也获得了汽车的所有权,但是如果善意第三人丙却办理了该汽车所有权的过户登记,则甲就不能排斥丙的所有权取得。在准不动产抵押权设立的情况下,这一规则同样适用。

因为权利取得在没有纳入登记的情况下,处于不稳定的状态,因此当事人应该积极主动地办理登记事宜,否则将承担权利丧失的损失。[①] 这种情形从立法上看是一种迫不得已,因为,对于船舶、航空器和机动车必须建立登记制度,而在建立登记制度之后,物权的表征当然就主要地依靠登记簿的记载;而在登记之前,当事人尤其是权利取得人所获得的占有,虽然可以作为一种权利表征,但是这一表征的法律效果相对比较弱小。上文已经谈到,从严格的法理上看,最好的立法措施是建立登记要件主义或者实质主义登记。但是在立法的过程中,经过很多论证和调查,立法者认识到,采纳准不动产登记的要件主义在中国至少目前是做不到的。

在登记对抗主义的规则下,还存在着几个中国《物权法》没有规

---

① 依据中国法律,船舶、机动车在买卖交易中,买受人获得交付占有而没有办理登记过户时,登记簿上记载的标的物的所有权人还要承担标的物侵权的连带责任。当然,这里侵权责任属于上文讨论过的"物的法律风险"。

定的问题，在此需要从法理上阐明。

1. 当事人的物权从何时取得？

同样以甲从乙处购买汽车为例来讨论这个问题。这里的问题是：甲的汽车所有权从何时取得？这里有两个法律事实作为判断的标准：事实一，是甲和乙之间订立的汽车买卖合同的成立生效；事实二，是乙向甲交付汽车的占有。显然，按照物权和债权法律效果相区分、物权变动的法律根据和债权变动的法律根据相区分的物权法原理，不能认可依据事实一来作为这里物权变动的法律根据。物权法颁布后，有著述认为，这种情况下应该依据生效的合同来确认物权变动。① 从法理上来说，这种解释是错误的。而事实二，符合上述法理，因此可以作为物权受让人取得物权的法律根据。这里的物权受让人，可以是所有权取得人，也可以是抵押权人。

2. 第三人的善意如何确定？

在上文"第三人保护理论专论"部分，本书专门就什么是第三人，以及第三人的善意如何确定进行了比较充分的讨论。其中本书作者揭示，因为物权法学和实践的发展，罗马法中的"主观善意"标准，已经被德国法中的"客观善意"标准所替代，而且中国《物权法》第106条在应用了这些科学法理方面已经取得了相当的进展。因此，在准不动产物权变动的规则中，我们还是应该坚持"客观善意"的标准，来判断第三人是否善意的问题。② 这也就是说，只有那些符合《物权法》第106条规定的全部三个条件者，才能认为是善意第三人。但是，第106条所确定的三个条件中，第一个条件即主观上的善意是需要举证证明的。那么是谁来承担举证责任？比如在不动产物权变动是否有效的确定过程中，担负举证责任者，既可能是第三人，也可能是现时的权利取得人。此二人为权利争议，毕竟会互相要求对方承担举证责任。这样，司法实践难以判断。这就是罗马法中的"主观善意"标准的缺陷。③

但是如果依据"客观善意"标准来分析，这一矛盾应该容易解决。在"物权公示原则"一节，本书已经就公示的法律效果也就是善意推

---

① 黄松有主编《〈中华人民共和国物权法〉条文理解与适用》，人民法院出版社，2007，第114页。

② 从本条文的规定以及此处的分析可以知道，善意保护的规则，并不仅仅只是在委托占有人的无权处分，或者遗失物占有人的处分方面发挥作用。这一规则发挥作用的范围应该是在广泛的交易秩序之中。

③ 关于"主观善意"的缺陷，下文"物权行为理论"部分还有仔细探讨。

定的效果进行了阐述。从物权变动的效力而论，当然第三人的权利取得已经纳入登记的，为推定善意的充分证明。因此，此处的善意与否，也应该以是否已经纳入登记作为分析和判断的标准。但是，从物权法的法理上看，既然这里的善意是推定的，那么就是可以被推翻的。当然，依据善意保护规则推翻第三人登记的举证责任，在于权利取得人。

但是无论如何，第三人不可以仅仅以其订立的买卖合同或者抵押合同来主张其善意，也不可以以其对于标的物的占有作为善意的充分标准。

3. 物被善意第三人追夺后的法律效果如何

当事人的物权取得如果被善意第三人追夺，此时物权受让人只可以向物权出让人提出损害赔偿，而无法继续占有使用标的物。但是，对于这一期间内标的物因为正当使用而发生的价值耗损，受让人并不承担法律上的任何责任。因为，受让人的占有使用属于自主占有，他完全没有恶意可言。第三人对于标的物的耗损，只可以向他自己的物权出让人主张损害赔偿责任。

（二）具体规则简介

1. 船舶登记

所谓船舶登记，指的是对船舶所有人、经营人、船名、船舶技术性能数据等内容进行登记。水面交通与作业对于海洋国家、多水面国家意义重大，因此船舶的登记是一项非常重要的制度。因为海洋作业与交通涉及国际法，因此船舶登记也具有国际法的色彩，但是其基础是船舶所有权制度，因此船舶登记的理论基础是民法物权法的原理与规则。当然，船舶登记仅限于民用船舶的登记。

中国规范船舶登记的法律主要有两个，一个是《中华人民共和国船舶登记条例》，由中国国务院 1994 年 6 月 2 日颁布（中华人民共和国国务院令第 155 号公布），1995 年 1 月 1 日起施行（以下简称《船舶登记条例》）；另一个是《中华人民共和国渔业船舶登记办法》，由中国农业部 1996 年 1 月 22 日发布（农渔发〔1996〕2 号），1996 年 6 月 1 日起施行，1997 年 12 月 25 日以第 39 号修订（以下简称《渔业船舶登记办法》）。

中国《船舶登记条例》第 2 条规定："下列船舶应当依照本条例规定进行登记：（一）在中华人民共和国境内有住所或者主要营业所的中国公民的船舶。（二）依据中华人民共和国法律设立的主要营业所在中华人民共和国境内的企业法人的船舶。但是，在该法人的注册资本中有外商出资的，中方投资人的出资额不得低于百分之五十。（三）中华人民共和国政府公务船舶和事业法人的船舶。（四）中华人民共和国港务监督机构认为应当登记的其他船舶。"

船舶经依法登记之后，取得中国国籍，可以悬挂中国国旗航行（第3条）。

关于船舶物权变动与船舶登记的关系，在船舶所有权方面，该法第5条第1款规定："船舶所有权的取得、转让和消灭，应当向船舶登记机关登记；未经登记的，不得对抗第三人。"第2款规定："船舶由二个以上的法人或者个人共有的，应当向船舶登记机关登记；未经登记的，不得对抗第三人。"在船舶抵押权方面，该法第6条规定："船舶抵押权、光船租赁权的设定、转移和消灭，应当向船舶登记机关登记；未经登记的，不得对抗第三人。"

关于船舶登记的机关，该法第8条规定："中华人民共和国港务监督机构是船舶登记主管机关。""各港的港务监督机构是具体实施船舶登记的机关（以下简称船舶登记机关），其管辖范围由中华人民共和国港务监督机构确定。"依据国际通行的规则，登记机关的所在地称为船舶登记港。船舶登记港即为船籍港。《船舶登记条例》第二章，规定了船舶所有权登记；第四章，规定了船舶抵押权登记；第五章，规定了光船租赁登记。

中国《渔业船舶登记办法》，要求在中国境内的全部渔业船舶，以及依据中国法律设立的企业的渔业船舶，都应依照本办法进行登记。依据中国《立法法》确立的法律渊源和位阶得知，该办法是一个关于渔业作业船舶登记的中国规章。

《渔业船舶登记办法》规定，渔业船舶登记，包括项目有：（一）所有权登记；（二）国籍登记；（三）抵押权登记；（四）光船租赁登记（第3条）。登记的主管机关是"中华人民共和国渔政渔港监督管理局"，具体的登记业务由"地方各级渔港监督机关"办理（第4条）。

2. 航空器登记

在航空器登记方面，中国现行有效的法律是中国国务院1997年10月21日发布并于同日施行的《中华人民共和国民用航空器权利登记条例》（中华人民共和国国务院令第233号）。从该条例适用的名目就可以知道，中国的航空器登记，也仅限于民用航空器的登记。该条例第3条第1款规定，"国务院民用航空主管部门主管民用航空器权利登记工作，设立民用航空器权利登记簿，统一记载民用航空器权利登记事项。"条例明确指出，航空器的登记就是航空器的权利登记，这些登记的事项，有民用航空器所有权、占有权①、抵押权和优先权的登记。航空器的所有权在中国登记之后，获得中国的国籍，使用中国国籍标志。该条例还对航空器的所有权、抵押权、占有权和优先权的登记具体条件以及法律后果作出了明确的规定。

3. 机动车登记

关于机动车的登记，中国目前还没有制定"法律"层级规范，但是中国政府对于机动车的登记历来十分重视，中国公安部制定的部门规章一直有效的施行着。这一方面现行有效的的基本规章，是《机动车登记规定》（2004 年 4 月 30 日公安部部长办公会议通过，2004 年 4 月 30 日中华人民共和国公安部令第 72 号发布，2004 年 5 月 1 日起施行）。为了贯彻这个规定，公安部还发布了一些其他的操作性规则规范。中国物权法颁布后，公安部及时地发布了反映该法要求的《机动车登记工作规范》（公安部 2008 年 8 月 16 日发布，2008 年 10 月 1 日起施行），替代了以前实行的《机动车登记规定》。

从这些规章来看，中国关于机动车登记的基本内容，包括机动车的注册、过户、转出、转入、变更、抵押、停驶、复驶、临时入境和注销登记等事项。这些事项并不仅仅限于机动车的物权登记，但是从这些内容可以看出，物权登记仍然是机动车登记的核心内容。当然，这些规则中所说的机动车，仅仅指民用机动车而言，军用以及武装警察使用的机动车不受这些登记规则约束。

中国机动车登记的规则要求，中国境内行驶的机动车，均应办理登记，核发机动车号牌、《机动车行驶证》和《机动车登记证书》。未领取机动车号牌和《机动车行驶证》的，不准上道路行驶。公安机关交通管理部门的车辆管理所是机动车的登记机构，负责办理本行政辖区的机动车登记。

三 权利的交付与登记

（一）意义以及基本规则

依据中国《物权法》规定，权利作为物权标的的情形，其实只有"权利质权"一种类型。该法中的"权利质权"，规定在第十七章第二节。这一规定反映了中国物权法实践的发展，而且也遵守了潘德克顿法学体系的划分。所以，权利作为物权的客体，因此所发生的交付与登

---

① 指依据租赁、借用等方式获得的使用航空器的权利。

记，只是发生在权利质权设定的情况下。

中国《物权法》中规定的可以作为权利质权标的的"权利"，其范围相当广泛。根据《物权法》第 223 条的规定，可以作为质押标的的权利有七种之多：（一）汇票、支票、本票；（二）债券、存款单；（三）仓单、提单；（四）可以转让的基金份额、股权；（五）可以转让的注册商标专用权、专利权、著作权等知识产权中的财产权；（六）应收账款；（七）法律、行政法规规定可以出质的其他财产权利。这些作为质押标的的权利中，一些权利属于支配权，比如知识产权、仓单、提单等物权证书；而另一些权利属于请求权，比如债权、债券、股权、应收账款等。从这些内容看，可以在中国法律实践中作为权利质权的标的的权利非常多，这一点将为中国信用关系的发展发挥积极的作用。

中国《物权法》的这些规定，相比其他国家或者我国旧《民法》（目前台湾地区生效）的规定来看，显得内容更加清楚。比如，在中国旧《民法》中，"可让与的债权及其他权利，均得为质权之标的物。"这一规定显然没有中国物权法的规定细致。

关于权利质权设立和公示原则的关系，中国《物权法》第 224 条规定："以汇票、支票、本票、债券、存款单、仓单、提单出质的，当事人应当订立书面合同。质权自权利凭证交付质权人时设立；没有权利凭证的，质权自有关部门办理出质登记时设立。"第 226 条规定："以基金份额、股权出质的，当事人应当订立书面合同。以基金份额、证券登记结算机构登记的股权出质的，质权自证券登记结算机构办理出质登记时设立；以其他股权出质的，质权自工商行政管理部门办理出质登记时设立。"第 227 条规定："以注册商标专用权、专利权、著作权等知识产权中的财产权出质的，当事人应当订立书面合同。质权自有关主管部门办理出质登记时设立。"第 228 条规定："以应收账款出质的，当事人应当订立书面合同。质权自信贷征信机构办理出质登记时设立。"这些规定清楚地表达了权利质权设立应该遵守公示要件主义的立法原则，也就是质权的设立不公示不生效的原则。

在要件主义原则下，该规定当然首先是贯彻了上文一再强调的"区分原则"，也就是债权意义的合同效力和物权变动的效力相区分的原则。这一点从《物权法》第 224 条的规定可以清楚地看出来。《物权法》的这一规定，和此前《担保法》的规定有本质的不同。《担保法》在此的规定是"质押合同自权利凭证交付之日起生效"以及"质押合同自登记之日起生效"(《担保法》第76条第2句，第78条第1款第2句和第3款第2句，第79条第2句)。上文对于《担保法》制定过程中法理不清的问题已经阐述，简言之，该法法理的问题就在于不能区分债权生效和物权变动的法律效果和法律根据。《物权法》的规定在本质方面纠正了这些问题。这些纠正，体现了民法科学发展的要点，对于准确贯彻物权法意义显著。

(二) 权利质权设定中的交付与登记

依据中国《物权法》，权利质权设定的公示方式有两种，一种是权利证书的交付，一种是权利质权的登记。

1. 权利证书的交付

中国《物权法》第224条规定，"以汇票、支票、本票、债券、存款单、仓单、提单出质的，当事人应当订立书面合同。质权自权利凭证交付质权人时设立；没有权利凭证的，质权自有关部门办理出质登记时设立。"该条规定，权利证书的交付作为设立这些权利质权的首要公示方式。

此处的交付，应该理解为将权利证书移交给质权人占有。这一交付应该就是直接交付。因为，汇票、支票、本票、债券、存款单、仓单、提单的法律性质是以其票面表示权利的经济价值，这些证书没有一般动产那样的使用价值，所以，这些票据不可以发生租赁或者借用；因此，在票据的交付中，不可能发生先行占有、替代交付和占有改定这些动产特殊交付方式。

在《德国民法典》、《日本民法典》以及中国旧《民法》中，均有关于权利质权的设定，基本要求是必须依据动产质权设定的规则，由出质人将权利证书移交给质权人。如果出质的标的为支配权证书比如提单和仓单，则出质人必须移交权利证书；如果出质的权利为债权，在此债权已经被制作为权利证书的时候(比如银行制作的存折)，则出质人同样应该交付权利证书；在此债权没有被制作为权利证书的时候，则出质人应该移交可以被债务人认可的、而且具有独断效力的债权证明。中国物权法对此的规定与这些法律大同小异，它规定"没有权利凭证的"应该办理质押登记。

因为出质的本意，就是要让质权人获得优先受偿权；而获得优先受偿权的唯一民法保障，就是使得质权人占有质物。所以，如果权利质权的标的物是支配权，则质权人获得的权利证书可以保证其权利的实现；但是如果权利质权的标的物是债权，虽然债权设质能否保障质权人获得优先受偿权不论是在学术上还是在实践中还是一个有争议的问题，但是，既然立法规定了债权质权，那么，（所以）至少从形式上应该保证质权人获得对债权的"占有"，即对债权文书的占有，以从形式上使得保证质权人独断性地占有并行使质权的可能性。[①] 所以，交付权利证书，对于权利质权的有效设立，是必需的要件。

2. 权利质押登记

中国《物权法》第224条、第226条、第227条、第228条，均规定了权利质权设立的登记，并且规定质押登记作为权利质权设立的生效要件。依据这些规定，中国法律在权利质权设立方面尚有如下登记：（1）债权质押登记，目前已经由中国人民银行制定了登记规则；（2）基金份额、股票质押，向证券登记结算机构办理登记；（3）知识产权质押，以商标权、专利权、著作权等设定质权的，应该在这些权利各自的管理部门办理登记；（4）应收账款质押，在信贷征信机构登记。这些登记所依据的大多是管理部门的规则，从中国《立法法》的要求看，这些规则尚不能进入法律法规系列，因此制定这些方面的法律法规，是一项紧迫的任务。

（复习题）

1. 我国法学界有学者认为，交付是一种事实行为，而不是法律行为；交付时当事人有没有意思表示、其意思表示的内容到底是什么都无关紧要。你认为这种理论符合交易的实际情形吗？把交付当做事实行为，在理论上和实务上会出现哪些问题？

2. 如果交付是一种法律行为，那么它的特性在哪里？它要满足哪些条件才可以生效？

3. 请注意机动车登记的特殊意义。尤其是这种登记在物权公示之外，对于确定交通侵权方面的法律问题，应该给予足够的注意。

4. 请注意船舶以及航空器登记中的内国法制度，及其国际法色彩。也就是因为这样，船舶和航空器的登记，应该联系国际法知识加以学习和掌握。

[①]　关于债权质权能否真正成立的问题，虽然立法上无法否定，但是在法理上还值得思考：质权设定的目的是由质权人获得优先受偿权，但是债权设质，质权人获得的权利，最终还是债权，不是优先受偿权。所以，债权设质，本质上其实是债权转让。

（一）名画争议案

家住广州的张民有个同学叫谢鸿，家住北京，是一个文化公司的负责人，懂得一些艺术品鉴赏的知识。以前张民也曾经多次请谢鸿帮助他鉴赏一些字画，两个人常有经济往来，张民到两个人发生争议时，尚欠谢鸿一笔钱没有归还。北京奥运会期间，张民从香港买到一幅张大千的画，自己拿不住真假，刚好他的朋友于海到北京看比赛，于是张民委托于海，将这幅张大千的画"交给谢鸿看看是不是真迹"。此外没有其他的交代。谢鸿看到这幅画，判断其为真迹，将此画留归己有，在于海返回广州时，没有将此画交给于海带走，并对于海说，张民欠自己的钱，这幅画是用来顶账的。画已经交付了，两个人的债也就两清了。

张民为要回这幅画，将谢鸿诉至法院。张民的主张是，他当初让谢鸿看画的意思是让他帮助鉴赏。而谢鸿的主张是，以前张民欠自己的钱，把画交给自己看看的意思，应该理解为用画来顶账。法院的判决支持了谢鸿的观点，认为交付是一个事实行为，交付表示所有权的转移；张民将画交付给了谢鸿，那么就应该认为所有权发生了转移。

对于此案，你的分析如何？你认为这个案件中的"交付"是什么含义？这个案例中的"交付"应该用法律行为还是用事实行为的规则判断其效果？

（二）"法国没有精神病"

此案是萨维尼曾经举过的例子，它说明了依法承认所有权转移过程中双方当事人交付的意思表示的重要性。此案，双方当事人订立了一份买卖合同，约定在合同订立后第 12 个月时移转标的物给买方。但很不幸的是出卖人在第 6 个月时精神失常。在这种情况下，出卖人已失去行为能力而无法交付，其实是无法作出移转标的物以及标的物所有权的意思表示，因此无法实现物权的移转。这时只能根据债的"履行不能"的规则来解决当事人之间的问题，而不能认为买受人已经取得所有权，不能按照所有权返还的规则来解决它们之间的问题。

但不幸的是这个案子是发生在法国。依《法国民法典》第 1583 条的规定，买卖合同生效时标的物所有权就随之转移了，所有权的转移不需要标的物交付的行为，更不需要当事人之间移转所有权的意思表示，所以买受人在合同成立时已经取得了所有权。但是实际上买受人既没有取得标的物，也没有取得所有权；同时，他也不能向一个精神病人提出强制执行所有权转移的诉讼。所以依据法国法案件是完全无法处理的。甚至连这个合同的效果，法国人也说不清楚。在一次学术研讨会上，当德国学者依据这种情况与法国学者讨论时，一位法国教授只好自嘲地说："我们法国没有精神病"。

如果承认交付作为动产物权变动的公示原则，如果承认交付是物权独立意思的表现，那么这个案子就很容易解决。因为出卖人订立合同时是具有完全行为能力的，所以买卖合同是生效的，当事人之间的债权债务关系是生效的。但是，当出卖人丧失行为能力后，他已无法表达物权移转的意思，故所有权的移转就没有实现，因为当事人之间没有形成所有权移转的合意。事实上所有权也仍然在出卖人手中。

因为中国法学界也有一些人否定物权行为理论，他们面对这样的案件的时候，也同样会面临这样的尴尬。对物权行为理论，下文将详细谈谈。

争议与思考

对于"交付是一个独立的契约"这个理论，可以沿着如下思路加以思考：

当代民法学强调，交付行为的法律后果必须依据行为人的内心真实意愿来确定，这一点不论是法国法系、英美法系还是德国法系都是一样的。这一点是民法社会的基本特征。在此基础上，潘德克顿法学强调，法律关系中的权利义务必须是具体的，比如物权、债权等具体有区分的权利；因此交付产生的具体法律效果，要根据行为人具体的效果意思确定，也就是根据法律关系的科学原理，将交付的法律后果确定在当事人具体的目的方面，也就是法律关系中具体的权利义务发生变动的效果意思方面。行为人的交付，如果是受到租赁或者是借用的效果意思的驱动，那么，交付不会产生所有权的转移，也不会发生质押的法律后果。如果要发生动产所有权的变更或者质押的法律后果，那就一定是行为人之间关于所有权或者质押的效果意思的作用。基于债权之能够发生请求权的效果，所以，要发生物权的效果，就一定会有物权的意思表示发生。

在动产物权依据法律行为进行变动的规则中，民法以及物权法学方面首先要解决的问题，是保障权利变动的结果符合当事人的真实愿望。

第五章　物权行为理论

要点提示
- 物权行为的基本内涵
- 物权行为理论的正当性
- 物权行为理论与折中主义的对比
- 物权行为理论与善意取得制度的对比

第一节　基本含义和价值

一　理论起源和含义

（一）理论起源

现在一般认为，物权行为理论在罗马法中已经有其雏形。但是系统完备的理论，则是由 19 世纪德国著名法学家萨维尼（Freidrig Karl von Savigny）首次提出的，并明确地反映在《德国民法典》之中。

萨维尼说："私法契约是最复杂最常见的……在所有的法律制度中都可以产生契约，而且它们是最重要的法的形式。首先是在债法中，它们是债产生的最基本的源泉。这些契约人们称之为债务契约。此外在物权法中它们也同样广泛地应用着。交付是一种真正的契约，因为它具备契约概念的全部特征：它包括双方当事人对占有物和所有权转移的意思表示……仅该意思表示本身作为一个完整的交付是不足够的，因此还必须加上物的实际占有取得作为其外在的行为，但这些都不能否认其本质是契约……该行为的契约本质经常在重要的场合被忽略了，因为人们完全不能把它与债的契约区分开，那些行为常常是随时伴随来的。比如一幢房屋买卖，人们习惯上想到它是债法买卖，这当然是对的；但是人们却忘记了，随后而来的交付也是一个契约，而且是一个与任何买卖完全不同的契约，的确，只有通过它才能完成交易"。①

在这一著名的讲演中，萨维尼揭示了物权行为理论的一些必要的因素：物权变动的形式中包含着当事人关于物权变动的独立意思表示，这个意思表示以物权的设立、移转和废止为效果意思；物权变动的意思表示，是以独立的法律事实表征出来的，它作为结果行为，不论其效果意思还是法律根据，均不同于债权法上的原因行为，所以物权行为是一个独立的法律行为。从性质上看，物权行为属于处分行为。《德国民法典》制定时，立法者完全接纳了萨维尼的理论。《德国民法典》第 873条等规定的"合意"（Einigung），就是萨维尼所说的当事人关于物权变动的意思表示一致，它不同于债权法中的"合同"（Vertrag）。

（二）理论内容

物权行为理论的主要内容是：

第一，区分原则，即物权的变动与债权的变动作为两个法律事实处理的原则。从远期合同和远程合同的交易中，我们可以清楚地看到债权发生效果的法律事实，和物权发生效果的法律事实是互相区分的。如前所述，这一原则的含义，是指债权的变动依据当事人之间关于债权的意思表示一致加以确定，物权的变动依据独立的物权意思加以确定。

第二，形式主义原则，即物权变动的独立意思必须依据客观能够认定的方式加以确定的原则。这种方式通常就是不动产登记和动产交付。不过，因为物权的独立意思是一个客观存在，故在登记与交付行为之外也可能有物权的独立意思，比如《德国民法典》第 873 条第 2 款规定，在不动产物权的变动中，也可以依据当事人交付登记证书、提交公证证明、登记机关在登记之前颁发的登记许可证等行为，确定当事人之间的物权独立意思，换句话说，这些行为也可以作为独立物权意思表示方式。②

第三，抽象性原则，这也就是我国法学界所谓的无因性原则，指物

---

① 转引自〔德〕K. 茨威格特、H. 克茨《法学总论》第 15 章《"物权契约理论"——德意志法系的特征》，孙宪忠译，《外国法译评》1995 年第 4 期。

② Müchener Kommentar, Bürgerliches Gesetzbuch, Sachenrecht, 3. Auflage, Verlag C. H. Beck, 1997, Seite139.

权变动不受其原因行为效力制约的原则。在物权的变动中，物权变动直接来源于当事人之间独立的物权意思，而不是债权法的意思，所以物权变动的结果不直接地受债权意思约束，这样，债权意思无效或者被撤销不会对物权变动产生直接的影响。

二　现实中的物权行为

（一）基础性知识

上文"物权概念"部分和"公示原则"、"区分原则"部分，多次提到在物权概念形成、物权变动制度建设中，物权独立意思发生的决定性作用。从这些阐述以及《民法总论》中关于民法基本性质的阐述，我们已经掌握了民法社会里意思自治的基本原则；接着，我们从远期合同这一典型的交易事实出发，分析了债权发生法律效果和物权发生法律效果这两个法律事实的区分，在此基础上，我们总结了请求权和支配权相互区分的一般法理；然后，我们也掌握了请求权和支配权发生法律效果的法律根据的区分。这些法律知识在中国物权法制定之前曾经被认为是"少数人"的观点，但是现在已经成为民法学界绝大多数人的共识了。

在如上法律知识的基础上，我们再联系《民法总论》中关于民事权利变动根据的知识，来分析物权变动中的法律根据问题。我们已经知道，作为权利变动的法律根据有很多，其中法律行为是最主要的；而法律行为中，能够发生债权效果的是债权行为，而能够发生物权效果的是物权行为。

所以在掌握了这些民法知识之后，我们会发现对物权行为理论的理解，是顺理成章的。我们已经知道，关于法律行为理论的研究，不单单在民法科学中具有十分重要的意义，而且在整个法律科学中都具有很重要的意义，因为意思自治原则是横贯公法和私法两大体系的法律基本原则，而法律行为理论就是贯彻意思自治原则的基本制度。以前中国法学界的主流认识是，法律行为理论只是涉及民法债权法律关系的理论，这一观点有很大缺陷。这些有缺陷的知识，多多少少是中国长期的非意思自治社会造成的。从上面我们的分析可以看出，在物权变动的过程中，当事人的意思表示发挥着基本的作用。这些以物权变动为目的的意思表示，就是我们所说的物权行为。

上面所说的这些知识，基本上属于根据民法基本原则建立的"推理"或者"演绎"。在下面，我们要列举物权行为独立存在的实际例子。在民法理论中，比如，法律行为的最为普遍的分类，就是单方行为和双方行为的区分。在此，我们来看看物权行为在单方行为和双方行为存在的情形。

（二）单方物权行为

1. 一般概念

权利的放弃，在法学上就是单方处分行为，如果处分的标的是物权，则该行为就是单方物权行为。[①] 单方物权行为，即以权利人自己的单方面意思即可以形成处分标的物的法律效果的行为。这些行为，比如物权的放弃，即一个人用自己的意思和自己的行为放弃一个物的所有权的行为，或者称为抛弃物权的法律行为。

单方处分行为或者单方物权行为在社会生活实践中是很多见的，处分之后的法律效果，引起司法实践中很多的争议。鉴于中国法学界对于单方处分行为认识不足，故本书在这里要多花费一些笔墨。

首先，我们应该看到，物权的放弃不是事实行为，而是典型的法律行为。对此我们可以以一个动产所有权的放弃为例。在一个动产被一个占有人直接占有的情况下，如果在法律上已经得知所有权人而且在所有权人作出放弃标的物的意思表示之后，标的物立即变成"无主物"，占有该物的人，立刻会根据"先占取得"的制度，取得该物的所有权。但是，如果所有权人不明而且无法获得所有权人的意思表示（包括放弃所有权的意思表示），那么，该项标的物在法律上就是"遗失物"而不是"无主物"，遗失物必须尽快回归所有权人。从这个例子我们可以看出，所有权人处分标的物的意思表示，在确定物的归属时，是核心的判断要素。

这正是我们在《民法总论》这门课程中已经阐述过的判断一个行为是法律行为还是事实行为的标准：法律行为能否生效，以当事人的意思表示为要素；事实行为是不论当事人的意思能力而成立、生效的，即使当事人没有意思能力也能根据其行为发生法律上的效果。通过上面所举的例子，我们可以清楚地看到法律行为（所有权放弃）和事实行为（先占取得）之间的区分。

其次，我们还要看到，单方物权行为属于单方处分行为的一种，其他的单方处分行为，还有债权的放弃或者债务赦免、股权的放弃、知识

[①] Karl Larenz, Allgemeiner Teil des Deutschen Bürgerlichen Rechts, Verlag C. H. Beck 1989, Seite 319 usw.

产权的抛弃等等。

最后，除实体性权利之外，程序性权利也可以因为单方处分行为放弃。比如，在不动产登记制度中，可以发生优先顺位的抵押权放弃其优先顺位的情形。该项放弃，仅仅限于抵押权的顺位，抵押权仍然存在，不过其顺位滞后了。

权利放弃会产生第三人的权利取得，而第三人的权利取得是否能够得到法律的承认和保护，则取决于放弃者的意思表示。所以，那种把单方放弃权利的行为解释为事实行为的观点和做法，在法理上和实践效果上都是无法立足的。

2. 放弃限制物权后的法律结果

单方物权行为，并不仅仅发生在所有权放弃这种情形下。用益物权、担保物权这些限制物权都可以因为单方的放弃行为而发生权利消灭的结果。这时，如果限制物权人放弃其物权，那么法律上的效果就复杂了，因为此时放弃会涉及第三人利益保护的问题。事实上用益物权和担保物权的放弃，常常会涉及第三人利益，因此必须考虑到第三人保障的问题。① 对此应该在法理上清晰此中的问题，并建立相关的规则。

我们可以把单方行为放弃限制物权的规则，以如下两种思路展开。

1. 如果这些限制物权的放弃和第三人无关，那么，权利人放弃这些权利时，标的物会自然回归其基础性的权利。比如，如果抵押权设置在所有权之上，那么抵押权放弃时，抵押权标的物的所有权人自然取得标的物完全的支配权；但是，如果抵押权设立在地上权之上，那么标的物即回归为地上权人支配。后一种情形，适用于我国法律中，设立在建设用地使用权之上的抵押权等。

不过必须指出的是，此时的权利放弃，作为处分行为，其生效必须符合物权公示原则。权利放弃的意思表示的正式生效，必须在不动产登记或者动产放弃占有之时，此后，相关人才可能发生权利取得的结果。

2. 如果限制物权的放弃导致第三人利益受到损害，那么，这种单方物权行为放弃，必须得到第三人的同意。限制物权放弃导致第三人利

---

① 在中国物权法制定之初，本书作者受命起草"物权法学者建议稿"的"总则"部分，对放弃物权会导致的第三人利益保护的问题，已经提出了制度建设的设想。这些设想后来没有反映在立法之中。对此有兴趣者，可以参阅孙宪忠《争议与思考——物权立法笔记》，中国人民大学出版社，2006，第90页以下。对此中的详细的法理探讨感兴趣者，可以参阅孙宪忠著《中国物权法总论》（第二版），法律出版社，2009，第353页以下等。

益受到损害的情形，比如，在传统民法中，地上权之上，还可以设立抵押权。如果地上权人放弃其权利，那么抵押权人的利益就会受到损害。在传统民法中这种情形可能意义不甚显著，但在我国现在的立法中，其意义已经非常重大。因为，中国物权制度的特色之一，就是以建设用地使用权作为进入市场机制的基础性的权利；在建设用地使用权设立有抵押权，已经不是特例，而是常规。其实建设用地使用权之上设立的权利还可能很多，因此，考虑建设用地使用权人放弃其权利情形下的第三人利益保护问题，就是很重要的制度了。

对此我们可以参考的法律是《德国民法典》第 876 条（有负担物权的废除）规定。该条规定的内容是："如一项土地上的物权负担有第三人的权利而废除该有负担的物权时，必须有该第三人的同意。……第三人的同意应向不动产登记机关和因该放弃而受利益者表达之；该项同意不可撤销"。①

可见，在法律上赋予此时第三人的同意权，是很必要的。这一同意权，同样属于物权处分权和形成权。第三人作出的处分意思，必须符合物权公示原则，所以必须在不动产登记机关作出，而且是向受利益者作出。这样的规则，对于保护交易安全是很重要的。

（三）双方物权行为

双方物权行为即双方的物权合意，即当事人相互之间处分意思一致的行为。物权合意，现实中很常见。比如说设立物权的合同，如设定建设用地使用权的合意，以及设定抵押权的合意、设定质押权的合意等等。抵押权、质押权的设定合同就是典型的物权设立行为。如果按照史尚宽先生的理解，它们就是典型的物权合意，即典型的双方物权行为；② 如果按照王泽鉴先生的观点，这些合同包含着双方当事人的物权合意，即双方当事人在物权变动时形成了物权合意。③ 不论依据哪一种观点，都不能否定其中双方物权合意的存在。在抵押合同和质押合同中，当事人所表现出来的纯粹的物权变动的意思，是不可以否定的。

双方物权行为的生效，必须遵守物权公示原则，对此上文已经多次讲到，这里不再赘述。

---

① 国内常见的《德国民法典》译本，对此条的翻译有不足。此条文为本书作者自译。
② 史尚宽：《物权法论》，中国政法大学出版社，2000，第 270 页。
③ 王泽鉴：《民法学说与判例研究》第五卷，中国政法大学出版社，1998，第 116 页以下。

在《民法总论》这本书中，我们已经将法律行为的一般特点和分类情况作了阐述，因此为避免重复，本书不再将这一问题作过多的阐述。因为中国民法学界还有一些学者否定双方意思表示性质的物权行为，本人愿意对此再稍稍多说几句。各位可以想一想，权利人没有出让的意思表示，怎么能够完成交付呢？比如买卖房屋的合同，如果没有出卖人交付房屋的意思表示和交钥匙的行为，那么购买人怎么接受的房屋？怎样住到房屋里去呢？任何一个合同，如果没有交付的意思表示一致，那么合同是怎么履行的？这简直是不可以想象的。

所以在德国当代法学中，交付的一个基本构成要件，就是交付以意思表示为要件；[①] 如果没有这个意思表示，则交付不发生效力。这一点并不仅仅只有理论价值，而且实践价值也非常重大。对此，我们可以举一个例子来说明：

2009年在著名的"三鹿奶粉"案件中，最后发生了三鹿公司破产还债的程序。此时，三鹿公司在某银行里尚有一笔存款，而该公司还欠着该银行的一笔债务。当然，三鹿公司还欠着其他一些债权人的多笔债务。此时，这个银行利用自己控制客户账户的方便，将三鹿公司的银行存款直接划拨到自己的账上，作了"归还"自己债权的处理。[②]

这个案件中，银行作为债权人，但是债权人能不能这样实现其债权呢？当然不能。为什么呢？因为，这个债权的实现没有债务人的处分行为，债权人的行为就是"强占"行为，其这一强占行为，直接侵害了"三鹿公司"的财产权，间接地侵害了其他同样享有债权而正在等待三鹿公司清算财产的其他债权人的求偿权。所以，债权人没有债务人的处分意思而侵占其财产的行为，属于侵权行为。

像这样的案件，如果认识不到交付中的意思表示的意义，法官就不会处理。只有看到交付中独立意思表示存在，并且以此来区分债权效果和处分权的效果，案子才能办理得观念清楚而且公平。

（四）物权行为独立存在的特殊情形

物权法律行为还独立存在于一些特殊的形式之中。上文已经阐述的"单方处分行为"或者"单方物权行为"是特殊形式之一。单方物权行为的存在和法律效果和债权行为没有一点关系。此外，这种法律行为存在还有一些特殊的形式。

---

① Deutsches Rechtslexikon, Verlag C. H. Beck, Seite 709.
② 此案来源于审理此案的法院征求本书作者意见时的通报。

物权行为发生效果在先，而债权行为发生效果在后的情形：在顺位保留的情况下，具有物权效力的顺位（一般是抵押权的顺位）因为法律行为而率先设立，而债权关系的发生在此之后。[①]

债权行为效果有瑕疵，而物权行为可以生效的情形：未成年人订立合同出卖有价值的财务，合同约定的履行期限时期未成年人生长成为成年人。此时，债权意义的买卖合同有法律上的瑕疵，而出卖人的处分行为却受到承认和保护。

债权行为在处分行为未发生时无效果，而只有在处分行为之后才发生效果的情形：这就是赠与合同。在传统民法中，赠与合同为实践合同，也就是赠与人交付赠与物的时候，赠与合同才能够生效。这种特殊规则的原因是，赠与合同的本质为情谊行为，单务行为，无对价行为，也就是说，赠与人是出于对于受赠人的友好情谊作出了赠与的承诺，但是不取得任何法律上的报偿；所以世界上绝大多数国家的法律都规定，赠与合同是不能强制执行的合同。只有在赠与人作出实际的赠与行为的时候，赠与合同中的债权也才同时产生效果。[②]

三　理论价值与实践价值

（一）理论价值

物权行为理论的提出，对物权法以及整个民法的发展都作出了极大的贡献。具体地说，其基本价值有如下方面。

1. 物权独立意思使得法律关系理论最终臻于完善

在萨维尼之前，德国私法理论中只有一般的意思表示理论，即将当事人行为结果的根源确定为当事人自己一般私法意思表示的理论。萨维尼进一步提出，当事人的意思表示并不是泛泛的私法上的意思表示，而是具体的、表现其不同私法效果（即不同权利变动）的意思表示，如设定债权关系的意思表示、设定物权关系的意思表示、设定人身权关系的意思表示等等。萨维尼这一发现，揭示了不同民事权利变动的根源。他的这一贡献，最终使得法律行为理论成为科学，也使得法律关系理论臻于完善。[③]

---

① 对顺位保留的情形，请参阅上文"不动产物权登记"一节。

② 此处的讨论，所基于的概念是传统民法也是世界上多数国家对于赠与合同的规定。它与我国《合同法》的规定略有不同。

③ Hans Hattenhauer, Grundbegrife des Bürgerlichen Rechts, Verlag C. H. Beck, 1982, Seite 64 – 69.

2. 区分原则为现代各种权利发生变动的理论基础

物权行为理论中的区分原则确立了原因行为和结果行为相互区分的原理，不仅仅适用于民法上，而且在商事活动中普遍适用。比如证券合同与交付行为、股票合同与交付行为等，都适用其中的规则。

3. 处分行为成为物权公示原则的科学理论基础

物权行为理论的基本要求是按照当事人的私法意思确定物上支配权的归属，使物权支配秩序最终建立在意思自治这一民法基本原则的基础之上；同时，物权的意思必须按照一定的形式加以确定。这种做法把物权的优先性与当事人物权意思表示相结合，然后又将它们与可以从客观上认定的法律事实相结合，从而实现意思自治的私法原则与物权特性的科学结合。因此可以认为该理论彻底地贯彻了私法的原则。

4. 物权法之外的各种处分行为，也必须借助于物权行为理论予以说明

在债权法中，债权让与的行为以及债权放弃的行为等，也属于处分行为，被称为"准物权行为"。而且，债权让与行为一般均具有物权处分行为中的无因性的后果。① 这一特征不但在德国，而且在我国台湾地区以及大陆的法学家中得到广泛的承认。另外，商法中的票据行为也是处分行为，具有无因性的后果。

（二）实践价值

物权行为理论强调，必须依据当事人的处分行为来确定标的物的归属。这一点实践意义非常显著。比如，现实生活中买卖房屋的案子很多，许多民众购买房屋获得占有多年才能够办理到房产证，此时就要按照当事人之间的物权意思表示来确定标的物的归属。② 本书作者的这一立法设想，已经被中国《物权法》第142条的但书所采纳。

在此还可以举一个笔者在社会调查中得到的案子为例。③

在江苏省某地，某农业信托公司与某房地产开发商订立一份房屋开发合同。双方约定由农业信托公司投一部分资金，作为回报，其可以分割一部分房产。当房屋建好后，房地产开发商首先以自己名义办理了全

---

① 梅仲协：《民法要义》，中国政法大学出版社，1998，第285~286页。
② 对此中法理有兴趣者，可以参阅孙宪忠《房屋买卖交付而未登记的法律效果分析》一文，载《争议与思考——物权立法笔记》文集，中国人民大学出版社，2006。
③ 本案材料，由江苏省高级人民法院高级法官沈莹女士和魏丽女士提供，在此表示衷心感谢。

部房产的产权证书（即实践中所谓的"大产证"）。办理完毕后，这位房地产开发商的董事长患重病住进了医院，于是将农业信托公司代表人请到了无锡，他表示尽管自己重病在身，但是履行合同的诚意没变，作为证明，他把应归属农业信托公司的那部分房产的产权证书交给了农业信托公司，并表示等他病好后，双方再去有关部门办理过户手续。但是不幸的是，证书交付后不久，这位董事长就因病重而去世。其后不久其公司也沦于破产。这时为房地产开发商的资产清算问题发生了争议。农业信托公司是否取得了指定房地产的产权的问题，对于该公司的利益关系重大。因为其他债权人都到公司来要求清偿债务，甚至有外省市某法院直接将全部房产（包括农业信托公司应得的那部分在内）予以查封，并欲以拍卖来实现债权人的债权。在这种情况下，对开发商方面的董事长移交产权证书这种行为的意义和法律效力的认识，成为该案处理的关键，它直接涉及农业信托公司的合法权利能否得到保护的大问题。农业信托公司辩称自己既已取得产权证书，自然就获得房产所有权；对方则认为，其未取得所有权。

很显然，如果认为农业信托公司取得所有权，那么这部分房产就不再纳入房地产开发商的资产清算范围之中。如果这部分房产所有权仍归属房地产商的话，那么就要作为破产人财产进行清算，则农业信托公司的利益就会落空。所以，是否承认产权证书交付中物权合意的存在成为处理本案的关键所在。在笔者讲课时法官提出这个案子，询问笔者的意见。笔者参照《德国民法典》第873条第2款的规定，提出了开发商董事长交付产权证的行为可以认定为当事人之间具有独立物权意思表示，可以按照这一意思表示来确定指定房屋的所有权已经移转给农业信托公司的观点。后来，这一看法得到了人民法院的采纳，而且也得到了上级法院的支持。按照法律行为理论，这一结果也符合当事人的意愿，所以也符合公平的原则。

［复习题］

1. 物权行为的含义是什么，它对于物权法学建设的意义有哪些？
2. 单方物权行为制度建设的意义有哪些？
3. 双方物权行为的制度建设要点是什么？
4. 试想民商法上，还有哪些制度可以适用物权行为理论？

╭┄┄┄┄┄┄╮
┆ **案例分析** ┆
╰┄┄┄┄┄┄╯

（一）标的物负担义务与价款请求权脱离案①

国外某公司 A 在中国销售某种专利机械产品，在中国以及中国之外有多个客户。中国某企业 B 购买了该企业的一套生产设备，约定在该生产设备运作正常后一段时间支付设备款。但是 B 公司后以中国市场变化为由，请求货款延期支付，A 公司表示同意，双方约定了延期的期限。A 公司因业务繁忙，在保障对 B 公司的售后服务（如维修由自己负担）的情况下，按照中国合同法的规定，经通知 B 公司后，将对 B 公司的债权转移给与 B 公司同处一个地区的 C 公司，由 C 公司向 B 公司追讨债权。后 B 公司还是没有按期支付货款，C 公司于是向仲裁委提出请求，要求 B 公司支付货款。B 公司律师认为，C 公司并不是买卖合同的当事人，而且在这种专利设备进口的合同中，出卖人享有的追究货款的权利不应该与他们对标的物承担的售后维修义务相分离，否则对买受人不利。该律师的根据是我国某著名民法学家的观点，一个买卖合同，支付价款的意思表示和交付标的物的意思表示，在法律上没有独立的意义，它们都是合同意思表示的一部分，它们在法律上是不能分割的。依据合同法，只能认可订立合同中的意思表示，而不能认可将合同的两个履行行为（即货款支付的行为和标的物交付的行为）当做独立的行为。

本案律师的看法符合法理吗？如果你是仲裁员，你将如何处理此案？

提示：请根据物权行为之区分原则进行分析。

（二）未成年人出卖珍贵手表案

小王 12 岁，在过生日的时候，在外做生意的叔叔送其一块进口高档手表。之后，为了能看到亚洲杯上中国足球队和日本足球队的决赛，他趁父母不在家的时候，将这块手表以一张普通球票的价格卖给了邻居张阿姨，打算第二天去购买足球票。晚上此事被父母发现，小王的父母提出了要求邻居返还手表的要求。而邻居阿姨认为，买卖是小王主动提出来的，反悔没有道理。

请分析该案中，手表交付移转所有权的法律效果。

---

① 本案案例，为本书作者在中国国际经济贸易仲裁委员会担任仲裁员时亲自处理过的一个案例。时间发生在 2003 年。

提示：根据物权行为理论进行分析，要特别注意 12 岁的小王所实施的法律行为的效力。

（三）买受人强行进入购买的房屋案

东南沿海某市，张某与李某订立了购买李某一处住房的合同，双方约定在合同签字 3 个月之日交付房屋。张某支付部分房款。但是合同签字 2 个月时，李某不幸遭遇车祸身故。而李某之子在料理其父丧事期间无暇处理此处房屋事宜。合同签字 3 个月之日，张某担心房屋涨价，遂以合同生效为由，扭开门锁，自行进入该房居住。因此，李某之子和其他继承人要求张某搬出住房。张某认为自己已经是所有权人，拒绝搬出。李某之子等继承人向法院提出诉讼。

如果你是法官，你如何裁判此案？

建议思考的问题：此案涉及不动产交付和继承规则；我国实行有限继承制，即继承人只在继承的积极财产（只限于被继承人的财产权利）的范围内，承担消极财产（即被继承人的义务）。

第二节　主要争议及其在中国法中的应用

一　主要争议

（一）批评的观点

物权行为理论产生后，曾经遭到德国本土法学家激烈的批评。批评该理论者发生过两个小的高潮：一次是在《德国民法典》制定时期，由当时著名的自由派学者奥托·冯·吉耶克[①]发起；另一次是在纳粹执政前期，由"利益法学"学派的主要代表人菲利普·海克发起。目前中国一些反对物权行为理论的学者所引用的论据，均来源于此二人。

奥托·冯·吉耶克，为《德国民法典》制定时期最著名的自由派学者，他尖锐地批评了物权行为理论中的区分原则。国内传播最多的，就是他以买一双手套为例，批评物权行为理论所建立的区分原则的令人激动的阐述。[②] 依据吉耶克的观点，后来一些学者提出了否定物权行为

[①] Otto von Gierke, 1841 - 1921. 柏林大学、海德堡大学教授，著有《德国合作社法》（国内学者据日文译为《德意志团体法》，为误译，今改）、《德国私法》等。

[②] 关于吉耶克对物权行为理论的批评，参见〔德〕K. 茨威格特、H. 克茨《法学总论》第 15 章《"物权契约理论"——德意志法系的特征》，孙宪忠译，《外国法译评》1995 年第 4 期。

理论的三个论据：（1）物权行为理论纯属人为拟制，不是生活现实。（2）物权行为理论妨害交易公正。（3）物权行为理论过于玄妙，违背交易常识或者国民对交易之感情，把一个交易分解为多个契约，不但一般老百姓接受不了，一般的法学家也难以理解。

奥托·冯·吉耶克是理性法学的主要代表者，他将自由、民主的理念引入民法，对德国当代民法学的发展颇有建树。他对物权行为理论进行批评的基本出发点，一是要求法律民众化、通俗化的政治立场，二是按照德国传统的日耳曼法而不是按照"罗马法"制定《德国民法典》。这些观点符合社会大众的法律意识，因此也曾畅行一时。① 他的观点的核心，是以民众认识论来否定民法技术规则和民法的科学性，在他看来，应该从一双手套的买卖这种最简单的交易中总结出适用于整个交易制度甚至是非常复杂的交易制度的法律规则。但是在潘德克顿法学在德国兴盛数百年后，法学界多数人都已经认识到，典型的交易不是这种一手交钱一手交货的交易，而是那种远期合同远程合同的交易，所以潘德克顿法学的科学性是无法否认的。因此，吉耶克的观点，在普通民众那里可以有广泛的听众，但是在法学界普遍看来却是偏激且不中肯的。

20 世纪 20 年代，菲利普·海克（Philipp Heck）在大学读书期间看到"利益法学"（Interessenjurisprudez）的相关资料后，遂倡导这种学说，他提出用法律设定的价值目标是否真的具有实际利益为标准，对法律制度进行反思。② 从这一立场出发，海克对德国法学中诞生的物权行为理论也进行了一番思考，其结论是该理论无法实现立法者原来设想的目标。他的根据是：物权行为理论的基本目标是保护交易安全并使得交易快捷，但是由于一般民众不知道该理论，所以该理论设想的目标难以为民众接受，而且立法也难以接受。③ 海克在提出利益分析方法时，还是一个大学理工科的学生，因此他对民法本身问题的分析欠缺基本的知识训练，他甚至不能接受物权与债权的区分这些最基本的知识。尽管海克的理论对法学分析方法有些贡献，但是其对与物权行为理论的批评，在德国民法学界没有得到认可，一般认为，他的批评有严重的文不

① 此时德国法学家所说的罗马法，主要是指在罗马法学说汇纂基础上建立的潘德克顿法学体系。

② 参见菲利普·海克的论文集《权利取得问题、法律解释与利益法学、利益法学及其概念构成》（Das problem der Rechtsgewinnung, Gesetzesauslegung und Interessenjurisprudenz, Begriffsbildung und Interessenjurisprudenz）。Verlag Dr. Max Gehlen, Bad Homburg, 1968。

③ Philipp Heck, Das abstrakte dingliche Rechtsgeschaeft, Verlag J. C. B Mohr, 1937.

对题的缺陷。① 因为，一般民众不理解物权行为理论，但是一般民众也不从事很复杂的交易；即使在从事很复杂的交易的时候，当事人完全可以根据自己认识的法律规则去做各种事情，其中没有发生争议的交易，法律不会干预；而发生争议的交易，自然由法官作为专家去裁决。所以，当事人认识到复杂的法律规则与否，并不是立法的障碍。

海克依据继承财产过程中涉及赠与行为来否定物权行为理论的论据，曾经被我国学者引用，作为其否定主要的根据。② 但是恰恰是这个论据暴露了海克以及我国这些批评者的专业知识缺陷，原因很简单：不论是继承还是赠与，都不是交易行为；赠与虽然是法律行为，却是实践行为、情谊行为，合同成立的时候不发生债权的效果，所以赠与合同是法律行为中的特例。以继承这样的非法律行为，以赠与合同这样非常不典型的法律行为来否定具有普遍意义的物权行为理论，所以是专业知识的缺陷。

中国个别学者提出，在海克对物权行为理论的无因性理论进行批判之后，"力倡无因性理论的学者未再提出深刻的理由予以反驳"，甚至以此得出德国学术界普遍抛弃物权行为理论的观点。③ 但是这些说法的根据在哪里呢？事实上由于海克本人不是利益法学的创造人和代表人，他只是提出了一些有价值的法律分析方法，即便如此，他的法学分析方法强调的是一般价值观念的研究；具体到法律关系分析时，他的观念本身又是混乱的。④ 再加上他与纳粹法学的联系，他的观点在德国早已失去影响，利益法学也已经被评价法学所替代，今天已经很少有人提到他的观点。⑤ 但是从日本法学界传来的资料看，海克被当成了德国当代非

---

① 参见 Detlev Joost, Trennungsprinzip und Konsensprinzip,《二十一世纪物权法国际研讨会论文集》，2000，第 74 页以下。对海克理论的这些缺陷，中国学者也可以从日本学者间接引进的资料中可见一斑。

② 陈华彬：《论基于法律行为的物权变动——物权行为及无因性理论研究》，《民商法论丛》第 6 卷，第 140 页以下。对于这样一个重大的理论和事实问题，该论文与其他否定物权行为理论的观点一样，历来不说明他们引用的关于德国法学资料的来源。

③ 陈华彬：《论基于法律行为的物权变动——物权行为及无因性理论研究》，《民商法论丛》第 6 卷，第 140 页以下。对于这样一个重大的理论和事实问题，该论文与其他否定物权行为理论的观点一样，历来不说明他们引用的关于德国法学资料的来源。

④ 对此请参阅〔德〕卡尔·拉伦茨著《德国民法通论》，王晓晔、邵建东等译，法律出版社，2004，第 97 页以下。

⑤ 海克所主张的法律上的一般价值，后来为纳粹所用，由其所倡导的利益法学，成为纳粹时期国家整体利益强暴个人利益的工具。第二次世界大战之后，海克及其主张因此销声匿迹了。

常重要的法学家，① 这真是让人惊奇不已。

在德国，自物权行为理论诞生后，否定的学者一直只是少数，而且从未出现能够从根本上否定这一理论的观点。自海克之后 60 多年，德国还没有出现全面否定的作品和人物。笔者不论是留学德国期间还是在德国担任客座教授期间，留意收集了这一方面的资料，注意到近几十年来只有一篇从比较法的角度，部分否定、部分肯定物权行为理论的作品。而且在初版之后的历次再版中，作者以为这一问题难以理清而撤销了这篇作品。②

（二）肯定的观点

总的来说，德国一代又一代的民法学家，均对该理论持肯定的态度。本书作者与德国学术界民法学者有交往者近百人，无一人否定这一理论。"对于一个了解德国法，而且是在德国法中成长起来的、已与德国法融为一体的法学者来说，当然存在物权合同，即内容包括处分比如所有权的转让的行为。这种当然性不会因为……而动摇。"③

在《德国民法典》制定时，立法者认识到"旧法典，也就是普鲁士普通邦法与《法国民法典》混淆了债权法与物权法的规定……这种方法对概念区分并不合适，它妨碍了对法律关系本质的了解，也因此而妨害法律的正确运用（立法理由第三稿［1896］第一节）"。④《德国民法典》的立法理由，对于采纳物权行为理论的原因阐述得如此清楚，可是，日本学者和中国一些学者却在其著述中说，《德国民法典》采纳物权行为理论的理由并不清楚。⑤ 这些学者凭什么这样说呢？

无论如何，不论是在学理上还是在实践中，对于该理论的坚持在德国并不是基本上没有出现过问题。其中的理由，可以从当代德国最著名的民法学者集体编著，而且被认为是德国最权威的法典注释《慕尼黑

---

① 对此，请参阅前引梁慧星、陈华彬的著述。

② 见〔德〕K. 茨威格特、H. 克茨《法学总论》第 15 章《"物权契约理论"——德意志法系的特征》，孙宪忠译，《外国法译评》1995 年第 4 期。在以后历次再版中，《法学总论》中均略去该章。

③ 〔德〕霍·海·雅各布斯：《物权合同存在吗?》，《中德法学学术研讨会论文集》，2001，第 180 页。雅各布斯的这篇论文对物权行为理论的产生以及发展的情况有非常详细的描述，它足以纠正中国法学界对物权行为理论的不当表述。

④ 转引自〔德〕K. 茨威格特、H. 克茨《法学总论》第 15 章《"物权契约理论"——德意志法系的特征》，孙宪忠译，《外国法译评》1995 年第 4 期。

⑤ 陈华彬：《论基于法律行为的物权变动——物权行为及无因性理论研究》，《民商法论丛》第 6 卷。

人〈德国民法典〉注释、物权编》（第六卷）看出来："抽象原则的产生并被立法所采纳，根本上并不是纯粹的想象和典型的法学思维的结果，这一点表现为不论该原则所提出的一般要求还是根据该原则建立的无可指摘的法律技术，也表现在它深刻的法理智慧上。尤其重要是，根据抽象原则建立的法律制度产生后的历史表明，它一直能够顺利地实现法律的功能目的。根据抽象原则建立的债权行为与物权行为相分离的法律结构从来没有给法律的交易制造困难。当然，人们在学习法律时对该原则的掌握毫无疑义地有些困难，但是这不能成为改变该原则的理由，因为这不是实践提出的要求。"① 这一段话其实是德国民法学家关于物权行为理论的通说。

近年来，该理论的采纳在德国取得了不可动摇的地位。因为："（1）关于物权行为的争论，主要集中在该理论如何使用在动产所有权移转的问题上（因不动产物权的各种变更以登记为有效是世界的趋势，不动产立法接受物权行为理论已成为普遍的必然）。虽然法律可以明确规定，不采取物权行为理论而通过善意取得制度交易利益至少可以部分地得到保护，但是如果放弃抽象原则而仅仅依靠善意取得保护的原则，那么此时善意如何确定有许多疑难问题，为解决这些问题法律需要重新确定一系列准则，但是这些准则不能保证问题能够得到解决。但是在抽象原则下这些问题很容易解决。（2）如果没有抽象原则，在保护物权秩序时法律将被迫把债法的原理运用到不是债法行为的法律行为（指的是抵押权和地上权的设立契约等），这种理论上的牵强既损害物权制度也损害债权制度。（3）所有权保留和担保让与这些现代化的担保方式必须依靠抽象原则理论才能更容易更适宜地建立起来。② （4）抽象的

---

① Prof. Friedrich Quack, Münchener Kommtar zum Bürgerlichen Gesetzbuch, Verlag C. H. Beck, 1997, Seite 11. 该《德国民法典》注释是德国百名著名学者的集体成就，合汉字书千万字。本书所引为该书物权法编的前言，汉译见〔德〕弗里德里希·克瓦克等著《德国物权法的结构及其原则》，孙宪忠译，《民商法论丛》1999 年第 12 期，第 506 页。

② 所有权保留，指的是在动产买卖合同中双方当事人约定，出卖人在获得买受人彻底给付价金之前一直保留出卖标的的所有权直至获得彻底清偿的法律行为。所有权保留的本质是附条件的买卖，但具有担保的作用，在德国民法中为非典型担保的重要形式之一。而担保让与指的是动产的所有权人将动产的所有权移转给债权人作为担保手段而自己继续保留对动产的占有使用的法律行为。担保让与又称为让与担保，本来在《德国民法典》中没有规定，是实践中新发展的非典型性担保方式。因所有权保留和担保让与为物权变动，故德国法规定它们必须具备公示的形式方可生效。对此请参见 Creifelds, Rechts-wörterbuch, 12. Auflage, 1994, Verlag, C. H. Beck, Seite 331, Seite 1064。对这两种制度下文将详细述及。

不动产物权担保比附随性担保对债权人具有全部的优越性，因此也更适合法律家的实践需要和欧洲的未来计划。① （5）最后，抽象原则的一个很大的优点是它的很高的优越的区别性，它比起统一调整（将物权原因与债权原因不加区分）来更适合复杂的生活需要和经济需要。这一点在未来的争论中是不应当忽视的。如要打破之，那么受到损害的不仅是抽象原则，而且正好要损害原因行为的效力范围。"②

（三）什么是对物权行为理论的限制？

在中国一些学者的著述中，常常提及所谓"物权行为理论无因性的相对化趋势"。③ 但是这个"趋势"在德国是不存在的。④ 确实，在德国现代法学中有所谓"对物权行为理论予以限制"的理论。但是，这里所说的限制，其实只是在一些例外的交易中，对于物权行为理论的特殊的解读而已，它和中国法学界所说的"相对化趋势"大相径庭。

在德国当代法学中，所谓对物权行为理论的抽象性或者无因性原则适用的限制，指一些德国学者提出的将物权行为的效力受到债权行为的效力制约，甚至依据债权行为中止物权行为效力的观点。这些观点中提出的具体的限制方法共有四种：即附加条件、行为统一、瑕疵一致（瑕疵同一）以及司法裁判等。⑤

---

① 抽象的不动产物权担保指土地债务。因土地债务没有附随性，故它不必随着所担保的债权而移转；当权利发生移转后权利实现时也不要求权利取得人如同抵押权取得人那样举证说明其权利和所担保之债的关系，所以有"抽象的不动产物权担保"之说。

② Baur/Stürner, Lehrbuch des Sachenrechts, 16. Auflage, Verlag C. H. Beck, 1992, Seite 44. 本段引文的小标题和用作解释的括号中的文字是本文作者添加的。

③ 德国法学著作中没有所谓"物权行为理论的相对化"的观点。中国台湾王泽鉴教授在《物权行为无因性理论之检讨》（见中国政法大学出版社，1997，第 267 页以下）一文中提出所谓"无因性之相对化"。而提出"物权行为理论无因性的相对化趋势"的，为梁慧星《中国民法是否承认物权行为》一文，《法学研究》1989 年第 6 期。这些观点后为许多著述沿用。

④ 1996~2003 年本书作者多次组织物权法国际研讨会，期间中国学者多次向德国学者提到是否存在这一"趋势"的问题。从德国民法学界的领军人物到一般教授一再表示，不存在这么一种趋势。

⑤ 笔者此处讨论所引用的，基本上是德国当前最有影响的民法总论和物权法著作中的对此问题进行叙述的汇集。这些著作主要有：Karl Larenz, Allgemeiner Teil des bürgerichen Rechts, Verlag C. H. Beck 1989, Seite 319 usw.; Baur/Stürner, Sachenrecht, Verlag C. H. Beck 1992; Harm Perter Westermann, BGB-Sachenrecht, C. F. Müller Juristischer Verlag Heidelberg, 1994; Klaus Müller, Sachenrecht, Verlag C. H. Beck 1989, 以及上文所引用的 Hans Josef Wieling 的著作和克瓦克等人的著作等。

1. 附加条件

即中国学者所谓的条件关联说。所谓附加条件，指的是为物权行为或者处分行为附加一个债权行为作为条件，使得物权行为的效力受到债权行为效力的束缚，从而中断物权行为的无因性原则的适用。在德国法学中，对物权变动附加条件最典型的而且也是唯一的情形就是附所有权保留条件的买卖。本来依《德国民法典》第925条的规定，所有权的出让不可附条件，不受原因行为的制约。但是在附所有权保留条件的买卖中，所有权的移转受到债权行为的制约。当事人之间关于保留标的物所有权的协议，其实是将物权变动约定受债权给付约束的协议。所有权保留买卖产生的法律结果，是标的物所有权的移转受到当事人之间债权法上请求权的制约。这一点确实打破了物权变动不受原因行为约束的理论。这是德国法学上一般认可的限制物权行为理论的唯一例子。

2. 行为统一，即中国学者所谓的法律行为一体化理论

所谓"行为统一"，指的是按照《德国民法典》第139条关于"部分无效"的规定，① 将物权行为和债权行为理解为一个整体，在债权行为部分无效时，将物权行为部分依法归于无效。但是，这种似是而非的观点，在德国法学以及司法实践中基本上无人认可。因为，"毫无疑义这样的效力关系常常是不可以接受的。它彻底地违背了法律制度的原则"。另外，"该理论的倡导者常常提不出足够的论据来说明该理论的适用范围"。所以，不仅仅是在法理上，而且在实践中所谓行为统一的观点都没有站住脚。②

3. 瑕疵一致（瑕疵同一），即中国学者所说的共同瑕疵

所谓瑕疵一致指物权行为中的瑕疵与债权行为中的瑕疵为同一个瑕疵，从而在撤销债权行为时，同时撤销物权行为的情况。比如，一个未成年人将自己的很有价值的物廉价出卖而且同时为给付的行为，就是既有负担行为的瑕疵又有处分行为的瑕疵，而且瑕疵一致（为成年人无独立行为能力）的情形。但是这种情况的出现，导致物权行为的撤销，"并非是对抽象原则的破坏，而应该是物权合意的法律行为性质的直接后果"。③ 也就是说，物权行为作为法律行为，其成立、生效必须符合

---

① 《德国民法典》第139条："法律行为的一部分无效时，则全部法律行为无效；但是如果除去该无效的部分，整体的法律行为仍然可以生效者，可不适用前句的规则。"本书中的德国法律条文，皆为孙宪忠自译。

② 参见上文孙宪忠译克瓦克的著作《民商法论丛》第12卷，第508页以下。

③ 参见上文孙宪忠译克瓦克的著作《民商法论丛》第12卷，第509页以下。

法律行为成立生效的一般条件，所以依据法律行为规则撤销物权行为的情况，并不是依据债的意思表示来撤销物权的意思表示。所以在法学逻辑上，不能将此种情况理解为对无因性原则的破坏。

4. 司法裁判，即在物权行为违背法律的情况下，由法院裁判撤销物权行为

这种行为无论如何也不能当做对无因性原则的破坏或者限制，因为司法权是公权力，依据公权力撤销司法上的法律行为，在任何情况下，包括撤销债权行为、物权行为、人身权行为以及商事行为等，并不是私法上的意思表示的结果。因此，不能将此类撤销，当做依据债权意思表示来撤销物权行为。

从上述探讨可以看出，所谓对物权行为理论的限制，尤其是对无因性原则的限制，只是发生在"所有权保留"这种特殊的交易之中，而且这里所谓的"限制"，还只是说物权变动的可逆性，即可以因为债权行为被撤销的情况，而不是说物权行为不存在。其他的几种所谓限制，在法理上不成立，在司法实际中没有认可。因此中国法学界宣布物权行为理论的"相对化趋势"，宣布该理论走向式微甚至消亡，[1] 可以说既没有法理上的根据，也没有事实上的根据，更没有司法实践上的根据。

另外还应该说明的是，所有权保留的意思表示，从其本质上说，是一种典型的物权意思表示或者物权行为，即当事人移转所有权的意思表示。这种意思表示当然不能用债的意思或者其他意思来理解。[2]

中国法学界还有一些利用人民的认知水平、哲学上的认识论等观点，来否定物权行为理论的，这些看法其实和菲利普·海克主张的要求用一般民众的认知水平来否定该理论的观点如出一辙。鉴于这些观点学术价值不显著，本书对它们也就不再一一分析和阐述了。

二　该理论的否定造成的中国立法缺陷

(一) 折中主义的缺陷

1. 产生

由于物权行为理论不论在法理上还是在实践上的积极效果，否定该理论者也不能公开明确否认物权行为理论要解决的问题（物权与债权效力的区分、物权变动与债权变动的区分），也不能够否认物权行为理

---

① 梁慧星主编《中国〈物权法〉研究》（上），法律出版社，1998，第 172 页以下。

② Baur/Stürner, Lehrbuch des Sachenrechts, Verlag C. H. Beck 1992, Seite 641 usw.

论建立的要解决这些问题的方法（建立物权公示原则，并且依据这一原则建立不动产登记制度和动产物权交付制度）。但是，一些学者还是不愿意承认该理论，并且因此借鉴日本法学界的研究成果，提出了对此进行替代的所谓折中主义的理论。所谓折中主义，即在承认债权意思主义的同时，也承认物权变动中的公示原则，并把物权公示和债权相结合的观点。这种观点美其名曰是将债权意思主义和物权公示原则的折中，自以为达到了兼采两者之长的效果。

对这一理论的命名是日本学者，实际上是日本学者在认识到其立法的严重缺陷之后试图改良的一种方案。日本学者为说明这种立法方案的合理性，提出《奥地利普通民法典》、《瑞士民法典》等德意志法系立法也是这种做法。他们的这一论据，实际上是在无法否认物权行为理论的情况下，提出的以折中主义替代采纳物权行为的方案。

但是这些论据是错误的。因为，《奥地利普通民法典》制定于 1811 年，而萨维尼提出物权行为理论是 1848 年前后，因此，不能认为《奥地利普通民法典》是有意识地否定物权行为理论。《瑞士民法典》虽然未在法律条文中明确采纳该理论，但是主持《瑞士民法典》起草的主要人物却明确宣称其采纳了物权行为理论。[①] 只是因为瑞士是一个多民族国家，虽然多数人说德语，但是其法语区长期采纳《法国民法典》，所以该法典才没有彻底照搬德国民法。所以折中主义的立法，在《德国民法典》之后，中国《担保法》之前并无前例可循。

2. 理论缺陷

折中主义的基本做法是把债权的合同与物权公示行为相结合。怎么结合呢？日本法学界对此语焉不详。在本书作者多年调研之后才发现，日本法学界认为，这一结合的方式，就是让债权的合同和物权行为同时生效。因为，在民众能够认识的"一手交钱、一手交货"这种交易中，债权的意思表示和物权的意思表示是同时作出的，因此它们应该同时生效。[②]

---

① 〔德〕K. 茨威格特、H. 克茨：《法学总论》第 15 章《"物权契约理论"——德意志法系的特征》，孙宪忠译，《外国法译评》1995 年第 4 期。
关于《瑞士民法典》采用物权行为理论的具体情形，参见常鹏翱《另一种物权行为理论——以瑞士法为考察对象》，《寰球法律评论》2010 年第 2 期。

② 2006 年本人访问日本，和当代日本民法的领袖星野英一教授进行学术交流时，星野教授阐述了这一观点。其实这一观点也进入中国法学界，成为否定物权行为理论的论据之一。对此请参见崔建远《从解释论看物权行为与中国民法》，《比较法研究》2004 年第 2 期等。

这样，折中主义就成为否定区分原则，即否定债权变动和物权变动作为两个法律事实的主要根据。

这种理论最大的缺陷，就是认识不到债权发生效果的法律根据和物权变动的法律根据的区分。债权发生效果，当然基于当事人的意思表示一致；但是物权变动发生效果，则取决于公示原则。对此，本书上文"物权公示原则"已经阐述过了。从法理上看，折中主义的根本问题，一是逻辑混乱，二是否定负担行为和处分行为的区分，将债权变动与物权变动强行捆绑在一起。

比如，折中主义的逻辑混乱表现在：它把物权变动中的因果关系完全颠倒过来了。本来债权法上的合同是物权变动的原因，物权变动是合同履行的结果；合同生效之后才发生合同的履行，当然生效的合同也可能发生履行不能也就是物权变动不能的结果。而折中主义将结果行为当做原因行为生效的原因和条件，不动产交易中，登记之后（交付房屋后才登记）合同才生效。我们可以想一想，这是不是违背了交易的逻辑呢？

3. 实践问题

折中主义的观点流入我国大陆后，演变成为这样一种理论，即不动产合同不登记不生效，动产合同不交付占有不生效。这种观点在物权法学中一度成为主流，在物权法制定前的立法上产生了一定的影响。我们在前面已经阐述，合同生效不一定导致物权变动生效；物权变动未成就的，合同当然不能因此而无效。但是，在物权法制定之前的法律，都违背了这些道理。[①] 这种立法造成最大的实践问题，就是交易不诚信。合同不能够正常地生效，当事人不履行合同不受法律的制裁。

比如出卖人一物二卖，而只能给其中一个人交付等。所以合同能够生效，物权变动的结果不一定发生的情况是非常多见的。[②] 在合同生效而到期不能履行时，必须给物权出让人确定合理的法律责任。比如在出卖人一物二卖不能为买受人交付时应该承担的违约责任等。但是按照折中主义，此时合同却被判处无效，使得买受人失去追究出卖人责任的法

---

① 正如上文所说，这些违背交易逻辑和法理的立法，有1994年的《城市房地产管理法》第36条，《担保法》第41条第65条，《合同法》第51条第132条等。

② 中国中央电视台2002年8月的一个财经栏目的消息，湖北某地的一个房地产开发商建造的一个楼宇只有139个居住单元，但是该开发商出卖了175套住房。结果有36户购房人无法得到住房。这就是典型的"一物二卖"。如果依据"未登记合同不生效"的规则，这36户人的权利就得不到保障。其实，这36个购房人与其他买受人订立的合同都是一样的。

律根据。因为合同无效，则出卖人不承担责任，买受人即使受到损害，也无法获得救济。因此折中主义严重侵害了合同当事人的正当利益。这一点在我国贯彻《担保法》时已经多次发生。

在笔者的社会调查中，发现许多性质与上述例子相同的案件，如果法官按照当事人的独立物权意思表示，即物权法律行为理论来处理这些案件，则结果必然符合公平的基本原则，当事人也容易接受；反过来，如果法官按照折中主义的做法处理这些案件，则结果违背公平原则，当事人也不容易接受。

从上面的论述可以看出，试图以折中主义替代物权行为理论中的区分原则的观点，可以明确地予以否定。我国《物权法》第15条根据本书作者的意见，肯定了区分原则，从而否定了我国《担保法》以及该法的司法解释中的折中主义的做法。

（二）善意取得制度不能替代抽象性理论

否定物权行为理论的学者认为，物权行为理论的最大价值是保护交易中的第三人，但是善意取得制度也可以发挥同样的作用。在他们看来，善意取得制度具有十全十美的理论价值和实践价值，可以用来替代物权行为理论。[①] 对这种看法我们也需要认真地进行法理思考。

上文在物权法基本范畴部分的第三人保护问题的专门谈论中，事实上已经探讨了"善意取得"理论以及实践意义。善意取得，最初是罗马法为了保护非法律行为条件下第三人的正当利益的理论和制度，后来演变成为一切物权变动条件下的第三人保护理论和制度。关于善意取得制度产生于何时，有两种观点。一种观点认为善意取得制度产生于罗马法的前期，即公元前4世纪罗马设立内事裁判官法后出现的制度。[②] 另一种观点，认为善意取得起源于罗马法的中后期。[③] 无论如何，它的产生远比物权行为理论早得多。该理论产生的历史，远不是我国学者所说的，是为了替代物权行为理论而产生的。[④]

---

① 参见梁慧星主编《中国〈物权法〉研究》（上），法律出版社，1998，第73页以下；王利明：《物权法论》，中国政法大学出版社，1998，第59页以下。
② 彼德罗·彭梵得：《罗马法教科书》，中国政法大学出版社，1992，第218页。
③ 对此请参见谢邦宇主编《罗马法》，北京大学出版社，1996，第194页以下等。
④ 前引梁慧星主编《中国〈物权法〉研究》一书提出，无因性理论产生与发展"恰值德国处在不知善意取得为何物的普通法时期"，善意取得理论就是为了替代物权行为理论而建立的。该书没有标明其资料来源的根据。萨维尼提出物权行为理论的时间一般认为是19世纪前期；而善意取得理论产生于9世纪。所以，说善意取得理论是为了替代物权行为理论，属于学术研究中的"硬伤"。

"善意取得"理论保护第三人的方法，是依法赋予第三人一个针对原物权出让人的抗辩权，使其在自己负有举证责任的情况下保护自己的物权取得。该理论积极作用在于它把第三人的"善意"作为权利取得是否受保护的标准，从第三人的主观方面解决了交易公正问题。

但是，既然已经有了善意取得制度，而且作为一个著名的民法学家，萨维尼不能不知道善意取得制度，那么为什么萨维尼还要提出物权行为理论呢？原因就在于罗马法中的善意取得制度不但在法理上，而且在实践上均有很大的缺陷。这些缺陷主要有：

1. 罗马法确定的主观善意标准，与物权公示原则的基本功能不协调。善意取得制度的首要缺陷在于它还是坚持合同债权作为物权变动的根据，不承认物权公示的效力。所以，这种理论，本质上不承认债权和物权的区分。

2. 在建立不动产登记制度之后，物权变动基本上不再适用罗马法上的主观善意取得规则。因为不动产登记簿具有对一切人公开的性质，任何人已经无法在不动产物权领域内提出自己不知或者不应知的交易瑕疵的善意抗辩。国际上凡建立不动产登记制度的，在法理上和实践上均有这样的效果。[①] 因为不动产物权是物权整体制度的重心与核心，所以该理论就已经在立法的重心方面退出了物权法的基本范畴。

3. 动产物权善意取得的实践作用逐渐消退。在动产物权的范围内，因未建立国家统一的公示制度，所以善意取得制度在理论上尚可成立。但是其实践作用却日渐消退。其原因是，善意取得实际上是依法赋予第三人一个针对原所有权人追夺的抗辩权，然而第三人抗辩是否能够成功，则必须有足够的证据说明其善意。但是用客观标准来确定主观心态非常困难，在当代信息高度发达的社会，善意的举证的困难更大，司法上有根本不能解决的问题。[②] 正是根据这一点，法律只能按照"占有的权利正确性推定作用"、"从无权利人处取得"原则来处理无权处分问题，即使处分人无处分的权利，但在第三人根据其占有的情形取得物上权利时，法律应该保护第三人的取得。这就是物权行为理论的作用。

4. 善意取得制度自身不周密的缺陷。善意取得理论自身有一个很大的缺陷，就是它不能把依据法律行为发生的物权变动与事实行为发生的物权变动最终区分开来。善意取得常常设定的保护第三人的情形是：

---

① 对此观点，请参见杨立新《法学研究》1998 年第 5 期上有关论文。

② Baur/Stürner, Lehrbuch des Sachenrechts, Verlag C. H. Beck, 1992, Seite 44.

甲将一物出卖给乙，而乙又将其出卖给第三人丙，各自均已发生交付；在甲与乙之间的合同有瑕疵而甲提出撤销合同并主张返还原物的情况下，第三人丙因为其物权取得为善意取得，丙所取得的所有权（或者其他物权）即受到保护而不受甲的追夺。善意取得对丙的保护的缺陷恰恰就发生在其保护的理论基础上：丙此时取得物权的法律基础是事实行为而不是法律行为。① 如依此说，则中断了丙取得物权的法律关系，即丙与乙之间的法律关系，这样，就在法律上剥夺了丙在其与乙之间的法律关系有瑕疵时的撤销权。因为，丙的权利取得是事实行为取得，而事实行为是不能撤销的。所以，善意取得制度对第三人利益保护的设计是不周密的，最终对第三人保护仍然有缺陷。但是，如果坚持丙与乙之间的法律关系仍然存在，就能够保护丙的利益。在坚持该法律关系存在的情况下，就又恢复到了物权行为理论的交易结构分析，即按照区分原则和无因性原则处理上来：丙与乙之间债法上的法律关系存在，其瑕疵仍然可以救济。救济的方式，即根据无因性原则确定的主张不当得利请求权的方式。

5. 在非法律行为的物权变动中，善意取得还可以发挥一定的作用，如标的物为盗窃物、赃物的情况下，第三人明知瑕疵还要购买时，其权利当然不应得到保护。善意取得原则的这种有限作用，符合当代社会的基本特征。

本次《物权法》立法，抛弃了罗马法上的"善意取得"理论，而依据不动产登记和动产占有交付的公示原则，重新改造了这一制度。《物权法》第106条的规定，大体上反映了这些改造的成果，它反映了物权行为理论的成就。对此，上文"第三人保护理论专论"、"物权公示原则"部分都阐述过了。

总之，批评无因性理论者对当代"客观善意理论"缺乏了解。② 在研究方法上，我国学者也有不恰当的地方。比如，在关于无因性理论使用条件的问题上，否定该理论的观点，都是隐藏了是否有第三人存在这个大前提。从上文的分析可以看出，只有存在第三人的场合，标的物所有权的移转才是不可逆转的。如果不存在第三人的话，即使依据不当得

---

① 关于第三人此时取得物权的"事实行为"究竟属于何种事实行为的问题，学术上尚有争议，有所谓时效取得之说，也有所谓即时取得之说。见史尚宽《物权法论》，中国政法大学出版社，1987，第111页以下。

② 关于客观善意理论，请参阅上文"物权法的基本范畴及规范体系"一章中关于第三人保护问题的专门讨论。

利的制度，标的物所有权也还是可以返还的。另外，一些学者还有意无意地曲解了不当得利制度。在德国法上，不当得利虽然规定于债权法之中，但它所发挥的作用也涉及物权法、亲属法，不当得利请求权所指向的对象不仅仅指债权法上的利益，也包括物权法上的利益。我国学者把它解释为仅仅限制在债权法的利益范围之内请求权，这就得出了不中肯的结论。这和德国法的规定是不符合的。本来不当得利的请求权当然包含着物权返还的结果。在当事人之间的交易不涉及第三人利益时，不当得利自然可以发生物的返还或物上所有权返还的结果。我们国内学者恰恰认为不当得利仅能获得不当的利益，不能导致所有权返还的结果，即使是不涉及第三人情况下，所有权也不能返还。这样一来，无因性原则的积极意义一次又一次被导向荒谬。这种有意或者无意的对物权行为理论的"投毒"，妨害了人们尤其是法律初学者接受该理论的主动性。

三　该理论在中国的应用

（一）物权法之前

物权行为理论作为一种科学理论，在中国法变革之初，就已经引入到中国。清末变法时期出现的"民律"草案，就明确地采纳了该理论。[①] 1930年实施的《民法》的立法理由中，也明确说明采纳物权独立意思作为物权变动的基本原因，[②] 而此后我国旧《民法》的司法案例也是承认独立的物权契约的存在的。[③] 这种法律传统一直沿用到当前的我国台湾地区，其最高法院的判例，也一再肯定物权独立意思的存在。最近我国台湾地区正在修订"民法"，其"物权法"第1条的立法理由，即明确宣告承认和采纳物权行为理论的基本规则。

在1930年《民法》之前，物权行为理论已经在司法实践中得以应用，比如当时大理院"上字第八号"判决："物权契约以直接发生物权上之变动为目的，与债权契约异。契约成立同时履行，更无存留义务

---

① 对此可以参阅孙宪忠《潘德克顿法学在中国：引入、衰落和复兴》，《中国社会科学》2008年第2期。

② 见胡长清《中国民法总论》，第213页以下；史尚宽：《物权法论》，第21页以下；洪逊欣：《中国民法总则》，第266页以下；王泽鉴：《买卖、设定抵押权之约定与民法第758条之"法律行为"》，见王泽鉴著《民法学说与判例研究》（第五册）；苏永钦：《物权行为的独立性与无因性》，载《固有法制与当代民事法学——戴东雄教授六秩华龄祝寿论文集》，三民书局，1997等。

③ 转引自蔡墩铭主编，李永然编辑《民法立法理由、判解决议、令函释示、实务问题汇编》，五南图书出版公司，1983，第838页以下。

之可言。物权契约普通成立要件约有三端：（1）当事人须有完全行为能力，且缔约者除法律有特别规定外，须就该物或者权利有完全处分之权……（2）标的物须确定；（3）当事人之意思表示不得反于一般法律行为及契约之原则。"又：上字第 2359 号："不动产物权之移转，其买价曾否交足及税契过割之迟早皆与不动产物权之移转并无关涉……"①

1930 年《民法》比较直接地规定了物权行为，该法第 118 条关于"无权处分"的规定，② 就是对于"区分原则"的明确肯定；而这一条文的运用，直接产生依据独立的物权行为确定物上权利归属。王泽鉴教授认为：③ 尽管民法典从未明文规定，台湾"民法"第 118 条的规定却只适用于物权行为而不适用于债权行为。理由有三点：第一，这是台湾学者的通说（通说是指多数但并不一定是全部学者的意见），文章引用了梅仲协、史尚宽、郑玉波、王伯琦等学者的著作证明此点。第二，从法律移植角度论证，认为"第 118 条系仿自《德国民法典》第 185 条"，而《德国民法典》185 条提到的"无权利人之处分行为"（Verfügung eines Nichtberechtigten），德国判例和学说一致认为仅指"物权行为"而言，"债权行为"不包括在内。……由此可见，我国旧《民法》从一开始就是建立在"物权行为理论"基础之上的。

在 1930 年《民法》的物权法部分，这个制度的设计都是建立在物权行为理论之上。比如，关于不动产物权依据法律行为发生变动的第 758 条，关于动产物权依据法律行为发生变动的第 761 条，不论是条文的设计，还是当时立法者编纂的立法理由，都是明确地采纳物权行为理论。④

20 世纪 80 年代以来，我国台湾地区一直酝酿着关于"民法典"的修改。在学者编纂的物权法部分，立法理由中明确的宣示接受物权行为理论；在已经修订完成的债权法部分，原来没有明确地采纳"区分原则"和物权行为理论的条文，这次在立法中明确地按照"区分原则"

---

① 以上两处引用，皆见杨鸿烈《中国法律发达史》，第 1202 页。
② 我国旧《民法》第 118 条规定如下：（第 1 款）"无权利人就权利标的物所为之处分，经有权利人之承认始生效力。"（第 2 款）"无权利人就权利标的物为处分后，取得其权利者，其处分自始有效。但原权利人或第三人已取得之利益，不因此而受影响。"（第 3 款）"前项情形，若数处分相抵触时，以其最初之处分为有效。"
③ 王泽鉴：《出卖他人之物与无权处分》，《民法学说与判例研究》第四册，中国政法大学出版社，1998，第 136 页以下。
④ 蔡墩铭主编、李永然编辑《民法立法理由、判解决议、令函释示、实务问题汇编》，五南图书出版公司，1983，第 839 页以下。

作了修正。比如，这次增加的"第166条之一"，是关于"不动产债权契约"的规定，其立法理由部分说明，之所以要增加这一内容，就是要把物权变动中的债权行为与物权行为区分开。① 而该法第407条关于赠与的规定，原条文因为不利于对于区分原则的运用而被删除。②

从这些资料可以看出，采纳物权行为理论，是我国近代以来民法的传统。在中国法学界曾经有一种根据日本法学研究得出的结论，认为物权行为理论只是被德国人自己采纳和使用，外国人没有谁应用这个理论。③ 这一观点被一些学位论文多次引用过。但是，日本学者不理解中国法的历史和现状也就罢了，中国法学者这样不懂得自己的历史是不应该的。

在中国大陆，我国司法部门为适应迅速发展的市场经济的要求，在《物权法》立法之先建立了一些符合物权行为理论的规则，比如，在不动产司法实践中，针对标的物交付后或者权利证书交付后一方当事人（主要是出卖人）反悔提出撤销并返还的问题，最高人民法院在一些司法解释性文件中规定，标的物的交付应该维持，并许可当事人补办登记手续；至于当事人的合同争议，可以用债权关系来解决。④ 这样，就承认了依据当事人的物权意思表示和一定的公示行为来确定交易秩序的规则。2000年底，最高人民法院召开我国"第五次民事审判工作会议"，会议文件明确宣告，在当事人的物权意思表示可以证明的情况下，即使当事人没有登记，也承认物权变动的有效。⑤ 这一处理与《德国民法典》第873条第2款这一典型的物权行为理论应用条款几乎没有区别。笔者社会调查中发现，法官一般能够理解物权行为理论，并对其积极作用持肯定态度。

（二）物权法中的应用

物权行为理论是为高度复杂的当代市场经济服务的，因此我国学术界曾长期对该理论不理解的原因，与其说是法理上有失把握，不如说是

---

① 参见《月旦六法全书》，月旦出版有限公司，2001，第1532页。
② 参见《月旦六法全书》，月旦出版有限公司，2001，第1600页。
③ 陈华彬：《论基于法律行为的物权变动——物权行为及无因性理论研究》，载《民商法论丛》第6卷。
④ 参见最高人民法院1995年《关于审理房地产管理法施行前房地产开发经营案件若干问题的解答》等。
⑤ 中华人民共和国最高人民法院民事审判庭编《民事审判指导与参考》2000年第4卷，法律出版社，2000，第5页以下。

长期的自然经济和计划经济条件对法学研究的限制。我国民间经济生活长期过分简单，不存在复杂的法律交易，即市场经济，经济实践、司法实践没有提出解决物权与债权的法律界限问题、物权变动问题、物权变动中第三人保护问题的强烈需求，而解决这些问题，正是物权行为理论的长项和强项。在建立市场经济的体制之后，我国法律已经部分接受了物权行为理论的积极成果，如建立具有公信力的不动产登记制度等。这些规则中，既可以看到区分原则的影子，也可以看到无因性原则的影子。为适应物权立法的需要，我国《物权法》既采纳了区分原则（第15条），也采纳了公示原则（第6条、第9条等）。在物权变动制度部分，《物权法》提出"不动产登记簿是物权归属和内容的根据"（第16条），对动产物权采纳了交付公示和占有公示原则（第23条）。由此可见，物权行为理论的积极成果在《物权法》中已经基本上被采纳。随着我国市场经济的进一步发展，我国法律对物权行为理论的接受会更加彻底。

复习题

1. 在物权法中，物权行为理论是最有争议的理论问题，你对这个争议问题的观点如何呢？

2. 请查阅我国《担保法》等法律中的折中主义的体现，分析它们在法律适用上的弊端。

3. 请思考从罗马法中的"主观善意取得"到我国物权法依据物权公示原则来确定善意标准的理论和制度变化。

学术争鸣

我国学界对待物权行为的基本态度有三种：其一，完全否定；其二，完全肯定；其三，部分肯定，即应采用区分原则，反对抽象原则。如果你有条件，可访问网址 http://www.civillaw.com.cn/more.asp，阅读其中的文章，谈谈你对物权行为的看法。

案例分析

（一）出卖他人笔记本电脑案

小金与小谢都是大学生，同居一个宿舍。在暑假，小金准备出去游玩，但担心自己的"IBM"笔记本电脑放在宿舍中不安全，就委托小谢代为保管。小谢因为准备出国考试，手头比较紧张，就将小金的这台电脑以市场价出卖给自己同乡好友小刘。试问，小刘能否取得这台电脑的所有权。

提示：这也是典型的"出卖他人之物"，属于"无权处分"，请依据区分原则和公示原则进行分析，并对比我国《合同法》第51条规定的内容。

（二）出卖贿赂房屋案

马先生是银行出纳员，多年来一直侵吞款项，付女士作为审计员发现了这个情节，于是马先生赠与她一套房屋，让她不要告发，双方办理了房屋所有权移转登记手续。之后，付女士通过房屋中介，将该房屋出卖给万先生。请问，万先生能否取得该房屋所有权？

提示：请思考物权行为的效力是否要受到民法之公序良俗原则的制约。

第六章　物权的保护

要点提示

- 物权保护的基本意义
- 自助
- 物权请求权，特别是返还请求权

第一节　物权保护的基本意义以及自助

一　物权保护的基本意义

所谓物权的保护，是指在物权受到侵害时，依照法律规定的方式恢复物权的完满状态。比如，当你发现小偷正准备骑走你的自行车，这时你的自行车所有权受到了小偷的侵害，你就有权要求小偷停止偷盗行为并返还自行车，以恢复自行车所有权的原来状态。物权的保护是物权人享有的权利，也是物权绝对权特性的表现。

正如不受法律保护的权利不是权利的道理一样，物权的保护是维持物权正常享有和行使状态的基本保障。从整体上讲，这种保护是全方位的，不仅有宪法提倡私有财产与国有财产的平等地位、刑法对侵占他人财产的刑罚等公法保护，还有权利人根据民法排除他人侵害自己物权等的私法保护措施。在此，我们重点介绍自力保护和诉讼保护这两种私法保护机制。

在此有必要说明的是，物权保护同样适用于占有，因此，此处以及下文所讲的"物权人"的法律地位可以为"占有人"替代。

二 自助

（一）含义以及立法意义

在传统民法中，自助又称为自力保护、自力救济，是保护民事权利的基本方式，即权利人运用自己的力量来保护权利，物权保护同样也有此种方式。物权保护中的自助，是指物权人在权利受到侵害时，通过自己行为恢复物权完满状态的物权保护方式，如你拦截小偷并提出的返还自行车要求。当然，自助的进行是有限度的，即因自助引起诉讼或者对方愿意返还的情况下，自助就应该停止。

为何对物权的保护允许用自助的方式呢？是因为：（1）权利本身就意味着权利人可以以自助的方式保护自己的权利；（2）如果权利人在自己的权利受侵害时只能请求国家专门机关保护，那么国家专门机关的压力将不胜繁重；（3）一个更现实的问题是，国家机关的保护对权利人自己常常意味着长时期的等待，而在等待国家保护的时候，权利人遭受的损害可能会越来越重，以至于最后无法恢复，此时，如果权利人能够自助保护，则其损害会很小，甚至可能不会造成损害；（4）等待国家保护还有事后举证的困难。就我国当前的经济生活而言，依据法律鼓励物权人自助不仅在理论上是可行的，在实践中也非常必要。

（二）基本类型

根据侵害状态的不同，自助分为自力防卫和自力取回两种，以下分别予以简述。

1. 自力防卫

所谓自力防卫，是指占有被他人非法侵夺，而物权人请求国家专门机关实行立即救助有明显困难时，自己采用适当强力来维护自己占有的自助方式。这个定义表明，自力防卫针对的侵害状态，是非法侵夺占有，即他人不法行使强力，使得占有标的物的物权人失去占有，如强盗侵入住室夺走主人的珠宝等。侵夺占有的侵害范围比较广泛，凡是一切包括占有权能的物权，如所有权、国有土地使用权、质权、留置权等，都可能遭受这种侵害。

自力防卫的构成条件主要有：（1）侵夺占有正在发生，如正在进行的盗窃、抢劫、抢夺等非法活动，如果侵夺行为已经完成，就失去了防卫的对象。（2）侵夺占有没有合法依据，应被终止或遏制，合法占有不能成为自力防卫的对象，如承租人在租赁期间占有租赁物即为合法占有，但租赁期间届满承租人仍占有租赁物的则属于非法占有，就构成自力防卫的对象。（3）物权人请求国家专门机关立即救助有明显困难，如在强盗入室抢劫时，物权人已经报警，但警力不能立即实施救助，物权人就能用一定的强力来对抗强盗的行为。

2. 自力取回

所谓自力取回，是指物权人在物被侵夺后，发现其被侵夺占有的物时，依据自力取回该物。比如，车主发现被盗的汽车停泊在某处，如果此时车主报警之后消极等待国家保护，则汽车可能很难再找到，故权利人有权直接取回其物。自力取回针对的对象，是侵夺占有的行为已经完成，物已经被他人侵夺，侵夺人虽不能明确，但物权人有充分证据证明自己对于物的权利的状况。这种情况主要表现为：物权人在物被他人侵夺时无法防御（如权利人不在家时物被盗），但是事后发现了占有物。

实施自力取回的条件，是物的现时占有人不能出示其合法占有的证据，如果占有人反对物权人取回的，物权人可以适当使用强力。如果现时占有人具有其合法占有物的证据，如从国家设置的拍卖场所购得"赃物"的证明等，物权人就不能实施自力取回。如果因取回占有物而引起诉讼的，则禁止物权人行使强力并中止取回的行为。

争鸣与思考

中国《物权法》颁布时，没有采用中国社会科学院法学研究所课题组的学者建议稿，规定物权保护中的自助制度。原因在于，有学者和专家认为，在法制国家里规定自助制度没有必要，而且还可能会引发社会不稳定。那么你对这个问题怎么看？

结合你在现实中遇到的问题（如在公共汽车上小偷偷你的钱包、或者有人半夜到你家偷东西），分析我国《物权法》应否规定自助的救济方式。

第二节　物权请求权

一　一般意义

物权请求权，是指当物权的完满状态受到妨害或者有妨害危险时，物权人请求国家专门机关予以保护的权利。比如，某人将房屋借给他人使用，后几经出借人催促，借用人拒不归还，出借人就有权向法院起诉要求借用人返还房屋，就是物权请求权行使的典型表现。

物权请求权虽然属于请求权，但它与债权请求权是不一样的。物权请求权只是在物权完满状态受到妨害或者可能受到妨害时，以恢复物权完满为目的而提出的请求权，是从物权排他性、绝对性衍生出来的防护性请求权。权利人享有物权时，自然也就享有了以自己行为维护物权安全的权利，即物权请求权，故物权请求权并不需要法律特别赋予，也无需根据一定法律关系而产生。由于物权请求权对所要维护的物权有完全的辅助性和服从性，它的产生和行使只是为了维护物权的完满，所以此种请求权是典型的附属性权利，不能脱离物权而独立转让。

与物权请求权不同，债权请求权一般是要求对方当事人进行给付的权利，而且只有在对方当事人为给付的情况下，债权人的权利才能实现，故债权请求权是典型的索求性请求权、进取性请求权。债权请求权的产生必须要有法律上特别的原因，没有原因则就无法形成债权请求权。债权请求权是一种独立的财产权利，能独立进入交易机制流通。由此可知，物权请求权与债权请求权不是同一类型的请求权，不能将两者混同。

物权请求权是由一系列权利组合而成的权利束。当代世界各个法律中所规定的具体的物权请求权，是根据对物权构成妨害的事实的类型来划分的，即法律认定存在着哪一种妨害物权的事实，便规定一种相应的物权请求权。我国《物权法》第三章有关物权保护的专门规定也随同这样的体例。大体说来，物权请求权包括了返还请求权、确认物权的请求权、排除妨害请求权、停止妨害请求权、消除危险请求权和损害赔偿请求权。

二　返还请求权

返还请求权，即物权人对无权占有人所享有的要求其返还占有的请求权。对此，《物权法》第34条规定："无权占有不动产或者动产的，权利人可以请求返还原物。"由于占有是所有权、用益物权、质权、留置权等物权的基本权能和实现的必要前提条件，故返还请求权在各种物权请求权中具有核心地位。返还请求权的相对人是无权占有人，即没有法律根据占有他人之物的人，如占有遗失物之人、租赁期间已经届满但不归还租赁物的承租人等。

根据以上的界定，请分析这个问题：甲将自行车借给乙使用，在乙使用期间，该自行车被丙偷偷骑走，此时，返还请求权法律关系的当事人如何确定？

要准确界定上述当事人之间的关系，首先，要确定返还请求权的相对人。根据上文介绍，相对人是无权占有人，由于乙对自行车占有的基础出于甲的借用意思，故乙是有权占有人。丙占有自行车既没有得到甲的同意，也未得到乙的授权，故丙是无权占有人，也就是返还请求权的相对人。其次，要确定请求权人。合法占有人乙为了恢复自己占有的完满状态，有权要求丙返还自行车，乙是返还请求权的权利人。在乙无法或者不愿提起返还占有的请求权时，为了自行车所有权人甲的利益，甲也能够直接向丙行使返回请求权，这就是"物权人替代合法占有人的返还请求权"。在甲替代乙主张返还请求权后，甲乙之间的借用关系消灭，乙不再是自行车的占有人。

在确立了返还请求权关系后，就要了解行使该种请求权时应遵循的基本规则：（1）原物返还。现时占有人如果不能返还原物，或者不能恢复原物的形态，就要承担相应的责任。不过，如果现时占有人在占有物的过程中充分考虑到物的自然性能，完全按照正当合理的利用方法来管理和使用物，就属于善良管理使用人，此时，即使返还之物与原物已经不同，现时占有人也不承担责任。（2）孳息返还。在一般情况下，原物衍生的孳息应该返还给物权人或者合法占有人，但是，现时占有人取得孳息符合法律规定或者当事人约定时，则由现时占有人取得孳息，如租赁人租赁他人果园，目的为了取得果实，即使租赁人逾期不归还果园，也不返还果实这种孳息。

现时占有人在向物权人返还原物以及孳息时，在下列情况下也能主张抗辩权，以保护自己的正当利益：（1）原物上存留有占有人的自有物（如土地承租人在租赁土地期间修建了工具房），此时，如果该物能与原物分离，则由现时占有人取回该自有物；如果不可分离，则自有物随原物转移，由物权人或者原占有人享有权利，但应对现时占有人予以适当补偿。（2）现时占有人在返还原物及孳息时，就在占有期间为维护物的价值而支出的正当费用，可以要求物权人或合法占有人予以补偿。比如，在拾得人返还遗失物时，对于因此而支出了寻找失主的费用、归还遗失物的交通费等正当费用，有权要求失主补偿。在获得补偿前，现时占有人可以暂时保留原物及其孳息。

必须指出的是，上述的现时占有人的权利是善意占有人享有的权利。所谓善意占有，是指对物的权利归属不应该负有知情义务时的占有，包括以下两种情况：（1）占有人并不以自己作为物权人的心态的占有，如拾得遗失物者，在积极寻找失主情况下的占有；（2）占有人以自己作为物权人的心态占有，但是占有人不知或者不应知物不属于自己所有，如继承物中有他人之物，继承人对此不知情而产生的占有。

恶意占有人不能享有善意占有人的权利。所谓恶意占有，是指占有人明知自己没有相应权利，仍以权利人的心态实施的占有。确定恶意占有的构成要件有二：（1）占有人明知自己没有占有的权利，如拾得他人之物的状态；（2）继续占有而不将其归还物主，如拾得人将拾得物秘密隐藏。恶意占有人在任何情况下，都应该对其占有期间的物的任何损害负恢复原状的义务，因此支出的费用由占有人自己负担。同时，恶意占有人占有他人之物是为了自己的利益而不是为了物主利益，故即使其为维护物的价值付出了费用，他也只能就增加物的价值的支出请求补偿，而不能就一切支出请求补偿。

三　确认物权的请求权

确认物权的请求权，即物权人要求国家专门机关确认其物权的请求权。对此，《物权法》第33条规定："因物权的归属、内容发生争议的，利害关系人可以请求确认权利。"比如，相邻双方对土地使用权的疆界发生争议，一方起诉到法院请求确认权利界限。确认物权的请求权所针对的问题，是民事权利主体之间就物权认定方面发生的争议。这些争议基本有两点：（1）对某人是否对某物享有物权发生争议，一方认为其无权，而另一方认为其有权；（2）对物权的支配范围发生争议，即对权利人之间的疆界发生争议。

确认物权的请求权内容虽然并不复杂，但发挥的作用非常大，它常常是其他物权请求权行使的前提条件，或者是其他物权请求权提起的前提条件，所以在实践中，在提起其他物权请求权时，可能会同时提起确认物权的请求权。确认物权的请求权，一般是直接向法院提起，但是权利人也可以向有管辖权的行政部门提起，如关于土地使用权的确认，可以向国家土地管理部门提起；关于确认房屋所有权的请求，可以向国家房产管理部门提起。

四　排除妨害的请求权与停止妨害请求权

所谓排除妨害的请求权，指物权人、占有人对他人虽没有剥夺其占有，却妨害其权利的正常行使或者顺利占有的一次性的侵害行为，可以请求予以排除的请求权。对此，《物权法》第 35 条规定，妨害物权的，权利人可以请求排除妨害。所谓停止妨害的请求权，指物权人、占有人对他人虽没有剥夺其占有，但妨害其权利的正常行使或者顺利占有的持续性行为，可以请求停止妨害的请求权。这两种请求权适用的情形是占有妨害，如有害噪音、灰尘、烟雾、污水、无线电波等对权利人正常生活或经营的妨害。

排除妨害的请求权与停止妨害的请求权的共同点即它们针对的侵害已经发生。在无法详细区别这两种侵害的情况下，权利人当然有权提起其中任何一种请求权，以达到保护其物权的目的。

适用这两种请求权，确认妨害人责任的归责原则，应该注意的要点是：（1）妨害必须能够追溯到人的行为，或者人所建造的设施。如果妨害纯粹是由于自然的原因，则不能向人提起排除或者停止妨害的请求权，而只能以不可抗力处理。但是，如果有人的过失在先，比如设施的所有权人对物缺乏维护以致使其有造成侵害的危险，结果在外力推动下造成侵害时，设施的所有权人仍然不得免责。（2）侵害具有非法性，这说明侵害行为没有正当性，权利人也就无忍耐的义务。

侵害的发生是侵害人方面的原因，故排除侵害责任在侵害人，排除侵害的费用当然由侵害人承担。停止妨害给妨害人自己生产经营或者生活造成损失的，其后果自负。

排除妨害的请求权与停止妨害的请求权，虽然在《物权法》中的规定比较简单，但是它所涉及的立法问题和司法问题都比较复杂。难点在于：（1）如何在立法中确定侵害的界限，这一点在现代产业环境侵害中最为明显。社会的发展进步离不开现代产业的发展，但是现代产业的发展带来许多的环境损害，并涉及对他人物权的损害。虽然立法只能根据现时的科学发展水平确定一个环境侵害标准，但是人们对于"科学"的认识总是有限的。（2）在司法中如何追究那些即使是有法律根据的，但是也仍然对权利人造成损害的环境侵害的责任。对于第一个问题，显然不是立法制度本身的问题，而是自然科学的认知水平问题。但是无论如何，对保护环境建立越来越严格的标准在国际上是一个普遍的趋势。因此，对第二个问题，即过去依据"无害"标准确定许可排放的污染物，结果造成损害的赔偿问题，当代民法普遍的答案，是即使这些污染的排放符合当时的法定标准，但是排放者也应承当责任。显然，彻底解决这些问题，尚需要国家专门法律的规定。

五 消除危险的请求权

消除危险的请求权，即物权人对有可能损害自己占有物的设施的物权人或者占有人，要求其消除对自己物之危险的请求权。对此，《物权法》第35条规定，可能妨害物权的，权利人可以请求消除危险。消除危险请求权的前提条件是对占有构成的危险，必须是现实存在的危险，即这种危险的原因不消除时，肯定会发生妨害，如某物权人发现其相邻人的房屋墙壁因根基损坏而倾斜，如其倾倒，必将砸坏自己房屋，相邻人倾斜的墙壁，就是对物权人占有妨害的危险。

消除危险的请求权，因为就是指对占有妨害的危险的消除请求权，故其基本前提，仍然是占有妨害的构成及其基本要点。对此，可以参见关于排除妨害请求权和停止妨害请求权的探讨。

因造成危险的责任在于危险设施的物权人和占有人，故消除危险的费用自然由其承担；因此其生活或者生产经营受妨碍的，仍然责任自负。

六 损害赔偿的请求权

所谓损害赔偿的请求权，在物权法上，指的是在无法恢复物的原状的情况下，由物权人、占有人向侵害人所提出的以货币的方式赔偿尚不能弥补损害的请求权。对此，《物权法》第37条规定："侵害物权，造成权利人损害的，权利人可以请求损害赔偿，也可以请求承担其他民事责任。"

损害赔偿，一般的理解是金钱赔偿，是债权法上的救济措施。但是，损害赔偿在物权保护中的应用，目的还是为了达到恢复物权的完满状态的目的，是在物权人、占有人的物权利益受到侵害而依据上述的物权保护方式无法完全满足保护的目的时，以金钱补偿为手段，使其整体的利益能够得到公平的补偿。所以物权法中的损害赔偿，同样可以理解为物权保护的一种法律手段。损害赔偿在物权人、占有人利益保护中发挥着不可缺少的而且在某种情况下是极为重要的补充作用。

在物权保护、占有保护中确定损害赔偿时，应当考虑的问题首先是损害赔偿请求权的适用范围。依据法理，损害赔偿责任，应该发生在一切物权保护的情况下，包括权利人自助和提起保护请求权的情形。因此，不能认为损害赔偿只是请求权的责任。其次，责任人的善意与否，对损害赔偿的确定意义重大。善意人享有的抗辩权，恶意人不享有，因此同样情形下，恶意人显然应当承担较重的责任。

此外，《物权法》第36条还规定了其他的请求权，即在造成不动产或者动产毁损的情况下，权利人可以请求修理、重作、更换或者恢复原状。

复习题

1. 对比物权请求权与债权请求权的区别。

2. 善意和恶意在民法上占据重要地位，请你分析它们在物权请求权中的作用。

案例分析

善意占有草地案①

甲是草地的所有权人，有一天他闲逛到这块草地时，发现乙已经占据了该草地，并在上面盖了一幢周末度假小屋。乙之所以这样做，并无恶意侵占甲之财产权益的意图，而是一个土地居间人出租给他的。试问，甲是否有权请求乙返还该草地，并请求乙拆除该房屋？

提示：本案涉及物权请求权的运用；如果你有兴趣，可以进一步查阅本案例的原著，看看原作者对这个问题的观点。

---

① 参见〔德〕鲍尔、施蒂尔纳《德国物权法》上卷，张双根译，法律出版社，2004，第59页。

第七章 所有权

要点提示

- 所有权的基本内涵
- 所有权的社会义务
- 对我国现行所有权制度的反思和重构
- 不动产所有权
- 动产所有权的取得
- 共有

第一节 所有权概述

一 什么是所有权

（一）所有权的定义

1. 所有权的定义

《民法通则》第 71 条规定：财产所有权是指所有人依法对自己的财产享有占有、使用、收益和处分的权利。

《物权法》第 39 条规定：所有权人对自己的不动产或者动产，依法享有占有、使用、收益和处分的权利。

这就是我国现行法给所有权所作的定义。对于所有权的概念，立法解释的含义是："权利人对自己的不动产和动产享有全面支配的权利。"①

---

① 《中华人民共和国第十届全国人民代表大会第五次会议文件汇编》，人民出版社，2007，第 170 页。

　　通过上面这几种对于所有权的不同定义，我们可以看到，我国立法给所有权所作定义的方式，是概念定义学的"列举式"；立法解释对所有权概念的界定方式为"抽象概括式"。

　　通过列举式下定义的方式，好处是直观，缺点是如果权能列举得不充分，很容易误导人，其他未列举的权能可能会被忽略。比如，前苏联法学以列举式给所有权所下的定义，就只列举了占有、使用、处分三项权能，收益权能有意识地被忽略掉了。从这个角度看，抽象概括式作定义在立法技术上要周到些，大陆法系的德国、瑞士民法采纳了该所有权定义模式。他们把所有权定义为，所有人可自由或随意处分物，并排斥他人任何干涉的权利。① 按照抽象概括的方式，德国法学将所有权权能归纳为两大类型，一是实际利用的权能，包括对各种物实际利用并取得好处，包括使用、收益、处分、消费等；另一种是获得价值的权能或者叫价值取得，指将所有权进行法律上的处分，包括转让、设置法律上的负担等，从而取得法律上的价值。

　　《民法通则》第71条和《物权法》第39条规定中"依法"一词，应指在法令限制之内，法令在外延上包括私法与公法。《民法通则》第71条规定中"财产"一词，应理解为有体物，并且该物须具有特定性。因此，所有权的定义应该符合物权支配权的基本特征，并符合物权法律关系的基本特征，这些我们在上面已经详细讲授过了。此外，由于物权法是按照不动产物权和动产物权的区分这一内在逻辑建立起来的，所以，《物权法》第39条将"财产"区分为"不动产和动产"，作为所有权的客体。

　　总之，用最简易的话说，所有权，是指在法令限制内对物全面支配的权利。说一个东西归属于某人，则意味着某人对该物享有所有权。

　　2. 所有权的两种行使方式

　　所有权虽然是一种自物权，但是它有两种不同的行使方式：一是所有权人自己占有所有物，自己行使所有权的利益取得权；或者自己处分

---

　　① 《德国民法典》第903条规定，在不违反法律和第三人利益的范围内，物的所有权人可以随意处分其物，并排除他人的任何干涉。动物的所有权人在行使其权利时，应注意有关保护动物的特别规定。《瑞士民法典》第641条规定，（1）物的所有人，在法律规范的限制范围内，对该物得自由处分。（2）其有权请求物的扣留人返还该物并有权排除一切不当影响。《德国民法典》，郑冲、贾红梅译，法律出版社，1999，第213页；《瑞士民法典》，殷生根、王燕译，中国政法大学出版社，1999，第175页。

所有物，自己行使价值取得权。二是所有权人把获利的权能或价值取得的权能分别交给他人去行使，而自己只保留其中一种权能。比如所有权人在自己的物上设置限制物权，即用益物权或者担保物权这种他物权，所有权人自己还保留着部分权利。用益物权和担保物权都是所有权人行使所有权的结果，这就是物权体系内部的一个逻辑结构。关于此中的法理，我们在下文中将详细讲授。

（二）　所有权的特征

所有权与其他类型物权相比较，具有下列特征。

1. 所有权是一种自物权，即所有权人对自己的物所享有的权利；而其他的物权，如担保物权或用益物权等，都是他物权，即对他人的物享有的权利。

2. 所有权是完全物权。所谓完全物权，是指所有权具有物权所能列举出的全部权能，它是一种法律所许可的对物的最全面的支配权，任何其他物权的权能都不可能如所有权的权能那样全面。所有权的无限制性，指所有权具有物权的最典型的特征：除法律的规定外不受任何其他人意志的限制，在法律许可范围内，所有权人可以完全根据自己的意志任意对物进行处分。而其他物权，除受法律限制之外，还须受所有人意思的限制，这种限制既表现为权能的不全面，又表现为权利存在的时间有限性。

3. 所有权有恒久性，即所有权在时间上没有法律上的限制，也没有其他人为的限制。而其他的物权的存在，不论是依据法律还是依据权利的本质在时间上均存在一定的限制。

4. 所有权最能体现物权的绝对排他性。所有权的行使比其他物权更强调所有权人自己的意愿。但是，同时也应该注意的是，在现代社会，所有权的行使必须与社会整体利益相协调。

二　所有权的权能与意义

（一）　所有权的权能

自罗马法以来，所有权被演化为一种高度抽象的权利，其实质是特定主体对特定物的排他的、独占的支配关系。但是，从生活实际看，所有权又表现为一种实在的权利，因此，很久以来，人类根据社会生活经验，形成了以列举其具体内容的方式来理解和适用所有权的制度，即将所有权概括为对物的占有、使用、收益和处分的权利。占有、使用、收益和处分虽然很难说统括了所有权的全部效力，但它们基本上也反映了所有权的最基本的效力。在学理上，占有、使用、收益和处分通常被称为所有权的四项基本积极权能；排除他人干涉被称为所有权的消极权能。具体而言：

1. 占有权能

指所有权人对标的物予以实际控制的权利。在社会生活中，行使对物的占有权能是实现对物的使用、收益的基础，占有因而成为所有权的一项必不可少的效力。

2. 使用权能

指依照物的自然性能或用途对其加以利用的权利。在提到所有权的使用权能时，必须将它与作为他物权的使用权（例如中国国有土地使用权中的使用权能）区别开来，它们的区别是：使用权能仅仅是一项权能，它必须包括在一项权利内，不能独立地转让；而使用权却是一种独立权利，可以独立转让。使用权不仅包括对于物的使用权能，而且包括对物的占有权能和收益权能。

3. 收益权能

指收取所有物的天然孳息和法定孳息。天然孳息指依据物的自然性能或者物的变化规律而取得的收益，例如果树的果实，母牛产出的奶等；法定孳息指依据一定的法律关系而取得的收益，例如收取出租房屋的租金，或者收取贷款的利息等。关于孳息的定义及其归属的规则，我们在《民法总论》课程的权利客体部分已经讲授过。

4. 处分权能

指依法对物进行处置，从而决定物的命运。处分权能为所有权最核心的权能。这里所说的处分包括事实上的处分和法律上的处分。事实上的处分是指对物进行自然的改变、改造或者毁损等，如拆除房屋、摔碎茶杯等；而法律上的处分指使标的物的所有权发生移转、限制或者消灭，从而使所有权发生变动的法律行为，如交付买卖的标的物、抵押权的设定等。

5. 排除他人干涉的权能，即排除他人意思的参与

所有权人只是依据自己的意思行使权利，他人意思参与时，反而构成干涉。对此干涉，所有权人可以要求排除。

（二）所有权的意义

英国法学家布莱克斯通说："没有任何东西像财产所有权那样如此普遍地唤发起人类的想象力，并煽动起人类的激情；或者说，财产所有权是一个人能够在完全排斥任何他人的权利的情况下，对世间的外部事物所主张并行使的那种专有和独断的支配权。"①

概括地看，所有权不仅仅具有民事权利的意义，而且具有基本人权的人文主义价值。在国际上，一般认为所有权的法律意义大体上如下。

1. 所有权是一切政治权利的基础

所有权不论对社会、对国家、对集体、对个人都是非常重要的权利，可以说它是当代人类社会存在的基本前提条件，也是人类社会发展的基本前提条件。所以，所有权既是一项重要的财产权利，也是一项重要的人权。正因为如此，所有权不但在物权法中占据核心地位，而且在整个民法中，甚至在宪法中均占据重要地位。恩格斯在马克思墓前的演说中曾指出，马克思发现，人只有在吃饱了饭、有房子住之后，才可能从事社会的政治、宗教、文化等活动。这也就是说，马克思认为，所有权比其他任何权利、包括政治权利还要重要一些。

2. 所有权是自由的保障

德国宪法法院在一项判决中曾这样认为："所有权是一种与人身自由保障具有内在联系的基础性的基本权利。所有权承担着一个最基本的使命是，在财产权的领域里确保所有权人行使基本权利的自由空间，并使其对于自负责任的生存的形成成为可能。作为法律制度的所有权保障是实现基本权利的基石。所有权是其他每一个基本权利实现的前提条件；如果立法者在私有所有权的位置上安插了一个'与自有物权'不相符合的制度设计，那么整个基本权利的保障将失去其效用。"②《联合国人权公约》第 17 条规定，所有权是一项基本人权。

3. 所有权是其他一切财产权制度的基础

定分止争是法律固有的功能，所有权的确认是社会秩序得以维持的基本条件，所有权制度通过赋予主体对财产（物）的排他性独占地位，划定了一个社会最基本的财产秩序。现代各国的财产权制度随着社会关系的复杂化日趋复杂，所有权之外的其他财产权利也越来越重要，但无论这些财产权如何发展，所有权制度的基础地位只能得到巩固而不会被削弱。

---

① 转引自〔德〕罗伯特·霍恩、海因·克茨、汉斯·G. 莱塞著《德国民商法导论》，楚健译，中国大百科全书出版社，1996，第 189 页。

② 《德国宪法法院判决汇编》第 24 卷，第 367、389 页（前一个页码表示本判决涉及的案例的页码，后一个页码说明法院判决书所在的页码）。德国法律中的基本权利，指的是由德国基本法（宪法）规定的作为一个人所应当拥有的不可限制或者剥夺的权利，比如人身尊严、生命、健康、自由等 15 种权利。BverfGE, 24, 367, 389.

　　我国法律一直承认所有权为基本民事权利类型，而且历来重视这种权利，其重视的程度远远超过西方法律政策关注的程度。但是在我国的法律政策中，所有权并不仅仅是一种民事权利，而且还是一种与社会的生产关系有直接联系的法律形态。因此我国法律关于所有权的理论、关于所有权种类的设计及其内容的规定，都具有强烈的意识形态的含义，这一点使得我国的所有权制度与其他国家有很大的区别。在改革开放之前的意识形态支配下，我国法律中的所有权尤其是我国公有所有权的规定，已经脱离了民法科学"特定主体对特定客体的最完全彻底的支配权"这一所有权的基本特征。公共所有权与其说是一种民事权利，不如说是一种公共权力或者政治权利。这是我国所有权制度建设中的一个值得大家思考的问题，也是理解、重构我国现行所有权制度时必须立足的一个起点。

三　所有权的社会义务

（一）所有权的内在限制

1. 内在限制的含义以及立法意义

　　所有权是完全物权、无限制的物权，这是古罗马法以来的法学观念。在资产阶级革命初期，资产阶级为了革命的需要，把所有权的这一基本内容发挥到极点，也就是后来被人们称作的"所有权绝对"的立法精神。最为典型的是《法国民法典》关于土地所有权的规定，其基本内容是：土地所有权人对土地的支配权及于土地上下不加限制的任意空间。① 这种立法在当时来看有相当大的意义，它排斥了民事权利主体在权利之外的各种干涉，比如说身份上的限制所造成的行使权利的障碍。所有权神圣不可侵犯成为近代民法三大原则之一，因为该原则认可甚至鼓励所有权人滥用自己的权利，以至于妨害社会进步和社会公共利益。20世纪以来，"所有权绝对"的立法思想受到越来越多的批判，并被许多国家的立法所修正，其中最著名的是1919年《德国魏玛宪法》的规定，该规定为，所有权承担义务，所有权的行使必须为社会公共利益服务。魏玛宪法的规定后被《德国基本法》第14条所采纳，《德国基本法》第14条第2款规定，"所有权承担义务，它的行使应当同时

---

① 《拿破仑法典》第544条规定，所有权是对于物有绝对无限制地使用、收益及处分的权利，但法令所禁止的使用不在此限；第552条规定，土地所有权并包含该地上空和地下的所有权。《拿破仑法典》，李浩培等译，商务印书馆，1979，第72、73页。

为公共利益服务。"该条文中的"所有权承担义务"一句，已经成为当代世界民法学的名言。"所有权的社会义务"的原则，目前已经得到世界范围的承认和应用，而且已经作为所有权从绝对化走向相对化的一个标志。① 在宪法上给所有权施加内在的限制，内容就是防止所有权的绝对行使所造成的社会弊病，使所有权尽可能与公共利益相协调，从而实现私人利益与公共福利的共同发展。通过引进"所有权的社会义务"之原则，民法上的所有权制度从精神上得到更新与深化，原来为个人利益绝对行使的所有权被演化为一种能够和社会公共利益相互协调的民事权利。一部民法是否承认所有权附有社会义务已成为该部法律是否当代民法的根本标志。所有权的这种限制在法律上被称为内在限制。

2. 限制的主要方面

所有权的内在限制体现为一种精神、境界的限制，这种精神限制在现实生活中具体外化为下列几个方面。

第一，情势限制。其又可称为不动产所有权的情势义务理论，它的基本含义为：每一块不动产都和它的位置、状况、地理环境、风景、大自然等因素，也就是与它的"情势"紧密联系在一起。因此，不动产的所有人在行使权利时必须考虑到这些情势，必须遵守因"情势限制"而产生的社会性义务，并只能在其特定情势下从土地取得收益和进行处分。德国学者认为，一个理智的人总会根据其不动产的位置与公共福利的关系作出如何正确行使其权利的判断。② 情势限制强调的是不动产所有权的享有与行使必须服从于社会的平等和公共的利益。

第二，无害通过的忍受。所谓无害通过，指他人在对所有权人不造成任何妨害的情况下，通过所有权人的土地或土地地表的上下。在无害通过的情况下，法律规定所有权人必须忍受这种侵入，而不能加以任何排斥。《德国民法典》第905条第2句对此明确为："如所有权人对排斥他人在空中或者地下的干涉并无利益时，则不得排斥此种干涉。"③

---

① 参见孙宪忠《德国当代物权法》，法律出版社，1997，第188页。
② Bauer/Stürner, Lehrbuch des Sachenrechts, 16. Auflage, Verlag C. H. Beck, 1992, Seite 236 – 237.
③ 《德国民法典》第905条第1句规定："土地所有权人的权利扩展至地表之上的空间和地表之下的地壳。"该句规定与《拿破仑法典》第552条规定的精神实质基本一样，即均体现了所有权的绝对性；但《德国民法典》第905条第2句的规定，则充分表明，德国民法中的所有权观念具有显著的"社会性"。参见孙宪忠《德国当代物权法》，法律出版社，1997，第189～191页。

第三，较大的合法利益侵入的忍受。所谓较大的合法利益侵入，是指因为发展工业、其他社会福利事业，或者是因为某人的利益处于某种状态，需要法律上给予特别的保护。[①] 如德国民法中的不可称量物的问题，该问题反映了法律在工业发展和环境污染之间的一种利益抉择，一方面应把环境污染限制在当代科学、人类生存所许可的最小范围之内；另一方面，社会发展又迫切需要工业的长足发展。在发展工业中如果带来轻微的污染，德国法中称为"不可称量"，意思是环境的侵害非常小，以至于不可以称量出来，就必须忍受它。但这一规定在近年也作了很大修改，德国近年的环境保护运动很活跃，在立法上表现为对环境保护内容不断加强，对不可称量物侵入忍受规定了很多限制。

第四，紧急状态侵入的忍受。如果是他人财产或公共财产面临紧急状态或遭遇重大危险，为了保护他人或社会公众的正当利益而发生的对个人所有权的限制或侵入、损害，个人也应忍受。如果对所有权人构成妨害，所有权人可以通过其他方式获得补偿。

（二）私法限制和公法限制

关于所有权的限制，除了上述理解之外，人们通常以公、私法二元思维的方式来理解它。这一点在各国立法上一般均有所反映，比如，《德国民法典》第903条（所有权人的权能）第1句规定："在不违反法律和第三人利益的范围内，物的所有权人可以随意处分其物，并排除他人的任何干涉。"这里所说的法律，包括私法和公法。

1. 所有权的私法限制

私法上对所有权的限制，主要通过以下几种方式。

（1）权利滥用。权利不得滥用是现代民法的一项基本原则。这里所说的权利当然也包括物权，尤其是所有权。以损害他人利益为主要目的行使所有权实际生活中也不乏其例，如故意建筑高墙，阻挡他人的阳光或眺望。

（2）自卫行为。民法上关于正当防卫、紧急避险以及自助行为的规定，也属于对所有权的限制。

（3）他物权。在本人所有的物之上设定他物权之后，所有权也受到他物权的限制。

---

① 在后一种情况下，他人侵害所有权人财产权利的时候，侵犯者的利益比被侵害人的利益更大，法律允许侵害者的侵入，并要求被侵害者予以忍受。对此，学界也存在不少批评。

2. 所有权的公法限制

所有权在公法上限制，在现代社会表现得越来越突出，最为显著的为：行使所有权必须符合环境保护、自然资源保护、城市规划、基本农田规划以及生态平衡的要求，除此之外，根据社会公共利益、国防利益的需要，国家可以依法对土地或者其他财产进行征用、征收，或者使用等。

公法上对所有权的限制应严格排除任何公共权力机关以发展公共利益为由而无端限制甚至剥夺所有权人权利的情况。应该承认，我国具有公权力过分强大的传统，所有权等民法上的权利经常受到无法律根据的公法机关侵犯，因此，在立法上必须特别指出，对所有权的限制必须限定为：为公共利益所需，并依据法定程序，给予充分的补偿。这一点在国外也是公认的，比如，《德国基本法》第14条第3款规定："剥夺所有权只有为公共福利的目的才能被允许。剥夺所有权只有依照法律或者根据法律的原因进行，而且该法律对损害赔偿的方式和措施有所规定。该损害赔偿必须在对公共利益和当事人的利益进行公平地衡量之后确定。对损害赔偿额的高低有争议时可以向地方法院提起诉讼。"我国2004年的《宪法修正案》对此也作出了规定，《物权法》第42条、第44条均明确规定，征收、征用必须是"为了公共利益的需要，依照法律规定的权限和程序"实施，并应当给予补偿。

复习题

1. 为何说所有权是一种完全物权、无限制物权？
2. 试分析所有权在现代财产权体系中的地位与意义。
3. 所有权在人文发展史上的意义有哪些？
4. 试分析近现代以来所有权制度的发展趋势。

案例分析

（一）果实旁落邻地案

王某经营一果园，后因另有他事，王某将果园连同果园中的房屋出租于刘某经营。在刘某经营期间，遇台风来袭，将果树连根拔起，一部分果实落到赵某的土地上，房屋倒塌。在此种情况下，果树及房屋建材归谁所有？落到赵某土地上的果实，谁有权利收取？

提示：对此问题，可参见《物权法》第 116 条、第 243 条的规定，以及台湾地区"民法"第 798 条、第 952 条的规定；对判决结果，可参见王泽鉴《民法物权（一）》，中国政法大学出版社，2001，第 154 页；并请比较不同立法中的判决结果。

（二）"火炉"城树木砍伐案

李某自幼生长在具有"火炉"之称的武汉市。和其他外地来武汉工作、生活的人不同，在人口稠密的汉口，李某家拥有一座 100 平方米的庭院。在院内种植了三棵法国梧桐树，一到夏季，三棵树木郁郁葱葱，遮光避暑，成为四周邻居纳凉的好去处。2008 年，李某为搭建房屋，从事经营，想把三棵梧桐树砍掉。在准备着手时，李某砍伐树木的事被武汉市江岸区环保局得知，环保局说，市政府有规定，市区之内，20 年以上树龄的树木非经环保局批准不得擅自砍伐。李某说，树木是他爷爷栽种，他合法继承的，与环保局无关。你如何分析李某与环保局的行为？

提示：请思考个人所有权与行政权力行使之间的关系。

第二节　我国现行所有权制度分析

近现代以来，大陆法系各国一般以标的物为标准，将所有权划分为不动产所有权和动产所有权；然后在此基础上再进行具体的制度设计。然而，包括《物权法》在内的中国现行民事法律，却以权利主体为标准，将所有权划分为国家所有权、集体所有权以及公民个人所有权；然后再以各类所有权为基础制定不同的规则。这种特殊的所有权制度，充分反映了《物权法》制定过程中前苏联"三分法"思维模式的消极影响，具有浓厚的政治色彩以及身份法的特色。

一　我国现行所有权制度的反思

（一）什么是"三分法"？

将所有权区分为国家所有权、集体所有权、个人所有权并在法典中给予这些所有权不同法律地位的做法，就是我们所说的"三分法"，它起源于 1923 年的《苏俄民法典》。前苏联法学认为，这种分类在社会主义国家具有十分重要的意义，因为，这种分类方式强调了公有制的神圣地位，强调国家、集体、个人财产权利的明确区分，并给不同的权利以不同的地位与保护，核心是对国家财产给予优先保护的特殊地位。① 这一观念后来被我国法学界全盘接受，并成为支配我国法学和立法的主导性意识形态。但是，这种分类方式不论在法理上还是在实践上均存在极大的问题。

1. **法理问题**

（1）这种分类方式，违背了经济基础与上层建筑之间的基本规律，混淆了所有制与所有权的关系。以所有权来定义所有制，其最显然的、根本的错误，在于将法律事实与法律规范本末倒置：所有制属于经济基础，所有权属于上层建筑；所有权只能反映所有制，而不能决定所有制。

（2）这种分类方式，原始而笨拙。只有在初级生产方式中，某种所有权才可以"照相式"地反映所有制，比如一个磨坊的所有权，反映了所有权人直接占有并行使全部经济控制的所有制。但是，现代化企业，多级投资形成的大型公司，法律上控制社会生产的手段主要是股权而不是所有权；对具体的特定物予以控制的所有权，反而意义不如股权显著。2005年出现的反对《物权法》颁布的风波中，很多极端主义的观念主要是因为不了解这些现代经济常识或者法律常识而出现的。

（3）"三分法"极不周延，难以全面概括现实社会中的不同所有权形态。其最大的疏漏是，在立法上根本否定了法人所有权尤其是财团法人所有权这一在实际生活中发挥重要作用的所有权类型。就法人所有权而言，如果说其中的社团法人所有权，比如公司法人所有权，有时还可以被勉强地解释为共同所有权的话，那么财团法人所有权，则无论如何也无法按照共有理论加以解释，因为这种法人没有成员，它的所有权，就是依法人资格享有的所有权。前苏联民法对法人所有权的不合理否定，导致其他社会主义国家的民法，在立法上都"蒸发"了法人所有权尤其是财团法人这一重要的法人所有权类型。总之，法人所有权尤其是财团法人所有权，既不是国家所有权，也不是集体所有权，更不是个人所有权；在"三分法"中，其难以立足。2003年中国《公司法》的修正案，已经承认了即使是国有企业，法人也可以取得所有权，但是2007年的中国《物权法》居然做不到这一点。这种事实也说明了"三分法"与现实社会发展的严重脱节。

（4）从市场经济的角度看，一切民事主体所享有的权利都具有平等的地位，不能将其划分不同的等级；在市场经济国家，立法并不按照

---

① 参见《苏俄民法典》第52条；《保加利亚财产法》第2条；《捷克斯洛伐克社会主义共和国民法典》第2编等。

主体区分所有权的类型，因为它们的立法指导思想是，凡是合法的主体，则在法律上必然有权取得法律许可的一切权利。依据公法与私法的划分，在所有权立法中区分主体是没有必要的，我国《物权法》第4条即规定了公共财产权利和私人的财产权利在法律上没有政治地位差别的"平等原则"。禁止或者限制某种主体取得某种所有权的立法，只能是行政法，而不是民法。

（5）从法学科学的角度看，民事主体应该拥有一切民法上的权利，民法不能规定某种主体不可以拥有某种权利，而规定某些主体享有某种特殊的神圣的权利。

2. 实践问题

在实践上，"三分法"带来的问题，更不容小看。

（1）三分法否定法人所有权，而在我国经济体制改革中发挥重大作用的，却正是这种所有权。比如，"三资企业"的所有权，已经得到我国法律的承认；股份制企业的所有权，《公司法》也承认了；而目前在社会经济发展中起主导作用的正是这些企业或公司。

（2）"三分法"思维所具有的轻视甚至是鄙视个人合法财产的观念，给社会主义国家中个人合法财产不断受到公共权力侵害提供了口实。它不但打击了个人合法取得财产的主动性，造成了国家经济长期发展缓慢；更严重的是，这种旧意识形态造成了社会主义国家中民众个人对公共权力系统在合法财产保护方面普遍的不信任情绪。许多人愿意把自己的钱存放在国外或者境外，就是这种后遗症的反映。虽然《物权法》第3条规定了"平等原则"，但由于立法不能摆脱"三分法"思维模式的影响，给司法如何贯彻"一体承认、平等保护"的原则提出了很大的挑战。

（3）"三分法"违背了我国加入世界贸易组织的承诺。我国加入世界贸易组织的基本条件，就是对于一切自然人、法人的权利平等对待，但是"三分法"却把所有权划分为不同的等级，并规定不同等级享有不同的法律地位。在加入世界贸易组织之后，我国立法在所有权的含义、基本制度建设方面都应遵循国际惯例，而不应该坚持我们自以为能够自圆其说而其实早已不能自圆其说，而且对改革实践有害的法律理念。物权法之所以成为国际关注的目标，其中一个重要的原因，就是外国投资人对我国法律环境的关注。"三分法"的做法和世界贸易组织的基本精神是完全相反的。如果坚持这种立法模式，则显然违背了我国的国际承诺。

不无遗憾的是，我国"三分法"的所有权制度虽然在理论与实践上存在那么明显的缺陷，但是 2007 年通过的中国《物权法》依然采纳了"三分法"模式。这种思维模式再次表现了历史上一直存在的"正统观念惰性"，即某种观念成为正统之后，即难以发展改变的特点。不过我们仍然相信，科学总是能够克服谬误的。

（二）公共利益之上不得设定私权的理论

依据现代法治国家的观念，在公共利益之上不得设定私有权利，这一理论已经成为法治国家的共识。因为私有利益与公共利益是法律价值完全不同的权利。但是国家所有权的设定基本上违背了这一规则：国家所有权的设定，从表面上看是为了公共利益，但是国家又直接从事经商活动，直接从市场中取得利益，而这种经济利益却并不是公共利益。比如我国"国家"独资控制的铁路、银行、民航、邮政等企业，事实上还是要从社会民众身上取得利润，因为这些企业必须营利，而这一点与社会公共利益在取向上正好相悖。国家直接经商违背社会公共利益的情况，在现实生活中屡见不鲜，譬如在我国，国家垄断的企业经常并不是通过改进经营管理，而是靠涨价来获取丰厚利润。

（三）重构"公共所有权"制度

在当下的我国，不论是学者笔下的所有权还是立法中的所有权，均渗透着过多的政治色彩，缺乏基本的法学技术性的考虑；尤其是我国法律中的"公共所有权"（国家所有权与集体所有权）。从立法政策上看，"公共所有权"与其说是一种民事权利，毋宁说是一种公共权力或者政治权利。现行所有权制度所具有的过多政治色彩，不但妨害了人们从物权法的角度对所有权制度的理性思考，而且也阻碍了按市场经济的本质要求建构所有权制度的种种努力。① 因此，在我国，不论是在物权法学中，还是在物权立法中，把所有权还原为一项基本民事权利都是非常必要的。所谓"所有权还原"，就是按照法律关系理论，按照主体、客体、权利义务以及法律责任的基本结构或思维模式，重新审视和构造公共所有权制度。

"公共所有权"是社会公共机构（主要是各级政府机关）所享有的所有权（在大陆法系一般称为公法法人享有的所有权）。在我国，"公共所有权"在当下主要指"国家所有权"。但是从法理上看，"国家"

---

① 对此，请参见拙作《物权法的基本范畴及主要制度反思》，《中国法学》1999 年第 5 期、第 6 期。

一般并不是国内法上的主体，因此也不是民事主体和物权主体；从实践上看，在我国常常是"国家"并没有享有真正的所有权。所以从物权法学科学性来看，现在很多人仍然坚持的"国家作为唯一的主体统一享有所有权"的理论，是有重大缺陷的。对此我们将在下文给予更多的讨论。

所以，不论是从法学科学的角度，还是从社会生活事实的角度分析，都不应坚持现在那种以"统一、唯一"作为特征的"国家所有权"的概念，而应对其重新加以界定。以本人之见，应将公有财产区分为经营性资产和公用物，然后确定其不同的所有权归属。

对于另一种所谓的公有所有权，即集体所有权，应该依法改造为法人所有权。下文将对此问题展开充分的论述，在此略过。

（四）直接承认法人所有权

在我国目前的物权法中，最突出的一个问题是不承认法人所有权。对于法人所有权，我国《民法通则》虽然没有明确加以承认，但民法特别法，如《中外合资经营企业法》、《中外合作经营企业法》、《公司法》等法律，却在不同领域内承认了法人所有权的存在。因此，在《物权法》中，应该承认这种所有权类型，但是在极端思想和旧意识形态的压力下，该法颁布时却出现了明显的倒退，未能完全承认法人所有权。

在现实生活中，法人所有权早已存在且有显著的发展，已是不争的事实。在社团法人中，企业所有权尤其是公司所有权的发展最为显著；其他的社会团体法人，比如各种俱乐部、协会、学会也已经有很大的发展。我国广泛存在的集体所有权，也应该是这种类型的权利。在财团法人类型中，基金会法人发展最为显著。以实事求是的立法精神论，承认这些法人的所有权应该不是问题；基于此，《物权法》在确定政府控制投资股份的前提下，间接地承认了法人所有权，对此，我们可以从《物权法》第55条、第67条、第68条等条文中得到证明。但是，这里还是有明显的理论贯彻不彻底的现象。比如，我国法律对"三资企业"法人、民营企业法人的所有权都明确予以承认，但对于公有制企业公司，却不能完全且直接地承认其法人所有权。这样，公有制企业的权利，反而不如非公有制企业全面正当。

二　国家所有权

（一）国家所有权的"正统社会主义"理论

1. 国家所有权的概念、特点

国家所有权，是指中华人民共和国对全民所有的财产享有占有、使用、收益和处分的权利。国家所有权本质上是社会主义全民所有制在法律上的表现。全民所有制是社会全体成员共同占有社会生产资料的一种所有制形式。因现阶段不可能由社会全体成员直接占有社会生产资料，单个社会成员也不可能代表全体社会成员支配生产资料，因此，必须通过一个社会中心来实现对全民的生产资料进行支配。在国家依然存在的情况下，这个社会中心只能是国家。因此，社会主义全民所有制在法律上表现为国家所有权，有其客观的必然性。《民法通则》第73条、《物权法》第45条对此均有明文规定。

国家所有权具有下列特征。

（1）主体的唯一性和统一性。中华人民共和国是国家所有权的唯一和统一的主体，任何国家机关、单位和个人都无权作为国家所有权的主体。中央人民政府的各职能部门以及地方人民政府及其职能部门代表国家经营或者管理国家划拨或者授予的财产，它们并非国家所有权的主体。如果认为从中央到地方的各级政府部门都是国有财产的所有人，则必然导致将统一的国家所有权分割为中央政府所有权、地方政府所有权和部门所有权，这会从根本上改变我国全民所有制的性质。但《物权法》第54条和第55条在一定意义上突破了这种观念，这两条规定了国家机关和国家举办的事业单位对国家授权其管理的财产享有物权。当然，它们还并不是所有权人，而是代表国家行使所有权。

（2）客体的广泛性。任何财产都可以成为国家所有权的客体。根据《物权法》第45条第1款的规定，法律规定属于国家所有的财产，均为国家所有权的客体。这一抽象概括式的规定，也为未来制定国有资产法确定了基本框架。具体来讲，根据我国《物权法》第46条至第55条等现行法律的规定，国家所有权的客体包括：矿藏、水流、海域，国有的土地、森林、山岭、草原、荒地、滩涂，国家所有的野生动植物资源、无线电频谱资源、渔场等自然资源；国防资产和国家所有的铁路、公路、电力设施、电信设施和油气管道等基础设施；国家机关和国家举办的事业单位直接支配的不动产和动产；由国家出资的企业占有的固定资产和流动资金以及银行等；国家所有的文化教育、卫生、科学、体育设施和文物古迹、风景游览区、自然保护区等；国家在国外的财产；不能证实属于集体或个人所有的财产；等等。一些财产，如矿藏、水流、国防设施、尖端军事科学设施、无线电频谱、文物等，均属于国家专有。

（3）取得方式的特殊性。国家所有权除了可以通过积累和交易的方式取得之外，还有其独特的取得方式，如没收、税收、赎买、征用、罚款、罚金等。

（4）国家财产的不可侵犯性。我国《宪法》第 12 条和《民法通则》第 73 条均规定了，国家财产"神圣不可侵犯"，但因为物权法采纳了物权平等保护的原则，所以在《物权法》第 56 条去掉了"神圣"这个政治神学口号，保留了"禁止任何组织和个人侵占、哄抢、私分、截留、破坏"国有财产，重申了国有财产不可侵犯的保护原则，使得物权法更加科学。

2. 国家所有权的行使

《物权法》通过之前，我国国家所有权行使的基本方式，是"国家统一所有，政府分级管理"，其含义是，国家是国家所有权的主体，它通过占有国有财产的各级国家机关和企事业单位来行使权利。

在这个基本方式下，实际占有"国家财产"的国家机关、公有制企业、事业单位等等，也必须享有某种民法上的权利。《物权法》通过之前，和以前苏联为代表的"社会主义国家"一样，我国立法没有承认法人所有权，而是按照所谓"两权分离"的模式来解决国家所有权下的公有制法人权利问题。其基本含义是：为了实现国家所有权，实行国家所有权和企业经营权的适当分离，国家通过制定法律、法规，授权各级政府或者其他国家机关、国有企业、国有事业单位等对国有财产进行经营管理，因此公有制法人尤其是公有制企业对"国家财产"享有经营权或者经营管理权。因此，在 1986 年制定的我国《民法通则》中，企业经营权并不是作为一种独立的物权来加以规定的，而是作为国家所有权的一种行使方式来加以规定的。在《物权法》制定过程中，我国一些学者起草的物权法学者建议稿沿袭了这一做法。

但是，在《物权法》颁布之后，如果仍然坚持"国家统一所有，政府分级管理"，则是不正确的。根据《物权法》第 55 条的规定，我国真正的公共财产所有权，其实已经是公法法人所有权了。因为，《物权法》第 55 条规定的是，各级政府享有出资人的权益，投资人权益是民事权利，而不是行政管理权。另外，现实生活中，地方政府自己投资自己收益，已经是典型的投资主体，它们的投资行为和获得的利益和"国家"没有什么关系。

企业之外的各种公法法人对于"国家财产"享有什么样的民事权利，历来的法律以及政策均没有规定过。立法观念上，似乎这里没有什么问题，但是这种情况为后来各种公法法人行使的处分国有资产的权利滥用，埋下了伏笔。

在观念上，传统的国家所有权观念认为，国家也可以将其财产转移给集体组织、公民和外国投资者使用，如将国有土地使用权转移给他人使用。国家也可以特殊的民事主体的身份，以国库的财产为基础从事某些民事活动，如发行国库券、从事对外贸易活动等。国家机关和企事业单位以及国家本身在行使国家所有权过程中，都必须遵循民法的规定。但是，这里的所有权的行使，到底是国家还是各种不同的公法法人，以及各种公法法人与"国家"之间真实的财产关系，传统法律观念从来是不清晰的。

（二）对"正统社会主义"的国家所有权理论的评价

在上文的分析中，我们已经从法学上简要地分析了"正统社会主义"的国家所有权不符合法理的问题。在此我们有必要再简单地归纳一下这些论点。

1. 主体方面的问题

我们已经知道，所谓所有权，就是特定主体对特定客体全面彻底的支配权。因此，国家所有权如果能够科学地成立，其主体即国家必须符合民法上的"特定"主体的要点。

为回答这一问题，我国必须理解国家一词在法学上的准确概念。原来，国家一词在国际法上和在国内法上的含义并不相同。在国际法上，国家是一个"抽象主体"，即统一主体。因为从国际法上看，国家作为一种社会现象，指的是"生活在地球表面的确定部分、在法律上组织起来并具有自己政府的人的联合"。"国家一词是指在法律上组织起来并且人格化了的社会。"① 有的学者将国际法意义的国家，定义为"持久地占有一处领土的人民并且由共同的法律或者习惯束缚在一起成为一个政治上的实体，通过组织起来的政府为媒介，行使统治领土范围内所有的人和事务、与地球上的其他团体社会宣战、缔结和约和加入国际组织独立的主权"。② 从这些论述可以看出，在国际法上，国家是领土、居民与主权的结合，是由具体的人所组成的社会，是一个抽象的概念。

---

① 《牛津法律大辞典》，光明日报出版社，1988，第 851 页以下。

② "Apeople permannently occupying a fixed territory bound together by common-law habits and custom into one body politic exiercising, through the medium of an organized government, independent sovereignty and control over all persons and things within its boundaries, capable of making war and peace and of entering into international relations with other communities of the globe. " *Black's Law Dictionary*, Fifth Edition, ST. Paul Minn. West Publishing Co. 1979, Page 1262.

但是"抽象主体"恰恰不是民法上的特定主体，因为抽象主体无法行使民事权利。

国家的另一个定义是在国内法上定义。在国内法上，国家指的是行使社会统治权的各种社会治理机构，比如立法机构、政府、司法机构等等。在国内法上，国家并不是抽象的主体，而是具体的主体，即一个个具有自己独立利益的公法法人。这个概念才能作为民法上的主体，事实上，我们所说的各种"国家权力"，也都是由这一个个公法法人行使的。这些公法法人在行使自己权力的时候，需要民事权利的支持，所有权就是它们实际拥有的权利之一。但是，因为我们的立法在物权法领域里事实上不采纳法人理论，中国在理论上最被重视的所有权即国家所有权，却没有给予真正行使这一财产权利的公法法人建立明确的法人责任和法人治理结构，因此，中国长期以来一直存在着非常严重的"国有资产流失"的问题。20 世纪 90 年代以来，这个问题越来越严重。据统计每年流失的国有资产至少有 800 亿～1000 亿元人民币。① 这种在意识形态上最被看重的权利，在法律上却成为最被忽视的权利，这一结果，既叫人觉得可笑，更令人痛心不已。

国家所有权主体在名义与实际上严重分离的例子，在我国现在的经济生活中比比皆是，以典型的国有资产为例，很多国有资产的实际享有者与法律享有者严重背离，实际处分财产的人不享有法律上的所有权，但是法律又给了他们处分财产的权利，名义上财产的所有人就不可避免会遭受损失。

再如土地，名义上都是由中央政府所有，但由于《土地管理法》将土地处分权交由市、县人民政府行使，土地的所有权事实上被划分为不同档次，分别由中央政府、省政府、市政府、县政府甚至乡镇政府享有土地处分权。在此权利格局下，我们时常看到中央政府和市县政府因土地问题发生利益纷争。承认地方政府享有所有权的典型例证为分税制。税收是以公权利取得所有权的基本方式，地方政府享有独立的税收权，也就意味着地方政府可成为独立的所有权主体，认为地方政府没有独立的所有权显然是难以自圆其说的。

现实情况是，全民所有的财产实际上由各级人民政府享有，即由中央、省、市、县、乡镇人民政府分别享有等；另外，某些国有财产实际上由一些经济组织享有，如铁路、军队的财产等。在私欲泛滥的今天，

---

① 《亚洲周刊》（香港）2004 年 9 月 26 日纪硕鸣文章。

改造国家所有权已是刻不容缓。

2. 客体方面的问题

作为民法所有权的客体，必须是明确特定的物，而现在作为"国家所有权"项目下的财产林林总总，数目一定是非常巨大的，根本无法明确，无法特定，因此根本无法表现"国家"的民法支配力。从理论上说，这么巨大的资产由一个主体享有民法所有权，根本就是不可能的。但是真正的控制与支配关系却得不到立法政策的认可。因此"国家资产"成为最容易被侵害的财产。从客体方面看，所谓的国家所有权，问题似乎更加严重。

（三）进一步推进国家所有权制度改革的设想

在中国《物权法》制定的过程中，我们提出了区分公用物与经营性资产、建构新型的公用物所有权制度的建议，① 但是立法没有采用这些建议。但是，这不应该妨碍我们从建设国家、保护公共财产的角度，来思考和研究这一制度建设的问题。

1. 基本的想法

我们对所谓"正统社会主义"的国家所有权理论的批评，并不是想根本抛弃国家所有权这种现实的权利。相反，我们应该承认中央政府、地方政府等各种公法法人的独立利益和它们的所有权，因此，真正的国家所有权，应该只是中央政府代表的所有权；同时，这种所有权应该是有所限制的。对于地方政府的资产，法律应该承认它们也有自己的所有权。

我国目前对森林、草原、矿藏、水流、滩涂等实行国家专有制度，城市的土地被规定为属于国家所有；同时，依据《宪法》的规定，公有制在社会经济中仍占有重要作用，国家所有权仍然非常重要。但是，从物权法的法理看，这一权利都应该从"主体特定"、"客体特定"的原则予以改造。本书编者的想法，是必须放弃那种所谓"正统社会主义"的国家所有权理论，应将国有财产从功能上加以严格的区分，并因此建构不同的所有权形态。基本做法为：应将国有财产划分为公用物与国有经营性资产。

2. 关于公用物的所有权

所谓公用物，即纯粹为了社会管理和公共利益而设定的在使用上不

---

① 对此有兴趣者，可以参阅孙宪忠《确定中国物权种类及内容的难点》，《法学研究》2001 年第 1 期。

具有排他性的物，比如办公楼房、公共交通道路、公立文化教育体育设施、公立非营利性医疗卫生设施，等等。公用物为公共利益而设立，而不是为了个人营利而设立，公用物的使用权应该是向社会大众开放的。因此，公用物才是真正意义上的社会公共财产。公用物的财产所有权，在市场经济国家中一般不由民法规范，因为公共财产的利用问题不是民法的调整范围。但是，将公用物的财产定义为国家所有权也是不符合法学原理的，因为从民法上看，所有权的主体必须确定，而抽象意义上的国家无法确定为民事主体。这一点上文已经详细探讨过。因此，只能依据实事求是的原则，将公用物的所有权人确定为真正享有这一权利的公法法人。应该说明的是，公用物是为公法上的目的（比如社会管理、公共福利、公共利益利用等目的）设定的物，而不是为民法上的目的设定的物，所以公法法人享有这一权利时，必须遵从公法设定这一权利的目的，而不能依据一般的民法规则行使这一权利，更不能将公用物用来投资或者作其他经营。

3. 关于经营物的所有权

在市场经济条件下，任何经营性资产，不管其投资的主体是谁，在本质上均是一种私营财产。任何企业，即使是政府兴办的企业，要想在残酷的市场竞争中得到长期发展，必须以赢取利润为天职，即必须追求其自身的独立利益。"国家"投入企业的经营性资产，应属于企业所有，投资人（即真正的投资人而不是抽象意义的国家）只能以企业股东的身份按照公司法的原理享有股东权，参与利润的分配。如果投资人是两个以上的政府或者政府部门，则由它们根据其投资的比例组成法人治理结构。

在公共企业也就是政府投资企业的所有权制度建设中，有几个"正宗"的社会主义观点是不可以坚持的。

其一，就是"国家"对投资于企业的资产仍然享有所有权的观点。

这一观点于理不通，而且于实践有害。因为，别的投资人一律享有股权，而政府作为投资人，为什么要享有所有权呢？如果"国家"对其投入企业的财产享有所有权，则在企业破产或者在企业因其他原因被清算时，国家可以行使所有权人的取回权，将自己的投资拿回来；而企业的其他投资人却没有这样的权利。这种情况不仅严重违背了民法的基本理论，而且也对破产或清算公司的其他债权人极不公平，会严重抑制任何理性的商人与公司的交易行为。因此在投资领域，1993 年《公司法》第 4 条第 3 款关于公司中国家的投资归国家所有的规定，在 2004

年中国最高立法机关修订《公司法》时就已经被删除了。在《物权法》的制定中，对这一方面的理论研究，在我们看来已经十分充分，但是在该法颁布时，只是在第 67 条和第 68 条比较隐晦地而不是直截了当地承认了法理。但是在 2008 年《国有企业财产法》中，这些立法精神又倒退回去了。这一法律又重提国家对于投资企业的财产享有所有权的观点。显然立法者在这一规定的取舍上，对于 2007 年《物权法》颁布后出现的政治责难有很多的考虑，但是，对于中国公共企业改革的利害关系，似乎没有给予很多的考虑。

其二，就是国家对企业享有所有权、企业对自己占有的财产享有经营权这一"两权分离"的理论。

这一理论，由前苏联法学界维涅吉可托夫提出，得到斯大林的欣赏，成为社会主义国家的所有权理论的核心之一，后来中国《民法通则》制定时期，成为涉及政府与企业之间财产关系的基础。但是，"两权分离"的错误在于，其只能用来解释计划经济条件下国营企业之间的资产流动问题，而无法解释市场经济条件下企业之间的财产流动的问题，因为市场经济条件的交易是所有权的流动，而不是经营权的流动。① 在公有制企业的成立，已经从"政府拨款"变成为"政府投资"之后，这一理论，即便是从法学上最基本的自圆其说的要求也无法满足了。因此，2007 年施行的《物权法》也摒弃了"两权分离"理论。②

其三，公有制企业的财产代表公共利益，属于公共财产的观点。

在市场经济条件下，任何经营性资产在本质上都不应该是公共财产，而是私有财产，即使这种资产来源于公共权力机构。因为，任何企业，即使是政府兴办的企业，如欲在市场竞争中立于不败之地并谋求长期的发展，必须首先追求其自身的独立利益，而不可能置自身利益而不顾去谋求任何社会利益，或者所谓的"人民"的利益。这应是一种经济常识，只要稍微了解一些社会现实，就能清楚地理解这个道理。如我国的铁路、民航、电讯等行政垄断性企业，还有那些投资于房地产、金融业等行业的资产，它们无一不是采取各种措施，提高自身的赢利能力，争取更多的利润。国营企业也是"商家"，如要求它们为社会、为

---

① 对这一理论在《民法通则》以及中国法律中的影响，可参见孙宪忠《公有制的法律实现方式问题》，载《论物权法》，法律出版社，2001，第 511 页以下。

② 但是，这一理论并不是已经销声匿迹了。对此可以参阅孙宪忠著《中国物权法总论》（第二版），法律出版社，2009，第 121 页关于这个问题的讨论。

"人民"赚钱，它们怎么发展？所以，这些财产企业的资产与一般企业的资产在性质上完全一样，物权法不能将其当做"公共财产"，更不能由抽象意义上的国家对其享有所有权。

总之，国家或政府对投入企业的财产不应享有所有权，公司法人对股东的投资应享有法人所有权。

三 集体所有权

（一） 集体所有权的传统理论

集体所有权，通常被称为劳动群众集体组织所有权，是指劳动群众集体组织在法律规定的范围内对其财产享有的占有、使用、收益和处分的权利。集体所有权是劳动群众集体所有制在法律上的表现。我国《民法通则》第74条、《物权法》第58条对此有明确规定。

集体所有权具有下列特征。

（1）主体的多元性。集体所有权没有全国性的统一的主体，各个劳动群众集体组织都是独立的集体所有权的主体。概括地看，作为中国集体所有权主体的集体组织主要包括以下几种：一是区域性集体组织，如乡（镇）集体组织、村集体组织等。这些集体组织，不仅是其兴办的集体企业的所有人，而且依照《民法通则》、《物权法》和其他法律的规定，它们还可以对土地、森林、山岭、草原、荒地、滩涂、水面等自然资源享有所有权；二是城镇集体企业联合经济组织；三是合作社组织，主要劳动群众集资入股建立起来的集体经济组织；四是社会团体；等等。

（2）客体的相对广泛性。依法归劳动群众集体所有的土地，是劳动群众集体组织所有权的重要客体。除土地之外，集体组织的财产还包括集体所有的企业、商店、农场、林场、牧场、渔场、建筑物、水库、农田、水利设施、文化教育设施等各类动产和不动产。除了依法应属于国家专有的财产以外，一般的生产资料和生活资料都可以成为劳动群众集体所有权的客体。

（3）行使方式的多样性。集体所有的财产既可以由集体企业以法人资格直接行使，也可以通过发包、租赁、经营权出让等方式由集体组织的成员或者集体组织之外的单位或者个人经营、管理集体财产。

（二） 对传统集体所有权理论的分析

对于传统的集体所有权制度，至少有下列问题值得研究。

1. 按照《宪法》第8条和《民法通则》第74条的规定，集体所有权是"劳动群众集体组织"拥有的权利，这也是各种法学著作的普遍解释；但是，"劳动群众集体"到底是谁？既然是一种民事主体，它是依靠什么民事规则组织起来的，它的法律形态又是什么？虽然《物权法》第59条第1款明确了农民集体所有权属于本集体成员集体所有，但上述这些问题作为集体所有权立法的基础，在立法上和法律政策上依然缺乏明确规定。物权法虽然在根本上改变了旧意识形态的提法，但是在一些核心问题上也采取了回避态度。

在民法中，民事主体一般包括自然人、法人以及非法人团体。集体显然不是自然人，但在公司化改造之前，中国现有的集体组织大多可勉强归属于非法人团体。之所以说是勉强，在于很多集体组织其实徒有虚名，即其既没有意思表示机构，也不存在意思执行机构，作为农村土地所有权主体的集体组织就是这种情形的典型代表。因此，集体所有权的主体形态与民法学无法衔接，这种情况给如何在物权法中建立这种所有权的具体制度造成不便。到底应该重新塑造民法上的主体制度，还是应重新塑造集体所有权本身，均需要进一步思量。

2. 农村集体所有权本来是为"共同劳动、共同分配"、"消灭剥削"的政治目的，通过建立农村集体经济组织后形成的所有权形态，但是经过数十年的发展，共同劳动、共同分配的农村集体经济组织在我国基本上已不复存在。然而集体所有权一直保留至今。目前人们在谈到这种所有权时，基本上不再讨论建立这种所有权的原有的政治目的，但保留了对这种所有权的神秘政治色彩。

明确集体所有权的主体是物权立法或物权理论中的首要问题，如果仍维持集体所有权这个种类，那么就必须首先对集体与成员之间的法律关系按照民商法的基本规则加以规定。过去的比较接近于原始共产主义社会的"共同劳动、共同分配"的集体与成员的关系模式已被证明是失败的。一种比较理想的方案是，将集体与成员之间的关系股份化，使成员对集体享有或负担真正的民法上的权利或义务，而集体真正享有法律上的所有权。这种做法既符合市场经济的要求，也能达到民主、科学地运用集体财产权的目的，是一种值得推广的经验。《物权法》第59条第1款规定农民集体所有权属于本集体成员集体所有，结合该条第2款的规定，我们可以认为，物权法实际上是将集体所有规定为一种新型的总有。

3. 城镇集体所有权是现行法律规定中另外一种集体所有权形式，但是这种所有权的法律规则状态与理论状态和经济生活实践完全不符。

在现实中，城镇劳动集体其实也有两种形态，一种是大集体，一种被称为小集体。所谓大集体，指的是 20 世纪 70 年代时为解决当时的"待业青年"就业问题由一些机关或者企业事业单位投资举办的企业，因该企业投资不是来自政府，所以称为集体企业。小集体是指 20 世纪 50 年代中期的"社会主义改造"期间由原来的个体工商业者、手工业者入股形成的集体企业。这两种集体之间的政治差别是，大集体可享受类似于国有企业的待遇。在物权立法中，城镇集体所有权所遇到的主要问题是，如何判断这两种城镇集体的主体。对大集体而言，其根本就没有现行法律或一般学者所规定或理解的共同劳动、共同分配的群众或成员，而只有雇员，所以，这种集体原来根本就不是集体。在小集体中，其成员与集体之间的关系属于典型的民商法律关系，其所有权在物权法上本来也是比较容易规定的。但是，经过多年的发展变化，这种成员与集体组织之间的法律关系已不复存在，如原来由民众入股建立的信用社，在 20 世纪 20 年代改名之后，集体与股民之间的法律关系已经被切断。

由上述分析可知，在城镇集体所有权的形成过程中，非法律规则因素发挥了极大的作用，现行法律或者一般学者解释的这种所有权，基本上背离了物权法的基本原理。这给《物权法》如何规定该权利增加了很大的难度，并最终导致《物权法》对于城镇集体所有权的主体、行使的方式，均没有作出明确的规定。因这种所有权一般是城镇"集体"企业中的权利，是可进入市场的权利，因而必须按照市场经济体制的要求，对我国现行法律中的城镇集体所有权制度进行改造。改造的合理方法应是按照企业设立的规则，按照投资法律关系的模式，将这种所有权改造为投资人与企业之间的权利与义务关系，而不能一概将其称为集体所有权。

四 法人所有权

（一）现行法规定的法人所有权

法人所有权，又称为社团所有权、公司所有权，是指法人对其财产享有的占有、使用、收益和处分的权利。我国物权法没有直接明确地承认法人所有权，而是间接地予以承认。但民法特别法如《中外合资经营企业法》、《中外合作经营企业法》、《公司法》等法律中却承认了。所以，我国现行法律对法人所有权采取的是有限承认的立法思想。目前为我国法律所认可的法人所有权类型主要有：中外合资经营的法人所有权、民营企业法人所有权、社会团体（包括宗教团体）法人所有权等。

法人所有权具有下列特征：（1）主体的市场性与社会性。与国家所有权和集体所有权不同，法人所有权基本上是在市场机制之下，在众多股东出资的基础上形成的。因此，其与生产资料的所有制结构不存在直接的对应关系，其主体具有广泛的社会性、分散性。而且，由于法人的形成不是行政命令的产物，法人对其财产具有更为自由的处分权。（2）客体的广泛性。由于中国实行土地公有制，因此，对法人来说，除了土地以及为国家专有的一些财产之外，其他动产、不动产以及财产权都可以成为法人的财产。（3）法人所有权由法人代表机关行使。关于法人代表机关行使法人权利的具体方式，应根据法人制度的有关理论来处理。

现行法律对法人所有权，只是在民法特别法中予以承认。比如《中外合资经营企业法》、《中外合作经营企业法》等法律均承认了法人所有权，《物权法》却没有明确承认这一权利类型。但是作为一种民事主体，法人在社会经济事务中扮演着极其重要的角色，随着国有资产、集体资产的市场化运作的加强，国家所有权、集体所有权制度的规范化改革，法人所有权必将在社会经济中占据举足轻重的地位。

（二）立法应该直接规定企业法人所有权

我国现行立法按法人投资主体的不同对法人所有权采取了有限承认的思想。在这种思想影响下，因意识形态的障碍，不承认公有制条件下的企业法人所有权。《公司法》第3条规定，"公司是企业法人，有独立的法人财产，享有法人财产权"。"财产权"一词因具有很大模糊性、不确定性，因此，该规定在实践与理论上造成很大混乱。鉴于公司是市场经济的主要参与者，承认公司法人所有权对我国市场经济的发展具有特别重要的意义。

对企业法人财产权的性质以及我国《物权法》应否对这种权利作出明确的规定，学术界有不同的看法。一种观点认为，鉴于国有企业实行公司化改组后，国家与企业之间的财产关系属于公司法调整的范围，依据公司法原理，国家享有股东权而企业享有法人财产权。且企业财产权中包括不同性质的权利，如属于用益物权的土地使用权，对厂房及其他建筑所享有的不动产所有权，对机器、设备、车辆等享有的动产所有权，对企业名称所享有的人格权，对专利、商标所享有的知识产权，等等，应分别适用各有关法律，不宜在物权法上概括地规定"企业财产"

的归属问题。按照这种思维，物权法不应该规定企业法人的权利类型。[①]

这种观点对企业法人财产权内容的表述是正确的。确实，企业法人财产权是一种复合性的权利而不是单一性的权利，在此复合权利中，当然基本的权利还是企业对于经营资产的所有权。企业法人享有土地使用权、知识产权是毫无疑问的，但是不能因为这些权利已经没有争议，而就不再承认企业法人对于其他财产的所有权了。尤其对厂房及建筑物的不动产所有权，对机器、设备、车辆等的动产所有权，当然立法和实务上应该予以明确。

立法作出这样的规定是很必要的，因为在我国现行法律的框架内，企业法人还享受不到这些不动产所有权和动产所有权。根据 1988 年制定至今仍然有效的《企业法》，全民所有制企业只能享有所谓的经营权；根据 1995 年制定的《公司法》第 4 条的规定，企业法人尤其是公司制企业法人仍然不能享有这些所有权。

鉴于所有权在企业财产权中的核心地位，虽然《物权法》第 55 条没有明确规定国有企业是否享有所有权，但该条确定了国家的"出资人"地位，而非所有权人，间接地承认了法人的所有权。《物权法》第 67 条和第 68 条的规定，也可以理解为对于企业法人所有权的承认。

对于法人所有权的具体内容，还可以由未来民法总则关于社团法人的规定加以补充。

（三）财团法人所有权的独立性

财团法人即捐献法人，是建立在财产聚合体上的法人类型，其财产所有权具有鲜明的特色。[②] 目前，财团法人在我国社会生活中大量存在，各种基金会法人、宗教法人、以捐助资金成立的学校法人和医疗卫生机构法人等在实践中发挥着十分活跃的作用；但是，它们的财产权问题尚未有妥善的法律措施。我国《民法通则》没有规定财团法人，也没有依据财团法人的规则规定其所有权。在现行法律中，财团法人及其所有权与社团法人及其所有权没有区别，这一点既不合理又妨害实践的发展。

---

① 参见中国《物权法》研究课题组《中国〈物权法〉草案建议稿》，社会科学文献出版社，2000，第 212 页。

② 参见孙宪忠《财团法人的所有权及我国宗教财产归属问题初探》，《中国法学》1990年第 4 期。

因此,《物权法》第 69 条明确承认了"社会团体"对其所有的不动产和动产的所有权及其保护。该条中的"社会团体"不仅包括传统民法上的社团法人,而且还包括财团法人,有宗教法人、基金会法人、以捐献资金建立的医院法人和学校法人等。物权法明确承认这些法人对自己占有的财产的所有权,将这些财产规定为财团法人自己享有的所有权,对落实一些特殊的政策,如宗教政策也十分必要。

五 私人所有权

指私人依法对其所有的财产享有占有、使用、收益和处分的权利。私人所有权,是相对于国家以及集体所有权而言的。因为,在民法上,说到特定主体对财产的所有,均为"私的所有",所以从理论上讲,称为个人所有权比较恰当。但在中国特殊的所有权制度下,使用"私人所有权"(参见《物权法》第五章名目、第 64~65 条)体现了对私人财产保护的强化,对私人所有权的承认和尊重,是国家进入建设性社会的标志。

物权法颁布之前,根据《民法通则》的规定及一些学者的理解,个人所有权具有下列特征: (1) 私人所有权的主体是公民个人。(2) 私人所有权的客体主要是生活资料。根据《民法通则》第 75 条的规定,私人所有权的客体包括:合法收入、房屋、储蓄、文物、图书资料、林木、牲畜、生活用品和法律允许公民所有的生产资料。哪些生产资料可以由个人拥有?法律无明确规定。应当认为,除了土地、矿藏、森林、草原、水流等自然资源,以及法律明确禁止由私人拥有的财产外,其他财产、财产权等原则上都可成为私人所有权的客体。(3) 私人所有权可以由自己单独行使,也可授权他人行使。

物权法从三个方面根本上改变了《民法通则》关于私人所有权的规定。一是关于私人所有权的主体,《物权法》第五章名目、第 64~65 条使用了"私人",而不是《民法通则》所使用的"个人"这一术语。这里的"私人"是与国家、集体相对应的概念,包括我国公民、在我国合法取得财产的外国人和无国籍人。此外,"私人"不仅仅是指自然人,也包括个人独资企业、个人合伙等国家、集体之外的民事主体。二是关于私人所有权的客体范围,《民法通则》将它限制为生活资料的规定与我国经济改革的现状和方向严重背离。个体经济或民营经济在改革开放后的快速发展的一个显著后果是,私人占有、支配的财产在范围上已经大大拓宽,除了法律明确禁止或严格限制的财产之外,个人可自由地取得并支配各种各样的财产。如果仍按照传统的生活资料与生产资料的财产划分模式来观察的话，私人所有的财产已不再仅仅限于生活资料，民营企业主或一些个体富商实际占有或支配许多生产资料。前文曾提到过，生产资料与生活资料的财产类型思维模式，其实已难以用来解释我国现实生活的财产状况。因此，《物权法》第 64 条以不动产和动产来界定私人所有权客体的范围。该条规定，私人对其合法的收入、房屋、生活用品、生产工具、原材料等不动产和动产享有所有权。可以看出，该条规范放弃了我国以往对私人所有权客体范围的立法模式，即区分生活资料和生产资料，私人财产主要是生活资料。该条直接采用了技术性规定，按照不动产和动产来表述，这样无疑大大扩张了私人所有权客体的范围，更贴近于改革开放以来保护私人合法财产的现实要求。三是，《民法通则》强调公有制财产所有权的神圣地位，对个人所有权有轻视之嫌。物权法摒弃了这种在法律设计上刻意强调一方重要的所有权思维模式，对国有财产、私人财产给予了同样的保护，即对各种所有制财产权利的"一体承认、平等保护"（对此，参见我国《物权法》第 3 条第 3 款、第 4 条）。

改革开放以前，"私人所有"在公有制体制下曾受到严格的限制和打击，在 1982 年宪法之后，特别是《民法通则》颁布后，个人所有的观念虽然借助于市场经济的沃土形成、发展起来；但是，《民法通则》在快速的经济发展成就面前却明显落后了。经过几十年的贫困与磨难，中国终于踏上了市场经济之路。在此特殊的国情下，为鼓励和保护每一个人对财富的进取心，为市场机制注入持久的激励因子，大力倡导和周全保护私人所有权在中国具有非常重要的理论价值与实践意义。中国先哲曾说，有恒产，则有恒心；发达国家经济发展历程也表明，只有充分保障市场主体的个人所得，才能刺激社会经济的持续发展。因此，私有所有权神圣不可侵犯，不但是民法的精髓，而且归根到底应当是一个社会经济制度的基础，是个人富足康乐、国家摆脱贫困的必由之路。

⌐ 学术争鸣 ⌐

所有权制度是物权法的核心。本书作者的看法是，恰恰在这一核心领域，前苏联民法和市场经济国家有本质的区别。过去我们的经济体制和法学理论，就是建立在前苏联体制和法学的基础上。我国现在已经建立了市场经济体制，但是由于我们过去并没有清理过前苏联民法理论，因此在所有权制度的建设上，我们还保持着许多既不符合法理，也不符合国情的制度。目前中国法学界自以为是主流的观念，在这一问题上采取《皇帝的新衣》中众大臣的态度，而本书作者对此提出了许多建设性批评意见，对此，希望大家共同来讨论。

复习题

1. 如何理解国家所有权的主体？
2. 如何理解所有制与所有权之间的关系？
3. 如何理解农村土地所有权的主体？
4. 承认法人所有权具有怎样的意义？

学术讨论

中国物权法制定过程中，民法学界内部以及民法学界与立法机关之间，对应如何规定所有权，存在相当大的分歧。立法机关和一些学者仍坚持《民法通则》所采取的所有权立法模式，即按照所有制将所有权分为国家所有权、集体所有权和个人所有权的立法模式。本书作者倡导的坚持变革的思想，认为所有权应划分为动产所有权和不动产所有权，并以此建立我国物权法的基本框架，这种观念吸引了越来越多的学者。根据你对民事主体制度以及物权法总论的理解，请分析：中国关于所有权制度的立法，应采取哪种模式比较合理？

相关资料请参阅孙宪忠《论物权法》，法律出版社，2001，第483~510页；孙宪忠：《我国物权法中所有权体系的应然结构》，《民商法学》2002年第4期；梁慧星：《为中国民法典而斗争》，法律出版社，2002，第181~197页。

案例分析

（一）埃及法院扣押中国集装箱货轮案

我国某穆斯林地区一个国有企业向埃及出口羊肉，因羊肉上没有阿訇所做的标志，被埃及方面视为不洁之物而扔进大海。随即，埃及方面向我国该出口企业索赔，而我国该出口企业认为出口的羊肉符合国际卫生标准，因此拒绝赔偿。埃及方面随即请求埃及法院将停泊在埃及某港口的我国某远洋运输公司的巨型集装箱货轮扣押。埃及方面及法院扣押我国远洋运输公司货轮的理由是，该羊肉出口企业是中国国有企业，中国的远洋运输公司也是中国的国有企业，依据中国法律和中国的学者解释，这两个企业的所有权只有一个，即中国国家，所以这两个企业是一个所有权人名义下的财产。根据同一债务人名义下的财产当然可以用来偿还其债务的规则，中国远洋运输公司的财产当然可以用来承担中国羊肉出口企业的责任。

请分析此案。

提示：分析立法以及所谓的正统民法学采纳前苏联的"国家所有权"在我国经营性资产应用领域的缺陷。

（二）《毛主席去安源》油画所有权归属案①

案件情况简要是："文化大革命"时期出现的"油画《毛主席去安源》是由原北京画院院长刘春华独立完成绘画，因此，刘春华应为油画的唯一作者，享有著作权"（引号内的文字为原文引用法院判决书文字）。该油画曾长期由中国革命历史博物馆收藏。20世纪80年代博物馆将此画交给作者。1995年10月7日中国嘉德国际拍卖有限公司受刘春华委托对油画《毛主席去安源》进行了公开拍卖。建行广州市分行（现并入建行广东省分行）以550万元价格通过竞买购得此画，并将油画交归中国建设银行收存。1995年博物馆起诉至法院，以该油画归国家所有为由，主张收回此画。法院最后的判决中认定，油画《毛主席去安源》目前存放在建设银行，其国有状态没有改变，国家财产并未实际受损。因此，博物馆请求刘春华和建行返还油画的诉讼请求法院不予支持。一幅油画，其实际的占有已经三易其主，而且占有人在其中发生了巨额交易。这些事实，居然被"国家所有权没有实际受损"一句话所掩盖。

推而广之，现实中大量存在的重大交易以及利益冲突，当事人之间发生着你死我活的拼杀，而"国家所有权"理论却仍然强调着全体劳动人民利益的一致性，强调人民内部矛盾的和谐性。你觉得这个理论符合实际吗？

提示：油画《毛主席去安源》所有权归属案，曾经引起各界普遍关注。通过此案，我们可以看出立法以及所谓正统民法学采纳前苏联的"国家所有权"理论在我国非经营性资产应用领域的缺陷。

---

① 案件来源：新华网，http://www.sina.com.cn 2002年4月1日21:15。

（三）地道侵权案

北方某地 20 世纪 80 年代发现了一些地道，遂确定这些地道属于抗日战争时期的"地道战"遗址，为"国家所有的文物"。因为地道年代较久，而且是在自然土质中挖掘而成，因此现在已经部分发生垮塌，使得地道附近不少居民住房墙壁倾斜，有些发生倒塌。居民因此将地道管理部门起诉至法院，要求消除危险并给予赔偿。但是，居民的诉讼陆续被法院驳回，法院的判词认为，"地道是国家的文物，其所有权属于国家。地道管理处并不是所有权人，无法承担法律责任"。在民众提出上告国家的时候，法院的答复是"国家作为所有权人，不能作为被告"。①

对于此案，请结合民法侵权法中"建筑物所有权人的法律责任"，思考这样一个问题：中国社会有一种思潮，认为将物的所有权交给国家，是有觉悟、思想好的行为，但是真的是这样吗？在物发生侵害、物的所有权人必须承担法律责任的时候，你又如何思考这些问题呢？

第三节 不动产所有权

一 不动产所有权的一般规则

（一）不动产所有权概述

1. 不动产所有权的概念与特征

不动产所有权，就是以不动产为其客体而对之享有的占有、使用、收益和处分的权利。在我国，不动产所有权主要有土地所有权、房屋所有权及其附属物的所有权、各种建筑物所有权、各种道路所有权、森林所在地权以及尚未与土地分离的各种竹木的所有权、草原所有权、内水水面所有权、各种堤坝的所有权等等。这些权利，无不与国计民生有重大的联系。

不动产所有权因其价值重大，法律为其设定的规则一般比较慎重，因此国家干预的色彩相对比较浓厚。其特征可简述为：

---

① 关于这一案件，可以参阅《北京青年报》2004 年 5 月 28 日的报道（记者程婕、安金宝、姚学文）:《焦庄户居民，"地道官司"败诉》；"正义网"2004 年 5 月 27 日的报道（通讯员安学文）:《"地道战"遗址危及民宅居民索赔被法院驳回》；《北京晚报》2004 年 5 月 28 日的报道:《地道战遗址穿过农宅村民起诉纪念馆被驳回》。

（1）从所有权取得方式上看，不动产所有权的取得，需进行不动产登记；而动产所有权的取得，依动产的交付。当事人为达到所有权移转的目的，必然订立合同，但合同的效力不可能使权利取得人当然获得所有权，为获得物权，必然将物权变动进行公示，从而使外界知晓这种变动，这样取得的物权才能对抗第三人。不动产所有权的变动的公示方式为登记，而动产所有权的变动公示方式为动产占有的交付。

（2）从法律管辖上看，对不动产所有权争议所引起的争议，法律实行属地主义的管辖原则，即由不动产所在地法院管辖；而动产所有权引起的争议则实行属人主义的管辖原则，由动产权利人所在地的法院管辖。

不动产所有权的特征主要是同动产所有权相比较而得，这两者的不同，除了以上说明的内容之外，还可参见本章第四节的相关内容。

2. 不动产所有权的意义与限制

现代社会，因为制造业发达，物品极大丰富，但自然界对于不动产特别是土地的提供，不仅是不见其多，反而是日益稀缺。加上自然环境恶化和人口增加，如何以有限的不动产资源满足庞大的人群的需要，不仅是一社会经济问题，也是一法律问题。例如城市中的土地，应如何将其转化为权利在居民中进行分配，以便其居有定所；高楼大厦连云起，又如何对相互之间的关系进行规范，以便和谐共存，都是现代法律不得不加以极度重视的问题。又如在农村中，农民对土地的权利应如何保障，使之不受国家、集体的侵害，不受其他权利/力的剥夺，同样是法律面临的严峻问题。

因不动产所有权的行使必然涉及公共利益和相邻人之间的关系，故各国法律在规定不动产所有权时，历来同时规定不动产所有权的限制。对此问题可参见第七章第一节关于"所有权的社会义务"的论述。

（二）不动产所有权取得

1. 以法律行为取得不动产所有权

以法律行为取得不动产所有权，是指以一方当事人的或相对人双方（或多方）共同的意思表示为基础的不动产所有权取得。当事人为法律行为时，当事人的意思表示必须符合法律为其所规定的一般原则和生效要件。

（1）依单方法律行为取得

依单方法律行为取得不动产所有权，其典型为依遗嘱取得。遗嘱为仅依立遗嘱人个人的意思表示而生效的法律行为。一般来说，遗产的范围、遗产转移的条件应适用关于继承的规定，但如果被继承人立有遗嘱，遗嘱继承人和遗嘱受赠人享有比一般继承人的优先取得权。这就是民法中的"约定大于法定"的原则，但如果这种约定面对的是法律的强行性规定，如继承法中的"保留份"的规定，则约定部分无效。根据《物权法》第 29 条的规定，因继承或者受遗赠取得物权的，自继承或者受遗赠开始时发生效力。继承包括法定继承和遗嘱继承，所以，因遗嘱取得不动产物权，权利转移应自遗嘱生效时（即立遗嘱人死亡时）即发生变动，故取得人因此取得的不动产物权并不以登记为必要前提。但根据《物权法》第 31 条的规定，不动产物权不经登记没有公信力，其转让必然受到限制，即未经登记，处分不发生物权效力。

（2）依双方（多方）法律行为取得

依多方法律行为取得不动产所有权的行为，如多个合伙人依其不动产合伙而形成共有，或合伙之共有人与他人订立设立、转移不动产的协议等，由于依多方法律行为取得在实质上与双方法律行为的取得并无不同，故下文只对双方法律行为取得作一探讨。

依双方法律行为取得不动产所有权，即依双方当事人的意思表示一致为基础而取得不动产所有权。但当事人物权变动的意思不能当然产生物权排他性的后果，故依法律行为的所有权取得必须按照物权公示原则，将此变动予以公示，这种变动才能生效。因此，物权的公示行为，对物权变动的效力具有决定性的作用。不动产的公示行为方式，国际上通行的是不动产登记。

2. 以法律行为之外的原因取得所有权

（1）以公权力取得不动产所有权

中国《物权法》第 28 条规定："　因人民法院、仲裁委员会的法律文书或者人民政府的征收决定等，导致物权设立、变更、转让或者消灭的，自法律文书或者人民政府的征收决定等生效时发生效力。"本条规定包括了"以公权力取得不动产所有权"。以公权力取得不动产所有权，主要为因法律的规定、法院的判决、仲裁委员会的裁决书、政府的指令发生的物权变动。这些以公权力取得的不动产所有权，自法律生效、法院判决下达或者政府的指令下达时直接生效。依法律的直接规定发生的物权变动，如新中国成立初期依据没收官僚、买办资本，没收地主土地的法令发生的物权变动，以及后来依据《土地改革法》所发生的物权变动等。这些物权变动是依据公法进行的物权变动，本身即具有极强的效力，完全能够满足物权变动对排他效力的需求，故这种物权变动，不必进行不动产登记就可直接生效。依法院的判决、仲裁委员会的裁决书、政府的指令发生的物权变动，性质上也是依公法发生的物权变动，能够满足物权排他性的要求，故物权的变动在法院的判决下达或者政府的指令下达时直接生效。

（2）以事实行为取得不动产所有权

因事实行为取得不动产所有权，在事实行为成就时生效。如依自己的劳动取得所有权、依据时效取得所有权、依据先占制度取得所有权，在事实条件成就时，就可发生所有权取得的效果。

（3）继承

因继承发生的不动产所有权取得，在继承开始时生效。在继承的情形下，遗物的所有权以及其他权利在继承开始时才发生了转移，故继承中的所有权取得，只能是在继承的事实条件成就时直接生效。

（4）时效取得

所谓时效取得，即依取得所有权的意思，公开、和平、继续地占有他人之物达到法律规定的期间，从而取得物之所有权的法律事实。取得人为依此方式取得所有权而必须占有他人之物的法定期间，为取得时效期间，取得时效也称为占有时效，因此而取得所有权亦称占有时效取得。民法之所以规定取得时效制度，是为了满足促使物尽其用的社会功能，和保持长久形成的事实状态以维持社会经济秩序的稳定。德国、瑞士、日本及中国台湾地区"民法"中均有取得时效的规定。① 但自《苏俄民法典》（1923）以来，因其具有"不劳而获"的性质，被苏联等国的民法立法所否定。②

关于中国是否应当承认取得时效制度的问题，学术界存有争议，现在多数人主张恢复这种制度。③ 但物权法最终没有建立时效取得制度，其基本的考虑是中国人口众多，利益争夺激烈，建立这种制度的需求似乎并不迫切。但是，没有这种制度也会留下制度的疏漏。为以后的立法完善考虑，本书在此对于时效取得予以简要阐述。

---

① 虽德国民法中的取得时效仅可用于动产，不动产转移只认可登记，但该法第927条又规定，自主占有他人土地达30年者，可以经过公示催告程序排除土地所有权人所登记之权利。

② 但在捷克斯洛伐克社会主义共和国联邦民法和保加利亚人民共和国等国的民法典中，取得时效制度依然存在。

③ 《法学研究》编辑部编著《新中国民法学研究综述》，中国社会科学出版社，1990，第186~189页。

依取得时效取得不动产所有权，其主要法律要件有：第一，所占有的不动产的所有权一般是未经登记的所有权。这样规定的理由在于，不动产的取得采取登记实质主义，如果他人已登记的不动产可以经过取得时效取得，会导致登记与法律事实的不一致。但是，《德国民法典》第927 条规定，占有人自主占有达 30 年的，可依公示催告程序提请消除所有人已登记之所有权，并经登记取得所有权。第二，取得人必须公开、和平、继续地占有。所谓公开，是指不以秘密隐藏的方式对不动产进行占有，即并不特意地使他人不知道占有这种事实，是否为公开占有，应依据一般社会观念进行判断。所谓和平，指的是不以暴力或胁迫手段取得或维持的占有，这种和平针对的是所有人本人。所谓继续，是指占有人对不动产的占有一直持续进行而没有中断。第三，遵守时效期间的规定，时效取得不动产所有权的期间，取得人为善意的，各国法律一般规定为 10 年；取得人为非善意的，《瑞士民法典》第 662 条规定为 30 年，我国旧《民法》第 76 条规定为 20 年。

非依法律行为取得不动产所有权，打破了物权公示原则，可能会造成交易隐患。故各国法律均在此建立限制所有权取得人的处分权的规则。该规则即依据非法律行为取得的物权，如为不动产物权而未进行不动产登记的，如为动产物权而未交付的，权利取得人不得处分其物。

（三）不动产所有权的消灭

1. 以法律行为消灭

这主要指的是不动产所有权的抛弃，即不动产的所有权人以单方面的意思放弃其所有权的行为。要使不动产所有权人的抛弃有效，必须满足：所有权人应向不动产登记机关表示抛弃的意思，并将这一表示纳入登记。不动产所有权抛弃的效力主要有：第一，被抛弃的不动产成为无主财产。如果明确放弃的是土地，那么土地上的建筑物以及其他因自然或者人工添附于土地之上的物同时成为无主财产。第二，不动产上第三人的权利包括预告登记的权利等仍然保留。比如，土地上设定有地上权时，地上权的权利人仍然可以占有并利用土地。

2. 以事实行为和事件消灭

前者指的是非依当事人的意思而发生的消灭所有权的行为；后者指不依当事人主观意志的客观现象而导致的所有权消灭，如土地变成湖泊，则对土地的所有权消灭。

3. 不动产所有权的剥夺

主要指国家的没收和征收。因国家行为的正当性不可以用民事法律行为的标准衡量，而且这些引起方式都具有不问原所有权人意思表示的意义，所以这不能认为是依法律行为消灭。针对我国关于不动产征收、拆迁存在的问题①，本书作者在起草《物权法学者建议稿》时提出，应该将征地、拆迁从物权消灭的角度予以规定；将征收、征用相区分；以及行使公共权力消灭民众物权只能适用于公共利益目的、程序公开、对于民众应该足额补偿这三个原则。② 这些制度设计在中国社会科学院法学研究所课题组的物权法立法方案中得到了体现。③《物权法》第 42 条等关于征地与拆迁制度的原则性规定即从此演化而来，但该条相比学者建议稿的最鲜明的特征，就是加大了对民众权利的保护力度，明确规定了征收补偿的范围，明确了禁止依靠行政权力截留补偿款的各种情形。应该承认，立法者在物权法中建立这一制度，表现了立法者促进我国法治文明发展的极大勇气。从现实的法律效果看，这个条文在我国法律文明发展过程中意义极大。

二 相邻权

（一）相邻权的意义

所谓相邻权指的是相邻的不动产所有权人或占有人之间，相互要求对方不得以其占有的不动产损害自己的不动产的权利。相邻权是相邻接的不动产所有权人以及占有人相互之间享有的权利，从另一方面来说，它也表现为相邻人之间的义务。法律为这种自然相邻人之间规定的权利义务关系，为相邻关系。相邻关系产生于当事人取得相邻不动产的自然事实，是法律为实现相邻各方利益关系的平衡而直接规定的权利义务关系。它不是基于当事人之间的约定产生，因而在本质上是一种法定权利。

相邻权不是一项独立物权，它只是因不动产的所有或者占有而享有的、目的在于维护其所有权或者占有权利的正常状态的附属性物权，是不动产所有权和其他占有权利的必然限制或延伸。正因为如此，对相邻权的侵害，法律一般并不直接称之为侵害相邻权，而是称之为对所有权

---

① 对于征地、拆迁中存在的问题，可参见孙宪忠著《中国物权法总论》（第二版），法律出版社，2009，第 311～317 页。

② 关于这些制度最初的涉及，可以参见本书作者提出的最初的"立法建议稿"，载《争议与思考——物权立法笔记》，中国人民大学出版社，2006，第 67～71 页。

③ 对此，请参见梁慧星主编《中国〈物权法〉草案建议稿》，社会科学文献出版社，2000，第 191～194 页。

或者对不动产的占有权利的侵害。相邻权是相邻人之间相互享有的权利，法律规定这种权利的目的，是尽可能地确保相邻人之间的和睦关系，使得权利人一方面能够正当地行使权利，但又不因为自己行使权利而妨碍他人享有权利和行使权利。

相邻权是因为权利人所处的相邻位置而自然产生的权利。故相邻权不仅仅是不动产所有权人所享有的权利，土地使用权人、地上权人、地役权人以及其他不动产的占有人也可以根据占有不动产的自然状态而享有此项权利。

在物权法上，存在一种与相邻权具有相似制度功效的物权，即地役权，关于相邻权与地役权的不同，请参见本书对地役权的专门讨论。

（二）相邻权的具体类型

从法律上看，相邻权大体有以下类型。

1. 要求相邻人排除侵害的请求权，也叫排除请求权。《物权法》第90条规定，不动产权利人不得违反国家规定弃置固体废物，排放大气污染物、水污染物、噪声、光、电磁波辐射等有害物质。从其文义，该条允许不动产权利人按照国家规定进行排放，即相邻权人对不可测量的、损害极为轻微的、在当前通过技术措施无法防止的侵害，相邻人有容忍的义务。但如果这些侵害超过明确规定的界限，相邻人有权要求排除损害并予以损害赔偿。

2. 对邻地上危害设施的排除请求权。这种危害既可以是已经发生的危害，也可以是将要发生的危害。对将要发生的危害的预防方法，依具体情形决定。如果这种危害没有别的方法可以防止，可请求拆除危害设施。

3. 禁止或限制在邻地挖掘的权利。《物权法》第91条规定，不动产权利人挖掘土地、建造建筑物、铺设管线以及安装设备等，不得危及相邻不动产的安全。也就是说，不得以使邻接土地失去必要支撑的方法挖掘土地，但是以其他方式给予充分加固的除外。

4. 对邻地伸入的树木枝根刈除的权利。如德国民法规定对越界树木之枝，土地所有人可以要求相邻人在指定的期间内刈除，逾期不刈除的，所有人可自行刈除；而对越界树木之根，则可径行刈除。

5. 对自落于土地的果实的取得权。在罗马法中，越界自落果实被认为是树木的孳息，因此仍归树木所有人所有，其可进入邻地拾取。而根据德国民法规定，落于邻地的果实，视为土地的出产物，因而归邻地所有人所有。

6. 要求相邻方拆除越界建筑的权利。越界建筑因侵害他人土地的权利，按理被侵害人应有权请求除去越界部分的建筑。但这种做法势必危害建筑物的整体价值，因此为现代民法所不采。为保存建筑物整体价值，现代民法一般规定被越界人的容忍义务。但这种容忍义务一般附有以下条件：越界建筑人的越界无故意或重大过失以及被越界人未提出异议。

7. 提供通道的义务并要求补偿的权利。《物权法》第87条规定，不动产权利人对相邻权利人因通行等必须利用其土地的，应当提供必要的便利。在土地与周围道路没有适宜道路可通时，为了合理地使用这一土地，土地权利人可以经过他人土地到达周围道路，他人土地上的权利人有容忍的义务。但通行应以对周围土地损害最小的方式为之，并且，通行权人对周围土地造成的损害，应支付补偿金。同这种相邻关系类似的还有《物权法》第86条、第88条、第89条要求排水、铺设管线、通风、采光、日照的权利等。

8. 关于疆界、界线方面的权利。土地权利人在设立疆界标志时，有要求相邻人提供帮助的权利。对疆界、界线上的设置物，相邻各方有共同使用的权利和共同管理的义务。

三　土地所有权

（一）土地所有权的意义

土地所有权即对土地享有的占有、使用、收益和处分的权利。这里面需要确定土地在物权法中的意义，即土地的范围在物权法上应如何界定，对此，应从以下两方面加以界定：一是土地的横向范围；二是土地的纵向范围。

对土地的横向范围，目前有代表性的看法是：（1）土地是地球表面坚实而干燥的部分，但也包括地面上的小溪和半封闭的水面。（2）土地为任意地面，包括各种泥土地、沙地、耕地、草原、牧场、森林、荒地、水面、沼泽地、山岭等。（3）土地只是人们可以获得出产物的地面。（4）土地是地球表面的陆地部分及其附属的内陆水域和滩涂等。以上这些观点来自不同的学科，故从某一个学科看都有理由，但都不是从物权法的角度下的定义。从物权法的角度看，土地作为不动产，它只能是人们能够利用、控制并用于创造财富的陆地地表。在横向范围上，土地包括耕地、建筑用地、交通用地、水利设施用地以及林地、山岭、草原、荒地、滩涂、内陆水流用地等。人力尚不能利用的沙漠以及冰峰雪山目前只能是陆地而不能是土地。

对土地的纵向范围，国际上有两种立法例：（1）绝对主义。这种立法例将土地的纵向范围延伸至地上及地下的无限制的空间，"上及天空、下至地心"，土地权利人的权利行使在纵向范围上并无限制。它体现的是自由资本主义时期的立法指导思想。（2）相对主义。它规定土地的纵向范围只是法律限定的上下空间。这种立法例反映了私权因过分膨胀而妨碍现代工业发展，而有必要加以限制的当代立法观念。因而更体现了现代立法趋势，因此更值得采纳。

（二）空间权

因为土地在法律上不但包括横向范围，而且包括纵向范围，所以，就现代物权法来说，讲到土地所有权，不能不谈及空间权概念。空间权的概念及其理论来源于19世纪工业革命完成之后的欧洲，欧洲工业化与城市化的迅猛发展，使得土地由平面的所有与利用转向立体的所有与利用。

所谓空间权，指在空中或者地中横切一断层而享有的权利。空间权主要是指土地的空间权，其客体是离开地表的空中或地中的一定空间，比如现代社会生活中常见的地下通道、地下街、区分所有的公寓化高楼等。空间权一般又细分为地上空间权与地下空间权以及空间所有权与空间利用权等。空间所有权，是主体对离开地表之空中或者地中之特定空间所享有的所有权。空间所有权的典型，是公寓化住宅所有权人对其独立支配的特定建筑空间所享有的支配权。空间所有权基于土地所有权、土地使用权而存在。空间利用权又可分为物权性空间利用权和债权性空间利用权。前者又包括空间地上权和空间役权，其特点是以空间的用益为目的而设定权利。后者指当事人依照协议设定的空间利用权，包括空间租赁权和空间借贷权。《物权法》第136条规定，建设用地使用权可以在同一宗土地的不同空间设立。这一规定，就是对于空间权的反映。

（三）土地与地上建筑物间的关系

建筑物，又称构筑物，是通过人的劳动给土地增添价值而定着于土地的物。建筑物的范围非常广泛，包括各种房屋，道路，矿场，水利设施，桥梁，人工隧道，人工涵洞，教育、体育和文化娱乐设施，军事设施，等等。建筑物是人类文明成果的重要象征之一，在当今的社会，它的种类实在很多，并不仅仅限于房屋。所以《担保法》第92条所说的房屋，其文义上明显狭窄于建筑物，鉴于此，对房屋应当作广义解释。对于土地和建筑物的关系，在世界法制史上，主要有两种立法模式：一是土地吸附建筑物的模式，指土地与建筑物在法律上不可分离，一切建筑物不过是添附于土地的从物，拥有土地的所有权，即使土地上建筑物的材料是他人提供的，土地所有权人也可当然拥有建筑物的所有权。二是土地和建筑物分立存在的模式，指土地和建筑物可以分别作为权利的客体而存在，相应地，土地物权和建筑物物权可以独立地移转。法国、日本、中国台湾地区的"民法"以及英美普通法，基本采纳第二种立法模式；罗马法以及《德国民法典》在1896年颁布时，采纳的是第一种立法模式。德国通过1919年颁布的地上权条例和1951年颁布的住宅所有权及长期居住权法彻底抛弃了土地吸附建筑物的立法模式。德国之所以作如此大的立法变革，其缘由无非在于第二种立法模式所具有的优越性，即因土地权利和建筑物权利可以各自独立存在，所以，这两种权利可以独立转让或者设定抵押；如此之下，即使没有土地，也可以在他人土地之上拥有建筑物权利，并且，对无土地者来说，他们也可以独立地把自己建筑物的权利转让给他人。

中国现行法律对土地与建筑物关系的处理有点特别。一方面法律承认土地物权，如土地所有权、土地使用权等与建筑物物权（如房屋所有权）相互独立；另一方面，法律又确立了"房随地、地随房"的原则，房屋转让、抵押时，房屋的所有权和该房屋占用范围内的土地使用权同时转让、抵押；土地使用权转让、抵押的，土地之上的房屋随同转让、抵押。这种立法自相矛盾，不利于实践。

中国《物权法》立法过程中，关于土地与建筑物之间的关系的处理，一直存在着坚持采取土地和建筑物一并处分的"一元主义"，还是采取土地和建筑物的物权相互分离处分的"二元主义"立法的争论。最后的立法，到底采纳哪一种立法体例并没有明确的答案，现在涉及这一制度的法律条文，前后的含义是互相排斥的。比如，《物权法》第143条、第146条所表达的意思，当然可以理解为"一元主义"的立法思想，而《物权法》第136条则表达了"二元主义"的处分规则，这些不同的规则在司法效果上肯定会产生矛盾。中国法律事实上也是许可土地物权和地上建筑物的物权各自独立进入交易机制。因此，立法应该依据法理建立如同中国旧《民法》第876条所规定的土地与建筑物物权的制度规则。①

---

① 关于土地与建筑物之间的关系的详细分析，参见拙作《中国物权法总论》（第二版），法律出版社，2009，第216～219页。

（四）我国土地所有权的类型

土地所有权是不动产所有权的重要组成部分，与其他类型的所有权相比，它不但具有私益性，而且还具有公益性。具体地讲，土地不但是个人维持其生存不可或缺的重要财产，而且也是社会全体赖以存在的基础。因此，对土地的开发、利用进行整体的规划、管制是现代各国或者地区比较一致的做法。另外，自19世纪晚期以来，与土地大规模开发利用的社会现实相适应，在法律观念上，人们从强调对土地绝对的所有开始向强调土地的利用转变，因此，土地用益权制度在现代物权法中得到前所未有的重视。

当代世界各国的土地所有权制度比较复杂，有的实行公有制，有的实行私有制，有的为混合所有制。造成这种情形的原因，除了社会政治、经济制度方面的原因外，还有民族传统、历史文化等多方面的因素。根据中华人民共和国宪法的规定，中国实行土地公有制，即土地属于全民所有和劳动群众集体经济组织所有，不存在土地的私人所有。这种土地公有制形成主要是社会政治制度方面的原因造成的。与土地的公有制相一致，中国存在两种土地所有权形态，即土地国家所有权和农村土地集体所有权。

1. 土地国家所有权

土地国家所有权是中华人民共和国建立后逐步形成的。国家通过下列方式取得土地：一是承继，即自新中国成立时起，凡以旧中国国家名义拥有的土地所有权，一律归新中国所有；二是没收，即将旧中国官僚、买办资产阶级的土地没收为国家所有；三是土地改革，即1950年中国农村进行土地改革时，将一部分土地划归国家所有，这些土地主要作为国有农场、林场、茶场、果园、渔场等用地；四是强制收取，这主要指根据1982年宪法关于城市土地一律归国家所有的规定，将城市中自新中国成立以来一直是私有房屋地基的私有土地规定为国家所有。根据现行法律的规定，凡是城市市区的土地，农村和城市郊区中依法被没收、征用、征收归国有的土地，国家未确定为集体所有的林地、草地、山岭、荒地、滩涂、河滩地以及其他土地一律归国家所有。

2. 农村土地集体所有权

集体土地所有权，是在新中国成立初期的土地私人所有的基础上，通过农村生产合作社运动以及农村人民公社的建立而逐步形成的。凡是农村不属于国家所有的土地均归集体所有。集体土地所有权不像国有土地所有权那样有一个全国范围内的统一主体。根据《民法通则》

和《土地管理法》的规定，集体土地所有权属于农村劳动群众集体经济组织，由以下三类组织负责集体土地的经营与管理：一是村（行政村）农民集体，具体由村集体经济组织或村民委员会经营、管理土地；二是村内各农村集体经济组织或村民小组；三是乡（镇）农村集体经济组织。

由本书关于集体所有权制度的论述可知，集体土地所有权存在严重的"主体虚位"的问题，该问题充分暴露于当前因土地征用而引起的众多社会矛盾中。《物权法》第 59 条将原来的农民"集体所有权"改为"集体成员集体所有权"，并具体规定了集体内部重大事项必须由成员集体决定的制度。这一点从制度上杜绝了集体所有权蜕变为农村干部私有权的可能性。当然，集体土地所有权制度如何进行制度变革依然是物权法上的一个重要课题。

3. "插花地"的权属争执问题

在我国立法规定两种土地所有权制度的情况下，处于这两种所有权邻接地带，常常会出现两种所有权的争执。这一问题尤其是在城市与农村的结合地带表现最为强烈。这种两种所有权相互交叉的情况，一般称之为"插花地"，其中所有权的确定，对于社会的稳定意义极大，因此需要在立法上建立一定的规则。

目前我国处理这一问题的立法尚不存在。原国家土地管理局 1995 年颁布的《土地权属争议处理暂行办法》现在仍然适用，但是该"办法"并不特为解决这一问题而制定，而且该"办法"主要是解决程序性问题的规定，即关于土地权利争议的管辖机构及其办事程序的规定，其中并没有针对"插花地"的实体性规定。不过，从这一"办法"中我们可以得知，在我国，所有的土地争议，包括这种"插花地"的争议，都首先应该由土地管理部门以行政程序处理；对此处理决定不服的，需要向法院提起行政诉讼来予以改变。这一点，是中国处理土地问题的司法制度的特点。

对于"插花地"所有权的确定，当然应该以证据为根据。此中首先应该要求那些主张国家土地所有权的地方政府举证，原因很简单：（1）对于最早的城市规划区，政府保留着档案。（2）对于后来扩大的城市区域，政府保留着征地文件。我国的城市总是在扩大，而城市扩大的土地是征收农民集体土地而来，因此地方政府都会保留着相应的征地手续。因此，在城市近郊，在农民要求土地所有权时而如果政府无法举证证明其已经办理过征地手续的，土地当然应该确定为农民所有权。

四　建筑物区分所有权

(一) 概念及其意义

所谓建筑物的区分所有权，指业主对建筑物内的住宅、经营性用房等专有部分享有所有权，对专有部分以外的共有部分享有共有和共同管理的权利（《物权法》第70条）。德国称之为住宅所有权，香港地区称为公寓所有权，实际上是公寓化住宅的所有权。所谓公寓化住宅指包括多个居住单位的高层或多层建筑物。建筑物所有的硬件设施、墙壁、土地、地板等，是由大家共同拥有的。在实行住房制度改革之后，我国许多住户共同居住在一座楼房中的现象非常突出。这种所有权是历史上一种新形式的所有权。其新的特点是：（1）这种所有权所支配的客体上，可以同时存在多个所有权，传统物权法中一物一权的原则被彻底打破。（2）所有权的行使方式被彻底改变，权利人只能行使法律上的处分权，如能将房屋出卖给他人，而不能行使事实上的处分权，如不能将房屋拆毁。（3）所有权的存在可能受到时间的限制，尤其是在房屋建筑在他人所有的土地上的时候，如《城镇国有土地使用权出让和转让暂行规定》第47条规定，土地使用权期限届满，则土地上的建筑物、其他附着物都无偿收归国有。这与传统民法中所有权不受时间限制的特性有很大的不同。

这种所有权的产生非常有意义，因为现代社会有两个基本的趋势，即人口城市化和住房公寓化。这些趋势在我们这个人口密集的发展中国家更为突出。我国的公寓化住宅比世界上任何国家都密集、普遍。所以，在法律上规定这种所有权非常必要。这种公寓性住宅及其所有权的设立的法律意义在于：第一，权利人取得的是所有权而不是租赁权，权利人居住的权利获得更为切实的保护，不会受到因欠租而解约的威胁。而且在成为房主以后，人们会更加爱惜房屋。第二，满足人们购买现成住宅的需要，因为在当代社会并不是每个人都有时间和机会自己建造住房。第三，以有限的城市土地容纳大量的居民，缓解城市人口住房的压力。第四，满足社会低收入阶层的住房需要，这些人可以通过合建的形式满足对住房的需求，政府也可以以优惠的价格向低收入阶层提供这种住房。

(二) 基本法律关系

从法律上看，公寓性住宅至少存在四重所有权问题。

1. 全体住户的共有所有权

这种权利指的是全体住户整体对整个建筑物的权利，即他们对全部建筑物内的墙壁、地板、屋顶、走道、通道、楼梯、电梯的权利，同时包括对建筑物外的花木草坪、游乐场地的权利，以及为建筑物服务的其他建筑物和设施的权利。对整个建筑物整体的权利虽然不必要求住户登记，却是建筑物区分所有权中最基本也是最重要的权利。这是因为，全体住户因为整体安全的关系自然地形成了一个整体，为了维护这个整体安全，这个整体有必要对建筑物的整体享有一个共同所有权。这种共有权是一种按份共有的权利。

2. 专有所有权或特别所有权

指一个特别的住户对他自己所支配空间所拥有的所有权，即单独的住房人对居住的空间所享有的专用所有权。根据最高人民法院《关于审理建筑物区分所有权纠纷案件具体应用法律若干问题的解释》第 2 条的规定，专有部分具有三个特征：（1）具有构造上的独立性，能够明确区分；（2）具有利用上的独立性，可以排他使用；（3）能够登记成为特定业主所有权的客体。特别所有权的客体，只是建筑物特定部分的地板、屋顶、墙壁所限定的封闭的空间，而构成这个空间的地板、屋顶、墙壁仍同别人共有。但这并不妨碍这种权利成为真正的所有权，除了不能为事实上的处分外，这种权利完全遵循法律为不动产所有权所设定的各种规则，如登记等。

3. 部分住户的部分共有权

指的是部分住户对建筑物的部分享有的权利。这种权利也是一种按份共有权，每个住户按照其独占的建筑物面积承担为维护这些部分而支出的费用。

4. 对地基的权利

指的是对支撑建筑物的土地所拥有的权利。关于地基的权利，西方国家用两种法律手段解决这一问题，一种是共同所有权，一般是按份共有的形式；另一种是设定地上权，也是按份的地上权。在我国则用土地使用权制度加以解决。应该说明的是，对地基的权利并不仅仅指与建筑物密切相关的地基部分，而且也包括为建筑物提供服务的全部土地，包括绿化用地，提供排水等措施用地，儿童娱乐等用地。

（三）权利的行使和物业管理

关于住宅所有权的行使，住户对自己的专有权部分当然可以自己行使权利，但对共同所有权的行使，世界各国有两种方式，一种是在大陆法系的德国，实行的是住宅所有权人大会管理的体制。该所有权人大会实际上是个非法人团体，民法上将其定位为无权利能力社团，承认其地位，由其负责全体住户对建筑物的公共事务。《物权法》颁行之前，我国采用的是物业管理的方式，这是共同所有权行使的另一种方式，即由房地产开发企业在出售房屋之后，仍然和全体住户发生法律关系，一方面负责住房的后续责任，如小区建设的房屋维修等；另一方面又作为全体住户的自然形成的法律事务代表人，负责住户整体与外界的法律事务。

由房地产开发商建立的物业管理制度的优点在于房地产商在售房之后仍然能够保持和住户的法律关系，使得住户作为消费者的权利能够得到延续。但是，由于物业管理实际上是由建筑商作为一种履行其后续性义务的机构，而且逐渐演化成一种具有行政管理性质的服务机构，这种机构对业主也有相当不利的地方。

《物权法》从以下方面对物业管理制度进行了全面的改造：首先，《物权法》第 70 条明确了住户整体对建筑物、各种设施设备的所有权人地位以及对地基土地使用权享有者的地位；其次，《物权法》第 75 条建立了业主大会、业主委员会制度，对于重大事项由业主共同决定，并规定了具体的议事规则；最后，《物权法》将物业管理者变成"物业服务企业或者其他管理人"，第 76 条、第 82 条更明确了物业服务企业是受住户全体的委托并接受业主的监督，业主有权选聘和解聘物业服务企业或者其他管理人。最高人民法院《关于审理物业服务纠纷案件具体应用法律若干问题的解释》也明确了业主与物业服务企业之间是物业服务合同关系，而非行政管理关系。

五　不动产所有权的其他特殊类型

（一）企业

1. 概述

所谓企业，是指营利性的经济组织。我国有企业法人的特殊称谓，按《民法通则》的分类，其可分为全民所有制企业法人、集体所有制企业法人、中外合资经营企业法人、中外合作经营企业法人和外资企业法人等。在我国还有企业合并、分立等概念，从这个意义上来说，企业也可以作为法律关系的客体而进入市场交易。而既然企业可以作为法律处分的对象，那么就会存在着一个企业的所有权问题。我国的"国有企业"这一称谓，正是表明国家对企业享有所有权的意思。

企业所有权到底是一种什么性质的所有权？对此存在很大的争议。如有人认为它是特别财产所有权，有人认为它是扩大的所有权，有人认为它是经济统一体所有权。但无论这种所有权的性质如何，企业作为一个整体成为所有权的客体，在当事人没有特别约定的情况下，它的转移并不能适用动产所有权的移转规则，即合意加交付的规则，而只能适用不动产所有权的移转规则，即合意加登记的规则。这是因为，企业拥有的财产包括动产和不动产，而不动产是最重要的组成部分；而且按照物权法中的原理，联系在不动产中的动产是从物，而不动产是主物，从物的法律地位应服从主物，故企业整体转让也应服从不动产法的规则。

2. 企业所有权的转让

企业所有权的转让即企业作为一个整体成为交易客体而在不同的民事主体间转移的行为。企业所有权的转让一般是通过当事人间的协议进行的，但如果企业是一个上市公司，则根据我国证券法，应通过要约收购或者协议收购的方式，这种收购方式收购的是上市公司的股份，通过达到控股而控制上市公司，因而交易的客体是公司的股份而不是公司本身。在企业所有权通过当事人间的协议进行转让时，除了一些企业需要主管机关的批准外，其他可由当事人根据法律法规自由进行。但这种一般的协议转让仍要注意区分开债权行为和物权行为。债权行为是当事人间对企业的人、财、物的处理和作价进行约定的行为，这种行为要满足意思表示真实和符合法律规定。物权行为是随后进行的企业的动产和不动产等的移转行为，这种行为也需要有当事人的真实的意思表示，同时要将企业中的不动产进行移转登记，而企业中的动产按主物吸附从物的原则，也随主物的移转而移转。

3. 企业所有权转让的后果

在企业所有权转让后，取得企业所有权而继续经营的，承担原来企业的所有权利和义务。在我国这种转让主要发生在企业的合并中，这时，原来的企业的主体资格消灭，而合并后的企业承担原来企业所有债权债务。变更后的企业要进行变更登记，主体资格消灭的企业要进行注销登记。

（二）森林与林木

森林、林木所有权指对森林享有的占有、利用、经营、开采和对林木享有的占有、采伐、收益的权利。由于森林、林木对国计民生、环境保护和人民健康有重大意义，对森林、竹木的所有权和使用权，国家施加了更多的行政管理，因此这也是一类特殊的所有权。

根据我国《森林法》的规定，森林资源所有权有国家所有权和集体所有权两种；对林木的所有权有国家所有权、集体所有权和个人所有权三种。对这些所有权，除一些特殊类型外，由县级以上地方人民政府登记造册、发放证书，确认森林、林木的所有权归属。实践中对国有森林资源的管理体制是国家所有，分级管理。

从我国法律规定来看，森林和林地是相互独立的两个部分，森林可作为独立的所有权进入交易机制。也就是说，在国家所有的林地上的森林资源，由于土地只能是国家所有，所以林地所有权不可能转让，但森林资源可以转让，也可以作价入股或者作为合资、合作造林、经营林木的出资、合作条件。对国家所有的林地，集体和个人可以取得使用权。

六　准不动产所有权

车辆、船舶、飞行器等，从它们的自然状态来看属于动产，但由于其价值远远超过一般动产，为保护交易安全，立法便将这些动产视为不动产，在法学理论上，称它们为准不动产。这一点我们在《民法总论》以及上文都已经谈到过。准不动产在物权变动方面实行不动产的规则，而不是实行动产的变动规则。也就是说，这些物的物权变动，并不是遵循动产的合意加交付规则，而是遵循在合意的基础上，以登记为物权变动的生效要件，或者不经登记不得对抗第三人。

但是应该注意的是，我国现行立法中的车辆以及船舶的登记，仍然属于行政管理性质的登记，登记本身没有和物权变动的制度相联系；登记所确定的效果，是一种"上路权"或者"行驶权"性质的效果，即登记之后才准许上路或者通行的权利。从这一点可以清楚地看出我国登记制度在这一方面的缺陷。而航空器方面的登记，在我国目前还没有开展，因为航空器的拥有在中国还只限于"国有企业"范围内。

（一）车辆

依据我国《道路交通安全法》的规定，车辆主要是指"机动车和非机动车"，机动车是指"以动力装置驱动或者牵引，上道路行驶的供人员乘用或者用于运送物品以及进行工程专项作业的轮式车辆"；非机动车是指"以人力或者畜力驱动，上道路行驶的交通工具，以及虽有动力装置驱动但设计最高时速、空车质量、外形尺寸符合有关国家标准的残疾人机动轮椅车、电动自行车等交通工具"。

将车辆区分为机动车与非机动车，并对二者适用不同的法律规则，是我国目前对车辆进行规范的基本做法。根据《道路交通安全法》第12条的规定："有下列情形之一的，应当办理相应的登记：（一）机动车所有权发生转移的；（二）机动车登记内容变更的；（三）机动车用作抵押的；（四）机动车报废的。"可知机动车在我国法律中，其物权变动是必须以登记作为要件之一，因此其法律地位类似于是不动产，也就是可作为准不动产看待。

而有关非机动车的物权变动则不需要以登记作为要件，因此，非机动车在我国法律中仍然被视为动产。但根据《道路交通安全法》第18条"依法应当登记的非机动车，经公安机关交通管理部门登记后，方可上道路行驶"的规定，我国法律对某些非机动车也规定了登记。这种登记跟对机动车的物权变动实行的登记并不相同，而是和该法第8条"国家对机动车实行登记制度。机动车经公安机关交通管理部门登记后，方可上道路行驶。尚未登记的机动车，需要临时上道路行驶的，应当取得临时通行牌证"规定的登记相同。也就是说，我国对车辆实行了两种不同的登记制度，其中一种登记是基于行政管理的需要，如未履行该种登记的，车辆不得"上道路行驶"，因此这种登记的主要目的在于交通安全管理。另外一种登记是作为物权变动要件之一的登记，这种登记只适用于机动车，其目的是为了对外公示以产生排他的效力。

（二）船舶

在德国法中，船舶和正在建造中的船舶被视同为房屋一样的不动产。这样不动产法的规则就被引入到有关船舶的法律规范中。德国法对船舶在以下方面适用不动产法的原则：（1）登记规则。德国船舶与不动产的地籍一样也有船籍，船舶的登记分为三种，即海洋船舶登记、内河船舶登记和建造中船舶登记。同时，船舶上的各种物权也必须登记。（2）物权法定原则。在船舶上设置的物权的种类有明确的限制，其种类远远小于不动产物权。（3）公示原则。船舶物权的设立及其变更必须以登记作为公示方式。

根据我国有关法律规定，船舶所有权的取得、转让和消灭，应当向船舶登记机关登记；未经登记的，不得对抗第三人。这同动产所有权依交付而转移完全不同。

（三）飞行器

我国《民用航空法》第14条规定，民用航空器所有权的取得、转让和消灭，应当向国务院民用航空主管部门登记；未经登记的，不得对抗第三人。第16条规定，设定民用航空器抵押权，由抵押权人和抵押人共同向国务院民用航空主管部门办理办理抵押权登记；未经登记的，不得对抗第三人。

⌜复习题⌟

1. 你的邻居总是在深夜里弹琴、听音乐、看球，音量很大，吵得你无法入睡。你准备诉诸法律，你的法律上的理由是什么？

2. 经济学上有一个著名的假说，叫"公地的悲剧"，大意是说公有的草地上，大家都会尽量增加羊的数量，结果草地受到永久性的破坏；但如果明确草地的产权，这种情况就可以避免。我国土地属于国家所有和集体所有，这些是不是都是"公地"？土地资源在我国又是一种怎样的使用情况？

3. 请分析建筑物区分所有权的具体内容。

4. 我国立法对准不动产登记采用的规则是这些动产的处分必须登记。为什么我国在登记的效果上，规定"不登记不得对抗第三人"而不规定"不登记则不生效"？

⌜案例分析⌟

（一）建筑公司抵押贷款案

一个房地产建筑公司因经营需要向银行借贷，银行要求债务人抵押担保，于是银行和该建筑公司订立了以建筑公司的三辆大型建筑车辆为标的物的抵押合同。抵押合同订立后，双方当事人并没有进行抵押权的设定登记。不久建筑公司将抵押合同指定的三辆车中的两辆出卖给了另一个建筑公司。后来，由于"抵押人"建筑公司到期不能偿还银行贷款，银行向法院提出要求以抵押的车辆拍卖还贷。法院判决认为抵押合同的订立意思表示真实一致，因而有效，于是法院根据这个合同将出卖的两辆车追回，偿还了银行的贷款。本案中法院的做法是否正确？

提示：请根据区分原则和物权公示原则进行分析。

（二）白菜主张采光权案

2008 年春，杨某在自己家自留地里种了大白菜等经济作物，但紧接着同村的曹某在紧挨着杨某菜地的东侧种上了杨树苗。这些小树苗生长很快，当年就长了两三米高，使杨某的白菜生长受到了严重影响。第二年，在杨某又种上白菜之后，杨树已长到六七米高，将白菜地的阳光遮住，致使白菜在秋天还没裹紧菜心。杨某向法院起诉。此案应如何处理？

提示：请根据相邻权制度进行分析。

（三）土地改革"南海模式"案

从 20 世纪 90 年代开始，广东南海以股权配置、股权界定、股权流转为突破口，对农村集体土地所有制进行了大胆探索和改革。通过这种改革，将集体与成员之间的关系股份化，使成员对集体享有真正的民法上的权利义务关系，而集体真正享有法律上的所有权。这一做法与我国现行立法关于农村土地所有权的规定是不一样的。现行立法中的农村集体中的农民，虽然也是集体的成员，但是对于集体财产却没有明确肯定的份额性质的民事权利。

请对此现象予以分析。

提示：这表明了我国现有的集体土地所有权和广东南海这两种集体所有权之间的差异，请你予以认真思考。

（四）小区停车场争议案

据 2003 年 9 月 26 日《北京晚报》报道，某小区入住后，停车场是小区内一片临时的开阔地，业主的车大都随意停放。但没过多久，停车场挂出牌子，称物业管理公司已经申请办下来手续，该停车场变为经营性停车场，每辆车每月要缴纳 150 元的停车费，否则不能进。同时开发商为了促销房屋，在销售的过程中还不断将停车场卖出。结合本节学过的知识，试评价这些行为。

提示：请根据建筑物区分所有权以及合同法的相关知识进行思考，并参考我国《物业管理条例》。

（五）开发商保留建筑物外墙设置广告案

深圳某开发商在售楼时同业主约定，出售的楼房室内属于业主，但是室外的外墙尤其是朝向大街的外墙属于自己保留的所有权，以便于自己以后出卖广告场地。假如你是其中一个业主，你会如何处理这件事？

提示：请根据建筑物区分所有权的理论进行分析。

（六）大安公司收购美天康公司案

2009 年 3 月 30 日，美天康公司与大安公司签订了《企业收购协议书》。约定：美天康公司的企业全部资产（包括注册资本 52 万美元折合的 443 万元，后续投入的资本 300 万元和该款利息 40 万元，美天康公司尚有的应付款 56 万元），作价 839 万元出让给大安公司。美天康公司现有占地 2573.6 平方米的场地及 1400 平方米的厂房、办公楼和锅炉房，其产权非美天康公司所有，美天康公司与出租方签有 20 年的使用协议书。美天康公司保证在大安公司收购的同时，将承租方变更为大安公司并重新签约；美天康公司同意在出让企业产权的同时，将美天康益智宝胶丸产品的现有技术及现有生产批号全部转让给大安公司所有。假如你是大安公司的律师，你会如何操作这起企业并购案？假如场地使用权、厂房、办公楼和锅炉房也为美天康公司所有，则又如何？

提示：请注意企业买卖的特殊规律，并请你参考我国公司法的相关规定。

（七）飞行器一物二卖案

A 拥有一架小型直升机，现在他把直升机转让给了 B，并已进行交付，但没有登记。后来，A 又把这架飞机卖给了 C，并进行了登记。后来，C 在向银行贷款时提出将这架飞机进行抵押担保。B 知道后，向法院提出了撤销 C 的抵押行为的诉讼。如果你是法官，你将如何处理此案？

提示：请参照区分原则和物权公示原则。

第四节　动产所有权

一　动产所有权的概念、特征与意义

所谓动产，是指性质上可以移动且这种移动不会减损其价值的物。因此，与其称为动产，不如称之为可动之物更确切些。民法关于动产与不动产的分类方法，是先界定不动产，除此之外的其他财产则为动产，如珠宝、图书等。所谓动产所有权，指的就是对这些可动之物享有的占有、使用、收益和处分的权利。

由于动产所有权也是一种重要的所有权，所以关于所有权的特征如支配的完全性、圆满性和永久性等，动产所有权也都应该具备。但同不动产所有权比较起来，动产所有权也具有以下特殊性。

1. 所有权标的物的特殊性

不动产所有权的标的物一般只能是固体；而动产所有权的标的物既可以是固体，也可以是液体、气体。

2. 所有权标的物的取得方式不同

不动产所有权标的物的取得主要通过传来取得，原始取得的方式比较少见，因此不动产所有权取得的原因主要是法律行为；而动产所有权标的物的取得既有传来取得，也发生大量的原始取得，所有权取得的原因既可以是法律行为，也可以是事实行为或其他法律原因。

3. 权能分离的法律规制不同

不动产因资源稀缺，能真正获得所有权的人少之又少，为满足不能获得所有权人的需要并促进物的有效利用，法律设计了完善的非所有人利用不动产的方式，这表现为不动产用益物权特别发达，而以动产为标的的用益物权则极为罕见。

4. 国家干预的程度不同

不动产因为在社会生活中的重要性，国家往往给予更多的干预，在不动产权利变动过程中，国家出于权利安定性的考虑，一般要求进行不动产变动登记；而动产因重要性程度相对较低，对动产的干预则相对要少，在动产权利变动时，法律一般要求能显示权利变动的占有交付即可。

一般情况下动产价值不如不动产重大，所以在物权法中，动产所有权制度的地位相对弱化一些，物权法法律规范的重心一般都是放在不动产物权。但近代以来，随着大工业的发展，动产价值日益增大，一些动产如飞机、船舶、机器等价值已不亚于不动产，而一些特殊类型的动产如有价证券已成为经济生活中的重要部分。因此，关于动产的法律制度也获得越来越重要的位置。

二 动产所有权取得

（一）依法律行为取得

所有权依法律行为取得必须满足两个方面的要求：一是能体现当事人真实意志的意思表示一致；二是这种变动必须以一种可以公开的、能够表现这种物权变动的方式加以公示。不动产所有权取得的公示方式是登记，动产所有权的公示方式，为动产的占有交付。

关于交付的规则，上文在"物权变动"一章已经详细讲授过。尽管如此，在此简单教授还是必要的。动产交付的类型可分为直接交付和间接交付。直接交付就是以物权受让人成为直接占有人的交付，即由物权受让人直接占有交付标的物的交付。间接交付主要指交付替代和占有改定两种情形。交付替代，指动产物权出让时物尚为第三人合法占有，物权出让人以向受让人移转该物的物权请求权代替实际交付的情形。占有改定，指的是在动产物权出让时而出让人必须继续占有该项动产的情况下，出让人与受让人之间约定一项由受让人取得间接占有的法律关系，以替代物的交付的协议。交付替代和占有改定在市场经济以及人民群众的生活中具有不可磨灭的价值，我国《物权法》第 26 条、第 27

条分别承认了这两项制度。

除交付外，动产物权的另一个公示方式是占有。交付是一种动态的公示方式，而占有则是静态的公示方式。动产的占有，即动产的事实控制状态。占有作为动产物权的公示方式，所发挥的作用就是以占有的事实状态被"推定"为正确的权利占有或者"善意占有"，并获得法律的保护。

（二）从无权利人处取得与善意取得制度

所谓从无权利人处取得，指的是在出让人无权处分一项动产而受让人对此为善意时，受让人仍然可以取得该项动产的所有权的制度。此处所说的"无权处分"，指的是没有处分权而行使处分权的行为。比如占有人没有所有权而将所有权转让给他人。请注意这个概念和《合同法》第51条规定的差别，对此上文已经多次讲到。

"从无权利人处取得"① 制度是专为保护第三人而建立起来的一项制度。这个制度的根据是由物权行为建立起来的无因性理论（按这种理论诞生地的称呼，即为抽象性原则），所谓抽象性原则，即第三人作为物权取得人，其所取得的物权不受其前手交易的瑕疵的影响，直接受法律保护的原则。抽象性原则建立的基本根据，是物权出让人与物权受让人之间独立物权意思表示的外在表现方式——即不动产物权登记和动产占有的交付的客观事实，法律依此建立不动产登记的权利正确性推定作用和动产占有的权利正确性推定作用的原则，在第三人根据不动产登记簿取得不动产物权时，原则上即应对第三人的物权取得提供保护。第三人根据占有的状态取得动产物权的，也是如此。这样，即使物权出让人的权利有瑕疵，甚至无权利，但是第三人照样可以取得物权。《物权法》第106条事实上很大程度上接受了这一理论。②

"从无权利人处取得"制度的建立有利于对交易安全的保护。依据这一规则，动产所有权的成立要件为：

第一，权利出让人占有标的物但权利有瑕疵或根本对标的物无权利。权利出让人虽有占有权利的外观，但本身并无对标的物所有权进行处分的权利。只有权利出让人有占有的外观可资信赖，受让人才有善意

---

① 对此的讨论，也可以参见拙著《中国物权法总论》（第二版），法律出版社，2009，第172～178页。

② 对此有兴趣的，可以参阅孙宪忠更为细致的讨论，即《中国〈物权法〉中物权变动的法理简述》，《法学研究》2008年第3期。

可言，因此权利出让人的占有为"无权利人处取的"的前提条件。

第二，权利受让人基于交易行为取得对动产的占有。因为"从无权利人处取得"制度的目的就是为了保护交易安全，因此并不适用于非基于交易的法律事实。这一交易行为除需要满足法律行为的一般要件之外，还需要有动产的交付占有。

第三，权利受让人需为"善意"。这种善意并非善意取得制度所确立的主观善意主义，而是通过外在公示显示的客观善意主义。也就是说，传统善意取得制度确定善意的标准为受让人对标的物属于他人所有不知情且这种不知情不能归因于当事人的过失，而"无权利人从取得"的"善意"的标准为让与人有对动产的占有这样一种客观事实。

但所有人因被盗、遗失或其他事由而丧失动产的占有时，这些物的善意受让人并不能取得所有权，但这种情形也有例外，即这种情形并不适用于金钱、无记名证券及通过公开拍卖而让与的动产。在受让人因"从无权利人处取得"取得动产所有权之后，原所有人即丧失了对动产的所有权，且不能要求受让人返还动产的所有权，原所有人只能要求权利的出让人赔偿损害。

（三）添附

1. 附合

附合，指物与物相互紧密联结形成新物，在法律上或者经济上已不可分割的事实。动产所有权的附合取得也只是所有权的附合取得的一种形式，即一项动产因人为的原因或者自然的原因附着于其他动产的事实，使得其中的一个动产所有权人取得附合的动产的所有权，或者由所附合的动产所有权人享有共同所有权。动产所有权的附合取得，也是法定取得，取得人的善意与否对附合取得不起作用。取得人即使为恶意，也同样取得附合的动产的所有权。

动产附合的效力为：第一，如各附合的动产之间没有主物和从物关系的，各所有权人因附合取得共同所有权。第二，如附合的动产之间有主物和从物关系的，由主物的所有权人取得从物的所有权。因从物原来所有权消灭，从物之上第三人的权利也同样归于消灭；从物的原所有权人可以向主物的所有权人提出不当得利的请求权，要求获得金钱赔偿。

2. 混合

混合，指数项动产相互混合或者融合而不能分开，或者混合、融合后的分割费用过大而不经济的事实。因混合而形成的动产，称为混合物。

构成混合的条件为：第一，须动产与动产混合。第二，须数项动产的所有人各异。第三，须混合后的动产之间不能分离或分离费用过大。

混合的法律效果为，如在混合物之间没有主物和从物的分别时，由原所有人共同取得混合物的所有权；如混合物之间有主物和从物的分别时，由主物的所有权人取得混合物的所有权，但从物的原所有权人可以要求金钱赔偿。

3. 加工

加工，指用他人的数个原材料进行工作，或者对他人之物进行改造，从而生产出一个新动产的事实。

加工的构成必须具备如下因素：第一，加工人对加工物不享有所有权，即加工只能是对他人的原材料或者他人的动产而言。第二，加工必须是有经济意义的劳动。第三，加工必须有创造出新产品的事实，未制造出新产品的加工不适用物权法的所有权取得的规则。第四，加工人和加工物的所有权人之间尚没有法律关系，或者他们之间的法律关系无效。如果他们之间预先存在法律关系，则按该法律关系处理，并不需要加工的法律规则。

加工的物权效果，存在着材料主义与加工主义的对立，即加工后形成的物的所有权的归属，是属于材料所有人还是属于加工人。现代各国，对此存在着两种对立的立法例：第一，以材料主义为原则，以加工主义为例外。以法国民法、日本民法为代表。如日本民法规定，为他人动产加工时，加工物的所有权属于材料所有人，但因其加工致价格显著超过材料价格时，加工人得取得该物的所有权。第二，以加工主义为原则，以材料主义为例外。以德国民法、瑞士民法为代表。如德国民法规定，将一项或数项材料制成一个新的动产的人，取得对新物的所有权，但以加工或改造的价值不显然少于材料的价值为限。但无论是加工人还是原材料的所有权人取得制成物的所有权，未取得所有权的一方可根据不当得利的规定，向对方提出损害赔偿的请求权。

中国《物权法》没有规定添附制度，从法理上看，这当然是一个不足。该法第115条规定的"主物与从物"之间的关系，并不能全部反映添附的制度内容。因为"主物与从物"的关系主要解决主物转移时从物的归属问题，而添附制度主要解决静态情况，物权尤其是所有权的确定问题。对此，如遇司法问题，可以参照学者建议稿分析。

（四）拾得与先占

1. 拾得

拾得，即对遗失物的发现。拾得并不是动产所有权的取得方式。如德国民法规定，虽然拾得人因拾得行为可以获得报酬，但拾得人不能无条件地取得拾得物的所有权（只有在遗失物转化为无主物后才能发生先占取得）。根据拾得，也不能发生自主占有，更不能一开始就发生先占取得。

拾得的对象为遗失物。所谓遗失物，指权利人失去占有，但没有失去权利的动产。遗失物不是无主物，对遗失物不能由拾得人先占取得其所有权。遗失物的发现是一种事实行为，它的成立不取决于拾得人是否有行为能力，无行为能力人或限制行为能力人也可以发生拾得的事实。

拾得人的主要义务有：第一，交还遗失物或金钱的义务，因为拾得人对于遗失物的占有属于无权占有，其返还物的责任是从一开始就存在着的；第二，通知遗失人、所有权人、有权受领人的义务，当拾得人不认识这些人或不知他们下落时，应向公共权力机关报告拾得遗失物的事实，送交公安等有关机关；第三，将遗失物交付官方机构保管的义务，很多国家对此没有明确规定，中国物权法明确要求，拾得人应该将拾得之物"送交有关部门"（《物权法》第111条）；第四，对拾得物暂时保管的义务，拾得人在遗失物送交有关部门前，应当妥善保管遗失物。因故意或者重大过失致使遗失物毁损、灭失的，应当承担民事责任。

拾得人的主要权利有：（1）对报告和保管支付的费用，有权要求遗失人返还。（2）有权根据法律规定的标准领取报酬，在物权法制定过程中，一些非专业的观念认为，规定拾得人索取报酬的权利，违反了中华民族拾金不昧的优良传统。对这些争论，《物权法》第112条第1款规定："权利人领取遗失物时，应当向拾得人或者有关部门支付保管遗失物等支出的必要费用。"依据这一规定，拾得人是否有权利索取报酬已经有了明确的答案。（3）在一定条件下取得遗失物所有权，遗失物在被拾得后一定期限内未被认领的，官署或有关机关可将遗失物或其拍卖所得价金，交给拾得人所有。但中国《物权法》第113条规定："遗失物自发布招领公告之日起六个月内无人认领的，归国家所有。"这样的规定，显然是受旧意识形态的束缚制定的。在这里，需要提出的问题有："国家"到底是谁？遗失物最后归于"国家"并且否定给予拾得人报酬，建立遗失物拾得制度的目标将如何实现？规定这样的制度有没有必要？对此，敬请各位思考。

2. 先占

所谓先占，指对无主的动产以自主占有的意思取得占有，自取得占有时取得该动产的所有权的事实。先占是罗马法以来法律一般均予以承认的制度，不过在现代法律中，依先占取得所有权一般是仅仅以动产为客体，对不动产所有权的先占取得除国际法之外少有承认的立法例。对先占的地位，先占是狩猎游牧社会取得所有权的主要手段，目前已丧失其重要性，但作为所有权起源的一种理论，仍受重视。

先占取得虽然需要有取得人积极地实施自主占有的行为，但它在性质上属于原始取得，而不是依法律行为取得。因为，取得人之所以能够取得该所有权，是基于法律的规定，而不是基于物的原所有人的意思表示。因此取得人是否有行为能力并非先占取得的要件。先占在性质上属于事实行为，而不是法律行为。

先占的构成要件：第一，客体必须是无主的动产。所谓无主，即物上没有任何人的所有权。无主物的产生，可能是物上本来无权利，也可能是权利人抛弃了权利。第二，需以所有的意思占有无主物。所谓以所有的意思，指的是有将占有的动产归自己管领支配的意思。

（五）对果实的权利

这种制度要解决的是土地的果实、土地上的植物的果实甚至动产的果实在与其母体分割后的所有权的归属问题。从法理上说，在果实与其母体分割前，是母体的必要组成部分，在法律上不可能独立地移转，但果实在与母体分离后，就成为独立的动产，因此就发生了动产的归属问题。这个问题之所以有必要提出来，原因在于在某些情况下，物本身的一部分与物发生分离的现象也是常见的，这种分离同样可以参照果实权利的取得规则。

果实取得的基本规则主要有以下几点。

第一，果实取得的基本原则是，在法律没有其他规定的情况下，由母体物的所有权人取得果实的所有权。

第二，母体物的所有权人许可他人取得果实，而且此人已经获得对果实的占有时，自果实与母体分离时由此人取得果实的所有权。

第三，物的善意自主占有人，自果实与母体物分离时，取得果实的所有权。但是，占有人自非善意时起，不得享有这一权利。

第四，对物享有用益物权而且就行使该权利占有物的，自果实与母体物分离时，取得果实的所有权。

第五，对物享有其他物权的，在不违背以上第一、第二、第四项所列举规则的前提下，自果实与母体物分离时，也有权取得果实的所有权。

（六）时效取得

动产的时效取得，同不动产不同之处在于动产的取得时效一般比不动产的取得时效要短，如德国民法中规定的不动产取得时效是 30 年，而动产的取得时效是 20 年。

三　动产所有权消灭

动产所有权可因下列原因而消灭。

（一）出让

在法学上，通常把某物的所有权永远不再存在的现象称为所有权的绝对消灭；把所有权并不消灭，而只是所有权从一个人的手中转移到另一个人手中的现象称为所有权的相对消灭。因为出让只是导致所有权从一个人手中转移到另一个人手中，所以因出让而导致的动产所有权消灭只是相对消灭。

动产出让是一种法律行为，因这种法律行为原所有人丧失了动产的所有权，而受让人取得了该动产的所有权。既然是法律行为，就必须遵循物权变动中原因行为与结果行为的区分原则，即以发生物权变动为目的的基础关系，主要是合同，属于债权法律关系的范畴，其成立及生效应依据债权法的成立生效要件，这是物权变动的原因行为；而物权变动的结果是直接发生物权变动的法律行为，因为这种物权有绝对效力，可以发生排斥第三人的效果，因此就必须以适当的方式将这种变动公示出来，在物权法上，对动产所有权的物权变动的公示方法就是交付。在动产原所有人和受让人形成物权变动的意思表示一致并由原所有人将动产交付于受让人后，动产所有权才能发生转移。

动产所有权出让发生物权变动的直接要件是当事人之间的合意和交付。一项合意应该具备以下要件：第一，有确定的标的。第二，有确定的受让人。第三，有确定的权利范围，即动产所有权人出让的是一个完整的所有权，而不是仅仅向受让人转移物的占有，也不是向受让人转移该动产所有权的份额。第四，出让人必须是动产的所有权人或者他的代理人。

交付应具备的要件是：第一，出让人不再保留任何意义上的占有，包括直接的、间接的、借助于占有服务人的占有等。第二，受让人取得对物的占有。该项占有可以是直接占有，也可以是间接占有。第三，交付必须具有完全性和彻底性。

出让的效果是，原所有人的所有权消灭，受让人取得所有权。因为受让人取得动产所有权是基于法律行为，是一种继受取得而不是原始取得，因此存在于动产上的权利上的瑕疵并不消灭，也由受让人继受。

（二）自然消灭

所谓动产所有权的自然消灭，指的是因自然原因导致动产本身灭失，动产所有权因标的物不再存在而归于消灭。动产所有权的自然消灭因为是所有权永远不再存在，所以是所有权的绝对消灭。自然消灭的原因并不是基于法律行为，因此不能适用法律行为的规则。

（三）剥夺

动产所有权的剥夺只能基于国家权力。这是一种国家基于公权力而对公民、法人财产的强制取得行为。由于政府通过剥夺取得财产是一种最简便的方式，因此政府总会有运用这种方式的冲动。我国作为发展中国家，公共建设的任务繁重，因此政府更愿意通过这种方式加快公共建设，并且我国长期实行的是计划经济体制，政府公权力相对自然人、法人的民事权利更加强大，也客观上为政府动用这种公权力创造了条件。

剥夺财产的行为同现代社会保障基本人权的思想相悖，也不利于社会财富进取心的培育和法治建设的完善，为此，有必要对公权力的剥夺行为进行限制。在物权法立法中，这种限制表现为设置一定的实体要件和程序要件：（1）剥夺所有权只有为公共福利的目的才能被允许。（2）必须按法律规定的损害赔偿方式和措施进行赔偿，该赔偿必须对公共利益和当事人的利益进行公平的衡量之后确定。（3）剥夺必须严格依照法律规定的程序进行，在当事人就损害赔偿的数额有争议时，当事人可以就这一争议向法院提起诉讼。（4）剥夺不得适用于商业目的。

在公民、法人的动产被剥夺后，其原有的所有权消灭，国家取得对动产的新的所有权，由于这种取得是基于法律的强行规定，因此国家取得的新所有权是一个完整、无瑕疵的所有权。

复习题

1. 从各种动产的取得中，可以看出其背后隐藏的民法对一些基本价值的追求，试分析这些基本价值是什么，这些制度是如何去体现的。

2. 动产所有权因出让而消灭和因剥夺而消灭有什么不同？

案例分析

（一）塞维里诺·安蒂诺里基因买卖案

塞维里诺·安蒂诺里是一个意大利妇产科专家。他曾于 1994 年帮助一名 62 岁的妇女成功怀孕并分娩，使该名妇女成为当时世界上年龄最大的产妇。他还曾在巴尔干半岛国家和西西里岛采集妇女的卵子，从事基因买卖生意。此案中基因也是民法中的物，但基因能否算是动产？基因所有权的转移应遵循怎样的规则？

提示：请回顾民法总论中有关物的知识，再考虑伦理要素。

（二）国民党出售党产纠纷案

台湾"总统"大选结束，财力拮据的国民党计划出售中视、中广等媒体。但此举遭到"新闻局长"林佳龙的反对，林佳龙认为："这个电波频率的所有权是全民的，他（国民党）当然可以去把他的电视台卖掉，但是电波频率是不能跟着卖，尤其在数位化之后，一个频道变成三个频道甚至六个频道，如果这个都可以拿来卖的话，以后我们'国家'所有的有线电波频率，这些频道资源就会落入到个人或财团的手里。"林佳龙所引用的，是台湾"广电法"第 4 条，当中规定：广播、电视使用的电波频率，为'国家'所有，因此不得租赁、借贷或转让。

如果电波频率可以卖的话，它是不动产还是动产？它的所有权转移又应遵循怎样的规则？

提示：参照本章论述的动产所有权移转的规则。

（三）小提琴归属案

甲有小提琴一把，现将其出卖与乙，约定于 3 月 3 日交琴。甲于 3 月 3 日向乙表示愿意让与该琴所有权，但因参加比赛想借用 3 天，乙同意之，并开具支票支付。甲又于 3 月 4 日将该琴出售于丙，并根据让与合意交付之。

（1）本案甲与乙为什么法律关系？
（2）本案甲与丙为什么法律关系？
（3）最后谁取得了小提琴的所有权？

提示：根据区分原则和物权公示原则进行分析。

（四）杨成宝牯牛丢失案

杨成宝是从事长途贩运菜牛的个体户。2008 年 12 月 12 日，在运菜牛从江西出发到达浙江时，一头牛从汽车上挣脱落下，被倪有根发现牵回家中，并将牛的脚伤治好。杨成宝经多方寻找最后终于找到牛的下落，但当要求倪有根归还时，倪有根表示：此牛当地可卖1000多元，如要牛，当场付人民币1000元。杨成宝认为这不合情理，只能付治疗、饲养费和少量谢金。

结合学过的知识，请具体分析本案。

提示：本案属于典型的遗失物拾得，请你结合拾得规则和物权请求权规则进行分析。

学术争鸣

关于动产所有权的出让，德国学者萨维尼曾说："交付是一种真正的契约，因为它具备契约概念的全部特征：它包括双方当事人对占有物和所有权转移的意思表示……仅该意思表示本身作为一个完整的交付是不足够的，因此还必须加上物实际占有取得作为其外在的行为，但这些都不能否认其本质是契约……"

而基尔克说："如果在立法草案中以教科书式的句子强行把一桩简单的物品买卖在至少是三个法律领域里依法定程式彻底分解开来，那简直是在理论上对生活的强奸。一个人去商店买一双手套，他要可以一手交钱一手拿货，可他必须瞪大了眼睛提防着要发生的三件事：1. 这是在订立一个债法上的合同，因此而产生的债务关系要清偿履行；2. 缔结了一个与其法律原因完全脱离的以所有权转移为目的的物权契约；3. 在上述两个法律行为之外，必须进行虽然是一项法律'动作'但不是法律行为的交付。这些不是纯属虚构吗？如果现在把实际中的一个统一的法律行为的两种思维方式编造成两种各自独立的合同，那就不仅仅是脑子里怎么想的问题，而是依思维方式的超负荷损害实体权利。"

对以上观点，你的看法如何呢？你能不能同意社会上一切交易行为都是"一马克买一双手套"的行为呢？

第五节　共有

在讲述物权的基本概念时我们曾经以"单一主体的物权和多数主体的物权"来对物权进行了分类，其中简单地讨论了共有。在此我们要比较详细地讲授共有的制度。

以权利主体为单数还是复数，所有权可分为单独所有和共有。单独所有，是指单一主体享有财产的所有权；共有，指两个或两个以上的主体共同享有对某项财产的所有权。在我国现行法律规定与民法理论中，共有又被划分为按份共有和共同共有。

一　共有的概念和特征

所有权共有，指两个以上的主体共同享有一个财产所有权的法律现象。如，两个人共同所有一台电脑，三人共同所有一栋房屋。共有的主体称为共有人，客体称为共有物或共有财产，各共有人之间因财产共有形成的法律关系，称为共有关系。与单独所有权相比，共有具有如下特征。

1. 权利主体的多元性。共有的主体是两个以上的自然人或法人；但多数人共同所有一物，并不是说共有是多个所有权，在法律上，共有物只有一个所有权，而由多人享有。

2. 权利客体的统一性。共有物通常表现为一项尚未分割的统一财产，共有物是特定的，它既可是独立物，也可是集合物。在共有关系存续期间，共有人不能分割共有物，也不能分别对共有物的某一部分享有所有权；每个共有人的权利及于整个共有物，因此，共有不是分别所有。

3. 在内容上，各共有人对共有物或者按照一定的份额享有权利、负担义务，或者依据平等原则享受权利与义务。

共有不同于公有。"公有"一词在我国具有双重含义，一是指公有制，二是指一种财产形式。公有与共有在法律性质上是不同的，这表现为：（1）共有的主体是多元的，公有财产的主体是单一的。在我国，公有的主体为国家或集体经济组织。全民公有的财产属于国家所有，集体公有的财产则属于某一个集体组织所有。（2）公有财产完全独立于个人财产而存在，它既不能实际分割为个人所有，也不能由个人按照一定的份额享有财产权利。在法律上，任何个人都不能成为公有财产的权利主体。在共有关系中，财产并未脱离共有人而存在。共有物在归属上为共有人所有，为全部共有人的财产。因此，单个公民退出或加入公有组织并不影响公有财产的完整性；但是，公民退出或加入共有关系，则会对共有物发生一定影响。公有到底是不是一个法律概念，或者在民法上如何规范公有是一个需要进一步研究的问题。笔者认为，公有在我国主要指一种财产所有制形态，是一个典型的政治经济学概念，具有强烈的意识形态或政治色彩。该概念在民法上应该予以摒弃。

共有在我国的法律规范基础是《民法通则》第78条和《物权法》第八章的规定，这些规定将共有划分为两种，即按份共有和共同共有。

二　按份共有

（一）按份共有的概念

按份共有，是指两个以上的主体按照各自的应有份额对一物享有的所有权。《物权法》第94条规定："按份共有人对共有的不动产或者动产按照其份额享有所有权。"在按份共有中，各共有人的份额，一般称为应有份，其通常按照下列方式确定：一是如果按份共有是基于各共有人的意思表示成立的，应有份额依照共有人之间的约定确定；如果各共有人之间无特别约定，依照他们之间的出资比例确定。二是按份共有如果是基于法律的规定而成立的，依照有关法律规定确定各共有人之间的应有份额。三是通过上述方法仍然无法确定的，则推定各共有人的份额均等。（《物权法》第104条）

（二）按份共有人的权利和义务

按照中国物权法的规定，按份共有人的权利大体上包括以下几项。

第一，共同财产管理权。

按照《物权法》第96条的规定，共有人按照共同关系成立的约定行使对共同财产的管理权。没有约定或者约定不明确的，各共有人都有管理的权利和义务。在不妨害其他共有人使用的限度内，各个共有人有权按照他的应有份额对共有物全部使用、收益。各共有人对共有物的使用、收益超过应有限度的，除全体共有人另有约定之外，应当征求其他共有人的同意。除另有约定之外，共有物由共有人共同管理。当然，各个共有人有权单独对共有物进行必要的保护。

第二，处分、重大修缮的参与权和决定权。

按照《物权法》第97条的规定，处分共有财产以及对共有财产作重大修缮，应当经占份额2/3以上的按份共有人或者全体共同共有人同意，但共有人之间另有约定的除外。对共有物的改良，不得任意进行。对未同意的共有人造成损害的，同意改良共有物的人有重大过失时，应承担连带赔偿责任。

第三，共有份额的处分权，以及其他共有人的优先购买权。

各个共有人可以自由地对他的应有份额进行转让、设定负担或者抛弃，《民法通则》第78条第3款规定："按份共有财产的每个共有人有权要求将自己的份额分出或者转让……" 分出是指按份共有人退出共有，将自己在共有物中的份额分割出去；转让是指共有人依法将自己在共有物中的份额转让给第三人。《物权法》第 101 条也明确规定："按份共有人可以转让其享有的共有的不动产或动产份额……"

共有人转让他的应有份额时，其他共有人在同等条件下，有共同或者单独优先购买的权利。但共有人之间另有约定的除外。根据《民法通则》第 78 条和《物权法》第 101 条的规定，共有人出售其份额，"其他共有人在同等条件下有优先购买的权利"。整个共有物的转让、设定负担、抛弃、事实上的处分或者变更它的使用收益方法等，必须得到全部共有人的同意。但是，共有人之间另有约定的除外。共有人没有约定时，共有人中的一人抛弃他的应有份额，或者共有人死亡后没有继承人的，他的份额归属于其他共有人。共有人关于使用、收益以及管理的约定，对共有人的继承人或者取得共有人应有份额的人，具有同样的约束力；但共有物如果是不动产，不经过登记对取得人不产生效力。各共有人可以作为所有权人就共有物的全部向第三人提出请求，但是返还共有物的请求，只能为全体共有人的利益提出。上述所称"请求"，为基于所有权的请求权，具体包括返还原物请求权、排除妨害请求权、消除危险请求权；所谓"为全体共有人的利益提出"，是指请求将共有物返还给共有人全体，而不是返还于请求返还的共有人自己。

第四，对于共有财产的分割权。

各共有人可以随时要求分割共有物，但因共有物继续供他物的使用而不能分割或共有人之间约定有不可分割的期限时除外。转让或分出应有份额，一般不受时间限制，在共有关系存续期间，共有人可自由行使该权利。但是，如各共有人事先约定，在共有关系存续期间，不得转让和分出应有份额的，该约定被视为各共有人自愿放弃转让或分出其份额的权利，任何共有人如转让或分出其份额，均构成对其他共有人的违约行为。但共有人有重大理由需要分割的，可以请求分割。但因分割对其他共有人造成损害的，应当给予赔偿。按份共有人的份额具有所有权的某些效力，如按份共有人死亡以后，其份额可以作为遗产由继承人继承。

未经全体共有人的同意，擅自对共有物进行法律上的处分的，对其他共有人不产生法律效力。如果其他共有人事后追认该行为，则该处分行为有效。如果转让的共有物为动产，受让人取得该动产时出于善意，可以按善意取得的原则处理。未经全体共有人的同意，擅自对共有物进行事实上的处分，如毁弃共有物，应对其他共有人负侵权行为责任。

第五，共同债权的请求权。

对基于共有物而产生的债权，在对外关系上，共有人享有连带债权，但法律另有规定或者第三人知道共有人不具有连带债权关系的除外；在共有人内部关系上，除共有人另有约定外，按份共有人按照份额享有债权。如果债权是可分的，各共有人仅按他的份额向第三人提出请求；如果债权是不可分的，各共有人可以为全体共有人的利益提出请求。

根据中国《物权法》的规定，按份共有人的义务主要有以下两项。

第一，对于共有物负担的义务。

共有物以及共有关系的管理费用及其他负担，有约定的，按照约定；没有约定或者约定不明确的，按份共有人按照其份额负担。由各共有人按照他的份额比例分担，但共有人另有约定的，根据他们的约定处理。共有人中一个人支付的费用数额超出他的应分担的部分时，有权向其他共有人按他们各人应承担的部分请求偿还。

第二，对于共同债务的承担。

因共有物产生的对第三人的义务，在对外关系上，共有人承担连带债务，但法律另有规定或者第三人知道共有人不具有连带债务关系的除外；在共有人内部关系上，除共有人另有约定外，如果义务是可分的，由共有人按照他的份额分担义务；如果义务是不可分的，由各共有人承担连带责任。偿还债务超过自己应当承担份额的按份共有人，有权向其他共有人追偿。

按份共有因共有人之间的协议、共有物归于一人所有、共有物丧失和被转让等原因而消灭。

三 共同共有

(一) 共同共有的概念和特征

共同共有，指两个以上的主体不分份额地对一物享有的所有权。因各个共有人对共有物无份额之分，所以，各共有人的权利遍及于共有物全部。《物权法》第95条规定："共同共有人对共有的不动产或者动产共同享有所有权。"共同共有的特征是：(1) 共同共有根据共同关系而产生，以共同关系的存在为前提，如夫妻关系基础上的夫妻财产共有关系、家庭关系上成立的家庭财产共有关系。（2）在共同共有中，共有物不分份额。在共同共有关系存续期间，共有人对共有物不划分份额。只有在共同共有关系终止后，才能确定各共有人的份额，以分割共有财产。（3）在共同共有中，各共有人平等地享受权利和承担义务。即是说，各共有人对整个共有物享有平等的占有、使用、收益和处分的权利，同时对整个共有物平等地承担义务。

在司法实践中，应正确区分共同共有和按份共有，以利于共有纠纷的处理。根据中国《物权法》第103条规定，"共有人对共有的不动产或者动产没有约定为按份共有或者共同共有，或者约定不明确的，除共有人具有家庭关系等外，视为按份共有。"在按份共有中，各共有人的份额不明的，按照出资额确定；不能确定出资额的，视为等额享有。这种解决办法既简便易行，又能使案件的处理公平合理。

（二）共同共有人的权利和义务

共同共有人对共有物享有平等的占有、使用权。对共有物的收益，不是按比例分配，而是共同享用。除了共有人之间有特别约定的以外，共有物的转让、设定负担、抛弃、在事实上的处分、变更共有物的使用收益方法或者管理，必须经过全体共有人的一致同意。最高人民法院《关于贯彻执行〈中华人民共和国民法通则〉若干问题的意见（试行）》第89条规定，"在共同共有关系存续期间，部分共有人擅自处分共有财产的，一般认定无效。但第三人善意、有偿取得该项财产的，应当维护第三人的合法权益；对其他共有人的损失，由擅自处分共有财产的人赔偿。"根据法律规定或共有人间的约定，可由某个共有人代表或代理全体共有人处分共有物。无权代表或代理的共有人擅自处分共有物的，如果其他共有人明知而不提出异议，视为其同意。

在共同共有关系存续期间，不得分割共有物或者对共有物中的任何部分进行转让或者设定负担。因共有物产生的费用或者负担，除了法律或者当事人的约定另有规定的以外，由共有人平均分担。因共有物产生的对第三人的权利，各共有人应当为全体共有人的利益行使权利。因共有物产生的对第三人的义务，各共有人应当承担连带责任。

共同共有因共同关系解除、共有物丧失等原因而消灭。

我国有两种形式的共有：夫妻共有和家庭共有。根据《婚姻法》第17条的规定，夫妻在婚姻关系存续期间所得的一些财产归夫妻共同所有。这是对夫妻共有的规定。《民法通则》第29条规定："个体工商户、农村承包经营户的债务，个人经营的，以个人财产承担；家庭经营的，以家庭财产承担。"有学者认为，这里所谓"家庭财产"是指家庭共有物，并由此推断出，我国存在家庭共有的共同共有形式。[①] 家庭共同共有是否存在，值得研究。

四　共有物的分割

无论是按份共有还是共同共有，在共有关系终止而对共有物进行分割时，应当遵循以下规则：（1）各共有人可以协商确定分割方式。达不成协议，共有的不动产或者动产可以分割并且不会因分割减损价值的，应当对共有物采取实物分割，在实物分割不能均等时，以货币进行分割；在难以分割或者实物分割将减损物的价值时，应拍卖或者变卖共有物，以所取得的价金在共有人之间分割；或者，采取由共有人中的一人或者数人取得共有物，其他共有人可以得到折价补偿。另外，必须注意，共有人中一人或者数人因共有物而对其他共有人享有债权的，在分割共有物时，可以请求以债务人应分得的部分清偿自己的债权。（2）各共有人在分割完毕后，取得分得物的所有权；根据《物权法》第100条第2款的规定，共有人分割所得的不动产或者动产有瑕疵的，其他共有人应当分担损失。此处规定的就是共有物分割后产生的共有人之间的担保责任。各共有人对于其他共有人分割所得的物，按他的原有份额承担与出卖人相同的瑕疵担保责任。

五　准共有

准共有，是指两个以上的人对所有权以外的财产权的共有。准共有的标的主要是所有权之外的财产权，如知识产权、他物权等。对准共有关系，法律如无特别规定，可准用民法关于共有的一般规则。

六　完善共有类型

物权法制定过程中提出的各种方案，均认为我国物权法中的共同所有权有按份共有和共同共有两种类型。但是，不论是从中国物权法建立的共有制度还是从我国的实践来看，共有并非只有这两种类型。

1. 按份共有

所谓按份共有，《物权法》第 94 条规定，即共有人按照各自的份

[①]　参见彭万林主编《民法学》，中国政法大学出版社，1994，第 257 页。

额，对共有物分享权利和承担义务的共有形式。① 这种共有，从表象上是一个所有权，但是从其内部关系上看，是多个独立所有权的聚合。

2. 共同共有

《物权法》第 95 条规定的共同共有，其含义是"共同共有人对共有的不动产或者动产共同享有所有权"。共同共有也被称为公同共有，其特点是共有人不分份额地享受权利和承担义务。② 因此，这种权利，实质上是多数主体，一个权利。

3. 总有

所谓总有，即成员资格不固定的团体，以团体的名义享有的所有权。其基本特征是团体的成员身份相对确定但不固定，团体的成员因取得成员身份而自然享有权利，因丧失成员身份而自然丧失权利。这种共有的典型，为原始村社的所有权。一个自然人，在加入某一个部落时就自然取得该部落的权利。这种共有社会与当代社会的法人结构正好相反：在法人的结构中，成员资格的取得应符合法人章程规定的加入条件；而总有并没有团体的章程，成员的加入可以是任意的或者自然的，且取得成员身份后自然享有财产权利。自然人加入某一个成员资格不固定的团体时，对其他成员的现有财产权利必然有所损害，但是依总有的法理，其他成员却没有对新成员的加入行使否决的权利。当代社会因资源日益短缺之故，总有形式的存在和发展有相当的困难。③ 但是在一些自然资源取得的权利方面，这种权利仍然有存在的必要。比如日本、韩国以及我国台湾地区的"渔业法"中规定的入渔权，就是这种权利。④从法理上看，我国农村的集体组织，也正是这种总有组织。

4. 合有

所谓合有，即两个以上的主体对财产虽按确定的份额享受权利，但是因共同目的的束缚，权利人对自己的份额不得随意处分和请求分割的共有。这种共有的典型为合伙财产以及共同继承人尚未分割其继承之前的财产。对合伙形成的共同财产关系，我国过去的法学著作和一般民法

---

① 对此，也可以参见中国《民法通则》第 78 条第 2 款。

② 对此，也可以参见中国《民法通则》第 78 条第 2 款。

③ 2001 年在中国社会科学院法学研究所与德国阿登纳基金会联合组织的物权法研讨会上，德国方面的专家介绍，目前德国的总有所有权只有德国与瑞士边界附近的一小块牧场保留了这种权利形式。

④ 所谓入渔权，即渔民加入一个拥有渔业权的渔会，即可以在指定的渔场捕鱼的权利。见我国台湾地区"渔业法"第 16 ～ 20 条。

教科书将其解释为共同共有。① 但是，在共同共有的法律关系中，权利人之间就其权利与义务均不划分为份额，如夫妻共同财产的情况；而合伙财产关系中，权利人之间具有明确的份额，权利人对内以其份额享受权利和承担义务，所以合伙共有关系不是共同共有关系。当然，合伙共有也不是按份共有，因为这种共有人不能像按份共有人那样对外主张按份法律责任。依法理，合伙人对外的法律责任为连带责任，这一点与共同共有相同。这种情况，在共同继承人开始继承之后，但是尚未分割其继承财产之前的财产共有关系是一样的。因为此时权利人之间的共有关系是一种特殊的关系，对此我们借鉴日本法学中的研究，将其称为合有。② 中国《物权法》考虑到前苏联法学不能准确地解释和规范合伙等重要共有现实问题，所以在立法解释和分析时，采纳了传统民法中"合有"的规则。这一点与前苏联民法有重大的不同，值得引起足够的注意。这是中国《物权法》规定的共有关系的特征。

5. 公有

所谓公有，即一个相对固定的社会中，全体民众对全部社会财产不分份额地拥有所有权的形式。传统的公有理论是将其区分为原始社会的公有和社会主义社会、共产主义社会的公有。对公有社会成员之间的共同关系，传统的解释是"共同劳动、共同分配"。但是，对这种解释，从目前的资料看，有待进一步补充证明。原始公社时期的财产拥有到底是解释为家族私有或者家庭私有，还是解释为公有，学术界对此仍有争论。对现代我国社会的"公有"，应该承认在土地承包经营制建立之前，我国农村曾经存在过共同劳动、共同分配的情况，今天这种情况基本上已经不存在了。因此现行立法规定的集体共有，已经脱离了实际。尤其是现在，很多人还在坚持被尊为最高公有制的"全民所有制"，还是那种"共同占有、共同劳动、共同分配"的所有权，这就太不符合现实了。本着实事求是的科学态度，这种"公有"尚无法从物权法的角度予以认定。

按照法律文献，我国的共有应该有五种类型，其中前四种类型依据中国《物权法》及物权法法理可以成立。对于我国的公有，是否在事

---

① 请参见《法学词典》编辑委员会编《法学词典》（增订版），上海辞书出版社，1984，第330页；《法学研究》编辑部编著《新中国民法学研究综述》，中国社会科学出版社，1990，第314页以下；马俊驹、余延满著，司法部法学教材编辑部编审《民法原论》（上），法律出版社，1998，第407页等。

② 参见田山辉明《物权法》，陆庆胜译，法律出版社，2001，第186页。

实上存在，是否在法理上成立，我国法学界的正统观念从来没有提出过讨论，本书作者认为至少应该看看事实，讨论一下法理。

⌐复习题⌐

　　1. 共有和单独所有有什么不同？
　　2. 按份共有与共同共有存在哪些不同？

⌐案例分析⌐

金杯汽车抵押贷款案

　　周某与吴某于 2008 年共同出资购买了一辆金杯运输车，周某出资 6 万元，吴某出资 5 万元。双方约定按照出资比例分享权利、分担义务，并具体约定了汽车的使用方式。2009 年元旦，周某看经营日用品超市比较赚钱，就决定经营超市。因资金不足就向朱某借了 3 万元，借期为 1 年，朱某要求周某提供担保。周某就瞒着吴某用金杯汽车向朱某作了抵押。2010 年初，借款合同到期，朱某要求周某还款；但周某因经营不善无力还款，朱某要求对汽车行使抵押权，吴某知道汽车抵押的事实后，认为抵押因未经他的同意，是无效的。周某在汽车上能否设立抵押？

　　提示：注意共有人之间的内部关系，能否对局外人形成制约；还要注意物权公示原则能否适用于本案。

第八章　用益物权

要点提示

● 用益物权的内涵
● 传统民法中的用益物权及其合理性分析
● 我国民法中的用益物权及其完善

第一节　用益物权的概述

一　概念及其特征

所谓用益物权，中国的立法解释确定指的是："权利人对他人所有的不动产或者动产，享有占有、使用和收益的权利，比如土地承包经营权、建设用地使用权、宅基地使用权"。[①] 它是不动产物权的重要类型之一。上文中已经说到，用益物权主要是设立在不动产上的他物权，但是立法上也并不排斥动产用益物权，以免得妨害经济生活的需要。

从经济意义上来说，用益物权实际上是物的所有权与其使用价值的分离。这一分离在实践中是非常必要的。人类社会自有法律以来，便存在着拥有和利用的矛盾，有些人拥有财富，比如土地等，但是不必或不能利用它；相反的是更多的人没有不动产，但是为了生存和发展，必须利用他人的不动产。法律建立用益物权制度，主要是为了后一种人的利

[①] 《中华人民共和国第十届全国人民代表大会第五次会议文件汇编》，人民出版社，2007，第 170 页。

益：通过授予他们物权，使得他们利用他人不动产的权利能够获得更有力的保障。用益物权具有以下特征。

1. 内容限定性

用益物权是他物权，即权利主体所支配的物，不是自己的物，而是他人的物。所以这种权利的内容，必然要受到物的所有权人的意志的限制或者法律的限制。

2. 目的特定性

用益物权是使用和收益为主要目的的权利。它是以占有、使用和收益为目的而设立的物权，该权利的设立，是为了满足权利人实际利用物或者利用并收取物的果实的需要。权利人获得的，是物的使用价值，而不是物的价值。

3. 有期物权性

用益物权一般是有时间限制的物权。即使这种权利的设立并不要求明确其期限，甚至可以为权利人的终生设立，但这种权利仍然不能像所有权那样不受时间的限制。

二　用益物权的基本分类

传统民法学，用益物权可以依据不同的标准，分为不同的类型。

1. 依据用益物权的内容，可以将其区分为独立用益物权和附属用益物权。独立的用益物权，是可以独立进入交易机制的物权，也是可以被继承的权利。这种权利也被称为主物权。传统民法中的独立用益物权，如地上权，就是一种可以由权利人转让或者设置抵押的权利，也是一种可以继承的权利。而附属用益物权，指不能转让、继承的权利，它也被称为从物权。比如地役权，是附属于需役地的物权；而人役权，是附属于特定人的权利。

2. 根据用益物权产生的原因，可以将用益物权区分为法定用益物权和约定用益物权。所谓法定用益物权，指的是不问当事人的意思，而由法律直接规定而发生的用益物权。比如我们在上文中指出的我国1930年《民法》第876条规定的，就是法定地上权。而所谓约定用益物权，指的是物的发生基于当事人的约定的用益物权，中国物权法中规定的用益物权大部分为约定用益物权。

法定用益物权的设立，可以不经过登记而生效，但不经过登记，取得人不得加以处分。

约定用益物权，其成立过程既包括当事人（即所有权人和权利取得人）之间的协议，同时，根据物权公示原则，仅有这个协议是不够的，当事人还必须就其创设的物权进行公示。对不动产用益物权来说，公示的方式就是在专门机关进行登记。更为重要的是：按德国民法、我国大陆民法以及台湾地区"民法"的规定，协议不能决定物权的设立，只有登记才能决定物权的设立。

中国《物权法》建立的物权公示原则，当然适用于用益物权。这就是说，登记形式在不动产法上具有决定实体权利的效力。这种发生在物权创设上的特殊现象，使得人们必须把物权设立契约和一般的债务契约或者合同区别开来（因为一般的债的合同是在当事人达成意思表示一致时生效的）。人们把这种设立物权的行为称为"设权行为"，它属于物权行为（即以物权的设立、移转、变更和废止为目的的法律行为）；而把一般的以发生债权债务关系变动为目的的行为称之为债权行为（即我国一般所谓的合同）。

三　传统民法中的用益物权

用益物权历来是实践中最为活跃的物权制度，因此在世界各国或者地区产生了许多有意义的用益物权类型。这些物权主要有地上权、永佃权、地役权、人役权等。这些权利类型，并非被一国或地区全部采用；相反，人们大都根据各自所处的历史条件和实际需要有所取舍地对其加以规定，有些用益物权还是个别国家的特殊形式，比如，典权就是我国特有的用益物权形式。在市场经济国家里，所有权当然是最重要的，但是实际利用物的用益物权制度也是很重要的，因为它解决了现实中真正利用不动产以及动产的需要。

但是自前苏联民法以来，这种在市场经济国家或者地区最为活跃的法律制度却彻底地被消灭了。以前苏联法为代表的这些国家的法律中，基本上都没有规定用益物权制度。这一段历史被割断以及我国对于前苏联法学的照搬，造成后来我国的用益物权制度长期不甚发展的局面。我国后来逐渐进入市场经济体制的初期，为了保持所谓的社会主义法的特征，立法上连"用益物权"这个概念都不采用，过去的民法、物权法著作中也不再介绍这些概念以及基本内容。这种情况，直到《物权法》颁布才彻底改变了。

为了学习的缘故，下文对传统民法中存在而我国还没有采纳的几种用益物权加以简单介绍，以方便大家在掌握中国的用益物权制度时作为参照。

（一）地上权

1. 概念及其特征

传统民法中所谓的地上权，指的是以在他人土地上有建筑物、其他工作物或竹木为目的而使用他人土地的权利。所谓"土地上"，不是仅指土地的表面，依据建筑物的性质，权利的行使可及于土地的上下。① 其他工作物主要包括房屋、隧道、沟渠、桥梁、广告塔、纪念碑以及地下铁路等人工建造物。竹木的概念，虽然其本身没有什么限制，但如果某些树木的栽种被认为是耕作行为的话，则属于另一种用益物权——永佃权的范围。② 《德国民法典》第 1012 条以下、《瑞士民法典》第 779 条以下、《日本民法典》第 265 条以下、台湾"民法"第 832 条以下对地上权均有明确规定。

地上权具有如下特点。

（1）地上权是以他人土地为标的物的他物权。当代社会，土地所有权人与土地实际利用人的脱离越来越多，地上权是其最主要的方式。

（2）地上权是为满足使用他人土地的目的而存在的物权。依据国际上的通说，地上权具有排除土地所有人占有而由地上权人占有的权能。地上权人占有土地，目的就是要在土地上营造的建筑物、工作物或竹木，并取得其所有权。

（3）地上权可以由约定设定，也可以由法定产生。以约定设定的地上权，以不动产登记为要件；以法定方式产生的地上权，从法律规定的事实发生时生效，为保护当事人的目的，法律一般要求这种权利要在生效后补充进行不动产登记。③

（4）通常以支付租金为代价，但不以此为必要。在此方面，地上权不同于土地租赁权及永佃权。

（5）地上权为独立物权，具有可继承性和可转让性。

由于地上权是一种可以长期由权利人享有的权利，而且这种权利的外观，如所有权一样；尤其是该权利被用来解决社会弱势群体在公有土地上建造房屋的问题时，这种权利实际的作用，和所有权完全一样，权利人也会把这种权利当做所有权。正因为这样，这种权利在德国民法中

---

① 参见梅仲协《民法要义》，中国政法大学出版社，1998，第 558 页。
② 〔日〕田山辉明：《物权法》（增订本），陆庆胜译，法律出版社，2001，第 199 页。
③ 对此，可以参阅我国 1930 年《民法》第 876 条。

被称为"类似所有权权利"或者"相似所有权"（Eigentumsähnliche Recht）。[①]

地上权与土地租赁权均为对标的物使用、收益的权利，但这两种权利在法律性质上存在显著差异，须加以注意。（1）地上权为物权，土地租赁为一种债权关系。（2）地上权通常以支付租金为代价，但不以此为必要；而承租人则必须向出租人支付租金。（3）地上权人无请求土地所有人修缮土地的权利，而承租人则具有该权利。（4）地上权人无须土地所有人的同意即可自由转让其权利，而非经出租人同意，出租人不得转租。（5）法律无明确规定地上权的存续期间，而租赁的期限，根据台湾"民法"的规定，不得超过 20 年。

2. 地上权的取得、存续与消灭

地上权可以依据法律的规定直接取得，这种依据法律直接规定取得的情形，我们在上文已经列举了我国 1930 年旧《民法》第 876 条的规定。这一规定的情形，在我国现实立法中很值得借鉴。

地上权依据也可以法律行为而取得，此种取得主要包括两种情况。

（1）通过法律行为设定地上权，即通过当事人之间的约定而取得地上权。地上权的设定合同，为物权行为，须经登记才能生效。

（2）通过法律行为受让地上权。地上权为财产性权利，可作为交易的标的。地上权的让与合同为物权行为，须经登记才能生效。

地上权也可以法律行为以外的原因而取得，如继承、取得时效等。

地上权的存续期限，大多数国家和地区不作限制，当事人可以协议确定为无期或者是有期。个别国家对地上权的存续期限虽然有所限制，但规定的期限通常也比较长。

地上权因存续期限届满、地上权人抛弃权利、地上权与所有权混同、土地所有人撤销地上权、土地征用以及土地灭失等原因而消灭。当地上权消灭时，如地上权合同没有相反约定，地上权人可以取走地上的建筑物或工作物，并恢复土地原状；如撤走地上的建筑物或者工作物对地上权人不利时，地上权人可以请求土地所有人补偿建筑物的时价。对土地所有人来说，可以请求按时价购买土地上的建筑物等，也可以请求在建筑物的可使用期限内延长地上权的期限。对于土地所有人的前一项请求，地上权人无权拒绝；对于土地所有人的后一项请求，地上权人如拒绝，则丧失要求土地所有人补偿建筑物时价的权利。

[①]　孙宪忠：《德国当代物权法》，法律出版社，1997，第 180 页。

3. 地上权人的权利与义务

（1）使用权。地上权人可以自己使用标的物，并取得收益。如果地上权的标的物是农用土地，那么地上权人可以取得土地的出产物；如果地上权的标的物是房屋，那么权利人可以自己按照房屋的自然性能加以利用，比如利用住宅居住，利用厂房生产等。

（2）处分权。地上权作为一种财产性权利，可以作为交易的对象，如转让、抵押等。地上权人也可将标的物出租于第三人。

（3）地上权是可以继承的权利。

地上权的取得一般是有偿的，但无偿取得当然也是许可的。当当事人通过有偿方式设定地上权时，地上权人必须向土地所有人按期交纳约定的地租。

（二）人役权

1. 概念及其基本意义

人役权，是指为特定人的利益而设定的役使他人之物的权利。人役权之概念形成于优帝一世时的罗马法，它是一种总括性的权利，具体包括用益权、使用权、居住权和奴畜使用权四种权利，其中最主要的是用益权。[①] 用益权，是以不损害物的本质的方式使用、收益他人之物的权利。古罗马人主要是通过用益权将某项遗产的使用、收益权遗赠给他需要照顾的人，从而使其获得可靠的生活保障。使用权，是指在对他人之物按其性质加以利用的权利。居住权，是指居住他人房屋的权利。奴畜使用权则是利用他人的奴隶或家畜的权利。在上述权利中用益权具有使用、收益两种权能，使用权仅在于为满足个人需要对标的物加以利用。罗马法的人役权制度对近现代各国的物权法产生了重要影响。

法国民法规定了三种人役权，即用益权、使用权和居住权，关于三种权利的内涵及社会意义与罗马法差异不大。德国民法规定人役权制度时，在继承罗马法的人役权制度之同时，也吸收了其固有法的内容，从而建立了不同于法国法的人役权制度。根据现代德国物权法，人役权可划分为用益权、限制的人役权、长期居住权或长期使用权四个类型。相比于德国、法国之规定，瑞士民法对人役权之规定也只规定两类人役权，即用益权和居住权。日本、中国台湾"民法"无人役权之规定。

在从古代到近现代的历史变迁中，人役权在各国虽出现不同程度的流变，但是，人役权所具有的"生活保障功能在现代民法上仍然没有

---

① 参见屈茂辉《论人役权的现代意义》，《民商法学》（人大复印资料）2002 年第 10 期。

多大的改变"。① 以德国法上的限制的人役权为例，物的所有权人将自己的某一特定的物或财产，为与自己有某种身份关系的人（通常情况如此，实践中与自己没有身份关系的人也可以）设定一项用益权或居住权，使后者能在其有生之年获得供养或者抚养、居住。另外还可为自己养老之用，即不动产的所有权人在自己的不动产上为自己设定用益权，而把不动产的所有权出卖或者以其他方式转让。②

在罗马法上，人役权主要以遗嘱设定，有时也可根据法律的规定取得。在法国，人役权可根据法律规定或者当事人的设定而取得。如人役权由设定取得的，设定遵循债权意思主义物权变动规则。合同与遗嘱是设定人役权的主要形式。在德国，当事人可依据物权合意加交付或登记的方式设定人役权或者根据法律的规定取得人役权，也可通过遗嘱设定人役权。在瑞士，人役权以公示要件主义规则设定。

2. 人役权人的主要权利和义务

世界各国或者地区立法规定的人役权人主要享有的权利如下：（1）标的物占有权。（2）标的物使用权，对人役权中的居住权而言，居住是最基本的使用。（3）对标的物的收益权，包括自然孳息、加工孳息或法定孳息的收取权利；收取的范围和数量，在设定时可确定。用益权人对孳息有完全处分权。

人役权人应该承担的主要义务，是保存标的物本体。这是人役权人的最基本的义务，为此，人役权人必须不毁损标的物；依约定或权利目的、性质使用标的物；尽到善良管理人的注意义务。为保证人役权人不违反该义务，各国法一般要求权利人提供担保，或者要求权利人将标的物投保。另外，人役权人还应该自己负担必要的维修费用和赋税等。

人役权消灭时，权利人应返还标的物；如标的物为消费物，则要返还同价值的种类物或者标的物的价额。

人役权的消灭，主要因为以下原因：权利人死亡，标的物灭失，人役权的期间届满，人役权人抛弃权利，人役权人与所有权同归于一人时，等等。

人役权被前苏联法和我国过去的立法否认的原因我们至今并不清楚。我们曾经在立法建议稿中以及上文都提出了恢复这种制度的建议，但是没有得到立法的采纳。现在我国社会，有一些特殊的供养关系，使

---

① 屈茂辉：《论人役权的现代意义》，《民商法学》（人大复印资料）2002 年第 10 期。

② 参见孙宪忠《德国当代物权法》，法律出版社，1998，第 245～246 页。

得这种制度也许有采纳的可能。比如在我国，舅舅与外甥、叔叔姑姑与侄子女等之间的关系，并不属于法律承认的亲属范围，但是现实中我国民众基于传统，却认为这是一种十分重要的亲属关系，他们之间常常发生互相供养的关系。这种供养关系，就可以通过人役权制度来予以保障。

我国《物权法》制定过程中，立法机关公布的"物权法草案"（征求意见稿）曾将其规定为"居住权"。此后对于是否应该建立这一权利类型法学界发生争议。虽然立法最后没有规定这一权利类型，但是今后实践还是会提出建立这一权利类型的要求。

（三）典权

典权是中国传统民法规定的一种用益物权，它是指支付典价，占有他人不动产而进行使用、收益的权利。占有他人不动产而享有使用、收益的一方，称为典权人；收取典价而将自己的不动产交给他人的人，称为出典人；作为典权客体的不动产为典物。台湾"民法"第911条以下对典权有明确规定。梅仲协先生认为，典为我国数千年来特有的习惯，其普遍性与重要性不下于地役权与永佃权。将典著于法律之中，始于清朝之《大清律例》；台湾"民法"物权篇关于典的规定，大体取材于《大清律例·户律》典买田宅门，及清理不动产典当办法两种，而稍加以修正。①

典权是何种性质的物权？对此历来存有争议。学说上存在用益物权、担保物权、特种物权说三种观点，但是，用益物权说为通说。之所以坚持典权是一种用益物权，主要在于以下缘由。

（1）典权追求的是物的使用价值，而非交换价值。担保物权为变价受偿性，所以，它注重物的交换价值。在典权关系中，典期届满而出典人不回赎典物时，典权人并不是将典物变价求偿，而是直接取得典物的所有权。因此，典权不在于追求物的交换价值权，而在于获得典物的使用价值。

（2）典权不具有不可分性。不可分性是担保物权基本特性，典权不具有此种特性。在典权关系中，典物如果部分丧失，典权范围则相应减少，无不可分性可言。如台湾"民法"第920条规定：典物如因不可抗力而一部灭失时，出典人就其余存部分为回赎时，得由原典价中，扣减典物灭失部分灭失时价值之半数，但以扣尽原典价为限。

（3）典权不具有物上代位性。物上代位性是担保物权的另一个重

---

① 参见梅仲协《民法要义》，中国政法大学出版社，1998，第571页。

要特性。在典权关系中，典物全部灭失，典权即不复存在；典物部分灭火，除重建修缮外，典权就典物灭失部分消灭。台湾"民法"第920条规定：典权存续中，典物因不可抗力致全部或一部灭失者，就其灭失部分，典权与回赎权均归消灭。故而，典权不具有物上代位性。

典权不具有不可分性和物上代位性的主要原因，在于典权以获取典物的使用价值为目的，而不是追求典物的交换价值。

我国现代物权制度多借鉴于他国，而典权却是我国历史特有。原因在于我国历来民间有孝子不变卖祖产尤其是祖宗遗留的不动产的古训，而遭遇灾难或者重大变故时，所有权人常常需要货币，而出借人常常不放心自己的债权实现，因此双方约定以典权来保障双方利益。出典人届时不回赎的，不动产所有权即归属于典权人，这种情况被称为"绝卖"；出典人届时或者提起回赎的，所有权复归出典人。

典权在我国历史上有帮助富人强取豪夺穷人不动产的恶名，因此在我国过去的法学研究中被长期当做剥削阶级法律的典型批判。但是现实中民间相互扶助性质的典权一直存在[1]，在早期，中国司法政策对此也采取了承认的态度。[2] 因此，物权法制定时法学界多数人认为立法应该承认这一权利类型。但是最后立法没有采纳这种建议，其原因是经过调查后发现，这种权利在1949年之后应用极少，立法上失去现实操作的意义。

（四）永佃权

所谓永佃权，指支付租金而永久在他人土地上耕作或者畜牧的权利。永佃权制度的建立，是为了解决过去的土地所有制情况下，农业土地为少数地主垄断所有，而贫穷农民只能佃耕地主土地，地主随意撤佃损害农民利益的问题。永佃权给农民永久耕作的权利，防止了地主的随意撤佃行为。法律对于这种权利的设置，体现了历史上的法律一直对于农业以及农民极大关注的政策。

永佃权在历史上许多国家都存在过，我国1930年《民法》也规定了这种权利类型。但是，现代社会以来，永佃权制度发挥的作用越来越小。原因在于：（1）现代社会各国或者地区普遍承认了"耕者有其田"的政策，普遍采取措施，使得农民直接获得土地所有权，以满足农民利

---

[1]　直至近年，仍有关于典权诉讼的报道出现，比如2001年4月4日《北京晚报》《20元典来的新房，40年后确认新主》的文章。

[2]　1984年最高人民法院《关于贯彻执行民事政策法律若干问题的意见》第58条："对法律政策允许范围内的房屋典当关系，应予承认。"

益的需要。尤其是现代化社会，农民大量进入城市寻求就业，农业成为夕阳产业，因此政府必须付出努力保护农民，农民获得耕地所有权称为世界公认的法律政策，从而永佃权实际上已经失去了作为一种物权一概具有的普遍意义。（2）实践中少数存在的永佃权，在法律可以被地上权吸收，成为地上权制度的一种特殊形式。

永佃权和我国现行法律中的农业土地承包经营权有本质的不同。因为，根据我们的立法政策，虽然农民对于集体所有的土地的承包经营权在外表上看属于他物权，但是不论是从我们的立法政策来看，还是从权利的内容来看，现在农民的土地承包经营权，本质上基本已经达到了自物权的程度。对这里的原因，随着对我国特有的农村土地背景历史的了解，你会逐渐看到这一点。

┌─ 复习题 ─┐

1. 如何认识用益物权和所有权的关系？
2. 你认为在我国恢复许多被否定的用益物权制度有必要吗？

┌─ 案例分析 ─┐

新中国成立前出典的房屋回赎案

位于在厦门市北门外街 10 号的平房是被上诉人李金连的丈夫、李娜萍的父亲李启经的产业。1948 年 11 月，李启经将该院内的二房一厅及厅后一块空地共计 140 平方米，出典给上诉人柯杰生的祖父柯伯行。典期 5 年（自 1948 年 11 月至 1953 年 10 月），典金 250 美元。典期期间，李启经去台湾谋生，1975 年去世。柯伯行去菲律宾，1960 去世。1989 年 10 月，李金连、李娜萍以李启经早年去台湾谋生，因海峡两岸长期隔绝，致典给柯伯行的房屋在典期届满时难以回赎为由，向厦门市开元区人民法院提起诉讼。该院经审理判决：准予原告李金连、李娜萍回赎李启经出典给柯伯年的房屋；李金连、李娜萍于判决发生法律效力后 7 日内给付柯伯年的合法继承人、被告柯杰生典金人民币 5000 元。[①]

提示：请依据典权规则予以分析；有兴趣者可以进一步查阅本案的出处。

---

① 参见《中华人民共和国最高人民法院公报》1993 年第 1 期。

第二节 建设用地使用权

在上文"物权的体系"一节我们已经讲到，我国法律现在承认的用益物权类型有十种，其中物权法规定了四种类型，即建设用地使用权、农村的土地承包经营权、宅基地使用权以及地役权。本节我们先讲授建设用地使用权。

一 概念、法律性质以及立法意义

（一）概念

建设用地使用权，是指公民、法人依法对国有土地享有的占有、使用和收益并排斥他人干涉地利用该土地建造建筑物、构筑物及其附属设施的权利。这种权利，就是中国立法原来规定的"国有土地使用权"，它规定在中国《物权法》的第十二章。

在我国，城市土地一律归国家所有，而国家依其本质不可能直接使用这些土地，在这种情况下，直接使用土地的，只能是各种法人和自然人以及各种非法人组织。这就必然产生了用益物权性质的建设用地使用权。但是，农村集体所有的建设用地，其使用权的制度，却不包括在中国《物权法》第十二章所指的范围内（《物权法》第 150 条）；这种过去被称为"乡镇建设用地使用权"的权利，其内容由中国《土地管理法》予以规定。

建设用地使用权的内容有如下几项：

1. 占有，即权利人对指定土地的直接控制和支配。

2. 使用，即权利人按照法定或者约定的土地用途，在该土地上建造建筑物、构筑物及其附属设施加以利用。

3. 收益，即权利人取得土地的出产物。

4. 排斥他人干涉，即权利人在其合法权利受到他人侵害时，可以行使物权请求权，以保护自己的权利。

（二）建设用地使用权的法律性质

建设用地使用权为独立的不动产用益物权，而不是地役权这样的附属性权利，对这一点基本没有争议。

但建设用地使用权的性质如何？有观点认为建设用地使用权为传统民法上的地上权。虽然这两种权利有不少的相同点，但两种的区别仍然存在。其根本的区别是：国外法律中或者传统民法中的地上权，是在土地所有权能够进入市场的条件下，另行存在的一种独立物权；这种地上权设立的背景，是所有权在市场承担主要的市场交易职能；而我国物权法上的建设用地使用权，是在土地所有权不能进入市场机制条件下，承担主要交易职能的权利类型。因此，我国现行法中的建设用地使用权，其含义要比传统民法中的地上权要大很多。它有些"相似所有权"的特点。过去有些法学著作将建设用地使用权理解为地上权，这种观点忽略了我国土地所有权不能进入市场机制的前提条件，也忽略了我国建设用地使用权的权利内容也大于传统民法中的地上权这一事实。

显然，只有这样一种权利进入市场机制是远远不能满足我国的市场经济需要的，也正是因为这样，将来我国民法也许有另行建立地上权这种权利类型的可能。

我国的建设用地使用权的内容比传统民法中的地上权的内容也要更加宽泛些。因此，我国的建设用地使用权应看做我国的用益物权的总称，这种权利包括各种用益物权。但这种建设用地使用权仍不能同用益物权完全等同，因为，传统民法中的用益物权包括对一切不动产的使用与收益的物权权利，而不仅仅是对土地的使用权。

（三）立法意义

我国建设用地使用权的意义十分重要。

1. 它为我国在土地领域建立市场经济发挥了基石的作用。土地是市场经济条件下最重要的财产，使用国有土地必须按照市场经济的规则。把土地与市场经济连接起来就是我国的建设用地使用权。

2. 建设用地使用权是我国各种不动产物权的基础。目前我国的各种不动产权利，都直接或者间接地和建设用地使用权发生着密切的联系。因此，从不动产法的角度看，真正在市场经济中发挥基础作用的是建设用地使用权，而不是"国家土地所有权"。

3. 建设用地使用权也是我国不动产登记制度的法律基础。上文已经说到，不动产登记制度在我国的建立具有十分重要的作用，而我国城市中的不动产登记簿，其实是按照建设用地使用权的"地籍"建立起来的。

4. 建设用地使用权也是我国各项不动产管理制度的法律基础。

二　主要权利类型及其法律性质

虽然我国《物权法》等法律只规定了两种建设用地使用权，但是从这种权利的发展历史看，事实上建设用地使用权应该有四种基本类型。除了《物权法》规定的划拨和出让这两种方式之外，历史遗留下来的建设用地使用权的其他两种类型，不能简单纳入划拨地权这种类型之中。

（一）划拨

这是新中国成立初期和此后很长时间里，国营企业事业单位取得国有土地使用权的长期的方式。正如上面我们已经分析到的，在20世纪50年代，国家建立了一切公有制单位使用土地都是无偿划拨的用地方式，所以从那个时候起到1988年之前，国有土地使用权都是依据划拨的方式建立起来的。

以划拨的方式取得建设用地使用权，用地人取得这种权利基本以无偿为主，也有的是有偿取得的。如上所述，依这种方式取得地权，用地人只能提出申请并等待批准，没有任何积极主动的权利。所以这种权利是政府"批给"的，其基本性质不是典型的财产法上的民事权利，而是一种附属于行政权力的民事权利，依法理不能进入市场由权利人自由移转。

目前有观点认为这种用地方式统统是旧体制的产物，这一看法有失片面，因为这种用地方式有时是必须的，如政府用地和军队用地就是为了完成国家的职能，用地人只能无偿使用。《土地管理法》第54条和《城市房地产管理法》第23条所规定的，国家机关用地和军事用地，城市基础设施用地和公益事业用地，国家重点扶持的能源、交通、水利等项目用地等，确属必须的，可以由县级以上人民政府依法批准划拨。但是，非完成国家职能的用地，以后尽量应该采取有偿的方式。

（二）合同加审批

从1979年开始我国开始建立外资企业，由于认识到外资经营的商品经济经济性质，因此这些外资企业使用国有土地的，不可以像公有制单位那样无偿使用。我国在那时制定了外资企业法，其中规定外资企业使用国有土地的，应该与政府方面订立使用土地的合同，还要缴纳土地使用费。

依这种方式，外资企业获得国有土地使用权，收取土地使用费是一个必要的条件。国家收取土地使用费的方式可以有两种，一种方式是由外资企业直接给国家缴纳土地使用费；另一种方式是将建设用地使用权作为中国合营者投资的一部分。

由于这种土地使用费收取标准很低，而且国家行政干涉很多，所以这种用地方式还不是市场经济的用地方式，依此方式取得的建设用地使用权，也不能认为是典型的财产权性质的权利。

　　近年来的民法著作和立法解释，多数很少提到这种建设用地使用权，认为这种权利属于"划拨"性质。这一观点反映到了立法之中，《物权法》以及《土地管理法》对这种权利基本上都不再规定。但是这一看法既不符合历史，也不符合实际，是难以成立的。因为就用地人而言，这些建设用地是根据合同加审批的方式取得的，土地的使用必须符合原来的合同条件；其中还有一些土地使用权是中国方面的"出资"，它们已经作为合资企业（多数为有限责任公司）的注册资金纳入为公司的资产。如果要将这种建设用地使用权作为划拨地权，那么在法理上有问题，在实践上也是行不通的。

（三）法定方式

　　指用地人取得建设用地使用权并非出于自愿，但根据法律他们只能取得这种权利的情形。这种建设用地使用权在我国表现为两类。

1. 由私有土地转化而来的建设用地使用权

　　中国城市居民、集体企业在 1982 年以前，有相当一部分一直享有私有房屋及其地基的所有权，但 1982 年宪法规定，城市土地一律归国家所有；这样这些城市居民和集体企业原来的土地所有权，只能转化为建设用地使用权。

　　对于这种权利，目前中国的立法解释和政策常常将它们归属为划拨用地的使用权。但是这一做法既不符合历史，在实际中也难以操作。因为，1982 年宪法只是简单地规定城市土地一律归属于国家，但是因此造成的把城市居民对土地的所有权变更为建设用地使用权的法律后果问题，是立法者历来没有考虑过的。这是一个政策盲点，也是现在城市拆迁中遇到难以化解的问题的根本原因。对此，政府方面当然应该实事求是地从尊重历史、遵守民权的角度来建立相应的处理措施。

2. 城市国有企业及集体企业、事业单位、机关、学校等征用农村土地形成的建设用地使用权

　　这就是中国特殊的征地制度形成的产物。这些用地人本来从农民手中取得的是土地的所有权，但是根据我国法律，不论资金来源，用地人取得的土地所有权一律归国家所有，因此用地单位也只能取得建设用地使用权。

　　目前，我国的立法解释和政策，也是将这种土地所有权纳入划拨之中。但是这同样是不符合历史和事实的。因为，用地人从农村取得土地时，一般均支付了大量费用，而且往往承担安置农村剩余劳动力等负

担。只是因为立法政策的原因，这种权利才变成了建设用地使用权。在目前在企业制度改革中，一些地方政府要求这些企业补交土地使用费的做法遭到企业反对的原因也就在这里。对此比较合理的做法，是承认这种建设用地使用权的用地人已经缴纳了不同程度的使用费，并许可他们按照财产法的规则移转这些权利。

（四）　出让

在我国经济体制改革之前，中国的国有土地利用关系没有采取民法物权法的原则和制度，而是采用行政法的原则和制度，其中没有现在我们所说的建设用地使用权。那时在计划经济的体制下，土地失去了财产的意义，而只是一种自然资源，故土地利用关系只能作为自然资源行政法的调整对象。中央人民政府政务院1954年决定，国营企业、机关、部队、学校等占用的国家土地一律不再征收土地使用费或者租金，从那时起我国建立了国有土地无偿使用制，土地不能以任何面目进入市场。此后在1957年实现"社会主义改造"之后，无偿使用国有土地的原则也扩展至一切城市企业、事业单位的用地。虽然当时的法律把公民、法人对国家土地的利用权利规定为"土地使用权"，但是不论是在法学上还是在司法实践上，这种权利都不被当做典型的民事权利。

在这一时期产生的土地使用权的特点是：（1）土地使用权的设立依赖行政命令，而不依据民法上的法律行为。社会的公民、法人如果要取得建设用地使用权，需要履行许多行政手续，并消极地等待有关行政机关的批准。（2）这种土地使用权虽然具有民法上物权的某些性质，但它同时具有鲜明的附属于行政权力的特征。因此这种权利只能是物权法学上的一种准物权，而不是典型的独立物权。因此对这种权利可以使用民法上的物权保护方式予以保护，但是权利人不得私自转让该权利。（3）这种土地使用权虽然在客观上具有重要的财产意义，但依法不能表现其财产性。"土地无价"、"地随房走"是这种情况的突出表现。（4）这种土地权利不能进入交易机制，不能由权利人任意处分。在以前的中国法律中，这种土地使用权被定义为"划拨的土地使用权"。

经济体制改革之初，我国按照国际惯例在"三资企业"中建立了征收土地使用费的制度，开始有限地承认了土地的财产性质和土地权利的民法物权性质。从1987年开始，我国开始在深圳等地试行国有土地有偿出让制，在取得成功的经验之后，通过1988年修改《宪法》和《土地管理法》，否定了国有土地的无偿使用制，正式建立了国有土地的有偿使用制。1995年我国又制定了《中华人民共和国城市房地产管理法》等法律，建立了以土地使用权为基础的土地权利的法律体系。这样，在中国又产生了一种新的土地使用权，这是一种依据法律行为设立的、作为独立的物权的民事权利。这种土地使用权，被称为"出让土地使用权"。

在我国实行国有土地有偿使用制度之前，我国没有真正意义的不动产事业。从1988年开始，中国才开始国有土地有偿使用制度的建立，从此启动了我国蓬勃发展的不动产市场，而且这种权利作为可以进入市场交易的唯一权利，也发挥了基础的作用。

土地有偿使用制的基本含义是：承认土地使用权是独立的民事权利，以民法的原则和方式（即以有偿出让的方式）设定该项权利；允许该项权利独立进入交易机制，允许其依法转让、允许其负担抵押权。依据有偿使用制设立的土地使用权，和以前依据行政命令设定的土地使用权有着本质的区别：（1）这种土地使用权的设立依据是民事法律行为，而不是行政命令。设立土地使用权的法律行为是土地使用权出让合同，它必须在平等、自愿、有偿的原则上成立和生效。（2）这种土地使用权是当然的独立的民法上的物权，权利人可以依法自愿转让该权利，并以此权利为自己或者他人的债务履行提供担保。（3）这种土地使用权在市场交易中可以充分表现其财产性，它有其市场价格，而且其价值可以随着经济的发展而不断增高。

因此，我国关于建设用地使用权的法律规则经历了一个从以行政管理为重心向以民事法律关系为主的转变过程，这个过程是同我国从计划经济向市场经济转变的进程相一致的。这种转变意义非常重大，因为它最终承认了建设用地使用权的民事权利性质，这样就可以用比较成熟的民事法律规则对这种权利进行规范，有利于这种权利的稳定行使。在建设用地使用权的民事权利性质确定后，使用权人同国家的关系就是他物权人和所有者之间的平等关系，国家作为所有权人并没有超越于使用权人的地位，国家就不可能随意侵犯甚至剥夺建设用地使用权人的使用权。

目前，我国的国有土地改革不能认为已经彻底完成，但是我们应该从上述这一段简要的历史描述中，看到建设用地使用权发展的脉络和未来的走向。目前，能够进入市场机制的土地权利，就是这种权利，因此我们在下文要对它比较详细的阐述。

三　出让建设用地使用权的基本内容

（一）法律意义

在我国，出让的建设用地使用权具有特别的意义，因为只有这种土地权利才能进入交易机制，作为不动产市场的基础权利。我们在上文说到，这种权利发挥的作用如同一般市场经济国家的土地所有权一样，也是在这一意义上所作出的结论。

从法学的意义看，也只有这种权利才是完全具备民事权利特征的独立物权，权利人事实上可以如同所有权人一样行使对于土地以及土地之上的建筑物、生成物以及附属物的权利。

根据我国现行法律，除公益法人之外，其他各种主体对于国有土地的使用，都应该以获得出让建设用地使用权作为其使用土地的基本权利。因此，这一权利类型将成为我国不动产物权的基本类型，在不动产市场上，这种权利发挥的作用将十分巨大。

（二）土地一级市场国家垄断制

在我国《土地管理法》等法律中建立有一个非常特殊的制度，即土地一级市场国家垄断制，其基本的含义是：在农村土地转入城市土地的时候，土地的所有权只能首先转化为"国家所有权"，然后由"国家"将这一土地划拨或者出让给土地使用人；其中"国家"作为土地所有权人将建设用地使用权出让给用地人的这一市场为土地一级市场，该市场为"国家"垄断控制，"国家"在此出让中收取的费用，为土地出让金。而建设用地使用权由用地人转让以及设置抵押等，为土地二级市场，二级市场可以放开。

我国建立土地一级市场国家垄断制，其目的就是要保障政府的土地出让金，从而实现国有土地所有权的利益。

但是，由于真正行使这种"出让权"的，并不是"国家"而是市、县一级政府（《中华人民共和国城镇国有土地使用权出让和转让暂行条例》第9条），土地出让金也并不是上交国库，而是留在地方政府，因此这种建设用地使用权市场的一级垄断，实际上是地方政府垄断。政府的行政权力和财产权利相结合时，是不是会产生"权力寻租"的问题，一直是法学界比较忧虑的。现实告诉我们，这一制度的运作确实有一些弊病（对此，可以参阅本节的"学术争鸣"部分）。

（三）设立方式

建设用地使用权的设立，其实就是物权设定的一种形式。根据我国《物权法》第138条的规定，建设用地使用权的出让应该订立出让合同，[①]

---

① 对此也可以参见《中华人民共和国城镇国有土地使用权出让和转让暂行条例》第8条第2款。

而且该合同订立的基本原则是平等、自愿和有偿，① 因此我们知道，这种合同是典型的民事合同，而不是所谓的行政合同。

建设用地使用权出让合同，应该以三种方式订立。

（1）协议，即由主持出让的地方政府和用地人双方协商，形成一致意见后订立合同。以协议方式出让建设用地使用权时，可以不依据市场价格确定出让金，因此在我国以协议方式订立出让合同的用地人，应该限制在公益性法人或者政策扶持的群体范围内。所以，中国《物权法》第137条第2款规定，工业、商业、旅游、娱乐和商品住宅等经营性用地以及同一土地有两个以上意向用地者的，应当采取招标、拍卖等公开竞价的方式，而不得采取协议方式出让。

（2）招标，即由主持出让的地方政府以招标的方式选择用地人，并与其订立出让合同。招标方式，主要使用在大型建设项目的用地方面。

（3）拍卖，即由主持出让的地方政府在市场上以拍卖的方式选择用地人，并与其订立出让合同。拍卖方式，可以保障政府取得最高价格的出让金。

用地人应该在合同订立后60天内交纳出让金，逾期未交纳的，出让人可以解除合同，并主张违约赔偿。

建设用地使用权的设立，必须进行相应不动产登记，在用地人登记并领取建设用地使用权证书后，该权利的设定才宣告结束。

现实中，为了促进旧城改造、老厂改造等项目的实施，国家也许可一些建设项目先行占有土地并进行开发，然后再补交土地出让金和补办登记手续。

（四）权利设定期限

我国建设用地使用权是一种有期限限制的权利。建设用地使用权的期限，是由法律明确规定的。《中华人民共和国城镇国有土地使用权出让和转让暂行条例》第12条规定，不同目的的建设用地使用权期限是不同的。

1. 居住用地70年。

2. 工业用地50年。

3. 教育、科技、文化、卫生、体育用地50年。

4. 商业、旅游、娱乐用地40年。

---

① 《中华人民共和国城镇国有土地使用权出让和转让暂行条例》第11条。

5. 综合或者其他用地 50 年。

依据我国法律规定，建设用地使用权期限届满后，权利人可以申请续期。出于保护人民基本财产权利的考虑，中国《物权法》第 149 条规定，住宅建设用地使用权期间届满的，自动续期，而无需申请。

在非住宅建设用地使用权期限届满而当事人又没有续期的情况下，土地当由政府收回。《中华人民共和国城镇国有土地使用权出让和转让暂行条例》第 40 条规定，此时地上建筑物等也应该一并由政府无偿收回。

四 建设用地使用权的处分及负担设置

物权法把建设用地使用权划分为以划拨方式和以出让方式两种情形。因此这里就探讨这两种建设用地使用权的处分及设置负担问题。

（一）出让建设用地使用权的处分

根据我国《物权法》第 143 条，建设用地使用权的处分包括通过转让、互换、出资、赠与或者其他合法方式将建设用地使用权转移给他人的行为。从法律的规定来看，这种处分行为具有以下特点。

1. 建设用地使用权的处分遵循物权行为的基本规则。物权行为是创设、移转、消灭物权的法律行为，物权行为要发生效力必须具备当事人之间的意思表示一致和物权的公示行为，也就是说，移转不动产物权的行为，需要满足合意和登记的要件；移转动产物权的行为，需要满足合意和交付要件。建设用地使用权作为一种不动产物权，这种权利的移转当然要满足当事人的合意和向有关机关登记这些要件。

2. 建设用地使用权的处分是一种要式行为。《物权法》第 144 条规定："建设用地使用权转让、互换、出资、赠与或者抵押的，当事人应当采取书面形式订立相应的合同……"因此，如果当事人之间没有订立书面的处分合同，则这种处分不能发生法律效力。

3. 建设用地使用权处分合同是一种权利义务的概括处分合同。我国法律规定，房地产处分时，建设用地使用权出让合同载明的权利、义务随之转移。因此，这种合同就不是单一的对建设用地使用权进行处分，这种处分也同时伴随着在从国家取得使用权时必须履行的义务。因此属于权利义务的概括移转。

4. 建设用地使用权的处分需要满足一些法定要件，否则处分无效。根据法律规定，这些条件有：（1）按照出让合同约定已经支付全部建设用地使用权出让金，并取得建设用地使用权证书；（2）按照出让合同约定进行投资开发，属于房屋建设工程的，完成开发投资总额的25%以上，属于成片开发土地的，形成工业用地或者其他建设用地条件。

建设用地使用权也可以设置抵押。但根据我国《城镇国有土地使用权出让和转让暂行条例》的规定："土地使用权抵押时，其地上建筑物、其他附着物随同抵押。地上建筑物、其他附着物抵押时，其使用范围内的土地使用权随之抵押。"这就确立了我国的土地和建筑物随同处分、随同抵押的法律制度。我国《物权法》第146条和第147条进一步确立了这种立法模式，这虽然有方便司法判案的功能，但是以明显忽略我国实际为基础的：在我国，建设用地使用权和房屋所有权不但在司法实践中经常发生分割而独立的情况，而且按照我国的现行法律这两种权利是可以由不同的民事主体所拥有的。例如，建设用地使用权人按照《城镇国有土地使用权出让和转让暂行条例》的规定，将自己占有的土地出租，而承租人在该土地上建造了房屋，此时，建设用地使用权和房屋所有权就不是由同一主体所拥有。在这种情况下，如按照法律的规定，则建设用地使用权和房屋都不可能抵押，因为不管是土地的使用权人还是房屋的所有权人，都无法将另一方的财产进行法律上的处分。如果某一方强行将自己的财产设定了抵押，依照法律规定必定会侵犯另一方的财产权益。这种情况当然不利于财产的充分利用。中国法律事实上也是许可土地物权与地上建筑物的物权各自独立进入交易机制，为此，有必要借鉴先进市场经济国家或地区的做法，将土地和土地之上的建筑物、其他定着物视为相互独立的财产，可以各自独立地进入市场交易机制。

（二）划拨建设用地使用权的处分

对划拨的建设用地使用权，我国法律规定必须在交够土地出让金之后才许可进入交易机制。这种简单的划分由于没有考虑历史事实，因此可能会对国营企业的改革造成很大的妨害。这是由于，国营企业获得的建设用地使用权，一般没有交土地出让金，但现在国营企业要进入市场，必然会受到土地管理部门的束缚。在我国国营企业仍背负沉重的政策负担的现实情况下，在土地使用方面如果仍受很大限制，显然对国营企业不公平。现实的做法，应该是承认国营企业背负沉重负担的历史事实，在国营企业进入市场机制时，把国营企业的土地使用当做出让建设用地使用权来对待，以便照顾历史形成的复杂情况。

五　建设用地使用权消灭

建设用地使用权可因下述原因消灭。

（一）自然消灭

我国《城市房地产管理法》第20条规定，建设用地使用权因土地灭失而终止。建设用地使用权以权利人占有土地为必要，如果土地全部灭失或部分灭失，则对土地的权利因标的不存在自然也跟着全部消灭或部分消灭。土地灭失的原因既可以是自然原因，也可以是人为原因。前者如地震、洪水、泥石流等；后者如爆破、放水等。在土地部分灭失时，建设用地使用权人有权要求减免与土地灭失部分相应的租金。

（二）国家提前收回土地

国家提前收回土地指的是国家在满足一定的条件和程序的前提下，基于公权力在建设用地使用权期限届满之前将其收回的行为。

1. 收回建设用地使用权的条件

根据我国《物权法》第148条的规定，国家提前收回建设用地的使用权，应当满足以下条件：

（1）程序上，须由有关人民政府土地行政主管部门报经原批准用地的人民政府或者有批准权的人民政府批准。

（2）为公共利益需要使用土地或者为实施城市规划进行旧城区改建需要调整使用土地。

（3）对建设用地使用权人应当给予适当补偿。

我国《城市房地产管理法》第19条和第25条进一步规定了两种情况："在特殊情况下，根据社会公共利益的需要，可以按照法律程序提前收回，并根据土地使用者使用土地的实际年限和开发土地的实际情况给予相应的补偿"和"以出让方式取得土地使用权进行房地产开发的……满二年未动工开发的，可以无偿收回土地使用权"。

2. 收回的具体方式

从以上规定的条件看，国家提前收回土地主要可以分为两类，一类是国家根据公权力为了公共利益进行的强制收回行为，类似于国家的征收行为；另一类是国家基于土地所有者的身份，对建设用地使用权人的违约行为追究违约责任的行为，但这种追究责任的行为同时也可以解释为国家基于公权力的行政管理行为。从我国将来的发展趋势来看，应该是应用民法的基本原理来对国家和公民、法人的所有权之间的关系进行规范，将公民、法人的建设用地使用权的创设当做基于所有权而创设的物权。这样，国家是所有权人，建设用地使用权人是他物权人，两者的关系是纯粹的民事关系。国家作为所有权人可以基于如下事由撤销使用权人的使用权：建设用地使用权人拖欠使用权出让金达一定期限；建设用地使用权人擅自改变土地用途等。

在国家提前收回国有土地的使用权之后，公民、法人的建设用地使用权消灭，国家的土地所有权又恢复到最初的圆满支配状态，土地所有权又成为完整的所有权。但要注意保护建设用地使用权人的合法权益。

（三）使用期限届满

建设用地使用权期限届满，如果建设用地使用权人未申请续期，则建设用地使用权是否自然消灭，对此，《物权法》第 149 条因建设用地使用权的用途不同，而被划分为两种情况。住宅建设用地使用权，在使用期间届满后，自动续期，建设用地使用权不消灭。非住宅建设用地使用权期限届满，如果使用权人未申请续期，则建设用地使用权自然消灭，从而国家取得了对土地完整的支配权。但有问题的是，土地上的建筑物及其他附着物的归属如何确定？对此我国法律的规定是，建设用地使用权期限届满，有约定的，按照约定；没有约定或者约定不明确的，建设用地使用权及其地上物、其他附着物所有权由国家无偿取得。

学术争鸣

（一）关于"土地一级市场国家垄断制"的讨论

结合上文关于建设用地使用权出让规则的讲授，大家可以讨论一下如下问题：

1. 从立法上来说，国家建立的土地所有权一级市场垄断制是为了保护国家土地所有权的利益，但是事实上，《土地管理法》等法律规定，真正行使建设用地使用权出让权力的机构，是市（县）一级人民政府。① 因此，真正取得土地所有权并在此获得土地一级市场收入的，是地方人民政府。政府给予农民的土地补偿是有限的，是非市场化的，而政府出让土地，却是市场化的。对此，我们就可以理解为什么我国的地方政府热衷于征地和拆迁，为什么我国存在那么多的开发区这些问题。

2. 由于土地在市场经济条件下是最重要的财产，而建设用地使用

---

① 《中华人民共和国城镇国有土地使用权出让和转让暂行条例》第 9 条。

权出让的现行法律规定，将这一巨大财富的处分权事实上交给了地方政府官员。因此在我国形成了"批地"这一独特的中国土地权利流转方式，和公共权力行使方式。这一巨大财产流转的法律名义与事实的严重脱节，给许多官员腐败造成了机会。因此这一领域一直是官员腐败的高发区。对此，你能为国家提出什么对策吗？

3. 建立建设用地使用权的一级市场国家垄断制，排斥了农民开发土地的合法性。但是，为什么只有地方政府才能从事土地经营，而农民土地不能由农民直接进入市场？国外有学者认为，在这种情况下农民土地无法表现其作为财产权利的特征。你认为这种观点成立吗？

4. 对以上问题，我们可以思考我国现代化建设的巨大成就，与农民却基本上被隔离在现代化之外这一事实的反差，为"三农"问题之一的农民土地问题的解决提出自己的思路。

（二）建设用地使用权的市场运作

我国《物权法》规定的建设用地使用权进入市场机制，可以是转让（即买卖）、互换、出资、赠与和抵押等。现实中的建设用地使用权的市场运作也非常灵活。比如，现实中存在着大量的以建设用地使用权入股的情形。

建设用地使用权入股，本质是将独立的、物权性质的建设用地使用权变更为请求权性质的股权。我国《城市房地产管理法》第27条规定，依法取得的建设用地使用权，可以依照本法和有关法律、行政法规的规定，作价入股，合资、合作开发经营房地产。我国《公司法》也规定了建设用地使用权是股东出资的法定形式之一。

但是，建设用地使用权的入股，在法律上必然产生冲突。因为我国可以入股的建设用地使用权只能是出让的建设用地使用权，而这种权利是有期限限制的；而入股就是创设公司或者投资公司，公司作为法人却不能有期限的限制。对这里的问题，大家可以再讨论一下。

建设用地使用权作价入股，也面临着一个出资问题，出资人必须将建设用地使用权交付给新成立的民事主体，因为建设用地使用权也是一种不动产物权，因此这种转移要发生效力就必须将建设用地使用权向有关机关进行登记，从而达到向外界进行公示的效果。在这里，就又产生了这种特殊股权的登记问题。

另外，我国法律也许可以建设用地使用权作为资产合伙办企业，因此产生的法律问题和以这种权利入股相类似，对此，大家也可以结合上面的分析谈谈自己的看法。

（三）新"圈地运动"

"开而不发，圈而不用，多征少用"是我国各地建设"经济开发区"的一个特点。在我国，不但国家有开发区，省、市、县都有开发区，甚至一些乡镇和村也建有开发区。有些地方开发区有多处。这种情况造成大量的良田荒芜的情形。

更为重要的是，这些"圈地热"还有另一个特点，就是几乎所有的征地都是在"国家建设"的名义下进行的，将农民土地以此方式征收为"国家"所有。正如上文分析的那样，事实上地方政府官员控制了这些重要的不动产。我国《宪法》、《物权法》和《土地管理法》均有规定，"国家为了公共利益的需要"，可以征用农村集体所有的土地。这为各级地方政府和其他经营者提供了最好的理由。在实际工作中，把集体土地转为国有基本上都称为征地，几乎一切征地项目都可以"搭乘"公共利益的"便车"，随意出让、"批租"国有土地，各种经营活动也都是以公共利益的名义进行。据调查，征地项目不仅包括交通、能源、水利等基础设施；工商业、房地产等经营性项目征地也占到总量的22%，学校、企业用地等占到13%。可见，真正为了"国家利益"的征地，其实只是很少一部分。

当征地开始运作的时候，农民作为土地的主人，没有平等对话的机会，甚至没有基本的知情权。目前的征地法律规则，没有建立农民参与的程序和权利。据中央电视台的报道，农民个人能够获得的征地补偿，一般只占发放出来的土地补偿费的18%~30%。

对征地问题，你能为国家提出什么建议吗？

案例分析

（一）上海强制拆迁遭遇汽油瓶暴力反击案

2008年爆发的上海强制拆迁遭遇业主以汽油瓶暴力反击案件，在全国引起极大的震动。关于这件事的来龙去脉，希望各位从互联网上查阅。

"你们是哪个法院的，也没有法院的判决书，如果没有，就是强占我的土地，侵犯我的财产。"这是上海强制拆迁中一句很有名的话。这次事件折射了当下中国征地拆迁制度的核心问题，即强制拆迁与征收补偿的问题，以及地方政府的利益与物权法的冲突问题。上海闵行区的案件爆发后，有一些人认为，地方政府的领导人无非犯了工作方法简单粗暴的错误，因为他们还是为了"国家利益"，为了当地的发展。但是，实质上这些领导人的错误，应该是以"国家建设"名义，强迫拆迁和征地，损害人民群众的基本权利。他们甚至动用石头、铲车、消防车水枪等攻击业主，导致的是一场一个女人的燃烧瓶和政府铲车的拆迁大战。

那么，真的是为了国家利益而征地时，就可以粗暴地压服民众吗？

提示：请回顾物权绝对性及其限制，然后考虑公权力和私权利之间的关系。

（二）政府招商引资"零租金"案

地方经济发展是政府官员的一大政绩之一。为了促进本地经济发展，各地在招商引资上各出奇招，一些地方甚至搞"零租金"出让土地招商引资。被称为"政府慷慨请客，农民无奈埋单"。为什么会有这种说法呢？从建设用地使用权出让上怎样看待政府招商引资"零租金"？

提示：本案除了要考虑公权力和私权利之间的关系外，还要分析公共利益的界定，发展地方经济是否算公共利益的范畴。

第三节 土地承包经营权

一 概念及社会意义

（一）概念以及内容

1. 概念

土地承包经营权，是指农户或者农场职工以个人或者家庭的名义以承包经营的方式占有使用集体所有的或者国家所有的土地的权利。所谓土地，主要是指耕地、草地、林地、滩涂、水面等适于农业经营活动的场所，建设用地被排除在外。这里所说的农业经营活动，包括种植业、林业和畜牧业等。承包经营的目的，就是从事这些经营而取得其出产物，所以土地承包经营权是一种非常典型的用益物权。

2. 内容

《物权法》第125条规定："土地承包经营权人依法对其承包经营的耕地、林地、草地等享有占有、使用和收益的权利，有权从事种植业、林业、畜牧业等农业生产。"依据这一规定，可以看出土地承包经营权的基本内容是：

（1）占有。权利人经营土地，必须首先占有土地。这种占有并不仅仅只是完成对于土地的控制，近年来，很多地方开始了农村土地登记，农民的承包经营权也可以被纳入登记之中。

（2）使用。其是指利用土地开展各种经营性活动，比如养殖、种植等等。

（3）收益。其是指取得土地经营的各种出产物，包括实物和金钱。土地尤其是耕作地从古至今都是重要的生产资料，它能够产生出产物。关于出产物的归属，一般的法律规则是，在土地上设有用益物权的，出产物首先由用益物权人取得；在没有用益物权的时候，出产物才由所有权人取得。全世界的法律基本上都是这样规定的。

（4）依法流转。按照我国《物权法》，土地承包经营权可以转让、抵押；"四荒地"承包经营权还可以用来入股。

（二）基本类型

在我国的农业承包经营体制中，因为历史的原因形成了两种农业土地承包。

第一种，是限制在农村集体经济组织成员内部的承包。

这种承包产生于农村经济体制改革初期，即农民所谓的"分地"时期，当时农村集体经济组织的成员都有权利取得一定的土地来承包经营；而且，也只有该集体经济组织的成员才有权利来承包集体的土地。显然，这种土地承包经营权的取得不是市场化的。

这种土地承包经营权是土地承包的基本形式。《物权法》第124条规定："农村集体经济组织实行家庭承包经营为基础、统分结合的双层经营体制。""农民集体所有和国家所有由农民集体使用的耕地、林地、草地以及其他用于农业的土地，依法实行土地承包经营制度。"这一条，被理解为对中国农业基本经营体制的规定。本条第1款规定所说的含义是，在中国农村，一切集体经济组织内部都应该实行家庭或者个人的承包经营，集体经济组织仍然存在，农业的经营在集体经济组织和农民个人之间实行统一和分离的双层体制。本条第2款所说的内容是，全部的农业土地，不论是集体所有还是国家所有，都应该实行承包经营。2003年的《农村土地承包法》在这一点上的规定和《物权法》一致。按照这些规定，我国农业中已经实现了以承包经营权作为基本权利的经营体制。由此可见这种权利的重要意义。

第二种，是集体集体经济组织的成员之外的人甚至是城市居民，通过市场化的方法，取得的对于荒山、荒沟、荒丘、荒滩等的承包经营权，这就是实务工作部门所称的"四荒地"的承包。

这种经营权的取得，必须采取招标、拍卖等方式，具有开发农业、养殖业的性质。目前，我国的农村土地承包经营权的发展，还是受到这两种不同的承包方式的限制，2003 年的《农村土地承包法》和 2007 年的《物权法》都是这样。比如，《农村土地承包法》第 3 条第 2 款规定："农村土地承包采取农村集体经济组织内部的家庭承包方式，不宜采取家庭承包方式的荒山、荒沟、荒丘、荒滩等农村土地，可以采取招标、拍卖、公开协商等方式承包。"在处理土地承包经营权的流转能力时，《物权法》第 128 条规定的情形，仅仅适应于集体经济组织内部成员的承包；而第 133 条的规定，仅仅适用于非集体经济组织成员的承包。① 这种权利类型是土地承包经营权的特殊形式。

（三）土地承包经营权的发展演变简况

作为农地利用的主要权利形式，土地承包经营权发端于 20 世纪 70 年代末期安徽省凤阳县小岗村十几户农民的生存自救行为，后在改革开放政策的护佑下，迅速在全国推广开来。② 概括地看，土地承包经营权是在中国社会发生重大转折的特殊条件下发展起来的。最初它的产生既缺乏系统的理论准备和制度设计，而主要是在农民为生存而奋力争取下逐步建立的，立法对它的反映则是在数年之后。但是 1986 年制定的《民法通则》规定了这一权利类型后，立法的支持作用就逐渐表现了出来。我国立法机关于 2002 年 8 月制定、2003 年 3 月生效的《农村土地承包法》，建立了比较详细的土地承包经营权制度。从当时制定这一立法的法律政策看，立法者的基本用意是依据土地承包经营权来作为农民

---

① 《物权法》第 128 条：土地承包经营权人依照农村土地承包法的规定，有权将土地承包经营权采取转包、互换、转让等方式流转。《物权法》第 133 条：通过招标、拍卖、公开协商等方式承包荒地等农村土地，依照农村土地承包法等法律和国务院的有关规定，其土地承包经营权可以转让、入股、抵押或者以其他方式流转。

② 小岗村隶属安徽省凤阳县小溪河镇，是淮河岸边的一个普通小村庄。1978 年以前的小岗村，只有 20 户人家 100 多人，是远近闻名的"三靠村"——"吃粮靠返销，用钱靠救济，生产靠贷款"。每年秋后，家家户户都要背起花鼓去讨饭。1978 年秋天的一个晚上，村里召开会议，商议如何解决集体生产劳动中不断出现的矛盾，但大家怎样也想不出一个解决办法。有人于是提议"包干到户"（单干），大家一致同意。在达成"明组暗户、瞒上不瞒下"的秘密协议后，连夜抓阄分牲畜、农具，丈量土地，一个早晨就把集体的东西分完了。"大包干"的第一年就有大变样，不仅结束了 20 多年吃"救济粮"的历史，而且上缴国家粮食 3200 多公斤。小岗村的成功使周边农村纷纷仿效，"大包干"如星星之火，迅速燃遍了中国农村大地。关于该村的这一段历史，可以在中国历史博物馆中查阅。

的基本权利，来解决我国农村人口对生产资料的基本权利、农民基本的财产权利以及农民的社会保障这三大基本问题。所以土地承包经营权作为农民个人拥有的权利，其意义十分巨大。2007 年 3 月制定的《物权法》将土地承包经营权列为一章，作为一种重要的用益物权进行规范。立法的指导思想和《农村土地承包法》一致。

在我国的现代化建设中，农民问题始终是基本问题之一。显然，如果没有我国多数人口的农民的现代化，就不可能有国家整体的现代化。为了促进农业以及农村社会的现代化，显然现行立法规定的土地承包经营权还应该有较大的发展。其中最应该解决的问题是：现代化条件下农业人口应该居于少数，但是现在的土地承包经营权制度，却仍然是为了贯彻将农民比较稳固地安置在土地上的目的而设置的。所以这一制度的内容，应该在将来有新的发展。

总的来看，土地承包经营权从产生到现在已经有了很大的发展，而且还可能有很大的发展。这些情形是：①

1. 在权利性质上，土地承包经营权已经完成从债权向物权转化

我国《民法通则》制定时，虽然一般均认为土地承包经营权是立法规定的一种物权，但是事实上该权利来源于承包合同的约定，现实中不论是政府方面还是农民，都是从合同的角度看待和处理这种权利，这样该权利难以表现物权的全部特征。另外，在“国家建设”需要征收农民土地时，征地补偿并不能给予农民个人，而是给予农民集体，承包权的权利人在征地赔偿上不能作为独立的权利主体。基于这些现实，我们可以认为以前的土地承包经营权还是具有明显的债权性质。但是，在《农村土地承包法》中，这一问题已经基本上得到解决。该法规定，耕地的承包期为 30 年，草地的承包期为 30 年至 50 年，林地的承包期为 30 至 70 年，并严格限制在承包期内调整承包地等。《物权法》更明确将土地承包经营权作为一种重要的用益物权进行规范。《物权法》第 132 条规定，承包地被征收的，土地承包经营权人有权依法获得相应补偿。因此，可以说该权利已经是完全典型的物权了。现实中再也不能从合同的角度来看待这种权利了。

2. 权利的设定，正在由“平均分配土地”向市场性转变

农民最初取得承包地的过程，被农民称为“分地”，土地承包经

---

① 如下内容，可以参阅曹诗权、朱广新《论土地承包经营权立法目标模式的建构》，《中国法学》2001 年第 3 期。

营权就是按照集体中成员的人数来平均分配的。只要具备集体成员身份，不管其有无行为能力、技术或资金都能分到土地，取得土地承包经营权。但随着农业产业化、现代化的快速发展，对于"四荒"地、推行"两田制"情形下的"责任田"、推行"土地股份制"地区的承包地以及对实行适度规模经营的承包地等，土地承包经营权取得方式上开始引入市场机制，土地可由社区外有经营能力的单位或个人使用。

3. 权利的主体，由集体成员内部向成员外部延伸

我国农村土地所有权是所谓的集体所有权，其重要特征是有成员的存在，因此政策和法律均要求土地承包经营权的主体限制在集体成员之内。[①] 因此，"在多数情况下，拥有社员权是取得集体土地承包经营权的必要条件"。[②] 但为在更大范围内优化农村土地、资金与技术资源，近年来，承包地的主体也逐渐向集体之外延伸。如《土地管理法》第15条规定，经村民会议 2/3 以上成员或者 2/3 以上村民代表的同意，农民集体所有的土地可以由集体经济组织以外的单位或者个人承包经营。《农村土地承包法》第 48 条也作出了同样的规定。

4. 权利的功能，由福利性向经济性发展

我国由于实行"城乡分治"的二元社会结构，农民无法获得城市人的社会保障，但是农民由于可以稳定地承包土地，因此土地承包经营权具有强烈的社会保障职能，其生产经营的职能难以彰显。在通常情况下，土地的这两种职能的要求是重合的，但当两者产生矛盾时，土地的保障职能总处于压倒地位。但在一些经济发达地区，因非农收入较高，农民抗御社会风险的能力的逐步增强，土地的福利性也在趋于弱化。如在苏南，由于农民的主要收入来自非农产业，土地作为一种社会保障手段的作用在日益减弱。

土地承包经营权形成、演化过程的基本背景，是我国实行的"社会二元制"，即国家对于城市人口与农村人口实行不同户籍、不同社会保障的制度。农村、农业的发展问题，只能随着城乡二元化结构的消灭而最终消失。目前在我国，对农民而言，不断发展土地承包经营权，使

---

① 中共中央办公厅、国务院办公厅于 1997 年 8 月 27 日发布的《关于进一步稳定和完善农村土地承包关系的通知》规定"不能随意打破原生产队土地所有权的界限，在全村范围内重新承包"。

② 王卫国：《中国土地权利研究》，中国政法大学出版社，1997，第 180 页。

得这种权利具有越来越强的法律效力，这一点不但具有非常重要的法律意义，而且具有重要的伦理、经济、社会意义。

二 土地承包经营权的设立、转让以及消灭

（一）承包合同

承包合同是土地承包经营权取得的前提条件。对于家庭承包，发包方就是农村集体经济组织，承包方就是农民家庭或者个人。发包方应当与承包方签订书面承包合同。

承包合同一般包括以下条款：发包方、承包方的名称，发包方负责人和承包方代表的姓名、住所；承包土地的名称、坐落、面积、质量等级；承包期限和起止日期；承包土地的用途；发包方和承包方的权利和义务；违约责任；等等。以招标、拍卖、公开协商方式承包农村土地的，当事人应当签订承包合同，当事人的权利和义务、承包期限等，由双方协商确定；以招标、拍卖方式承包的，承包费通过公开竞标、竞价确定；以公开协商等方式承包的，承包费由双方议定。

（二）土地承包经营权自合同生效时设立生效

关于土地承包经营权的设立生效，《物权法》第127条第1款规定："土地承包经营权自土地承包经营权合同生效时设立。"从表面上看，似乎该规定不符合《物权法》规定的物权公示原则。但是这一理解是不准确的，因为，《物权法》第59条规定，关于土地承包的事宜，必须在集体经济组织内部召开成员大会，由大会根据一定的方式作出决议，然后才订立承包合同。这种成员大会的召开，本身就具有物权公示的性质。

目前，一些地方已经开始了土地承包经营权的登记。这种登记具有强化权利的作用，其积极效果应该予以肯定。

（三）土地承包经营权的期限

土地承包经营权是有期限的物权。根据《物权法》第126条的规定，耕地的承包期为30年；草地的承包期为30年至50年；林地的承包期为30年至70年；特殊林木的林地承包期，经国务院林业行政主管部门批准可以延长。

（四）土地承包经营权的转让

1. 一般承包地承包经营权的转让

根据《物权法》第129条、《农村土地承包法》第38条的规定，土地承包经营权采取互换、转让方式流转，当事人要求登记的，应当向

县级以上地方人民政府申请登记。未经登记，不得对抗善意第三人。

2. "四荒地"承包经营权转让

对于上述"四荒地"的承包，《农村土地承包法》第49条规定为："通过招标、拍卖、公开协商等方式承包农村土地，经依法登记取得土地承包经营权证或者林权证等证书的，其土地承包经营权可以依法采取转让、出租、入股、抵押或者其他方式流转。"

目前，就土地承包经营权的转让、出租、入股、抵押或者其他方式的流转或者转让，一些地方开始了实验，但是国家的立法还没有跟上。如果立法长期存在缺陷，那么在实践中极易造成混乱。对此国家正在积极地采取相应措施予以补救之。

（五）土地承包经营权的消灭

土地承包经营权可因下列原因消灭：

1. 土地因自然灾害严重毁损。

2. 承包方自愿退回承包地。

3. 承包方因全家迁入设区的市，转为非农业户口，而交出承包地。

三 土地承包经营权的法律关系

《农村土地承包法》将农村土地的承包分为两种情况，即家庭承包和通过招标、拍卖、公开协商等方式的承包。土地承包经营权的法律关系也因承包形式的不同而有所区别。

（一）家庭承包

1. 发包方的义务

第一，在承包期内，不得收回承包地。

《物权法》第131条规定，承包期内发包人不得收回承包地。农村土地承包法等法律另有规定的，依照其规定。承包期内，承包方全家迁入小城镇落户的，但未转为城市户口的，发包方不得收回承包地，应当按照承包方的意愿，保留承包方的土地承包经营权或者允许其依法进行土地承包经营权流转。承包方全家迁入设区的市，转为非农业户口的，应当将承包的耕地和草地交回发包方。承包方不交回的，发包方可以收回承包的耕地和草地。如承包方转为非农业户口，并同时取得一定的社会保障金，不应给予补偿；如承包方转为非农业户口时未取得一定的社会保障金的，应给予适当的经济补偿。《农村土地承包法》第26条第4款对此的规定是："承包期内，承包方交回承包地或者发包方依法收回承包地时，承包方对其在承包地上投入而提高土地生产能力的，有权获得相应的补偿。"

承包期内，发包方不得单方面解除承包合同，不得假借少数服从多数强迫承包方放弃或者变更土地承包经营权，不得以划分"口粮田"和"责任田"等为由收回承包地搞招标承包，不得将承包地收回抵顶欠款。

第二，承包期内，发包方不得调整承包地。

承包期内，因自然灾害严重毁损承包地等特殊情形对个别农户之间承包的耕地和草地需要适当调整的，必须经本集体经济组织成员的村民会议 2/3 以上成员或者 2/3 以上村民代表的同意，并报乡（镇）人民政府和县级人民政府农业等行政主管部门批准。承包合同中约定不得调整的，按照其约定。承包期内，妇女结婚，在新居住地未取得承包地的，发包方不得收回其原承包地；妇女离婚或者丧偶，仍在原居住地生活或者不在原居住地生活但在新居住地未取得承包地的，发包方不得收回其原承包地。

2. 承包方（农户）的权利

第一，继承权。

土地承包经营权能否作为继承的标的？根据《农村土地承包法》第31条的规定，只有林地承包的承包人死亡后，其继承人才可继承剩余期限内的承包经营权；耕地、草地以及其他用于农业经营的土地承包经营权不得作为继承的对象。由此规定可看出，大多数情况下，土地承包经营权只是一种相对性的权利，不具有物权之支配性、排他性，因而具有显著的债权性。

第二，流转权。

流转非规范的法律用语，但在实际生活中却被普遍使用。流转主要是指转包、出租、互换、转让等土地权利移转形式。流转应由当事人签订书面合同。流转应遵循下列原则：不得改变土地所有权的性质和土地的农业用途；流转的期限不得超过承包期的剩余期限；受让方须有农业经营能力；在同等条件下，本集体经济组织成员享有优先权。

所谓转包和出租，是指承包方在一定期限内将部分或者全部土地承包经营权移转于第三方，而承包方与发包方的承包关系不变的行为。

所谓转让，是指将全部或者部分土地承包经营权移转于其他从事农业生产经营的农户，由该农户同发包方确立新的承包关系，原承包方与发包方在该土地上的承包关系即行终止的行为。

第三，入股权。

承包方之间为发展农业经济，可以将土地承包经营权折价作股，成立以从事农业为目的的农业生产经济组织。

（二）其他方式的承包（荒地承包）

在荒地承包的情况下，承包方享有下列权利。

（1）继承权

对于荒地的承包，在承包期内，承包方死亡的，其继承人可以继续承包。

（2）流转权

在荒地承包下，土地承包经营权可以采取转让、出租、入股、抵押或者其他方式流转。流转无须征得集体经济组织的同意。

第四节　宅基地使用权

一　宅基地使用权的概念和特征

（一）概念

所谓宅基地使用权，指的是我国农村居民对依法对集体所有的土地享有占有和使用的权利，有权依法利用该土地建造住宅及其附属设施（《物权法》第152条）。宅基地使用权的法律含义是：农村居民对自己的住房拥有所有权，而对于该房屋以及房屋附属设施占有的集体所有的土地的使用权利。因为农村土地一律归集体所有，故农民个人只有使用的权利。对这种权利，物权法制定之前，我国立法并没有予以规定。依据《民法通则》，农村土地归集体所有，而农民个人可以拥有房屋的所有权，从这种现象可以间接得知农民宅基地使用权的现实存在。当然，从执政党曾经制定的法律政策（即上文所说的"农村政策六十条"）中，也可以推知这种权利的存在。

2007年《物权法》第十三章明确规定了宅基地使用权的内容、性质和相关的规则。在我国社会保障尚无法覆盖广大农村的现实下，土地承包经营权解决了农民的基本衣食来源，宅基地使用权解决了农民的基本居住问题。正是因为保障功能依然是宅基地使用权制度的首要功能，关于宅基地使用权取得、行使和转让的问题，必须尊重这一现实，以利于保护农民利益，构建和谐社会。因此，集体经济组织以外的成员，无权向集体经济组织申请宅基地，已经申请的，该集体经济组织无权批准，这是由宅基地使用权的身份性质决定的。

（二）宅基地使用权的特征

宅基地使用权具有如下法律特征。

1. 这种权利是农村居民特有的权利。农民要取得这种权利的先决条件，是他必须为该农民集体的成员。虽然物权法对于这一点没有规定，但是《土地管理法》第 62 条对此有明确规定。城市居民不可以到农村取得土地建造住房。但是，如果城市居民原来是农村居民，如果他的住房还在农村，那么在其房屋正常使用的期间内，他原来所享有的这种权利仍然得到承认和保护。另外，如果城市居民继承了其直系亲属在农村的住房，那么他也可以在房屋正常使用的期间内享有该房屋占有土地的使用权。

2. 宅基地使用权是农村居民以"户"的名义享有的权利，即农民家庭享有的权利，而不是个人享有的权利。《土地管理法》第 62 条第 1 款规定："农村村民一户只能拥有一处宅基地……"该条第 4 款规定："农村村民出卖、出租住房后，再申请宅基地的，不予批准。"从这些规定可以得知，这种权利具有社会保障的意义。

3. 宅基地灭失后，应当重新分配。宅基地使用权是基于成员身份享有的保障性权利，所以宅基地因自然灾害等原因灭失的，宅基地使用权消灭。为保障农村居民的基本居住条件，对失去宅基地的村民，就应当重新分配宅基地（《物权法》第 154 条）。

4. 宅基地使用权是一种可以继承但是不能转让的权利。所以，这种权利具有只能持有而不能转让、不能设置抵押、不能随意交换的特征。

二　宅基地使用权的法律适用及法律难点

我国的土地管理制度正在改革之中，有关法律法规也在完善。为适应未来发展的需要，为进一步深化改革留下空间，所以对于宅基地使用权的相关问题，《物权法》第 153 条规定，宅基地使用权的取得、行使和转让，适用《土地管理法》等法律和国家有关规定。我国农民宅基地使用权的立法或者政策背景是在我国实行多年的城乡"二元化"政策，即农村人口和城市人口严格区分的政策。这种政策的严重缺陷是阻止农民进城，把农民隔离在现代化社会之外。随着这种政策越来越失去效力，农民的宅基地使用权的立法政策也面临着改革的趋势。比如，农民进城越来越多，发达地区越来越多的农民长期居住在城市；另外，发达地区农民的住房进入市场交易的情形越来越多。我国政策已经许可农民的住房可以转让和设置抵押，那么，住房占有的土地的宅基地使用权如何处理，在法律上形成难点问题。

另外，我国农村的宅基地使用权，还出现了出嫁女儿能否继承其父母遗留房屋的宅基地使用权的难题。女儿出嫁到外村，成为另一个集体经济组织的成员，因此许多地方的农村不许可女儿继承其父母遗留房屋的宅基地使用权。在土地越来越少的情况下，即使是兄弟姐妹之间，也发生了强烈的利益争执。但是不许可女儿继承时，违背了立法的基本精神。这种情况反映了我国立法特有的矛盾。

第五节 地役权

一 概念以及立法意义

（一）概念

地役权，是《物权法》第十四章规定的用益物权类型，指以他人土地供自己土地便宜之用的权利。

地役权具有如下特征。

（1）附随性。地役权不是独立物权，它附属于特定土地，即需役地。丧失需役地所有权或使用权，则丧失地役权。地役权不得与需役地相分离而单独让与，也不得与需役地分离而成为其他权利的标的。[①]

（2）地役权可以约定设立，也可以以法定发生。依据法律行为约定地役权，以不动产登记为必要。以法定方式产生地役权，以法律确定的事实发生时产生效力。

（3）地役权不以占有他人土地为内容或目的，而只要求对方应尽某种容忍或不作为义务。供役人提供地役之同时，并不丧失对其土地的占有或利用，其只是承受了某种负担或不便利。这是地役权与其他用益物权的另一重要区别。

（4）地役权只能是一种土地物权，或者不动产物权。现代社会，地役权除在土地上有广泛存在外，还在建筑物的彼此之间设立，比如城

[①] 《日本民法典》第281条对此明确规定为：（1）地役权作为需役地所有权的从权利，与之一起移转，或成为需役地上存在的其他权利的标的。但设定行为另有订定时，不在此限。（2）地役权，不得与需役地分离而让与或作为其他权利的标的。《日本民法典》，王书江译，中国人民公安大学出版社，1999，第49页。

市中普遍存在的空中走廊等，即以地役权方式作为其物权基础。

（二）立法意义

地役权是实践中应用广泛的用益物权，可是在前苏联民法之后，我国民法长期以来并不承认这一制度，理论上这一制度被相邻关系所替代。但是，相邻关系是完全不能替代地役权制度的。因为：（1）相邻关系基本上是要求不动产的所有权人等的一种消极的不作为，比如要求相邻各方不要互相干扰；但是地役权却常常是一种积极的作为，即要到对方的土地上去实现自己的利益，比如利用对方的土地架设管道或者通道等。（2）相邻关系因不动产相邻的事实和法律的规定而自然存在，而地役权常常是要依据法律行为设定。显然，地役权是要给对方的土地设定负担，因此产生当事人之间额外的权利义务关系，因此需要法律行为予以设定。（3）相邻关系一般是无偿的，而地役权一般是有偿的。

在我国地役权制度的现实应用已经非常广泛。比如著名的"西气东输"工程，将天然气管道从新疆建设到华东地区，实际上就是地役权的应用。但是，由于立法上并没有规定这种权利类型，给实践中解决当事人之间的权利义务关系构成极大不便。因此我们提出了采纳这一权利类型的建议，得到大多数人的支持，并最终在物权法中得到恢复，这是立法现实主义的进步。

考虑到"地役权"一词作为汉语法学的普通概念已经有很长的历史，其含义在这一概念下已经明确肯定，中国立法最终还是采纳了普遍承认的概念用语。

二 地役权的取得、权利内容以及权利消灭

（一）取得

地役权可以因为法律的规定取得，比如依据某种合法方式取得需役地的所有权或者土地承包经营权、建设用地使用权、宅基地使用权时，即依法同时取得地役权。其中，可以因为受让需役地而取得地役权，也可以因为需役地的继承而继承地役权。根据《物权法》第158条的规定，地役权的设立并不以登记为条件，所以在此情况下，地役权随土地所有权或使用权转让时，是否须经登记，取决于地役权人的意思。

在国际上，地役权也能通过取得时效等非法律行为而取得。

地役权也可基于法律行为而取得，主要是通过法律行为设定地役权。地役权的设定通常通过合同进行，但也可以单独行为，如遗嘱。传统民法上，以合同设定地役权，因地役权为不动产物权，地役权之取得

须履行登记程序，地役权应同时登记在供役地和需役地的登记簿上。以单独行为设定地役权也须经登记才生地役权产生的效力。相反，中国《物权法》第158条规定的则是登记对抗主义的物权变动模式，即只要合同当事人按照第157条规定，以书面形式订立了地役权合同，并且符合合同的生效要件，那么，地役权就可以随地役权合同的生效而产生。但是，如此设定的地役权，因未通过履行登记手续的方法将地役权向社会进行公示，地役权的社会公信力因此受到很大限制。采纳登记对抗主义的物权变动模式，虽便利了地役权的设定，但其产生的问题也不容忽视：如何区分物权性的地役权和债权性的土地租赁权？在法律实践中，地役权可以为多数人设立，由多数人共同拥有一个地役权。地役权也可交叉设立，即在供役地上为需役地设立地役权，同时在需役地上为供役地设立地役权。①

（二）地役权人的权利和义务

地役权有效设立后，地役权人主要享有下列权利并承担相应义务。

1. 占有使用供役地的权利

地役权人对供役地之使用不具有独占性，地役权人不仅可与供役地人使用同一土地，也可与其他地役权人、用益权人使用同一块土地。

2. 营建必须设施的权利

为实现地役权，可以进行必要的附随行为，如达到排水的目的而开凿沟渠，但地役权人在进行这些必要的行为时，必须选择对供役地损害最小的方法。

3. 维持设施的义务

地役权人对因行使权利而建造的工作物负有维持的义务。

（三）供役地人的权利和义务

提供土地设立地役权的，在法律上成为供役地。供役地的权利人享有下列的权利并承担相应义务。

1. 容忍地役权人在自己土地上进行一定行为的义务。

2. 使用地役权人设置的必要设施的权利，但供役地人应按其收益的程度，分担维护设施的费用。

3. 对价请求权。在地役权设定为有偿时，供役地人可享有请求给付价金的权利。

---

① 参见孙宪忠《德国当代物权法》，法律出版社，1997，第242页。

（四）地役权的消灭

地役权因下列原因消灭。

1. 需役地或供役地灭失。

2. 发生约定的事由；如约定供役地上的建筑一旦完工，通行权即归于消灭。

3. 权利人抛弃权利。

4. 地役权合同解除。按《物权法》第158条的规定，地役权自地役权合同生效时设立。根据反对解释的法律适用方法，地役权自然应自地役权合同终止时消灭。因此，只要当事人解除了地役权合同，地役权自然随之消灭。

复习题

1. 指出我国农村土地承包经营权建立以及发展中遇到的问题。

2. 上文多次谈到我国征地制度改革问题。其实从农民方面来看，征地制度也有改革的必要。这就是征地补偿制度。《土地管理法实施条例》规定："土地补偿费归集体经济组织所有"，而不是直接归农民。《物权法》第132条规定："承包地被征收的，土地承包经营权人有权依照本法第四十二条第二款的规定获得相应补偿。"你对此有什么想法？

案例分析

（一）承包荒地种植成果争议案

A村地处山区，村里有大面积的荒山、荒沟。因干旱少雨，耕种困难，荒山、荒沟一直无人经营管理。这不但造成土地的闲置、浪费，而且一旦遇到大雨，水土流失也非常严重。2009年初，村里接到乡政府的通知，说国家现在鼓励农户承包经营"四荒地"，如承包"四荒地"，则享有50年的承包经营权，并且该权利可以抵押、继承等。A村委会于是召集村民商议荒山、荒沟的承包经营问题，村民会议达成了承包经营荒地的条件。但是，因缺乏必要的开发资金，或担心经营不好会亏损，A村没有一个村民愿意承包荒地。在此情况下，村委会决定通过招标的方式，由村外的单位或个人承包经营荒地。B村的王某最后以一定的资金、技术优势赢得了对100亩荒沟的50年的承包经营权。王某对土地进行开发后，种上了桃树，3 年后，桃树长势良好并结上了果实，A 村许多村民看到后都羡慕不已。等到桃子成熟上市时，A 村许多村民却以各种形式潜入果园摘取桃子，王某因此损失不少。王某就向 A 村委会反映，让村委会制止村民的任意行为，村委会负责人对此不冷不热，许多村民说："土地是我们村的，凭什么由你经营，我们是摘我们土地上的桃子？"试分析 A 村村民的摘桃行为性质。

提示：请从农村土地承包经营权的物权性角度进行分析。

（二） 将已经发包的橘园另行发包第三人案

2007 年 9 月，钱某作为 A 村村委会的代表将种有 1000 棵橘树的橘园发包给本村村民孙某经营。合同约定，承包期为 15 年，承包人每年向村委会交付承包金 800 元，盈亏自负。2008 年底，孙某按期交付了承包金。2009 年，橘园虽遭受台风的侵袭，但因孙某管理有方，产量仍然比上年有所增长，除上交承包金外，孙某盈余不少。钱某遂以承包金过低为由要求变更合同，并限孙某在 5 天内作出答复。孙某未作任何表示，钱某遂将橘园另行发包给王某，双方并签订了承包合同。孙、钱、王因此发生纠纷，该案应如何处理？

提示：除了从农村土地承包经营权的物权性角度进行分析之外，还要考虑区分原则的适用。

第九章　担保物权

要点提示

- 担保物权的内涵
- 抵押权的法律规则
- 质权的法律规则
- 留置权的法律规则
- 非典型担保

第一节　担保物权的一般规则

一　什么是担保物权

（一）担保物权的定义

所谓担保物权，指为确保债权的实现，在债务人或第三人的特定物或权利之上成立的一种他物权。《物权法》第170条规定："担保物权人在债务人不履行到期债务或者发生当事人约定的实现担保物权的情形，依法享有就担保财产优先受偿的权利，但法律另有规定的除外。"立法机关对于担保物权概念的立法解释是：担保物权"是为了确保债务履行而设立的物权。包括抵押权、质权和留置权；当债务人不履行债务时，债权人就担保财产依法享有优先受偿的权利"。对该定义，可以分解为以下几点来理解。

第一，担保物权以确保债权的实现为目的。在物权法结构体系中，他物权可划分为两种类型，即用益物权与担保物权。用益物权是以对物的使用、收益为目的的他物权，如地上权、地役权、永佃权等等；而担保物权成立之意旨在于确保债权的实现。由此可自然推理出，在担保物权成立之时，应当有被担保的债权存在，而担保物权的命运由被担保的债权决定。这一点通常又称为担保物权的附随性。

第二，担保物权成立于债务人或第三人的特定物或权利之上。担保物权之功能既然在于确保债权的实现，它不可能在被担保的债权人的财产之上设定，一般是成立在债务人或第三人的财产之上，以此方式迫使债务人清偿债务或借助第三人的信用确保债权人利益的实现。

第三，担保物权以取得担保物的交换价值为实质。担保物权因不以占有、使用、收益担保物为目的，而是为了确保债权的实现，即实现债权的价值，因此，担保物权以取得担保物的交换价值为实质。

（二）担保物权的特性

作为一类重要的物权，担保物权除具备物权的一般特征之外，还具有如下一般特性。

第一，附随性。担保物权存在的目的是为了保证债权的实现，因此，该权利须从属于特定的债权。此意味着，担保物权通常以债权的存在为成立前提，债权不存在或不能确定的，担保物权也不可能产生；另外，担保物权不能与其担保的特定债权分离而单独转让或者作为其他债权的担保。另外，债权移转时，担保物权也应随同移转。

第二，不可分性。在被担保债权没有得到全部清偿前，担保权人可以就担保标的物的全部行使权利。因此，受担保债权即使分割、一部分清偿或消灭，担保物权仍为担保各部分的债权或剩余债权而存在；担保标的物即使分割或一部灭失，各部分担保物或余存的担保物，仍为担保全部债权而存在。

第三，物上代位性。担保期间，担保财产毁损、灭失或者被征收等，因而得受赔偿金时，该赔偿金即为担保物权标的物的代替物。担保物权人可以就获得的保险金、赔偿金或者补偿金等优先受偿。被担保债权的履行期未届满的，也可以提存该保险金、赔偿金或者补偿金等。

第四，变价求偿性。担保物权以取得担保物的交换价值为实质，依据其本质只是取得物的价值，而不是物的所有权。因此，当债务人届期不能清偿债务时，担保权人不得直接取得对担保物的占有或使用，更不得直接取得对担保物的所有权，如禁止流押、禁止流质，而是通过将担保物变价以实现债权，即将担保物作价、变卖或拍卖来实现债权。

第五，物的信用性。担保物权与人的担保的根本区别在于，人的担保是第三人向债权人提供了一种人的信用，而担保物权是债务人或第三人向债权人提供了一种物的信用。这种物的信用的优点在于它的稳定性，它能为债权人的权利实现提供更确实的保证。

（三）担保物权的种类

担保物权的主要种类大致如下。

1. 法定担保物权与约定担保物权

以权利产生的原因为标准，担保物权可划分为法定担保物权与约定担保物权。法定担保物权，指满足法律的条件或原因而当然发生的担保物权，如留置权、法定抵押权等。约定担保物权，指根据当事人设定担保物权的合意而产生的担保物权，如质押权与一般抵押权等。

2. 所有权担保与限制物权担保

以担保权效力为根据，担保物权可划分为所有权担保与限制物权担保。限制物权担保是在标的物上设定具有担保作用的限制物权的担保，在这种担保中，担保权人取得的仅仅是限制物权，标的物的所有权仍属于债务人或当事人，近代以来，各国民法上的担保物权大都属于限制物权担保。所有权担保，是指将标的物的所有权或其他权利移转于担保权人的担保，让与担保是这种担保的典型形式。

3. 不动产担保与动产担保、权利担保

这是根据标的物之不同对担保物权所作出的划分。不动产担保，指以不动产为标的成立的担保物权，如不动产抵押权；动产担保是在动产上设定的担保物权，如动产质权、动产抵押权；权利担保则是以权利为标的设定的担保物权，如权利抵押权、权利质权等。

二　担保物权的设定原则

担保物权在设定上通常须遵循下列原则。

第一，为未来之债的原则。因以确保债务的清偿为意旨，担保物权只能为债务人将来的履约能力设立，对已经到期的债权，依据交易的公正原则，不可设立担保物权为其提供担保。因担保物权具有排斥他人而使担保物权人优先受偿的特点，所以，在债权人求偿的条件成就时，也就是在债务人应当履行其义务时，再设立担保物权的话，就必然造成对其他债权人不公平的结果。

第二，为金钱之债而设立的原则。担保物权所担保的债权必须且只能是一个数额确定的金钱债权。这是担保物权的变价权本质的体现。担保物权所担保的金钱债权，在实践中主要有三种：（1）生产性贷款，主要表现为对不动产开发建设的投资贷款；（2）买卖借贷；（3）消费借贷。

第三，债权数额明确肯定的原则。担保物权不仅要求必须为一个金钱债权而设立，而且还要求该债权的数额必须明确肯定。债权不管因何种原因引起，对担保物权人而言，在担保物权设立时，该债权的数额必须确定。关于该原则的主要例外是法律关于最高额抵押的规定，该规定虽在一定程度上突破了债权数额确定的原则，但是法律要求必须设定一个最高限额，并且，在抵押合同中必须对债权的决算期作出明确规定。

第四，担保物权的标的必须明确肯定的原则。所谓明确肯定，是指担保物权人能够支配的标的物范围必须具有明确的界限或范围。动产担保，标的是只移转给权利占有的物的整体；不动产担保，标的应当在义务人所支配的不动产上明确划定并纳入不动产登记簿。原则上，担保物权的标的物应当是一个整体，包括主要组成部分、一般组成部分和附属物，担保物权人可以对标的物的构成部分及其附属物和孳息行使权利。

第五，公示原则。对此，请参见本书有关"公示原则"的论述。

第六，顺位原则。对此，请参见本书有关"顺位"的论述。

三 担保法中担保物权制度的废止

中国物权法中的担保物权系统，在1995年制定《担保法》时体系上已经比较健全，但是，《物权法》制定时采取了重新制定担保物权制度的做法。其主要的原因，是担保法本身具有解决"三角债"的临时性特点，另外，担保法的制度设计在基本原则方面出现了相当大的问题。比如该法规定，抵押合同的成立以不动产的登记为必要条件，质权合同的成立以交付标的物为必要条件。这个规定是十分错误的。因为合同成立在先，合同生效之后才能够约束当事人去履行合同，才能够进行不动产登记。如果登记之后才生效，那么合同未登记之前不生效。此时，谁还会积极地看待这个合同，履行这个合同呢？

这种把物权变动当做合同生效的条件的规则，是根据中国法学界一度作为主流观念的"债权意思的形式主义"规则，或者"折中主义"规则造成的。根据这个规则，合同履行了才有效，不履行的就无效！这个理论的错误从这一点看，就很明显了。此外，该法不能就债权关系成立与物权设定的有效条件之间作出区分，不能建立第三人保护的规则，这就极大地妨害了交易安全。该法在法律术语的使用上，也有许多不规范之处。它把抵押权设定的登记，仅仅理解为抵押物的登记。《担保法》颁布之后，本书作者即著文指出其中的理论错误。① 《物权法》编制之初，虽然曾经有关方面指出最好不要废止《担保法》，但是我们认为该法有基本的不足，保留下来会妨害实践。经过长期努力，中国《物权法》基本上废止了《担保法》中的担保物权制度。《物权法》第178条规定，担保法与物权法规定不一致的，适用《物权法》。

复习题

1. 与用益物权相比，担保物权具有哪些特性？
2. 担保物权在设立时应遵循哪些原则？

案例分析

（一）塑料厂和银行的抵押债权案

塑料厂因经营管理不善，连年亏损，欠化工厂材料款6万元，欠煤炭公司燃料款5万元。为偿还外债，塑料厂决定更新设备，投产新产品，便以一辆卡车和一辆吉普车作抵押向银行贷款14万元，这一抵押均办理了登记手续。后吉普车被人撞毁，塑料厂得到赔偿金6万元。新产品投产后，由于价格太高没有人购买，被迫停产，塑料厂的亏损更加严重。这时化工厂、煤炭公司都来催债。银行的贷款也已到期。塑料厂将抵押的卡车给了化工厂，将赔偿金中的5万元给了煤炭公司。银行知道后，要求化工厂、煤炭公司分别退还汽车和5万元，遭到两个单位的拒绝，银行便起诉到法院。

如果你是法官，你如何处理此案，为什么？

提示：请依据担保物权的特点和设立原则进行分析。

（二）水泥厂和制伞厂的联营协议案

A县宏大水泥厂因经营管理无方，连年亏损。为扭亏为盈，水泥厂于是找到该县一向经营较好的制伞厂，经过磋商，双方达成一份联营协议。协议约定，制伞厂向水泥厂投入资金300万元，水泥厂每年支付给服装厂利润40万元，水泥厂两年后应归还制伞厂的全部出资；并且，

---

① 对此，请参见孙宪忠《论不动产登记》，《中国法学》1996年第5期；《确定中国物权种类及内容的难点》，《法学研究》2001年第1期。

制伞厂的利润分配不受水泥厂盈亏的影响。协议达成后，制伞厂为保证自己债权的实现，要求水泥厂提供担保。水泥厂于是请该县味精厂以其自有厂房向制伞厂提供抵押担保，并办理了抵押登记。

水泥厂届时不能履行债务时，制伞厂的债权怎么实现呢？

提示：请依据担保物权的特点进行分析。

第二节　抵押权

一　什么是抵押权

在我国现行立法规定的担保物权种类中，抵押权被当做最重要的类型。因为抵押权的标的物一般是不动产或者准不动产，这些财产的价值一般公认大于动产，因此抵押权的实践意义大于动产担保物权。

（一）抵押权的基本意义

抵押权，是指债务人或第三人为担保债权人权利的实现，提供自己的特定不动产或者法律确定范围内的动产，以不转移财产的占有为条件交由债权人支配，并且在债务人到期不履行债务时，由债权人可以就该不动产或者动产予以变价并从中优先受偿的权利（《物权法》第179条）。在抵押权关系中，提供担保财产的债务人或第三人，称为抵押人；享有抵押权的债权人称为抵押权人；抵押人或第三人提供的担保财产称为抵押物。

作为一种典型的担保物权，抵押权除具有担保物权的一般特性——附随性、不可分性、物上代位性、变价求偿性等之外，与其他类型的担保物权相比，应注意如下特征。

第一，不移转抵押物之占有。在设定抵押权时以及抵押权存续期间，债务人或者第三人无须将抵押物移转于债权人，这一特征是抵押权区别于质权的关键所在，也是抵押权之所以在社会经济中被广泛使用的重要原因。因为，在此情况下，抵押物的交换价值不但得到充分的发挥，而且抵押物的使用价值也可以得到真正的利用。

第二，抵押物一般情况下是不动产和准不动产。但是在法律有特殊规定时，其他动产，也可以是法律规定的权利，比如建设用地使用权及荒山、荒沟、荒丘、荒滩等荒地的使用权等，也可以用来抵押。抵押物范围的广泛性决定了抵押权使用上的普遍性。

（二）抵押权的分类

抵押权是一种复杂的权利关系，从不同的角度观察，它有不同的类型，概括地将讲，抵押权可作出如下划分。

1. 不动产抵押、动产抵押和权利抵押

这是以抵押标的物的不同对抵押权所作出的划分，这是一种最为常见的抵押权分类方式。以不动产为标的物的抵押，称为不动产抵押，它是抵押权中最基本的权利类型，各国对其都有明确规定。以动产为标的物的抵押为动产抵押。动产抵押是一种新型的抵押种类，这种抵押的出现与动产在现代社会中的价值的增大和作用的增强有一定关联。以权利为标的物的抵押为权利抵押，各国对可以作为抵押权标的物的权利的范围并无一致的规定，一般规律是，以所有权以外的不动产用益物权为标的设定权利抵押。在我国，权利抵押，主要是指以建设用地使用权与荒地使用权作抵押。这种分类的主要意义在于，不动产抵押、动产抵押、权利抵押在设定上存在显著区别。

2. 单一抵押、共同抵押、财团抵押与浮动抵押

这是以抵押物的数量为标准，对抵押权作出的划分。单一抵押权，是指以一项特定财产为标的设定的抵押权。共同抵押是以数项财产共同担保同一债权设定的抵押。共同抵押的标的物是数项财产，而且数项财产是独立的，不是集合为单一物。财团抵押是指以企业的财团为标的设定的抵押。财团抵押的标的物是由不动产、动产、无形财产组成的财团。财团抵押主要为现代大陆法系国家所采用。浮动抵押是存在于英美法系的类似于财团抵押的抵押形态，它是以企业现有的与未来可能有的财产为标的设定的抵押。

3. 他主抵押与所有人抵押

这是以权利主体的不同对抵押权作出的划分。他主抵押是为抵押人以外的人享有的抵押权，通常所说的抵押，就是指他主抵押，也被称为普通抵押。所有人抵押，是指抵押权人以自己所有的特定财产为自己设定的抵押权。在所有人抵押中，物的所有人与抵押权人是同一人，这种抵押一般称为一种特殊抵押。所有人抵押可分为两种：一是所有人以自己的财产为自己设定的抵押，这种抵押自始就属于抵押物的所有人，被称为原始的所有人抵押；二是原初为他人设定的抵押权，后抵押物因法定缘由归属于抵押权人，这种抵押称为后发的所有人抵押。所有人抵押在德国民法上有明确规定，德国民法承认所有人抵押的主要原因在于，德国民法认为抵押权具有独立性，可自由流通。抵押物所有人预先为自己设定抵押权，以便于将来以这种抵押为自己融资。我国物权法对所有人抵押未作出规定，《最高人民法院关于适用〈中华人民共和国担保法〉若干问题的解释》（以下简称"担保法司法解释"）第77条对抵押人抵押作了规定。①

4. 流通抵押与保全抵押

以设定抵押权的具体目的为标准，抵押可分为流通抵押与保全抵押。这是德国法上对抵押的一种分类，目前在国际上也有一定的应用。流通型抵押，可以脱离其所担保的债权转让。② 这种分类以否定抵押权的附随性、坚持抵押权的独立性为基础。流通抵押，是为了融资，可自由交易的抵押。这种抵押可在债权成立之前先行设定，所有人抵押是这种抵押的主要例证。保全抵押是为确保债务的清偿而设定的抵押。法国、日本以及我国法上规定的抵押为保全抵押。抵押权的证券化、独立化是现代抵押制度的一个发展趋势，我国立法基本是保全式抵押权，抵押权的流通在中国似乎是不可能的，应否建立流通抵押值得进一步研究。

5. 证券式抵押、登记式抵押与非登记式抵押

这是根据取得抵押的程序不同对抵押作出的区分。证券式抵押以德国为代表，这主要是因为德国法以流通抵押作为抵押权的主要形式。对证券式抵押而言，其在现实中的具体运用为，抵押物所有人先向登记机关办理登记，由登记机关作成抵押证券交给抵押物所有人，其后，抵押权人（抵押物所有人、债务人）在融资时，由证券持有人将抵押证券交付于债权人，债权人取得抵押权。登记抵押是只要经过登记机关登记才能取得抵押权的抵押，反之，无须登记即可取得抵押权的抵押为非登记抵押，中国法律中的抵押权，都是登记式抵押。

二　抵押权的设定、移转与消灭

（一）抵押权的设定

抵押权是一种担保物权，可根据法律的规定而取得，也可以按照法律行为而取得。根据法律规定直接取得的抵押权，称为法定抵押权，该

---

① 《最高人民法院关于适用〈中华人民共和国担保法〉若干问题的解释》第77条规定：同一财产向两个以上债权人抵押的，顺序在先的抵押权与该财产的所有权归属一人时，该财产的所有权人可以以其抵押权对抗顺序在后的抵押权。

② 对流通型抵押以及下文所述证券式抵押有兴趣者，请参阅孙宪忠《德国当代物权法》（法律出版社，1997）的抵押权部分。

种抵押权，无须登记，即可发生取得抵押权的效力。

按照法律行为取得的抵押权，在学理上，通常称为意定抵押权。以这种方式取得的抵押权，抵押权的设定，通常在当事人双方达成合意，订立书面合同，并办理登记后，发生抵押权取得的效力。抵押权的设定是抵押权取得的最通常的方式。我国《物权法》第185条第1款规定："设立抵押权，当事人应当采取书面形式订立抵押合同。"根据该规定，抵押合同是设定抵押权的基本方式。

1. 抵押合同是债权行为

抵押合同，是抵押人和抵押权人在特定财产或权利之上设定抵押权以担保债权受偿的双方法律行为。抵押人是以其财产或权利作为担保的债务人或第三人，抵押权人是以抵押物担保其债权的实现的债权人。抵押合同是取得抵押权的原因行为，对该行为，应注意的首要问题是抵押合同是债权行为。抵押合同既然是债权行为，则意味着，在不违背法律的强制性规定的情况下，只要适格的当事人就抵押权之设定达成了一致的意思表示，抵押合同即可成立并生效。

抵押人和抵押权人应当以书面形式订立抵押合同。根据《物权法》第185条第2款的规定，抵押合同应当包括以下内容：被担保债权的种类、数额；债务人履行债务的期限；抵押物的名称、数量、质量、状况、所在地、所有权权属或者使用权权属；抵押担保的范围；当事人认为需要约定的其他事项。抵押合同不完全具备前款规定内容的，当事人可以补正。

2. 抵押权的设定行为属于物权行为

作为设定抵押权的原因行为，抵押合同之成立和生效并不意味着抵押权的设定或产生。抵押合同只具有债权效力，并不具有直接引发物权变动的效力。就抵押权的设定行为而言，其属于物权行为，应按照物权变动与否的判断标准来认定。在此重点指出的是，公示，即不动产登记与动产的交付，是抵押权设定的要件，而不是抵押合同生效的要件。对此问题，我国担保法的规定存在明显缺陷，即根据《担保法》第41条的规定，当事人以《担保法》第42条规定的财产抵押的，应当办理抵押物登记，抵押合同自登记之日起生效。对此，中国《物权法》第187条规定"抵押权自登记时设立"，从根本上纠正了这一错误。

3. 物权法在抵押权设定上的二元模式

抵押权的设定行为因是典型的物权行为，抵押权之设定应满足登记或交付的要件。但是，因抵押权在权利构成上具有不移转对抵押物的占有的特性，因此，即使以动产作抵押，也不存在交付——占有之移转的问题。由此产生这样的问题，以动产作抵押物时，抵押权的设定是否仍须履行公示，如需要公示，该如何进行？我国物权法对此问题采取了二元化的规范模式，即登记生效要件主义和登记对抗要件主义的物权变动模式。具体而言，根据《物权法》第187条的规定，以建筑物和其他土地附着物、建设用地使用权和以招标、拍卖、公开协商等方式取得的荒地等土地承包经营权、正在建造的建筑物建设用地使用权等抵押的，应履行登记，非经登记，抵押权不产生。而根据《物权法》第188条的规定，当事人以现有的以及将有的生产设备、原材料、半成品、产品、交通运输工具以及正在建造的船舶、航空器等财产抵押的，当事人未办理抵押物登记的，不得对抗善意第三人。

（二）抵押权的转让

作为一种财产权，抵押权人可自由转让抵押权；但因抵押权具有附随性，其转让应受到一定的限制。我国《物权法》第192条对此规定为，"抵押权不得与债权分离而单独转让或者作为其他债权的担保。债权转让的，担保该债权的抵押权一并转让，但法律另有规定或者当事人另有约定的除外。"所以，抵押权人转让抵押权时，应当与该抵押权担保的债权一同转让；抵押权人以抵押权向其他人提供担保的，应当与其债权一同向其他人提供担保。抵押权的转让属于典型的处分行为，须履行登记程序。

（三）抵押权的消灭

抵押权的消灭，是指抵押权对于抵押物所具有的支配力终止。作为一种物权，抵押权可因物权消灭的原因而消灭，即可因标的物灭失、标的物被征收、权利人放弃权利等原因而消灭。除此之外，抵押权也具有其自身的消灭原因。在法律规范设计上，中国物权法并没有直接规定抵押权的消灭制度，而是规定了适用于所有担保物权的消灭规则（《物权法》第177条）。这些规则当然也适用于抵押权的消灭。

1. 抵押权消灭的缘由

（1）因主债权消灭而消灭

如前所知，抵押权具有附随性，其以债权的存在为存在的前提；因此，一般情况下，当主债权因履行、抵销、混同、免除或其他原因而消灭时，抵押权也随之消灭。我国《物权法》第177条第1项对此作出了明确的规定，即主债权消灭的，抵押权也消灭。

（2）因抵押物的灭失而消灭

抵押物是抵押权之客体，抵押物灭失后，在抵押物上设定的抵押权，当然也随之消灭。在此必须予以指出的是，根据《物权法》第174条所规定的担保物权的物上代位性之特性，抵押物灭失或者被征收之后，如果存在抵押物的代位物时，如损害赔偿金、保险金或者补偿金，抵押权可继续在抵押物之代位物之上，无所谓抵押权的消灭。抵押权因抵押物的灭失而消灭，是以抵押物灭失后无代位物而言的。

（3）因抵押权的实行而消灭

抵押权以确保债务的清偿为意旨，在债务履行期届满而未获得清偿时，抵押权人根据法律规定可以折价、拍卖、变卖的方式实行抵押权。抵押权的实行后，无论债权是否全部受清偿，抵押权均归于消灭。

（4）因除斥期间的经过而消灭

抵押权能否因除斥期间的经过而消灭？物权法对该问题作出了明文规定。根据《物权法》第202条的规定，"抵押权人应当在主债权诉讼时效期间行使抵押权；未行使的，人民法院不予保护。"诉讼时效的适用对象为请求权，而不适用于支配权，抵押权作为一种支配权，自然不适用诉讼时效；上述规定不属于关于担保物权的诉讼时效之规定。但"人民法院不予保护"的用语容易引起误解，其含义并非抵押权人丧失胜诉权，而应该是关于担保物权的除斥期间的规定，即抵押权效力消灭。其实，抵押权因除斥期间的经过而消灭，在比较法上，存在明确的立法例，如台湾"民法"第880条规定："以抵押权担保之债权，其请求权已因时效而消灭，如抵押权人于消灭时效完成后，五年间不实行其抵押权者，其抵押权消灭。"此为典型的除斥期间的规定。抵押权作为物权，原则上不因债权诉讼时效的消灭而消灭，但如果允许抵押权永远存在而不受限制，则使抵押物的所有权永远处于不确定的状态，不利于物的流转和使用。因此，规定抵押权的除斥期间是合理的。

2. 抵押权的消灭须进行公示

如前所知，我国在抵押权的设定上采纳登记要件和登记对抗主义的二元立法模式。此立法模式对抵押权的消灭也有根本影响。以登记为生效要件而设定的抵押权，在消灭时，抵押权人应当履行注销登记的程序。抵押权人自愿放弃抵押权的，在作出放弃的意思表示时，还须履行登记，否则，放弃不产生抵押权消灭的效力。在抵押权消灭的其他情况下，根据现行法律、法规的规定，抵押权消灭后，抵押人有权请求抵押权人负责注销抵押登记。抵押权已经消灭的抵押物的取得人，亦有权请求抵押权人注销抵押登记。抵押权人不在抵押权消灭后进行抵押注销登记的，抵押人或者抵押物的取得人可以诉讼请求法院强制抵押权人进行抵押注销登记。以登记为对抗要件而设定的抵押权，抵押人和抵押权人已经办理登记的，在抵押权消灭时，抵押注销登记的要求相同。

三　抵押权的效力

抵押权最基本的效力是担保债权的优先受偿，由此可进一步推论出，抵押权具有直接支配担保物的交换价值的效力。根据《物权法》的规定，抵押权的效力具体体现在以下几个方面。

（一）抵押权担保的债权范围

抵押权所担保的债权范围一般包括主债权及其利息、违约金、损害赔偿金、保管担保财产和实现抵押权的费用，除非抵押当事人有特别的约定（参见《物权法》第 173 条）。主债权指抵押权设定时决定给予担保的原本债权。利息包括两种，一种利息是因利用原本债权而按照约定应当支付的对价，另一种利息是指迟延利息，即指金钱债务履行迟延时，债权人可以请求债务人给付的利息。违约金、损害赔偿金是债务人届期不履行或不能履行债务时应当承担的违约责任形式。违约金和损害赔偿金是两种主要、常见的违约责任形式，在性质上它们属于原债务的延伸，在学理上一般又称为第二次债务，因此，它们当然属于担保的范围。迟延利息其实也具有违约赔偿的性质。保管担保财产和实行抵押权的费用，主要包括保管、拍卖、变卖抵押物所须支出的费用。抵押权人如果根据诉讼程序请求法院拍卖或者变卖抵押物，法院因此所付出的费用应由抵押物优先受偿，不应由债权人承担。以诉讼之外的办法变卖抵押物所支出的费用，因直接源于抵押权的行使，更应由抵押权的变卖所得价款优先受偿。

在抵押权所担保的上述债权范围中，主债权和作为对价的利息债权（从债权），在抵押权设定时应当予以登记，而作为主债权之延伸的迟延利息、违约金和损害赔偿金则无须登记。保管担保财产和实行抵押权的费用更无登记之必要。

（二）抵押物的范围

根据《物权法》第 180 条的规定，抵押物主要包括下列财产：（1）建筑物和其他土地附着物；（2）建设用地使用权；（3）以招标、拍卖、公开协商等方式取得的荒地等土地承包经营权；（4）生产设备、原材料、半成品、产品；（5）正在建造的建筑物、船舶、航空器；（6）交通运输工具；（7）法律、行政法规未禁止抵押的其他财产。抵押人可以将前款所列财产一并抵押。

根据《物权法》第 182 条的规定，以建筑物抵押的，该建筑物占用范围内的建设用地使用权一并抵押。以建设用地使用权抵押的，该土地上的建筑物一并抵押；抵押人未依照该规定一并抵押的，未抵押的财产视为一并抵押。《物权法》第 183 条规定，乡镇、村企业的建设用地使用权不得单独抵押。以乡镇、村企业的厂房等建筑物抵押的，其占用范围内的建设用地使用权一并抵押。

按照现代各国民法，抵押权效力所扩及的抵押物的范围，除当事人约定用于抵押的抵押物之外，还包括下列财产和权利：从物、从权利、孳息、因抵押物灭失所得到的赔偿金，我国物权法、担保法及其司法解释对此有明确规定。关于孳息，根据《物权法》第 197 条的规定，债务人不履行到期债务或者发生当事人约定的实现抵押权的情形，致使抵押财产被人民法院依法扣押的，自扣押之日起抵押权人有权收取该抵押财产的天然孳息或者法定孳息，但抵押权人未通知应当清偿法定孳息的义务人的除外。关于从物，"担保法司法解释"第 63 条规定，抵押权设定前为抵押物的从物的，抵押权的效力及于抵押物的从物。但是，抵押物与其从物为两个以上的人分别所有时，抵押权的效力不及于抵押物的从物。关于赔偿金，"担保法司法解释"第 62 条规定，抵押物因附合、混合或者加工使抵押物的所有权为第三人所有的，抵押权的效力及于补偿金；抵押物所有人为附合物、混合物或者加工物的所有人的，抵押权的效力及于附合物、混合物或者加工物；第三人与抵押物所有人为附合物、混合物或者加工物的共有人的，抵押权的效力及于抵押人对共有物享有的份额。另外，根据物权法，抵押权的效力还扩及于抵押物的下列代替物：抵押人因抵押财产被公用征收所得到的补偿金，抵押物毁损灭失所得到的保险金，抵押物转让所得到的价款。

（三）对抵押人处分抵押物权利的影响

抵押权设定之后，对抵押人而言，在同一特定物之上虽然存在着抵押权，但其对抵押物的所有权或者具有处分权能的他物权应不受影响，这也就意味着，抵押人在同一特定物之上可以再设定顺位在后的抵押权，或者在抵押物之上创设其他用益物权，甚至可以将抵押物出卖于第三人。

鉴于实践中在这个问题上，还有采用《担保法》规则的情形，因此我们在这里还要作些解释。《担保法》对抵押人处分抵押物的权利有一些限制，概括地看，主要是两个方面：一是以抵押物的价值限制抵押权的再设定。《担保法》第 35 条第 2 款规定，"财产抵押后，该财产的价值大于所担保债权的余额部分，可以再次抵押，但不得超出其余额部分。"二是以通知义务限制抵押人转让抵押物。《担保法》第49条第1款规定，"抵押期间，抵押人转让已办理登记的抵押物的，应当通知抵押权人并告知受让人转让物已经抵押的情况；抵押人未通知抵押权人或者未告知受让人的，转让行为无效。"三是否定抵押权的追及效力。《担保法》第49条第2款规定，"转让抵押物的价款明显低于其价值的，抵押权人可以要求抵押人提供相应的担保；抵押人不提供的，不得转让抵押物。"

上述规定，存在明显的缺陷。

首先，以抵押物的价值限制抵押权的再设定，违背了顺位原则。根据顺位原则，在同一特定物之上可以先后设定两个以上的抵押权，各个抵押权以其在不动产登记簿上登记的顺位之先后决定权利行使的先后，各个抵押权在行使上互不影响。以抵押物的价值限制抵押权的再设定，对第一顺位的抵押权人确实有很强的保护作为，但是，这种做法不但不科学，而且没有必要。首先，这一做法严重限制了抵押物交换价值的充分发挥，对抵押人非常不利。尤其是当第一顺位的抵押权人的债权得到正常实现时，抵押物的价值无疑受到严重的抑制。如允许抵押权的自由设定，当第一顺位的抵押权人的债权正常实现时，第二顺位以及第三顺位的抵押权人可充分利用抵押物的交换价值。物权法明确规定了抵押权顺位规则，而没有关于再抵押限制的规定，实质上废除了《担保法》第35条第2款的规定。

其次，以通知限制抵押人转让抵押物，违背物权之本性。抵押人在其财产之上设定抵押之后，其仍是抵押物的所有权人或他物权人，因此，根据物权之性质，其对抵押物仍具有自由处分的权利。对抵押权人而言，因其注重的是抵押物的交换价值，在不妨碍抵押物的交换价值的情况下，抵押人处分或用益抵押物对其无根本影响。对这一缺陷，《物权法》不仅没有克服，反而更进一步要求"抵押期间，抵押人未经抵押权人同意，不得转让抵押财产"，只有受让人代为清偿债务消灭抵押权的情况下，才能转让抵押财产。这一规定，实际上是把抵押的担保作用，理解为债务承担。该规则过分注意了抵押权人的安全性利益，应予修正。

最后，这一规定否定抵押权的追及力，也违背物权之本性。追及力为物权基本效力之一，作为一种特别物权，抵押权也不例外。在抵押权设定之后，即使抵押物的转让价款明显低于其价值，抵押权人可根据物权之追及力直接支配抵押物，以实现自己的利益；而无须关注抵押人与其他第三人之间的关系如何。

鉴于上述缺陷，《物权法》第 199 条确立了顺位原则，对同一特定物之上设定多少抵押权不作限制，由当事人根据交易情况具体判断。根据物权的特性或效力，对抵押物的转让不作限制，并明确抵押权之追及力。《物权法》的规定，大体上解决了《担保法》的问题。

（四）保全抵押物的交换价值

抵押权在设定时及存续期间不移转抵押物的占有，该规则可能引发下列问题：在抵押权存续期间，由抵押人占有、使用、收益或处分的抵押物的价值如果降低了，以至于可能降低担保份额时，抵押权人之权利如何得到有效的保护？这是抵押权制度中的一个重要问题，我国《物权法》第 193 条规定："抵押人的行为足以使抵押财产价值减少的，抵押权人有权要求抵押人停止其行为。抵押财产价值减少的，抵押权人有权要求恢复抵押财产的价值，或者提供与减少的价值相应的担保。抵押人不恢复抵押财产的价值也不提供担保的，抵押权人有权要求债务人提前清偿债务。"

对上述规则可分三个方面来理解。（1）抵押物因自然原因而价值减少或下跌时，抵押人不承担增加担保的责任。（2）抵押物因第三人原因而价值减少，而抵押人未行使保护抵押物之请求权时，抵押权人可以行使物上代位权，以自己的名义代位行使抵押人的物权保护请求权。（3）因抵押人自己的原因导致抵押物的价值减少（抵押人的毁损行为）时，抵押权人对抵押人具有恢复原状请求权或者增加担保请求权。当抵押物价值减少而不能恢复原状的，抵押权人可以请求抵押人提供相当于减少的价值的担保。（4）抵押人的行为有降低抵押物价值之危险时，抵押权人可以行使消除危险请求权。抵押人对抵押权人的请求置之不理或继续其危险行为的，抵押权人可以诉请法院强制抵押人停止其侵害行为。抵押人的行为足以使抵押物价值减少，并且情况紧急时，根据《瑞士民法典》和台湾"民法"的规定，[①] 抵押权人可以采取必要的自助防卫措施，以抵制抵押人的妨碍或者侵害行为。我国对此缺乏规定。

---

① 《瑞士民法典》第 808 条规定，（1）所有人减低担保物的价值时，担保权人可诉请法官禁止其以后的任何减低价值的行为。（2）担保权人经法官许可，可采取一定目的的防卫措施，在危险即将发生的情况下，亦可不经授权而自行采取防卫措施。前款防卫措施的费用，担保权人可请求所有人补偿，担保权人虽未在不动产登记簿上登记，亦有此权利，且该权利优先于任何已登记的其他权利。《瑞士民法典》，殷生根、王燕译，中国政法大学出版社，1999，第 229～230 页。

四 抵押权的实现

抵押权的实现，又称为抵押权的行使，是在债权已届清偿期而债务人不履行债务时，抵押权人处分抵押物优先受偿的行为。抵押权的行使是抵押权效力的最根本的体现，其主要涉及下列问题。

（一）抵押权行使的条件

抵押权以担保债权的实现为意旨，其附随于债权而存在，因此，其行使应当具备一定的条件。概括地讲，该条件为：债权已届清偿期而未受清偿。对此条件有两个问题值得一提。

第一，债权虽已届清偿期，但债务人享有法定抗辩权的，如同时履行抗辩权、不安抗辩权、不可抗力的抗辩事由等，并因而拒绝履行或者迟延履行债务的，抵押权人不得行使抵押权。反之，如不存在上述抗辩权或抗辩事由，对于已届清偿期的债权，只要具有债权未受清偿的事实，不管债权人是否向债务人提出了清偿债务的请求，也不论债务人是否已经作出了部分履行，抵押权人均可行使抵押权。

第二，债权虽未届清偿期，但在根据法律的特别规定，抵押权人也可提前行使抵押权。法律之所以规定抵押权之行使以债权已届清偿期为前提，在于保护债务人在清偿债务上的期限利益。当债务人享有的期限利益因法定或者约定的事由而消灭时，或者在特殊情况下债务人所享有的期限利益与债权人所享有的担保利益相比，债权人的担保利益更值得保护时，法律规定抵押权人可提前行使抵押权。此种情况，根据我国的法律和司法解释，主要表现为两个方面。（1）根据《企业破产法》第31条的规定，债务人受破产宣告时，尚未届期的债权视为已届清偿期，因此时债务人已丧失清偿债务的能力，抵押权人可就抵押物行使优先受偿的权利。（2）根据"担保法司法解释"第70条的规定，抵押人的行为足以使抵押物价值减少的，抵押权人请求抵押人恢复原状或提供担保遭到拒绝时，抵押权人可以请求提前行使抵押权。

与此相关的一个问题是，抵押权之行使是否有期限的限制？根据《物权法》第202条的规定，抵押权人应当在主债权诉讼时效期间行使抵押权；未行使的，人民法院不予保护。"担保法司法解释"第12条的规定与此不一致，不再适用。此问题前文已有交代，在此不赘。

（二）抵押权行使的范围

抵押权行使的范围，也就是抵押权效力所扩及的抵押物的范围。由前文可知，除当事人特别约定的抵押物外，抵押物还包括从物、从权利、孳息、因抵押物灭失所得到的赔偿金等，在此再指出两个问题。

第一，土地与建筑物之间的关系问题。由前文可知，对于土地和建筑物的关系，绝大多数国家采纳土地和建筑物分立存在的立法模式，指土地和建筑物可以分别作为权利的客体而存在，相应地，土地物权和建筑物物权可以独立地移转。我国现行法律对土地与建筑物关系的处理有点特别。一方面法律承认土地物权，如土地所有权、建设用地使用权等与建筑物物权如房屋所有权相互独立；另一方面，法律又确立了"房随地、地随房"的原则，房屋转让、抵押时，房屋的所有权和该房屋占用范围内的建设用地使用权同时转让、抵押；建设用地使用权转让、抵押的，土地之上的房屋随同转让、抵押。这种立法自相矛盾，不利于实践。为适应中国人口城市化、住房公寓化发展的趋势，建议重新修订中国关于土地和建筑物关系的法律规定，采纳各国通行的做法。

第二，抵押物上存有第三人权利的情形。在抵押权存续期间，抵押人可将抵押物转让给第三人，如此之下，在同一特定物之上可同时存在着抵押权和第三人的所有权或他物权。在抵押权人行使抵押权时，抵押物的第三取得人如何得到有效保护？对此问题，有三种不同的立法例。（1）瑕疵担保请求权。抵押物的第三取得人可以根据权利瑕疵担保，请求抵押物的出卖者除去抵押权。《德国民法典》第434条对此有明确规定。（2）代价清偿。抵押权人以抵押物的买卖代价为满足而为请求时，第三取得人可以支付价金而使抵押权消灭。《日本民法典》第377条对此有明确规定。（3）涤除权。抵押物的第三取得人向抵押权人清偿债务，以使抵押权消灭的权利。《日本民法典》第378条对此也有规定。我国《物权法》第191条采纳了第三种立法例，明确规定了涤除权制度。在此之前担保法，"担保法司法解释"第67条规定，"抵押权存续期间，抵押人转让抵押物未通知抵押权人或者未告知受让人的，如果抵押物已经登记的，抵押权人仍可以行使抵押权；取得抵押物所有权的受让人，可以代替债务人清偿其全部债务，使抵押权消灭。受让人清偿债务后可以向抵押人追偿。如果抵押物未经登记的，抵押权不得对抗受让人，因此给抵押权人造成损失的，由抵押人承担赔偿责任"。从该解释看，我国采纳了第三种立法例。

（三）抵押权行使的方法

根据《物权法》第195条的规定，抵押权行使的方法主要有三种。

第一，以抵押物折价。即当事人订立合同，规定由债权人取得抵押物的所有权。对这种方式，应注意的是，这种取得抵押物所有权的合同必须在债权清偿期届满而又得不到清偿的情况下订立，同时，该合同不得损害其他抵押权人的利益。自罗马法以来，为保护债务人的利益，各国法律大多禁止流押契约。所谓流押契约，是指当事人在设定抵押权的当时或者在债权清偿期届满之前，约定当债权清偿期届满而得不到清偿时，抵押物的所有权即归债权人所有的约定。

第二，拍卖抵押物。拍卖是以公开竞价的方式，将特定物品或财产权转让给最高应价者的买卖方式。拍卖因能够使抵押物的变价公开、公平，使抵押权人和抵押人的利益得到充分保护，所以，各国都把拍卖作为行使抵押权的最基本的方式。拍卖分为协议拍卖与强制拍卖，前者由当事人自愿委托拍卖人拍卖，后者申请法院进行拍卖。

第三，变卖抵押物。以协议的方式将抵押物出售于第三人，并以变卖的价金优先受偿。这种方式在法律上限制类似于抵押物的折价，其主要适用于抵押物为限制流通物的情形，即抵押物由有关部门收购。

值得注意的是，根据《物权法》第195条第2款的规定，当事人可以径直向司法机关主张抵押权的执行，而不必经过诉讼。这就是抵押权作为典型支配权和物权的体现。我国法学界曾经有人提出，抵押权不是物权，因为抵押权人没有办法直接行使支配权。物权法制定时考虑到这种声音，明确规定了抵押权实现中可以直接行使支配权的方法。这一点在理论上和实践上的意义都很大。

（四）关于抵押权行使的其他问题

1. 抵押人的抗辩权

抵押人的抗辩权，是指在抵押权行使中抵押人依据一定的事由对抗抵押权人的权利，它具体可划分为如下几个方面。

（1）物权抗辩权，即抵押权作为物权不能成立、不能行使的抗辩权，如对于不动产抵押，抵押权在设定时，未予以登记等。

（2）债权抗辩权，抵押权具有附随性，当债权不成立、因不可抗力终止或者债权已经超过诉讼时效时等，抵押人可予以抗辩。

（3）顺位抗辩权，在同一物或权利之上并存两个以上的抵押权时，其中一抵押权人行使抵押权时，先顺位的抵押权可以提出"顺位在先、权利在先"的抗辩。

（4）先诉抗辩权，当抵押标的物的所有人不是债务人时，所有人可要求抵押权人先向债务人主张清偿。①

① 参见孙宪忠《德国当代物权法》，法律出版社，1998，第289～290页。

2. 物上保证人的追偿权

物上保证人是提供财产设定抵押权的债务人之外的第三人。物上保证人因抵押权的行使致使其丧失对抵押权的所有权时，可以依照关于保证的规定，对债务人享有追偿权。我国《物权法》第 176 条对此规定为，"提供担保的第三人承担担保责任后，有权向债务人追偿"。

3. 清偿顺序

抵押物拍卖或变卖后，对于所得价款，应按照下列原则或规则进行清偿。

（1）公法上的权利。在抵押物上如负担有公法上的义务，应对抵押物的变价优先满足公法上的权利。

（2）法律明确规定的优先权。根据公共政策，法定优先权具有先于一般担保权得到实现的特性。如在同一抵押物上并存着法定优先权和抵押权，抵押权人应后于法定优先权而行使。

（3）抵押权与质权或留置权并存于同一标的物时。

因我国不承认不动产质权，抵押权与质权因而只能并存于同一动产之上。在我国，动产抵押权在设定上因采纳登记生效要件和登记对抗要件主义两种立法模式，所以，对在同一动产之上并存的抵押权与质权的效力关系应分别不同情况：

第一，抵押权设定时如采取登记生效要件主义，因公示而生效的抵押权与质权在效力并无强弱之分，抵押权与质权应以其设定先后确定权利行使的先后。但"担保法司法解释"第 79 条第 1 款却规定，"同一财产法定登记的抵押权与质权并存时，抵押权人优先于质权人受偿"。不动产之登记与动产之交付是两种根据财产性质的不同而采纳的公示形式，它们本身并无优劣高下之分，因此，上述解释值得商榷。

第二，以登记为对抗要件的动产抵押权，未经登记的，因缺乏公信力，不得对抗在同一财产之上依法设定的质权。

同样，因不动产不得成为留置权的标的物，因而只能在动产之上发生抵押权与留置权并存的问题。因留置权为法定担保物权，抵押权为意定的担保物权，在同一动产之上并存抵押权与留置权时，留置权的效力优先于抵押权。"担保法司法解释"第 79 条第 2 款规定，"同一财产抵押权与留置权并存时，留置权人优先于抵押权人受偿"。该规定是合理的。

（4）同一财产之上存在两个以上不同主体的抵押权时

我国物权法、担保法及其司法解释对这种情况规定得比较详细，具体为：

第一，同一财产向两个以上债权人抵押的，当事人未办理抵押权登记，实现抵押权时，各抵押权人按照债权比例受偿。

第二，同一财产向两个以上债权人抵押的，顺序在先的抵押权与该财产的所有权归属一人时，该财产的所有权人可以以其抵押权对抗顺序在后的抵押权。

第三，同一财产向两个以上债权人抵押的，顺序在后的抵押权所担保的债权先到期的，抵押权人只能就抵押物价值超出顺序在先的抵押担保债权的部分受偿。顺序在先的抵押权所担保的债权先到期的，抵押权实现后的剩余价款应予提存，留待清偿顺序在后的抵押担保债权。

第四，同一财产向两个以上债权人抵押的，拍卖、变卖抵押物所得的价款按照以下规定清偿：第一，以登记为生效要件的抵押权，按照抵押权登记的先后顺序清偿；顺序相同的，按照债权比例清偿。第二，以登记为对抗要件的抵押权，抵押权已登记的，按照抵押权登记的先后顺序清偿；抵押权未登记的，按照合同生效时间的先后顺序清偿，顺序相同的，按照债权比例清偿。抵押权已登记的先于未登记的受偿。

五　特种抵押

（一）财团抵押

财团，指以特定目的而结合在一起的财产和财产权，它可以是企业的全部财产，也可以是企业的部分财产。财团抵押，指企业财产的结合体为标的物成立的抵押。财团抵押具有显著的意义，企业通过财团抵押可以融通到更多的资金以扩大再生产；因财团在价值上要远大于单一财产，财团抵押更有利于债权人实现债权。

财团抵押一般可划分为浮动式财团抵押与固定式财团抵押。前者以英国法上的浮动担保为代表，后者主要被大陆法系国家采用，如德国的铁路财团抵押。在财团抵押的规定上，日本法的做法比较特别，它于1950 年曾借鉴德国的铁路财团抵押而颁布了多种财团抵押法律，在 20世纪 50 年代末期，它为企业融通资金的需要，又仿效英国的浮动担保制定了《企业担保法》。我国《物权法》第 180 条第 2 款规定，"抵押人可以将前款所列财产一并抵押"，许多学者认为，此为我国关于财团抵押的明文规定。

1. 浮动式财团抵押

浮动式财团抵押现被英美法系许多国家采用，它的主要特点是：被运用抵押的财产包括企业的固定资产与流动资产、现有资产与未来可取得的资产；抵押的设定不影响企业对其财产的使用；在债权人行使抵押权时，作为抵押标的物的财团才得以确定，在此之前，企业的各个财产不受抵押权的支配。

2. 固定式财团抵押

该种抵押的主要特征为：被运用于抵押的财产为企业的固定财产，流动财产或未来可得财产不属于抵押的标的物；在设定抵押时，应当将运用于抵押的财产做成目录，使抵押的标的特定化；抵押设定后，企业对财产的处分受到严格限制。

在以上两种财团抵押中，浮动式抵押比较利于企业的自由发展，但如企业经营不善，抵押权人的利益则会受到不利影响；固定式抵押明显有利于保护抵押权人，但对企业则会形成各种限制。

（二）最高额抵押

最高额抵押，它是指在预定的最高限额内，为担保未来一定期间内连续性交易所产生的债权的清偿而设定的抵押。最高额抵押，主要适用于连续性交易关系、劳务提供关系以及连续借贷关系的情况。和一般抵押权相比，最高额抵押具有下列特征：（1）它所担保的不是已经发生的债权，而是将来可能发生的债权；（2）它必须预定最高限额，之所以如此，在于最高额抵押所担保的是未来不确定的债权，当事人在设定最高额抵押时，必须约定一最高限额作为其担保的范围；（3）最高额抵押的设定合同须对决算期作出明确规定。决算期是最高额抵押所担保的债权的实际数额的确定日期。最高额抵押在设定上遵循普通抵押的一般规则。

（三）共同抵押

共同抵押又称总括抵押、连带抵押、聚合抵押，是指以数项财产共同担保同一项债权的抵押。作为一种特殊的抵押权，共同抵押有两个基本特性：一是抵押物为两个以上独立的物，且该两个以上的物未构成联合体；二是担保的是同一项债权。

共同抵押的标的物既然为两个以上的独立物，那么，应如何界定抵押权的性质？对此有如下三种观点：（1）单一抵押权说。该观点认为数个财产共同构成了同一抵押权的标的，是多物一权，系一物一权主义的例外。[1]（2）复数抵押权说。该观点认为一物一权为物权法基本原

---

[1]　参见郑玉波《民商法问题研究》（四），1985，第125、126页。

则，共同抵押只是指为担保"同一债权"而言，而不是说只有一个抵押权；同时，设定抵押权的多个标的物，也不限于一人所有。① （3）折中说。该观点认为，共同抵押的特征在于，债权人可就数个抵押物卖得的价款，实现部分或全部债权，因而，债权人可选择数个抵押财产要求清偿，也可仅选择一项抵押财产请求清偿。因此，共同抵押可以是单一的抵押权，也可以是多项抵押权。笔者认为，第一种观点比较合理。

共同抵押权的设立与一般的抵押权一样，由当事人以合同形式设立。设定共同抵押的标的物可以由债务人提供，也可由第三人提供，还可由债务人与第三人共同提供。无论是动产、不动产还是不动产用益物权，只要是法律规定可以抵押的标的物均可设定共同抵押。设定共同抵押须经登记，登记应揭示为共同抵押，一般做法是，登记时附上共同抵押物的目录。

因是以数个抵押物担保同一债权，共同抵押在效力上应分别以下两种情况：一是当事人就抵押物所负担的担保金额有明确约定的，按各抵押物负担的金额，各个抵押人承担各自的担保责任；二是在当事人对各个抵押物所担保的债权数额无约定时，债权人可以任意就其中一个或者几个抵押物的变价价款优先受偿，任何一个抵押物均有担保全部债权的责任。有些学者根据这一点将共同抵押称为连带抵押，② 该称谓有一定的误导性，应该注意。民法中的连带或者连带责任，主要是指人的连带，在共同抵押中，所谓的"连带"其实是物的连带，而非人的连带；如果根据物的连带将共同抵押称为连带抵押，而连带抵押之概念极易使人理解为抵押人之间具有连带关系。因此，在共同抵押中，不应使用连带抵押的概念。

（四）证券式抵押

证券式抵押，即要求当事人依据合意加登记的原则设立抵押关系时，同时还要求交付抵押证券的抵押。所谓抵押证券是由国家许可的银行或其他信用机关制作的、其目的在于使不动产抵押权流通的有价证券。如前文所述，证券式抵押在德国最为发达，它是以承认抵押权的独立性、否定抵押权的附随性为基础建立起来的一种制度。与普通抵押相比，它的特点为：

---

① 参见史尚宽《物权法》，中国政法大学出版社，2000，第318页。
② 参见王利明《物权法论》，中国政法大学出版社，1998，第730页。

1. 在性质上，证券式抵押是一种流通抵押型抵押或投资型抵押，而不是保全型抵押。它不是为了担保债权的实现，而是为了融通资金，它不以债权的存在为前提，抵押权人可先于债权在自己的特定财产上设定抵押权。

2. 在设立上，证券式抵押除应遵循合意加登记的原则之外，还必须有抵押证券的交付。具体指，在抵押权纳入登记之后，不动产登记机关向抵押人，即不动产的所有权人颁发抵押证券。然后，抵押人再将抵押证券交付给债权人，即抵押权人，此行为表示抵押权正式成立。抵押证券的交付适用动产物权移转的规定。①

复习题

1. 有人戏称"抵押为担保之王"，试分析抵押权之优越性。
2. 我国在抵押权的设定上采取哪种物权变动模式？
3. 抵押权设定之后，抵押物之所有人对抵押物享有哪些权利？

案例分析

（一）银行要求另行提供担保案

陈某为扩大其日用品超市的经营规模，向银行申请贷款，银行要求陈某提供担保。陈某遂用自己的一辆富康轿车作抵押，该车价值17万元。借款合同签订当日，双方就该车办理了抵押登记手续。后陈某在驾车外出途中，被一辆尾随的货车撞上，富康车因此受到严重损坏，价值减至8万元。后经查，造成该起交通事故的全部责任在于货车司机，货车司机因此向陈某赔偿经济损失7万元。交通事故发生后，银行要求陈某另外提供担保，以确保其债权的实现，遭到陈某的拒绝；其后，银行又要求以7万元的赔偿金作其债权的担保。请分析银行的两种不同要求的合理性。

提示：请根据抵押权的特性进行分析。

（二）"重复抵押"案

甲居住于某一城市，因业务需要，以其坐落于市中心的一处公寓（价值210万元）作抵押，分别从乙银行和丙银行贷款100万元。甲与

---

① 参见孙宪忠《德国当代物权法》，法律出版社，1998，第275~277页。

乙在 6 月 5 日签订了抵押合同，6 月 10 日办理了抵押登记；与丙在 6 月 8 日签订了抵押合同，同日办理了抵押登记。后因甲无力还款，乙银行、丙银行行使抵押权，对甲的公寓依法拍卖，只得价款 150 万元。问：乙银行、丙银行对拍卖款应如何分配？

提示：请结合物权公示原则、物权的效力、顺位制度、抵押权的实现规则进行分析。

第三节　质权

一　什么是质权

（一）质权的基本意义

质权，指债权人对债务人或者第三人移转占有而供担保债权的动产或权利，在债务人不按期清偿债务时，就该财产优先受偿的权利。在质权关系中，享有质权的债权人称为质权人；将财产移转质权人占有的债务人或者第三人称为出质人；出质人移转给质权人占有的财产称为质物或者质押物。

作为一种担保物权，质权具有担保物权所具有的附随性、不可分性、物上代位性等特性。

与抵押权相比，质权具有下列独特之处：（1）只有把质物移转给债权人占有，质权才可成立和生效。（2）因质权的成立须移转质物的占有，因此，质物通常为动产和权利，不动产不可作为质权的客体。（3）抵押权的设定，以登记为公示手段；而质权的设定，则以标的物的交付作为公示手段。（4）质权除具有优先受偿效力之外，还具有留置的效力，由质权人留置标的物，造成出质人的心理压力，以促使债务的尽早清偿。不过，在下列方面，法律关于质权之规定与抵押权基本一致：（1）质权所担保的范围，（2）质押物及其所扩及的财产范围，（3）质权的实行方法，（4）流质契约的禁止。对以上四方面的内容，可参看有关抵押权的论述，在此不再重复。

（二）质权的设定

民法上的质权一般根据当事人的合意产生，以合意创设的质权一般又称为质权的设定。我国《物权法》未设立质权的一般规则，而只是对动产质权和权利质权分别加以规定。但在质权的设定上，动产质权和权利质权遵循下列相同的规则。

1. 以书面形式订立质权合同

质权合同是质权设定的基本形式，是出质人和质权人以意思表示在特定物或权利之上设定质权以确保债务清偿的双方法律行为。对于该合同，应注意下列两个问题。

（1）质权合同是要式行为

对于动产质押，《物权法》第210条第1款规定，"设立质权，当事人应当采取书面形式订立质权合同"。该规定意味着，出质人和质权人以口头形式订立的质权合同不成立。但依据《合同法》第36条的规定，未采用书面形式但一方已经履行主要义务，对方接受的，该合同成立。《物权法》第210条第2款规定，质权合同一般包括以下内容：被担保的主债权种类、数额；债务人履行债务的期限；质押财产的名称、数量、质量、状况；担保的范围；质押财产移交的时间。由于《物权法》第210条第2款仅具有例示性，所以当事人完全可以根据自己的意愿作出不同的约定，避免了司法实践中将未规定法定内容的质权合同认定为无效的做法。

对于权利质押，物权法根据各类权利的不同特性，分别规定权利质押应当采取书面形式。

（2）质权合同是债权行为

质权合同是质权设定的原因行为，根据物权法上的区分原则，质权合同是债权行为，它并不具有设定质权的效力，或者说根据质权合同不能直接创设质权。因此，对于质权合同只能依据债法原理来判断其成立与生效。质权合同之效力仅在于在当事人之间产生请求创设质权的效力。

质权合同的当事人是出质人和质权人。质权人是质权所担保的债权的债权人，出质人是质权所担保的债权的债务人，或者债务关系之外的第三人。第三人一般被称为"物上保证人"，质权人与第三人之间的关系仅限于物权关系而没有债务关系，因此，在债务人届期不履行债务时，质权人只能就第三人提供的质物变价受偿，而不得请求第三人代为履行债务。《物权法》第219条第1款规定，"债务人履行债务或者出质人提前清偿所担保的债权的，质权人应当返还质押财产"。此规定中的"出质人"应理解为债务人为宜。

质权合同的标的涉及两方面：质押担保的债权和质押担保的标的。质押担保的债权包括主债权及利息、违约金、损害赔偿金、质物保管费用和实现质权的费用等。对此的理解，类似于抵押制度下的相似规定，所不同的是，根据《物权法》第213条的规定，如无特别约定，质权人在占有质物期间有权收取质物所生的孳息，该孳息应当先充抵收取孳息的费用。质押担保的标的主要包括动产和权利，动产和权利应当具有独立的交换价值，并且能够变现。

2. 质权设定行为是物权行为

质权设定行为是在特定物或权利之上创设质权的行为，该行为一般为交付或者登记，即是人们通常所称的公示。交付为动产质权和有权利凭证的权利质权设定的行为，登记为无权利凭证的权利质权设定的行为。因移转质物的占有为质权的设定要件和存续要件，因此，质权人占有质物对质权之设定和存续具有重要意义。占有须是质权人的自主占有，"担保法司法解释"第87条因此规定，出质人代质权人占有质物的，质权合同不生效（质权不产生）；质权人将质物返还于出质人后，以其质权对抗第三人的，人民法院不予支持。权利质权设定行为之登记比较复杂，下文会详细论述。

质权设定行为既然是物权行为，因此要求出质人对质物必须享有处分权，并且质物必须具有特定性。如出质人对质物不享有处分权而擅自设定质权的，质权设定行为属于效力待定的法律行为，如第三人（质权人）在质权设定时为善意，则发生质权的善意取得之问题。质物的特定性通常在法律对质权合同的具体要求上体现出来，如《物权法》第210条第2款第3项明确规定，质物的名称、数量、质量、状况一般包括在质权合同之中。

（三）质权的善意取得

无论是从法律逻辑上或者是社会事实上，质权的善意取得是自然的、不可避免的；为保护善意第三人之利益、维护市场交易安全，建立动产质权的善意取得制度，具有重要意义。但是，担保法对此问题却没有加以规定，"担保法司法解释"第84条对此补充解释如下："出质人以其不具有所有权但合法占有的动产出质的，不知出质人无处分权的质权人行使质权后，因此给动产所有人造成损失的，由出质人承担赔偿责任。"该规定严格意义上讲，不是根据动产质权善意取得的构成要件与法律效果来设计的，更多的是从对动产所有人进行法律救济的角度进行思考的产物。《物权法》第106条第3款规定，"当事人善意取得其他物权的，参照前两款规定。"这一规定，明确承认了质权的善意取得及其适用规则。

根据《物权法》第106条的规定，并参照其他国家或地区民法典的规定，动产质权的善意取得须具备下列要件：（1）以设定质权为目的，即出质人将动产移交债权人占有，须有设定质权、确保债务清偿目的。（2）质权人已占有质物。与一般动产质权在设定上相同，如未移转动产的占有，纵然出质人有处分权，第三人（债权人）也不能取得质权。（3）质权人善意受让该动产的占有，即质权人不知出质人无处分权存在。如果质权人受让动产占有系出于恶意，其设定质权即归于无效。（4）出质人对质物无处分权。动产物权以交付为公示方法，出质人在设定质权时对质物有无处分权，质权人很难查知，所以，当出质人对质物无处分权时，可成立动产物权善意取得，但若出质人对其质物存有处分权，则质权人径直依其设定行为取得质权，不必依靠善意取得制度。（5）该动产须为法律允许的流通物，具有可让与性，拾得物、赃物、走私物应被排除在外。在具备上述要件时，第三人（债权人）即取得对动产的质权。动产的原所有人因质权人行使质权从而遭受损失的，只能要求出质人承担违约责任或者侵权责任。

权利质权同样存在善意取得之问题，对此可类推适用动产质权的善意取得之规定。

（四）转质

转质，是指质权人为担保自己或他人的债务，在自己占有的质物之上设定新的质权的行为。转质其实是质物的转占有，是根据两个债权债务关系而在同一个质物上设定两个质权。转质为质权人的一项权利，因转质而取得质权的权利人，为转质权人。各国或地区对转质的规定不太一致，日本、瑞士、我国台湾"民法"对此明文加以认可，法国、德国民法对此未加以规定，只是学说多持赞成态度。[①] 因在质权存续期间，质权人不得对质物进行使用、受益，为充分发挥质物的交换价值，避免质物单纯占有的价值损耗，转质具有非常明显的社会价值。另外，转质也为质权人融通资金提供了一条便利之道，转质权的行使也具有促进资金融通的经济意义。

根据成立上的不同，转质可划分为责任转质和承诺转质。所谓责任转质，是质权人在质权存续期间，不经出质人同意，而以自己的责任将质物转质于第三人的行为。《日本民法典》第 348 条[②]、我国台湾"民法"第 891 条对此有明文规定。责任转质的构成要件包括：（1）质权

---

① 参见史尚宽《物权法论》，荣泰印书馆，1979 年印行，第 228 页。

② 《日本民法典》第 348 条规定：质权人，于其权利存续期间，可以以自己的责任，转质质物。于此情形，对于因不可抗力造成的、不转质就不会产生的损失，亦负其责任。《日本民法典》，王书江译，中国人民公安大学出版社，1999，第 60 页。

人须向转质权人说明质物的权利归属，使转质权人知道该质物属于再次设质。如果质权人不说明标的物是他人已设质的质物，而以所有人的资格就质物设质时，相对人可根据质权的善意取得制度取得质权，从而不受前位质权的限制。（2）质权人与转质权人就质物之设质须有合意。（3）质权人须将质物的占有移转于转质权人。（4）转质权的存续期限应限制在质权的有效存续期间内，质权因存续期间届满而消灭时，转质权也随之消灭。（5）转质权所担保的债权份额，不得超过原质权所担保的债权份额。（6）转质由质权人以自己责任进行，无须取得出质人的同意。责任转质具有如下法律效力：（1）质权人以自己责任转质的，不仅应向出质人承担质物因转质权人的过失而灭失毁损的责任，而且要承担因转质所生不可抗力的风险责任。（2）转质权人在原质权所担保的债权份额内，在自己的债权受清偿前，对质物享有留置、占有权，而质权人则丧失该权利。（3）原质权人因转质权的设定，将自己所把握的质物担保价值赋予转质权人，因而，在其出质的数额范围内，不得抛弃其质权或免除原债务人的债务。（4）质权人将转质意思已通知主债务人时，主债务人如未经转质权人同意，而对质权人为债务清偿者，不能产生对抗转质权人的效力。（5）转质权人实行质权不仅应以自己的债权已届满清偿期为条件，而且应以质权人的债权也已届满清偿期为条件。（6）在就质物价值清偿债务、实现债权时，转质权人享有优先于原质权人的受偿权。中国《物权法》第 217 条虽然对责任转质持不赞成态度，但也并未禁止责任转质，只是要求质权人对转质造成的质押财产的毁损、灭失承担赔偿责任。

承诺转质，是指质权人经出质人同意，为担保自己的债务，以其占有的质物为第三人再设定较自己质权有优先效力的新质权。瑞士民法第887 条对此有专门规定。① 这种转质的关键，在于出质人的同意。而出质人的同意实质上意味着，出质人将质物的处分权授予了质权人，因而质权人转质行为的后果直接由出质人负担，质权人除受转质权人的质权优先效力制约之外，并不因转质而加重责任。

我国《民法通则》和担保法均无转质的规定，但学说上对此持肯定态度。② "担保法司法解释"第 94 条对承诺转质作出了规定，即"质

---

① 《瑞士民法典》第 887 条规定：质权人，经出租人同意后，始得将质物转质。《瑞士民法典》，殷生根、王燕译，中国政法大学出版社，1999，第 247 ~ 248 页。

② 参见陈小君、曹诗权《质权的若干问题及其适用》，《法商研究》1996 年第 5 期。

权人在质权存续期间，为担保自己的债务，经出质人同意，以其所占有的质物为第三人设定质权的，应当在原质权所担保的债权范围之内，超过的部分不具有优先受偿的效力。转质权的效力优于原质权。质权人在质权存续期间，未经出质人同意，为担保自己的债务，在其所占有的质物上为第三人设定质权的无效。质权人对因转质而发生的损害承担赔偿责任"。可见，该解释在肯定承诺转质之同时，否定了责任转质的存在。《物权法》第 217 条则同时承认了承诺转质和责任转质，但对于转质的操作规则仍需在今后的实践中进一步完善。

（五）质权的保全

质权为变价求偿权，质物的交换价值因此为质权的追求指向。因从质权的设定到质权的实现之间存在一定期限，质物之交换价值在此期间难免不会发生变化，而该变化必然会影响到质权人的担保利益；如何保全质权因而成为质权制度中的一个重要问题。因动产质权和权利质权在保全上存在较大差异，因此，下文分别加以论述。

二　动产质押

（一）概述

动产质押，是指债务人或者第三人将其动产移交债权人占有，将该动产作为债权的担保；债务人不履行债务时，债权人依法以该动产折价或者以拍卖、变卖该动产的价款优先受偿的行为。债权人对债务人或第三人移转由其占有的动产所享有的变价求偿权，称为动产质权。动产质权是典型的质权，上文关于质权的理解完全适用于动产质权。

（二）动产质权的取得

动产质权的设定，是动产质权取得的最基本方式。质权合同是债权合同，质权设定行为是物权行为。上文对此已有论述，在此略过。除了以设定取得动产质权之外，动产质权还可以下列三种方式取得：（1）因时效而取得，即债权人以担保债权的意思，在一定期间公然、和平继续占有债务人的动产时，取得动产质权；（2）因继承而取得，质权为财产权，质权人死亡时，得由其继承人因继承而取得；（3）因法律规定而取得，因这种方式而取得的质权称为法定质权，我国台湾"民事诉讼法"第 106 条有明确规定，我国对此未有规定。

（三）动产质权的保全

根据《物权法》的规定，动产质权的保全方式主要有：

1. 要求出质人提供担保

在质权存续期间，质物有损坏或者价值明显减少的可能并足以危害质权人的权利时，除因质权人的原因导致的质物的损坏或者价值减少外，质权人为保全质物的交换价值，享有要求出质人提供相应担保的权利。我国《物权法》第 216 条对此规定为："因不能归责于质权人的事由可能使质押财产毁损或者价值明显减少，足以危害质权人权利的，质权人有权要求出质人提供相应的担保"。

2. 提前拍卖或变卖质物

在质权存续期间，质物有损坏或者价值明显减少的可能并足以危害质权人的权利时，质权人虽然享有要求出质人提供相应担保的权利，但是，如出质人不愿提供担保或者不能提供担保时，质权人所面临的权利受害危险仍然不能解除。针对这种情况，质权人应享有提前拍卖或变卖质物的权利。《物权法》第 216 条对此也作出了明确规定，即"出质人不提供的，质权人可以拍卖、变卖质押财产，并与出质人通过协议将拍卖、变卖所得的价款提前清偿债务或者提存"。

（四）质权人的权利与义务

严格地讲，转质、质物的保全均属于质权人所享有的权利，因该两种权利比较重要或复杂，以上给予了单独论述。除了转质和质物的保全外，质权人的权利与义务如下。

1. 占有或留置质物

占有质物是质权存续的条件，质权人对质物的占有具有独立性，在该占有权受到不法侵害时，质权人享有物上请求权。"担保法司法解释"第 87 条对此作出了明确规定，即"因不可归责于质权人的事由而丧失对质物的占有，质权人可以向不当占有人请求停止侵害、恢复原状、返还质物"。在占有质物期间，质权人不得擅自使用、处分质物，否则，因使用或处分质物给出质人造成损失应当承担赔偿责任。《物权法》第 214 条规定："质权人在质权存续期间，未经出质人同意，擅自使用、处分质押财产，给出质人造成损害的，应当承担赔偿责任。"留置质物是债务届期未获得清偿时，质权人迫使债务人履行债务的主要方式，对此，"担保法司法解释"第 95 条规定为，"债务履行期届满质权人未受清偿的，质权人可以继续留置质物，并以质物的全部行使权利"。

2. 收取质物的孳息

在质权存续期间，除当事人约定质物的孳息由出质人或者第三人收取外，原则上质权人可以收取质物所产生的孳息。《物权法》第213条规定："质权人有权收取质押财产的孳息，但合同另有约定的除外。前款规定的孳息应当先充抵收取孳息的费用。"但是，质权人在收取质物之孳息时，应尽怎样的注意义务？德国、我国台湾"民法"规定，质权人应以对自己财产的同一注意收取孳息，日本民法规定，质权人应以善良管理人的注意义务收取孳息。我们认为，收取质物孳息的义务应与质权人保管质物的义务在程度上相平衡，在《物权法》第215条规定质权人负有妥善保管质物之义务的情况下，质权人收取质物孳息的义务应当为善良管理人的注意义务。质权人收取的孳息不是归其所有，该孳息通常应首先抵充收取孳息的费用，其次抵充主债权的利息，然后是主债权。

3. 保管质物

保管质物是质权人的一项重要义务。在此方面涉及的主要问题为：质权人应以怎样的注意义务保管质物，未尽适当的注意义务时应承担怎样的责任，质物之瑕疵造成质权人损失时的责任如何分担？根据《物权法》第215条的规定，质权人应当以善良管理人的注意保管质物，因保管质物不善致使质物灭失或者毁损的，质权人应当承担赔偿责任。质权人不能妥善保管质物可能致使其灭失或者毁损的，出质人可以要求质权人将质物提存，或者要求提前清偿债权而返还质物。质物有隐蔽瑕疵造成质权人其他财产损害的，应由出质人承担赔偿责任；但是，质权人在质物移交时明知质物有瑕疵而予以接受的除外。将质物提存的，质物提存费用由质权人负担；出质人提前清偿债权的，应当扣除未到期部分的利息。

4. 返还质物

债务履行期届满债务人履行债务的，或者出质人提前清偿所担保的债权的，或者质权因其他原因而消灭时，质权人负有向出质人返还质物的义务。

5. 变价求偿权

债务履行期届满质权人未受清偿的，可以与出质人协议以质物折价，也可以依法拍卖、变卖质物。质物折价或者拍卖、变卖后，其价款超过债权数额的部分归出质人所有，不足部分由债务人清偿。

三　权利质押

权利质权，是以所有权、用益物权以外的可让与的财产权作为客体而成立的质权。根据《物权法》第223条的规定，作为质权客体的权利为：（一）汇票、支票、本票；　　（二）债券、存款单；（三）仓单、提单；（四）可以转让的基金份额、股权；（五）可以转让的注册商标专用权、专利权、著作权等知识产权中的财产权；（六）应收账款；（七）法律、行政法规规定可以出质的其他财产权利。上述权利可归纳为三类，即债权、股权以及知识产权，权利质权由此又可细分为三种。

（一）债权质权

哪些债权可以作为质权的客体？除了物权法明确列举的一些票据化、证券化的债权外，凡是能转让并可强制执行的债权，均可作为债权质权的客体。

债权质权的设定除遵循质权设定的一般规则外，还有特别之处。作为一种无形财产权，债权的移转显然不像有体物的移转那样可以客观显现；债务人或者第三人如何把作为质权客体的债权移转给债权人占有，是一个比较棘手的问题。根据债权的不同，上述问题可分三种情况来理解：（1）以指名债权设定质权的，出质人将债权出质的情况通知债务人，即意味着出质人向债权人移转了债权的占有，如果具有债权证明文件的，出质人应当将债权证明文件移交给质权人。（2）以指示债权设定质权的，出质人应在债权凭证上背书记载质押情况，并将背书的债权凭证交付质权人。（3）以无记名证券出质的，出质人只要将无记名证券交给债权人，即可产生债权质权设定的法律效果。

以载明兑现或者提货日期的汇票、支票、本票、债券、存款单、仓单、提单出质的，汇票、支票、本票、债券、存款单、仓单、提单兑现或者提货日期先于债务履行期的，质权人可以在债务履行期届满前兑现或者提货，并与出质人协议将兑现的价款或者提取的货物用于提前清偿所担保的债权或者向与出质人约定的第三人提存。以载明兑现或者提货日期的汇票、支票、本票、债券、存款单、仓单、提单出质的，其兑现或者提货日期后于债务履行期的，质权人只能于兑现或者提货日期届满时兑现款项或者提取货物。

《物权法》在担保法债权质权的基础上，增加了应收账款质权。应收账款，是指权利人因提供一定的货物、服务或者设施而获得的要求义务人付款的权利，不包括因为票据或者其他有价证券而产生的付款请求权。以应收账款出质的，当事人应当订立书面合同。质权自信贷征信机构办理出质登记时设立。应收账款出质后，不得转让，但经出质人与质权人协商同意的除外。出质人转让应收账款所得的价款，应当向质权人提前清偿债务或者提存。

在质押期间，质权人应妥善保管入质债权的表彰物，被担保债权清偿期届满前，质权人不经出质人同意不得单方面向入质债权的债务人收取债权，或者再转让、质押其留置的有价证券。

（二）股权质权

股权质权，包括在可转让的基金份额和股权上设定的质权。根据物权法的规定，股权质权的客体包括基金份额和股权。基金份额是指向投资者公开发行的，表示持有人按其所持份额对基金财产享有收益分配权、清算后剩余财产取得权和其他相关权利，并承担相应义务的凭证。应该注意的是，这里所称的基金，仅指证券投资基金法中规定的证券投资基金。股权指的是股份有限公司股东的股票与有限责任公司股东的股份。

以依法可以转让的基金份额、股权出质的，出质人与质权人应当订立书面合同。以基金份额出质的，应当到证券登记结算机构办理出质登记，质权自登记时设立。对于以股权出质的，物权法区分股权是否在证券登记结算机构登记，将股权质权设立的情形分为两种：以在证券登记结算机构登记的股权出质的，质权自证券登记结算机构办理出质登记时设立；以其他股权出质的，质权自工商行政管理部门办理出质登记时设立。其他股权，指不在证券登记结算机构登记的股权，包括有限责任公司的股权，非上市公司规定股份有限公司的股权等。《物权法》第226条第1款的规定，完全废止了担保法及其司法解释采用的公示方法，即将股份出质记载于股东名册。

值得讨论的问题是，出质人能否处分已经出质的基金份额、股权？《物权法》第226条第2款规定，基金份额、股权出质后，不得转让，但经出质人与质权人协商同意的除外。出质人转让基金份额、股权所得的价款，应当向质权人提前清偿债务或者提存。对该规定的合理性，有学者提出质疑，一则对质权人而言，就基金份额和股权的质押，法律已经设计了登记作为权利变动的要件，具有很强的对抗效力，无论之后的基金份额、股权辗转至何人之手，质权人都可追及，其质权不受转让的影响；二则对出质人而言，转让已出质的基金份额、股权可促进流通，有利于财富创造；三则对受让人而言，基金份额和股权的出质登记使得他可以在受让时获得相关信息，如其查询后仍接受该基金份额和股权，则让质权人享有追及权并无不公，如其未予查询而受让，则应承担未尽注意义务的法律后果。因此，法律无限制出质人处分权的必要。[①]

（三）知识产权质权

必须注意的是，并不是所有的知识产权都可以出质，只有那些具有财产价值并且可以转让的知识产权才可以作为质权的客体。《物权法》规定，以依法可以转让的商标专用权、专利权、著作权中的财产权出质的，出质人与质权人应当订立书面合同，并向其管理部门办理出质登记；质权自有关主管部门办理出质登记时设立。对于出质的知识产权，出质人不得转让或者许可他人使用，但经出质人与质权人协商同意的，可以转让或者许可他人使用。出质人转让或者许可他人使用出质的知识产权中的财产权所得的价款，应当向质权人提前清偿债务或者提存。

复习题

1. 总结抵押与质押之异同。
2. 试述质权善意取得的构成要件与法律效果。
3. 责任转质与承诺转质有什么不同？

案例分析

（一）以朋友之物设质案

周某为某科研单位的研究人员，2008 年 7 月，单位派他到美国学习两年。出国前，周某将一位外国朋友送给他的一幅比较贵重的油画交给住在他隔壁的同单位的刘某保管。2009 年 6 月，刘某因急需现金，想向外单位的王某借 1 万元，王某要求刘某提供担保。刘某拿出周某留下的油画，谎称是自己的，交给了王某作担保。2010 年 1 月，周某因事临时回国，得知自己的油画被刘某交给了别人，很不高兴，担心油画被别人弄坏，就催刘某赶快把画拿回来。刘某许诺说，保证会把画取回，但周某怎么也放心不下，就径直找到王某索要油画，王某却说，画是刘某的，只有刘某还了钱他才会把画还给他。试分析，王某的说法是

---

① 杨明刚：《新物权法担保物权适用解说与典型案例评析》，法律出版社，2007，第274～275 页。

否有道理？

提示：请依据质权的善意取得进行分析。

（二）存单质押案

赵某急需资金经营商店，于是向乡信用合作社借款 3 万元。乡信用合作社要求赵某用其中的 15000 元购买信用合作社发行的有奖无息定期一年的无记名的存单作质押，并对号码作了登记，但存单仍由赵某持有。赵某后来将存单以 14500 元的价格转让给钱某套现。存单到期后，钱某拿到信用合作社要求兑现，乡信用合作社认为，存单是赵某作了借款质押的，因而拒绝兑现。问：赵某与信用合作社的质权合同是否生效，信用合作社应否向钱某兑现？

提示：请依据债权质权的规则进行分析。

第四节　留置权

一　留置权的基本意义

留置权，是指债权人按照合同约定占有债务人的财产，当债务人不按合同约定的期限履行债务时，债权人得留置该财产，并依照法律规定以留置财产折价或者拍卖、变卖该财产所得的价款优先受偿的权利。在留置权关系中，占有债务人财产的债权人称为留置权人，债权人占有的债务人的财产称为留置物。

现在一般认为，留置权起源于古罗马法上的恶意抗辩权，恶意抗辩权是一种拒绝给付的债权性权利。受罗马法的影响，法国法、德国法上的留置权并不具有物权的效力，它只是一种拒绝给付的抗辩权，如《德国民法典》第 273 条（该条位于民法典第二篇的债务关系法）规定，如果债务人根据产生其债务的同一关系，对债权人享有已到期的请求权时，除债的关系另有其他规定外，债务人可以在获得其应得的给付前，拒绝履行给付。留置权作为一种担保物权的立法首先源于《瑞士民法典》第 895 条，[①] 我国台湾"民法"仿效《瑞士民法典》的立法例，在民法物权篇中规定了留置权，并将其规定为一种担保物权。我国

[①] 《瑞士民法典》第 895 条第 1 款规定，债权已到期，按其性质该债权与留置的标的物有关联时，债权人在受清偿前，可留置因债务人的意思由债权人占有的财产或有价证券。《瑞士民法典》，殷生根、王燕译，中国政法大学出版社，1999，第 249 页。

物权法将留置权规定为一种担保物权。

作为一种担保物权，留置权除了具有各种担保物权共有的附随性、不可分性和物上代位性之外，还具有下列特性。

第一，留置权是法定的担保物权。债权人只能依据法律的规定取得留置权，当事人不得自由设定留置权；但是，当事人可以以特别约定排除留置权的适用。我国法律规定的留置权主要有：承揽人的留置权、承运人的留置权、保管人的留置权，等等。

第二，留置权以债权人占有债务人的财产为成立要件和留置权存续条件。对于留置权与占有的关系来说，债权人是基于先前的占有而后享有留置权，而不是基于先有留置权而后取得对财产的占有；并且，占有一旦丧失，留置权也就不复存在。

第三，留置权的客体只能是动产。在中国，不动产不得作为留置权的客体。

二　留置权的发生

留置权的发生也称为留置权的成立，是指债权人对其占有的债务人的财产，在具备法律规定的要件时，产生以继续占有债务人的财产以担保实现债权的效力。作为法定的担保物权，留置权的发生应具备下列法定要件。

第一，债权人必须合法占有债务人的动产。

债权人占有债务人的财产，是留置权成立及存续的条件。债权人如果没有占有债务人的财产，无留置权可言；债权人丧失对债务人财产的占有，留置权则归于消灭。债权人如果因侵权行为丧失占有的，经诉请而重新占有，留置权则不受影响。债权人对债务人财产的占有，可以是直接占有，也可以是间接占有，可以是单独占有，也可以是共同占有。但单纯的持有不能成立留置权，如占有辅助人虽持有动产，却并非占有人，因此不得享有留置权。至于占有的原因，多数国家民法要求只要不是因侵权行为占有即可，如《日本民法典》第295条第2项规定："（留置权）不适用于占有因侵权行为而开始的情形"。债权人占有债务人的财产一般为债务人所有的财产，《物权法》第230条对此明确规定为"债务人的动产"。由此可以推论出，债权人占有第三人的财产，不能对债务人成立留置权。

在这一点上可能出现的问题是，债权人如善意占有债务人移交的第三人的财产，能否成立留置权？根据《瑞士民法典》第895条第3项的规定："债权人对其善意取得的，不属于债务人所有的物，有留置权"。《物权法》对此缺乏规定，"担保法司法解释"第 108 条规定："债权人合法占有债务人交付的动产时，不知债务人无处分该动产的权利，债权人可以按照担保法第八十二条的规定行使留置权。"此解释具有填补漏洞的意义，比较合理。

第二，占有留置物与债权属于同一法律关系。

债权人之债权与债权人对留置物占有之间须有牵连关系，才能成立留置权。这是各国立法的通例。但是，什么是"有牵连关系"，各国立法及学说对此的理解却不一致，主要有两种主张：债权与债权牵连说（请求权牵连说）和债权与物牵连说。债权与债权牵连说认为，留置权人对于相对人的债权，与相对人对于留置权人请求交付标的物的债权，须产生于同一法律关系，为有牵连关系。《德国民法典》第 273 条第 1 项的规定反映了这种主张。债权与物牵连说认为，留置物为发生债权的原因，为有牵连关系。日本、瑞士等民法采取这种观点，如《日本民法典》第 295 条规定的"就该物产生债权时"。

我国民法采取哪种观点？《物权法》第 231 条的规定，债权人留置的动产，应当与债权属于同一法律关系，但企业之间留置的除外。这一法律关系不限于合同关系，因无因管理而发生的债权关系也可适用留置权。

如债权人对债务人财产的占有与债权人享有的对债务人的债权之间是基于不同的合同关系而发生，则不能成立留置权。例如，承揽人张三不能因定作人李四前一合同欠交的加工费而留置李四本合同加工的产品。

同时《物权法》在企业之间留置的情形，放松了对同一法律关系这一要件的要求。这是考虑到商业实践中，企业之间相互交易频繁，追求交易效率，讲究商业信用，如果严格要求留置财产必须与债权的发生具有同一法律关系，有悖交易迅捷和交易安全原则。这实际上承认了商事留置权的存在。

第三，债权已到清偿期。

留置权旨在确保债务的清偿，在债务未届清偿期时，如成立留置权，无异于强制债务人提前履行债务，这对债务人显然不公平。因此，各国民法均将债务人的债务已届清偿期作为留置权成立的时间条件。不问债务人是否构成履行迟延，因履行迟延只是留置权行使的条件。《物权法》第 230 条规定的"债务人不履行到期债务"时债权人才能留置债务人的动产，正是该条件的法律表现。关于此要件的一个问题是：当债权人的债权未届清偿期，而其交付标的物的义务已届履行期时，留置权能否成立？此时应不能成立留置权，否则，无异于强制债务人提前履行债务；但是，对该规则不可做绝对化理解，当债权人交付占有标的物的义务已届履行期，而其有证据证明债务人丧失支付能力的，如让债权人履行交付标的物的义务，对其也显然不公，此时，应成立预期的留置。

三　留置权与同时履行抗辩权的区别

同时履行抗辩权，是指在应当同时履行的双务合同中，一方当事人在他方当事人未履行对待给付义务而请求其履行时，有拒绝履行自己义务的权利。同时履行抗辩权是合同履行制度中一项重要的抗辩权；留置权也发生于合同关系中，二者均具有一方当事人对抗另一方当事人的特点。二者的主要区别为：

1. **权利性质不同**

同时履行抗辩权是存在于双务合同中的一种抗辩权，只有在合同另一方当事人提出履行请求时行使，对象具有特定性，不具有对抗第三人的效力。留置权为一种法定担保物权，具有对抗第三人的效力。

2. **规范意旨不同**

同时履行抗辩权的设立，建立在双务合同中双方债务之牵连性之上，旨在维护合同当事人双方的公平。留置权具有附随性，其功能在于确保债务的清偿。

3. **法律效力不同**

同时履行抗辩权的效力在于阻却对方当事人的请求，使其债权效力向后顺延，并不消灭债权。留置权的效力在于对抗债务人的标的物返还请求权，迫使债务人清偿债务；在债务人届期不清偿债务时，就标的物变卖、拍卖的价金优先受偿。

4. **存续期间不同**

同时履行抗辩权是应同时履行的双务合同本有的一种权利，这种权利不会因当事人是否提供担保而改变。留置权则不同，只要债务人提供了新的担保，留置权则就归于消灭。

5. **在破产中的效力不同**

在债务人破产时，留置权人享有别除权，可以先于破产债权而获得清偿；而同时履行抗辩权则会由于债务人破产而消灭。

四　留置权人的权利与义务

留置权人享有下列权利和义务。

1. 留置物的占有权

留置权以债权人占有债务人的财产为成立及存续条件，因此，留置权一经成立，留置权人就当然享有继续占有留置物的权利。留置物的占有权是留置权物权效力的体现，留置权人可以对抗债务人和第三人对留置物的权利主张。当受到不法侵害时，可以请求法院予以保护。

2. 留置物孳息的收取权

在留置权存续期间，对留置物所生之自然孳息和法定孳息，留置权人有权收取。这种孳息收取权是留置权效力之结果，而不是对留置物的占有的效力体现。因此，留置权人只能收取孳息，而不能取得孳息的所有权。留置权人收取孳息后，对孳息成立孳息留置权，与原物成立的留置权一样，具有担保作用，可用来优先抵偿债权。留置权人收取孳息，既是其权利，又是其义务。若留置权人欠缺善良管理人的注意，怠于收取孳息，造成债务人损失的，应对债务人负赔偿责任。

3. 留置物的保管义务和使用权利

留置权人在占有留置物期间，负有以善良管理人的注意妥善保管留置物的义务。原则上，留置权人对留置物只能占有，不能使用、处分；但是，在下列两种情形下，留置权人可使用留置物：（1）经债务人同意，留置权人可使用留置物。（2）为保管之必需，于必要范围内，留置权人可使用留置物，这又被称为必要使用。何为保管之必需？要根据具体情形来判定。如适当地运用机器，开动车辆，以防止生锈等。对留置物的必要使用，无须经债务人同意，不构成对债务人所有权的侵犯。留置物的必要使用，有时可能获得利益。应如何处理该利益？有观点认为，应按不当得利处理，留置权人应将该利益返还给债务人；另有观点认为，应按留置物所生孳息处理，留置权得以该利益抵偿债权。后一种观点比较经济、合理。

4. 必要费用的偿还请求权

留置权人保管留置物难免不支付一定费用，对于该费用，留置权人可向留置物的所有人要求偿还。该费用偿还请求权属于留置权所担保的范围。

5. 留置物变价优先受偿权

此为留置权的主要效力。根据《物权法》第236条的规定，留置权成立后，债务人在合理期限内仍不履行债务的，债权人有权依法对留置物予以变价，并以变卖财产的价款优先受偿。优先受偿权的受偿范围包括：原债权、利息、违约金、保管留置物的必要费用、行使留置权的费用等。如果留置物之变价大于受偿范围，受偿后剩余部分应返还债务人；留置物之变价小于受偿范围，未能优先受偿的剩余债权转化为普通债权，丧失优先受偿的效力。

6. 返还留置物的义务

留置权成立后，债务人在合理期间内履行了债务的，留置权人应当向债务人返还留置物。

五　留置权的实现

留置权的实现也可称为留置权的行使，前者注重结果，后者立足于过程。在留置权成立后，留置权人不能立即行使留置权，留置权之行使须具备下列要件。

1. 债权人对留置物之占有持续地存在

对留置物的持续占有为留置权的存续要件，留置权成立，如债权人丧失对留置物的占有，或者留置物灭失又无替代物的，留置权归于消灭。因而，对留置物的持续占有是债权人行使留置权的必要条件。

2. 债务人在确定的债务履行宽限期内仍未履行债务

债务履行期间届满为留置权成立的要件，不是留置权行使的条件。在留置权成立后，法律一般要求债权人应当给予债务人一个债务履行的宽限期，在该宽限期届满之后，债务人仍然未履行债务的，债权人才能行使留置权。宽限期如何确定？我国《物权法》第 236 条规定："留置权人与债务人应当约定留置财产后的债务履行期间；没有约定或者约定不明确的，留置权人应当给债务人两个月以上履行债务的期间，但鲜活易腐等不易保管的动产除外。债务人逾期未履行的，留置权人可以与债务人协议以留置财产折价，也可以就拍卖、变卖留置财产所得的价款优先受偿。留置财产折价或者变卖的，应当参照市场价格。"由此规定可知，（1）宽限期可由合同当事人双方事先在合同中作出约定，或者，在留置权成立后，由债权人确定宽限期，并通知债务人。（2）宽限期应不少于两个月，具体期限可由双方当事人事先约定，或者由债权人在留置权成立后确定。债权人未按《物权法》第 236 条规定的期限通知债务人履行义务，直接变价处分留置物的，应当对此造成的损失承担赔偿责任。债权人与债务人按照《物权法》第 236 条的规定在合同中约定宽限期的，债权人可以不经通知，直接行使留置权。

3. 不存在妨碍留置权行使的情形

在满足上述两个条件后，通常情形下，债权人可直接行使留置权。但是，在下述情况下，如存在妨碍留置权行使的约定或法定情形，根据我国法律规定，债权人不得行使留置权。这些情形包括：（1）法律规定或者当事人约定不得留置的动产。作为一种财产权，留置权可根据当事人的约定被提前排除。（2）留置财产违反社会公共利益或社会公德。如尸体的运送人，不得以其运费请求权而留置运送的尸体，债权人不得留置债务人的身份证、工作证、毕业证等物件等。（3）留置财产与债权人所承担的义务相抵触。如承运人不得主张留置权而留置托运人的财产不予托运。（4）留置财产与债务人交付财产前或交付财产时的指示相抵触。债务人在把财产交付于债权人之前或之同时，曾对债权人作出过不得留置财产的指示，债权人如无相反表示，则不得对占有的债务人财产成立留置权。在上述（3）、（4）情况下，债权人如果在取得债务人的财产占有后，发现债务人无支付能力或开始丧失支付能力的，为切实保护债权人的利益，债权人的留置权仍可成立，此为留置权的扩张。对于妨碍留置权行使的法定情形，我国《物权法》第232条列举了两种情形，即法律规定或者当事人约定不得留置的情形。另外，"担保法司法解释"第111条也有明确规定，即"债权人行使留置权与其承担的义务或者合同的特殊约定相抵触的，人民法院不予支持"。

根据《物权法》第236条的规定，留置权行使的方法主要有三种：以留置物折价、拍卖留置物以及变卖留置物。此三种方法之理解与抵押权行使方法的理解基本一致，在此不再重复。

六　留置权的消灭

作为一种物权，留置权除了应遵循物权消灭的一般原因外，还可因下列原因消灭。

1. 因所担保的债权的消灭而消灭。

留置权之成立为确保债权的实现，因而附随于债权之存在。债权因各种原因消灭，留置权也随之消灭。《物权法》第177条规定，担保物权因"主债权消灭"而消灭。

2. 因债务人另行提供担保并被债权人接受而消灭。

3. 因丧失对留置物的占有而消灭。

复习题

1. 试分析留置权产生的条件。
2. 留置权人负有哪些义务?

案例分析

(一) 抵押与留置并存于一物案

王胜林和李春堂共同出资购买"陵江"牌汽车一辆。两人合伙经营3个月后,因不便管理,双方决定终止合伙合同,并达成让车还款协议。协议约定:汽车归王胜林所有,王在1个月内退还李春堂购车款8850元,逾期不还,偿付违约金200元。王因筹资困难,未能如期偿还,只得如数支付李违约金。双方再次正式签订了抵押还款合同。合同规定:为确保王退还李的购车款8850元,双方商定以王所有的"陵江"牌汽车作为抵押物,王从2008年7月份开始,每月还800元,到年底付4800元,余款到2009年8月底以前还清,如期还不能偿还,李有权变卖汽车充抵车款。到2008年底,王仍分文未还。2009年6月,王在给一基建工地运输水泥的途中撞到路边的拦坝上,造成汽车严重损坏。王只得把汽车送到汽修厂修理。经过大检修,共花汽车修理费2500元。由于王交不起修理费,汽修厂即扣留了王的汽车,限王在两个月内交纳修理费。否则汽修厂将变卖汽车偿还修理费,两个月后,王仍无力偿还修理费,此时,王对李的还款期也已到了,李同样提出变卖该汽车的要求,遭到汽修厂拒绝。李与汽修厂就同一辆汽车的优先变卖发生争执,互不相让。该案应如何处理?

提示:请考虑留置权的特性,并考虑物权效力规则。

(二) 留置物雷击灭失案

育新中学与凯明服装厂于2009年7月2日签订了加工600套服装的协议,材料由育新中学提供,每套服装的加工费是20元,总加工费为12000元,期限为1个月。1个月后,育新中学未按期付费提货,凯明服装厂告诉育新中学,如在两个月内还不付费提货,凯明服装厂将变卖200套服装,以实现其权利。育新中学向凯明服装厂承诺两个月后保证付费,并提走了另400套服装。在两个月即将届满时,服装厂因雷击失火,导致库存的全部服装被烧毁。育新中学要求凯明服装厂赔偿服装，而凯明服装厂则要求育新中学支付加工费 12000 元。此案如何处理？

提示：除了参考留置权规则之外，还应参照我国合同法的有关规定。

第五节　非典型担保

以上诸节所讲的担保物权是由法律明文规定的，属于典型担保物权，但这些担保物权尚不足应对经济发展以及社会需求，于是，在实践中出现了具有担保功能但尚未成为物权法或者担保法规定的担保形式，此即非典型担保，主要包括所有权保留和让与担保。

一　所有权保留

（一）什么是所有权保留

所有权保留是非典型担保类型之一，是指在动产的买卖中，双方当事人约定，在买卖合同成立后买受人可以获得对物的占有和使用，而只有在买受人全部清偿买价之后出卖人才将物的所有权移转给买受人，即出卖人在获得完全的买价之前仍然保留出卖物的所有权的法律行为。《德国民法典》第 455 条规定："动产的出卖人在价金支付之前保留所有权者，在有疑义时，应该认为，所有权的移转附有全部价金的支付的迟延条件，而且出卖人在买受人迟延支付时有权解除合同。"所有权保留虽然只是买卖合同中的一种特殊的附条件的行为，但是它发挥担保债权的作用，所以在德国民法学著作中它被称之为一种非典型的担保。[①]

所有权保留本质上讲是一种特种买卖，特征在于买卖合同成立时，双方当事人又达成新的约定，约定买受人在买卖合同成立时只取得对买卖标的占有使用的权利，而不能取得所有权，而出卖人在全部获得卖价之前一直保留标的物的所有权。随着实践的发展，所有权保留越来越表示出这种特征，出卖人依据自己所保留的所有权来作为实现债权担保的形式。所有权在所有权保留中发挥的是担保债权实现的作用，表现出比动产质押优越的性质。当债务人届时不能清偿债务时，出卖人可直接行使所有权，取回自己的所有物，以保证自己的债权完全获得实现。尤其是债务人陷入破产的状况下，买卖标的物不能纳入破产人的财产清算范

[①]　Deutschesrechtslexikon，Band 2，2. Auflage，Verlag C. H. Beck，1992，Seite 632 – 633.

围，而只能由出卖人取回，这样出卖人的债权得到充分的保护。比较而言，动产的质押权没有这些优点，它只是限制物权，当债务人陷入破产时，债务人所有的财产首先进行清算，在清算后将清算财产首先偿付其他优先权后，才能清偿质押权。所以，以质押权担保的债权并不是绝对优先的权利，而以所有权担保的方式担保的债权有绝对优先的权利。中国《合同法》第 134 条对所有权保留制度作出了明确规定。

（二）保留的意思与公示

所有权保留是以买卖关系中出卖人的先行履行义务为条件的。由于先行履约，出卖人因此承担了买受人不能给付卖价的交易风险。为保护出卖人的利益，当事人在买卖合同的基础上达成了保留所有权之特约，或可称为"保留之意思"，基本内容为，对买卖这一典型的债权行为附加一个物权行为条件。该条件的内容为：一是物的所有权的移转在延期支付全部买价的条件下进行，二是当买受人在合同规定的期限内不能支付全部买价时，出卖人可以解除合同。因此，从物权法的视野看，所有权保留就是附延迟条件的所有权移转。

必须指出的是，附所有权保留条件的买卖合同，所附之条件并不是对买卖合同本身附加的条件，而是对履行标的物所有权移转的行为所附的条件。所有权保留意思的效力因此不受出卖人根据买卖合同所产生的移转所有权的义务的影响。所有权保留的效力是独立的。基于此，所有权保留行为是一种典型的物权行为。

所有权保留之意思，并不以明示的特约为限。当事人也可以默示的方法特别约定所有权保留。例如，如果买卖标的物所有权以登记为移转生效要件，标的物已由出卖人移转于买受人，但未办理移转登记的，可以认为当事人之间存在默示的所有权保留之意思。[①]

当事人之间关于所有权保留的意思在何种情况下产生所有权保留的效力？对此有三种不同的立法例。[②]（1）意思主义，即仅凭当事人意思的合致，就产生所有权保留的效力，有关的债权行为或物权行为皆无须履行任何方式。这种立法的优点是手续简便，缺点在于欠缺公示性。德国民法采用该立法方式。（2）书面主义，当事人关于所有权保留的意思，除了意思合致之外，还须完成一定的书面。书面的功能在于明确当

[①]　参见刘得宽《民法诸问题与新展望》，五南图书出版公司，1995，第 4 页。

[②]　参见王泽鉴《民法学说与判例研究》（第一卷），中国政法大学出版社，1998，第 135～136 页。

事人之间的权利义务关系，并有防止欺诈虚伪的作用；缺点是欠缺公示性。（3）登记主义，约定所有权保留，除了当事人的合意之外，还必须履行登记手续，才产生效力。瑞士、台湾地区法律采用该立法方式，如我国台湾"动产担保交易法"第 5 条规定："动产担保交易，应以书面订立契约，非经登记，不得对抗善意第三人。"我国现行法对所有权保留缺乏具体规定，在所有权保留意思的生效模式上，应采纳哪种立法例？台湾"书面成立—登记对抗主义"的模式值得借鉴。

（三）所有权担保的优越性

由于所有权担保比质押担保有更大的好处，所以所有权担保在当代世界发达国家已取代了质押担保，质押制度处于衰落趋势。而我国是在 1995 年制定的担保法中才刚承认质押与抵押的分立。这说明我国市场经济法律制度的发展，尤其在信用制度发展上跟西方国家有相当大的差距。但是在所有权担保，比如所有权保留在实践中有很多适用。所有权担保为何称为非典型担保？质押是法律明确规定的担保物权形式，而所有权担保不是法律明确规定的担保物权形式，所以法学上将其称为非典型担保。

（四）期待权问题

对于买受人所享有的期待权的性质，学术界存在各种说法。通说认为，所有权保留条件下的期待权是一种物权。该种物权具有一定的特殊性，不能在所有权和他物权的物权框架内加以解决。日本学者铃木禄弥教授倡导买受人期待权之"削梨说"，具体而言，指在分期付款买卖的所有权保留过程中，标的物的归属关系始终处于浮动状态，出卖人与买受人都不得认为具有完全的所有权，也不得认为全然未有所有权。事实上，所有权像"削梨"似的由出卖人一方逐渐移转到买受人一方。

买受人期待权可以转让，期待权的转让要遵从所有权转让的规则，而不是按照债权转让规则。其转让后果是，受让人取得期待权人的一切权利并承受其全部的义务。

（五）所有权保留的效力

1. 标的物的处分

所有权保留以买卖合同为基础，其目的在确保取得买卖价金，并不否定买受人最终取得标的物的所有权，因此，即使买卖合同没有约定标的物处分的限制性条款，出卖人仍负有不得处分标的物的默示义务。对买受人而言，在其付清全部价金之前，并不取得对标的物的所有权，因此，即使标的物已由其占有，其也不得擅自处分标的物。否则，发生物权处分之问题，在第三人善意时，可发生动产的善意取得或质权的善意取得。

2. 标的物的使用受益

买受人在占有标的物期间，即使尚未取得标的物的所有权，但其可对标的物进行使用或收益。当事人如对标的物的使用、收益有特别约定的，按其约定处理。这一点不同质权和留置权中的标的物占有。

3. 标的物的保管

在占有标的物期间，买受人应以善良管理人之注意妥善保管标的物；否则，在买受人最终未取得标的物的所有权时，应向出卖人负担保管不善的赔偿责任。

4. 标的物的风险负担

在附所有权保留的买卖合同中，在交付买受人之后，标的物事实上的支配已经由出卖人移转于买受人，应当由买受人承担标的物毁损、灭失的风险，比较合理。

5. 所有权保留与当事人破产

具体分两种情况。在所有权保留的情形下，买受人破产时，出卖人可否取回标的物？在此情况，出卖人以标的物所有权人的身份，可以取回买卖的标的物；但是，买受人的破产管理人也可以支付剩余价金而取得标的物的所有权。在出卖人破产时，附所有权保留的标的物属于破产财产，出卖人可以取回由买受人占有的标的物，但是，买受人也可以支付价金并占有标的物为由，对买卖标的物行使别除权。

二　让与担保

（一）让与担保的概念、优越性及特征

非典型担保的另一种情形是让与担保，或叫担保让与。所谓让与担保，指债务人或者第三人为担保债务的清偿，将担保标的物的所有权移转给债权人，在债务清偿后，标的物返还于债务人或第三人，债务不履行时，债权人可以就该标的物受偿的担保。

让与担保以转移担保物的所有权，实现担保的目的，属于物的担保的最早形态。[①] 在罗马时代有这样的制度，如一个生产企业有一台机器，因为没钱向他人借贷，企业主将机器卖给出借人，同时又把机器租回来，机器没有转移，出借人也是取得所有权来担保债权的实现。该项

---

① 参见谢在全《民法物权论》（下册），中国政法大学出版社，1991，第 433 页。

制度在古罗马法中被称为信托制度（fiducia），在早期罗马法中，它是一项相当普遍的制度，在担保债权的安全和实现方面曾发挥积极作用；但因该制度自身存在着难以克服的缺陷，到罗马帝国时期，随着要式买卖的废弃而作为债的担保的信托制度逐步走向衰落，至优士丁尼皇帝编纂法典时，质押和抵押已完全取代了信托。[①] 在近现代以来的民法典编纂中，各国均未规定让与担保制度；但在如今，德国、瑞士、日本和我国台湾地区等大陆法系国家和地区的判例和学说，无不承认让与担保制度的存在和有效性。是什么原因促使让与担保制度历经漫长岁月后又焕发出勃勃生机呢？以功能主义的法律生成观来看，社会需求是法律产生的原动力，当一项制度具有现行类似制度不能比拟的优越性时，它要么在现行制度的制度空隙中生存下来，要么取代现有类似制度而发展下去。让与担保的重新出现也遵循了这种规律，概括地讲，让与担保具有如下意义：

1. 弥补动产质押之不足。动产质押要求移转物的占有，质物之移转不但使债务人或第三人不能再使用质物，而且质权人也不得使用质物，并且质权人还须承担妥善保管质物的义务；这不但造成质物效用的浪费，还增添了质权人的负担。在让与担保中，质物之所有权虽移转给了债权人，但占有改定却使设定人仍可占有、使用质物，同时也避免了债权人对担保物的保管之累。如此之下，让与担保既能发挥担保债权、融通资金的功效，又能发挥物的使用效益，无疑更能满足现代商业活动的需要。

2. 比抵押更有保障力。让与担保所具有的能同时发挥担保物的使用价值与交换价值的功效，在抵押制度中有充分的体现；但比抵押的优越之处为，让与担保是以担保物的所有权向债权人提供担保，而抵押只是以一种变价权向债权人提供保证，相比而言，让与担保比抵押对债权人更具保障力。

3. 实行方式简便灵活。典型担保的实行均须履行一定程序，其不但耗时耗费，并且在拍卖、变卖担保物的过程中，可能会造成担保物价值流失，从而会损害设定人的利益。因让与担保权在实行上既可估价流质也可变价出卖，不但在操作上简易便捷，而且也尽力避免对设定人的损害。

---

① 参见〔意〕彼德罗·彭梵得《罗马法教科书》，黄风译，中国政法大学出版社，1992，第 343 页。

让与担保的上述优越性，决定其在现代经济生活的广泛适用性。

让与担保具有以下显著特征。

1. 让与担保的标的物为动产或不动产。德国和瑞士法规定让与担保的标的物为动产，而在日本，动产和不动产都可以设定让与担保。

2. 让与担保是所有权担保，也就是说，由债权人拥有债务人或者第三人财产的所有权来保证其债权的实现。这与典型担保中债权人只拥有标的物的他物权的情况大不相同，所以，让与担保的债权人的权利比抵押权人、质权人具有更多实现的可能性。这尤其表现在债务人破产的场合。

3. 让与担保关系中的所有权移转具有暂时性。在让与担保关系中，当事人之间存在一个明显的故意：所有权移转给债权人只具有担保的目的，如果债务人届时履行了债务，所有权就必须返还。这是让与担保和一般的所有权转让的根本区别，也是让与担保的本质特征之一。

4. 让与担保是两个法律制度的结合。在让与担保中存在两个法律关系：一是所有权移转，即将标的物的所有权移转给债权人；二是占有改定，标的物的所有权虽然已经移转于债权人，但债权人并不直接占有标的物，标的物仍然归债务人占有、使用。

5. 让与担保没有附随性。债权人所获得的所有权虽然是担保物权，但这种担保物权不具有一般担保物权所具有的附随性。这一点在德国得到公认。

6. 让与担保制度更利于发挥物的价值。标的物设定担保之后，其交换价值无疑得到充分利用；同时债务人或者第三人，在让与担保期间，通过对标的物的占有、使用，也使物的使用价值同时得以利用。这正是让与担保之所以在法律规定之外得到广泛运用的缘由。

（二）让与担保的设定

让与担保根据当事人的合意而设定。由于让与担保涉及所有权移转和占有改定两方面的法律关系，所以让与担保合意也具有独特性。关于动产所有权的移转，必须有双方当事人关于所有权移转的合意，以及移转动产占有的行为或者替代移转占有的行为。必须注意的是，当事人之间的所有权移转合意只能是附解除条件的法律行为，该条件是，当债务人届时履行了债务，所有权移转合意就归于解除，所移转的所有权应当返还给债务人或者第三人。关于占有改定，是根据当事人之间订立的担保合同建立的。该担保合同内容是，为担保债权而移转所有权之物，只是在债务人届时不履行债务时，才能变价处分；而在债务人到期履行债务时，物的所有权应当返还。担保合同的性质属于物权行为。根据担保合同，债务人获得对物的直接占有，而债权人获得对物的间接占有，债权人可以根据担保合同证明其所有权。

让与担保因涉及物权之变动，所以，应当予以公示。在让与担保的标的物为一般动产的情况下，因让与担保实质上为动产的占有改定，债权人和债务人或第三人就动产所有权的移转方法、时间达成合意之时，让与担保的标的物所有权即发生物权变动的效力。以船舶、民用航空器的所有权设定让与担保时，应办理让与担保的标的物所有权移转登记，未经登记的，不得对抗第三人。以不动产所有权设定让与担保的债权人和债务人或第三人应当办理标的物所有权登记，让与担保自担保物的所有权移转登记之日起发生效力。

（三）让与担保的效力

让与担保设定后，标的物之所有权移转于债权人（担保权人）。让与担保对债权的担保，除非当事人有特别约定，在范围包括：主债权及其违约金、损害赔偿金、行使让与担保的费用等。

在让与担保中，当事人之间的权利和义务关系为：对债权人而言，当债务人或者第三人破产或者其财产被强制执行时，债权人根据其对标的物的所有权而享有对物的取回权；当债务人对债的关系行使撤销权时，债权人通过行使所有权而使自己的合法利益优先得到保护。对债务人或者第三人来说，他们有限制债权人随意处分标的物的权利；当债务得到履行或者被解除时，担保合同因而失去效力，债务人或者第三人有权要求返还所有权。

除了上述效力之外，还须注意以下问题。

1. 标的物的使用

关于标的物的使用，按照当事人之间的约定确定；当事人之间对标的物之使用没有约定的，标的物由让与担保的设定人使用。设定人使用标的物不需要向债权人支付任何对价，因为，债权人取得标的物的所有权仅为了担保债权的实现，不是为占有、使用标的物。

2. 标的物的保管

标的物的保管可由当事人约定，当事人对标的物的保管没有约定的，根据标的物的占有状态，确定担保物的保管人及其责任。标的物由设定人占有的，设定人负有妥善保管的义务；设定人未尽到该义务，擅自处分标的物或者造成标的物的毁损、灭失的，应当承担损害赔偿责任。设定人擅自处分标的物时，第三人在取得标的物时如为善意，则发生善意取得之问题。标的物由债权人占有的，债权人应当妥善保管标的物。债权人虽为标的物的所有权人，但在行使担保权之前，不得处分标的物。但是，如债权人违反当事人的约定，擅自处分标的物的，标的物的第三取得人，可取得对标的物的所有权或他物权。债权人因违背与设定人的约定，应当承担违约责任。

（四）让与担保的实行和消灭

当债务人届时不履行债务时，债权人可以实行让与担保。具体方法为：将标的物予以变卖，从卖得价金中优先受偿；或者将标的物予以估价，如估得的价额超过担保债权额时，超过部分返还给债务人或者第三人，而标的物的所有权则归债权人所有。不允许将标的物的所有权直接移转给债权人所有。

让与担保因下列原因消灭：一是所担保的债权消灭，二是让与担保的标的物灭失，三是让与担保的实行。

复习题

1. 所有权保留与让与担保之间有什么不同？
2. 让与担保中，当事人之间具有怎样的权利义务关系？

案例分析

"橱窗抵债协议"案

被告 A 商场因经营所需于 2005 年 2 月 18 日向原告周某借款 3 万元，月利率为 2.5%，2005 年 8 月 10 日，A 商场又以同样的利率向原告周某借款 1.5 万元。2006 年 11 月 21 日被告 A 商场偿还原告 1.5 万元，余款经当地县人民法院调解，当事人双方于 2007 年 9 月达成"商场于 2008 年 10 月 25 日之前一次性付清原告周某借款本息"的协议。后因被告未按协议履行，2009 年 1 月原告向法院申请执行。2009 年 2 月 3 日双方达成如下和解协议：被告商场愿以自己商场的两个橱窗过户给原告周某所有，折抵该商场欠周某的款项，如商场在 2009 年 6 月 31 日之前归还借款本息、执行费等合计人民币 5 万元，商场有权将该橱窗赎回，原告应将两橱窗返还给商场；逾期不赎，原告周某有权自行处理橱窗。同日，法院裁定将被告两个橱窗归周某所有，原告周某依法办理了过户手续。2009 年 6 月 22 日，被告向法院缴纳了履行款 5 万元，执行庭告知原告周某，周某却以橱窗过户费没有解决为由拒绝受领该款。2009 年 7 月，周某提起诉讼，要求商场排除妨碍，并赔偿房产孳息等经济损失。

　　分析"橱窗抵债协议"的法律性质，该案应如何处理？

　　提示：请分别用所有权保留和让与担保的规则进行分析，看哪个更为合适。

[学术争鸣]

　　如何理解所有权保留中的期待权？有兴趣者，请参见王泽鉴《民法学说与判例研究》（第一卷），中国政法大学出版社，1998，第 124 ~ 235 页。

第十章　占有

第一节　占有概述

一　占有的概念、特征和立法意义

（一）概念和特征

什么是占有，物权法未明确规定。① 但是在法学上，都认为作为现代物权法中的一项重要制度的占有，是指人对物进行管领的事实。对物进行管领的人称为占有人，被管领的物称为占有物，前者是占有法律关系的主体，后者是占有法律关系的客体。

占有具有下列特征。

1. 以物为客体。占有的客体必须是物，包括动产与不动产。

2. 对物有事实上的管领。占有属于人对物的关系，这种关系表现为人对物有事实上的管领。所谓对物有事实上的管领，指人能够支配物，并排除他人的干涉。

3. 占有是一种事实，而不是权利。占有的本质是事实还是权利，各国立法不太一致。中国司法实务及民法理论向来承认占有制度，《物权法》第五编第十九章也明文规定了占有制度，并且认为，占有是事实而非权利。

（二）占有的立法意义

占有虽然是一种事实状态，但是在世界上，多数国家的立法都建立了占有保护的制度。这是因为，占有虽然不是权利，但是常常是和权利

---

① 《物权法（草案）》至第五次审议稿时，尚在"附则"中规定"占有"的定义："是指占有人对不动产或者动产的实际控制。"

发生关联的，在权利人不方便或者不可能的情况下，由占有人提起占有保护，也会达到保护权利的目的。因此文明的法制都在保护占有。即使对于小偷的占有，也有予以占有保护的必要，因为此时的占有具有防止物品进一步流失的作用，因为占有保护的基本特征是一旦权利人明确行使权利的，占有人就必须返还占有。如果不保护那些来源不明的占有，物品一旦散失，权利人最终也无法恢复其权利。

在物权法上，占有发挥的作用具体包括以下方面。

1. 占有的权利推定功能

占有人在占有物上行使的权利，推定为其合法享有。具体来说，占有人自主占有物时，推定其享有所有权；占有人他主占有物时，推定为其享有质权等他物权；共同占有的，推定物归各占有人共有。同时，曾经占有的人，推定其在占有期间享有在占有物上所行使的权利；占有人在占有物上行使的权利，推定其处于持续状态。所谓推定权利为占有人合法享有，指占有人只需证明自己为占有人，就可以受权利推定的保护。而其他主张自己对占有物享有权利的人，必须举出反证。但是，法律已经明确规定的应当办理登记的不动产等财产上的权利，不属于权利推定的范围。

在起草物权法的过程中，一直都设计了关于占有推定效力的条文，但在第六次审议稿以后，相关条文均被删除，且并未说明原因。赋予占有的权利推定功能，在于解决举证不能时败诉风险的负担。物权法删除草案中有关占有推定的条文，导致法官在没有确切证据时，对与占有有关的事实或权利争执，无法断案。因而，是一个错误的立法决定。

2. 占有的持续功能

占有人的占有推定为以所有的意思，善意、和平与公开的占有。能够证明前后两个时刻占有的，推定在两个时刻内为不间断的占有。以所有意思的占有，在学理上称为自主占有；善意占有，指占有人在占有之时不知道自己为无权占有并且对此无重大过失的占有；和平占有，指占有人的占有不是以暴力取得和维持的占有；公开占有，指占有人的占有不是秘密地取得和保持的占有。无所有意思的占有，自占有人向占有授予人表示以所有的意思占有，或者占有人因某种事实取得占有物的所有权时起，成为以所有意思的占有。所谓占有授予人，指租赁合同中的出租人、借用合同中的出借人、运送合同中的托运人等使占有人取得占有的人。占有人向占有授予人表示自己为占有物的所有人时起，占有人即变更为自主占有。占有人因受让或其他原因取得占有物的所有权时，其占有也变更为自主占有。占有授予人为非所有人，占有人在向占有授予人表示以所有的意思占有物时，已经知道占有物的所有人的，其表示应当向所有人进行。善意占有人在本权诉讼中败诉的，自起诉状送达之日起，视为恶意占有人。上述占有授予人，一般指租赁合同的出租人、借用合同的出借人、运送合同的托运人等使占有人取得对物的占有的人。本权诉讼，指以对占有物的所有权或者其他权利为根据，请求法院确认占有人为无权占有或者要求占有人返还占有物的诉讼。

3. 占有保护功能

占有人对于侵夺或者妨害其占有的行为，可以加以防御。占有物被侵夺的，如果是不动产，占有人可以即时排除侵害，恢复对物的占有；如果是动产，占有人可以就地或者即时追踪向侵害人取回。占有人的占有被侵夺时，可以请求返还占有物。占有被妨害时，可以请求除去妨害。占有存在被妨害的危险时，可以请求停止妨害。侵害占有的人，应当赔偿占有人因此所受到的损失。占有保护请求权，自对占有的侵害发生之日起一年内不行使而消灭。数人共同占有一物时，各占有人不得相互请求占有的保护。

受到罗马法和日耳曼法的不同影响，近现代法的占有制度的意义，概括地讲，主要为：占有保护请求权（占有诉权）的作用在于，通过对占有事实本身的保护，以维护社会和平与物的秩序。权利推定与善意取得，着重于保护交易安全。占有物的孳息收取权与费用偿还请求权，则主要在于保护占有人的个人利益。

二　占有的确定及其与本权的关系

（一）占有的确定

占有在客观上表现为特定的人对特定物的事实控制，或者如我国以前的一些学者所谓的特定人对特定物的"管领"。但是，对占有的确定应当具有一个公认的标准。一般而言，对物是否具有事实上的管领，一般根据社会观念，以及斟酌外部可以认识的空间关系、时间关系，就个案加以认定。空间关系，是人与物在空间上具有一定的结合关系，并足以使其他人认识到特定物与特定人的这种结合关系。这种人与物的结合关系，可以表现为人对物的直接控制，如在某块土地上耕作、驾驶某辆汽车、穿某件衣服等；也可以表现为，依据一般社会观念，特定的物虽然不为某人直接控制，但未脱离该人的支配范围，如放置在农田里的耕作工具、散养的家禽等。时间关系，是指人与物的关系在时间上必须具有相当的持续性。人对物的短暂控制，如在火车上借阅他人报纸、在食堂使用他人备置的餐具等，依照社会观念，不能建立人与物的确定关系。

（二）占有与本权

相对于事实占有，人对物拥有的权利为本权。根据德国民法学者的通说，对占有依占有人管领物的事实进行保护的制度，本来与本权没有直接的关系。但是，在法理上，理解占有制度必须理解占有与本权的关系。占有不是一项权利，而是受保护的事实状态，即使占有人实际上没有占有的权利，这种保护依然存在。但原则上，占有得到法理保护的深层基础还是对物的本权。从本权的角度分析，占有可划分为有权占有和无权占有。有权占有当然可以以主张本权的方式对自己的占有进行保护，但有权占有人也可以只要求对自己的占有进行保护。无权占有人，虽无本权，但可以依据占有的事实对自己的占有主张保护；但无权占有人的占有因只是事实而非权利，所以其占有不得对抗任何本权，当本权人要求返还占有时，无权占有人应当返还。产生占有本权的基础关系，非常广泛，除了合同关系外，还可以是亲属关系、监护关系、夫妻关系以及以占有为内容的物权关系。在各种本权中，所有权最为重要，因此，占有人与所有权人之间的关系是占有关系中最重要的关系，其他本权与占有的关系，也以这些本权与所有权的关系为基础，而形成占有返还、占有支配与占有保护的系统制度。《物权法》第241条将本权限于"合同关系"，显然是没有正确理解本权的范围所导致的。

第二节　占有的分类、取得与消灭

一　占有的分类

依据不同的占有状态，占有可做不同的区分。下面仅对其中三种类型作出分析。

1.直接占有与间接占有

以占有人是否直接占有标的物为标准，占有可分为直接占有与间接占有。对物直接予以事实上的管领的，为直接占有；不是对物予以直接管领，而是对直接占有物的当事人有返还请求权，因而间接地对该物有事实上的管领的，称为间接占有。通常，质权人、承租人、保管人等，为直接占有人；出质人、出租人、寄托人等，为间接占有人。此种分类的意义是，间接占有不能独立存在，直接占有可独立存在。对占有之保护，通常仅限于直接占有人。

2. 自主占有与他主占有

根据占有人是否以所有的意思对物予以占有，占有可分为自主占有与他主占有。以所有的意思对物进行的占有，为自主占有；以非所有的意思对物进行的占有，为他主占有。以一定的法律关系为媒介占有他人之物属于他主占有，如承保人、质权人及留置权人对于物的占有。此类区别的意义在于，在时效取得和先占取得所有权制度中的占有，必须以自主占有为要件。

3. 自己占有与辅助占有

以占有人是否亲自占有标的物为标准，占有可分为自己占有与辅助占有。占有人亲自对物为事实上的管领的，为自己占有；从属于他人并受他人指示而对标的物为事实上的管领的，为辅助占有。二者区别的意义为，辅助占有不能独立存在，自己占有能独立存在。

4. 善意占有与恶意占有

善意占有与恶意占有为无权占有的再分类，即根据无权占有人是否误信有占有的权源为标准，占有可分为善意占有与恶意占有。善意占有，指误信为有占有的权利且无怀疑地进行的占有；明知无占有的权利，或对有无占有的权利有怀疑而仍然进行的占有，为恶意占有。区别善意占有与恶意占有的意义主要有：（1）时效取得期间不同。如根据我国台湾"民法"的规定，不动产时效取得的期间为 20 年，但占有之始为善意且无过失的，期间为 10 年；（2）动产善意取得，以善意受让占有为要件，受让人恶意受让占有动产的，不生善意取得的效果；（3）占有人对于回复请求人的权利义务，因善意占有与恶意占有而有所不同。例如，根据《物权法》第 244 条的规定，恶意占有人应当赔偿占有物的损失，而善意占有人对占有物损害不承担赔偿责任。

二　占有取得与消灭

（一）占有的原始取得

占有的原始取得，是指不是根据他人已有的占有而取得的占有，如无主物的先占、遗失物的拾得等。原始取得纯粹为事实行为，不是法律行为，所以，不要求行为人具有行为能力。原始取得的占有，物的占有人可不亲自对物进行占有，可占有辅助人为之。原始取得的占有因纯为一种事实状态，与占有人是否因此取得该占有物的所有权，无必然联系。

（二）占有的继受取得

占有的继受取得，是指根据他人已有的占有而取得的占有。与继受取得可分为移转继受取得与创设继受取得相同，占有的继受取得，也分为占有的移转继受取得和创设继受取得。

1. 占有继受取得的原因

（1）占有的移转

占有的移转，指当事人以法律行为将占有物由一方交付于另一方。占有的移转又可称为占有的让与。占有的移转，一般要具备下列要件：第一，须有移转占有的意思表示。第二，须有占有物的交付。因占有是对物的事实上的管领，因此，占有的移转必须将占有物交付于对方。不论标的物是动产还是不动产，均须交付。交付的方法，不限于现实交付，还可是简易交付、占有改定及让与返还请求权等。

（2）占有的继承

占有在法律上有一定利益，并不具有专属性，所以可以为继承的标的。《德国民法典》第857条、《法国民法典》第724条以及《瑞士民法典》第560条等对此均有明文规定。根据各国立法及学说，因继承而取得的占有，既不需要知悉继承事实的发生，也不要求事实上已管领其物或有交付的行为，更无须为继承的意思表示。

2. 继受取得的效力

因占有在本质上是事实而非权利，所以，占有的继受取得，在效力有独特之处。概括地讲，法律允许继受人或单独主张自己的新占有，或与前占有人的占有合并而为主张，具体讲为：占有的继受人可以主张将自己的占有与前占有人的占有合并计算。占有继受人主张合并计算的，其占有状态视为前占有状态的继续。占有合并的主要意义在于，前后占有人的占有期间合并计算，以此可以享受取得时效的利益，该利益主要指期间上的利益。

占有的继受人除了可以主张占有的合并之外，还可以主张占有的分离。占有的分离，指占有的继受人可以将自己的占有与前占有人的占有分离，而仅就自己的占有而提出占有主张。因占有的继受人合并前占有人的占有而提出占有主张时，必须承继前占有人的占有瑕疵，对其未必有利。况且，继受人已取得标的物的占有，对物已有事实上的管领，可以成立新占有；因此，法律一般允许占有的继受人，得将自己的占有与前手的占有分离而提出占有主张。

（三）占有的消灭

占有因占有人丧失对物的事实上的管领而消灭。占有人非基于自己的意思而丧失占有的，在一年内提起占有物返还诉讼并恢复占有的，占有视为未消灭。

┌─ **复习题** ─┐

1. 占有的基本功能是什么？
2. 如何确定占有？

┌─ **学术争鸣** ─┐

自古罗马法以来，占有是民法上一项重要的法律制度。我国物权法也明确规定了占有制度。但缺乏取得时效制度，导致我国民法在下列方面存在显著缺陷：在现行诉讼时效制度下，当权利人在诉讼时效期间内未行使请求权的，会产生丧失胜诉权之结果。这意味着，法律不得再强制义务人向权利人履行义务；然而，在非法侵占动产、不当得利等涉及动产占有的情形下，诉讼时效期间届满后的法律结果会怎样呢？如果法律上建立了取得时效制度，那么，占有人对物的占有关系能够转换为所有权。但是这些情形在中国却缺乏法律调整。由此可知，占有制度需要有取得时效制度的配合。根据我国现行民事立法的现状，你认为，我国物权法上的占有制度应该如何完善？

复习题解答提示

绪

1. 如何认识《物权法》在我国社会生活中的作用？

解答提示：物权法在"定分止争"和规范市场交易活动等过程中发挥重大作用，物权以及物权法在我国市场经济和民众生活中处于基础地位。

2. 你如何看待个人对财富的进取心？为什么必须保护合法财产权利？

解答提示：这是一道极具个性化的思考题，请你在认真阅读本书绪言有关内容后，结合相关实际情况进行思考。

3. 为什么说在我国学习和贯彻中国《物权法》，还要进一步解放思想？

解答提示：社会对于物权法尚未足够的理解，相关立法机关及部分法学者对科学物权理论的认知存在偏差，需解放思想以进一步清除前苏联法学的消极影响，尤其是我国的所有权制度存在弊端。

4. 你如何看待《物权法》中的国情因素？

解答提示：首先要了解与物权法规范要素有关的中国国情是什么，然后再进一步予以归纳。

第 一 章

1. 请根据支配权与请求权的区分，指出物权与债权的区别。

解答提示：物权和债权的区别充分体现了支配权和请求权的区别，这是民法权利体系中的基本分类。

2. 人体器官和其他组织在脱离人体后，其法律定位可能是"物"，试想，在这样的"物"上负载的物权与在土地、机器等一般的物上负载的物权有无不同之处。

解答提示：这样的"物"有可能回归人体，这样它将丧失土地、机器等一般的物仅仅具有的经济属性，而有了伦理的意义，它们分别负载的物权当然也就不同。

3. 请你查询我国《物权法》以及《担保法》中有关权利质押权的规定，并与动产质押权的规定进行对比，看看两者的异同之处，从而深化对物权概念有限性的理解。

解答提示：权利质押权在性质上属于权利物权，这和以有体物为客体的动产质押权是不同的，是典型的物权概念有限性的体现。

4. 试论物权的特征。

解答提示：从物权的支配权属性出发进行理解，注意其绝对性、排他性。

5. 简述物权效力的基本内容。

解答提示：主要为物权对物权的效力、物权对债权的效力和物权对占有的效力。

6. 请你查询我国《民法通则》、《担保法》、《物权法》等民事法律、法规的规定，看看我国现有的物权体系构成状况，并分析其中的有待完善之处。

解答提示：在画出我国现有物权体系图之后，请与本书所讲的物权应然结构进行对比，然后指出应予以完善的地方。

7. 请你查询我国《民法通则》、《合同法》等民事法律、法规对优先权的规定，总结它们的规律。

解答提示：在找出相关规定后，请对照本书对优先权的论述，应当能总结出相应的规律。

8. 请分析我国住房改革中出现的房屋物权问题。

解答提示：主要是关于公房租赁引发的物权问题，请认真参阅本书的有关论述。

9. 根据我国《宪法》和《物权法》的规定，请你谈谈物权按照所有制形态划分的看法。

解答提示：依据所有制形态，物权可以分为国家的物权、集体的物权和私人的物权，在这三类权利中，私人的物权处于劣势地位，这种划分人为地制造了权利的不平等，不值得提倡。

10. 请查询我国《民法通则》、《担保法》、《物权法》、《民事诉讼法》等法律的相关规定，看看不动产物权和动产物权的异同之处。

解答提示：重要的是要考虑它们的不同之处，对此请参照本书相关论述。当然，当你学完这本书之后，你会有更清晰的认识。

11. 评析法律物权与事实物权予以区分的理论意义和实践意义。

解答提示：法律物权和事实物权的区分，实际上表明了在法律框架内确定的物权是有限的，在该框架范围之外，还有应当给予物权对待的其他类型权利。

第 二 章

1. 请你根据本书中的论述，画出物权法基本范畴的框架图。

解答提示：物权法基本范畴主要包括三个部分，即确定物权类型与内容的静态范畴、调整物权变动的动态范畴和第三人保护范畴。

2. 请你对比上述四种第三人保护规则的异同。

解答提示：首先，从本质上看，罗马法的规则基本上是不保护第三人的；其次，保护第三人的其他三类规则在制度构造上存在很大的区别。

3. 请你按照本书中讲述的物权法体系，整理我国既有的物权法规范，并画出框架结构图。

解答提示：从广义物权法和狭义物权法的角度，将我国现有的物权法规范进行分类。

4. 根据我国物权法历史发展状况，请你总结其中的规律。

解答提示：从整体上看，我国物权法的历史发展是从借鉴市场经济国家的法律起步的，中间经历了借鉴社会主义国家法律的过程，现在基本上又回归到市场经济立法的轨道。

5. 计划经济体制下的物权法制度体系和市场经济体制下的物权法制度体系，有哪些重大的差别？

解答提示：相比市场经济的物权立法，计划经济体制下的物权法制度体系呈现极度萎缩的状态，物权这一科学概念在民法基本法中未得到体现，物权编在立法中缺失。

第 三 章

1. 根据你对物权法定原则的理解，整理我国现行民法规范中的物权，看有哪些类型的物权，其各自的内容如何？

解答提示：我国现行民法规范中的物权类型大致有：所有权、土地使用权、农村土地承包经营权、典权、抵押权、质押权、留置权、优先权。具体内容请参见本书的相关论述以及有关法律规范规定。

2. 为何物权法强调法定原则, 而合同法以合同自由为原则?

解答提示: 请从物权与债权的区别进行分析和考虑。

3. 试分析无效法律行为与违背物权法定原则之后果之间的关系。

解答提示: 违背物权法定原则可能的结果之一, 就是在设定物权的行为符合其他法律行为生效要件时, 许可它发生相应的法律效力, 此时, 就会发生无效法律行为的效力转化。

4. 请你谈谈物权绝对性的基本含义。

解答提示: 请认真阅读本书的相关论述, 从物权意思的绝对性、一物一物权以及物权保护的绝对性方面进行深入理解。

5. 针对我国现实中发生城市拆迁问题, 谈谈你对限制物权绝对性的理解。

解答提示: 对物权绝对性的限制, 主要要把握限制的正当性标准, 不能因为某种私益来限制物权, 而我国城市拆迁发生的众多纠纷, 就是因为对物权绝对性的不当限制所引起的。

6. 仔细阅读和理解本书对区分原则的阐述, 指出该原则的理论基础。

解答提示: 区分原则的理论基础就是负担行为和处分行为的区分。

7. 请你查找我国《民法通则》、《担保法》、《城市房地产管理法》、《城镇国有土地使用权出让和转让暂行条例》等法律、法规中有关物权变动的规则, 看它们是否符合区分原则。

解答提示: 请认真理解区分原则, 在此基础上评析这些法律法规中的物权变动规则。

8. 根据你对物权公示原则的理解, 试想, 如果公示没有上述三个基本法律效力, 那么公示对物权变动的作用是什么?

解答提示: 当公示对物权变动没有决定生效与否、权利推定和善意保护效力时, 公示可能仅仅记录了物权变动的流程, 它的作用类似录音机或者档案馆, 至于物权变动是否具有正当性, 则无从判断。

9. 试想, 为何债权没有公示的要求?

解答提示: 请从支配权与请求权的区分、物权与债权区分的角度进行分析。

10. 请回想本书作者在《民法总论》一书中阐述的负担行为与处分行为的区别, 看看物权特定原则在其中的意义。

解答提示: 负担行为和处分行为的重要区别之一, 就是作为处分行为的物权行为的标的物必须特定, 而这正是物权特定原则的基本要求。

第 四 章

1. 简要论述依法律行为发生的物权变动和非依法律行为发生的物权变动的区别。

解答提示：主要从物权变动的原因、主要适用的法律原则、物权变动的生效和公示形式的意义等角度进行区别。

2. 简要分析依据公共权力发生物权变动的理论和制度。

解答提示：依据公共权力发生物权变动是非依法律行为发生的物权变动的一种，须认识其在物权变动依据、生效时间等方面具有特殊性，并在此基础上对法定不动产物权变动制度进行理解。

3. 简要分析传统民法中的添附理论在我国实践中的使用价值。

解答提示：添附理论的主要意义在于确定新物与旧物之间所有权的归属，主要解决静态情况下，物权尤其是所有权的确定问题。

4. 简要分析自然事件导致的物权变动。

解答提示：请参阅本书的相关论述。

5. 如果你有买房的经历，根据本书的论述，请你谈谈你对房地产登记法律性质的看法，尤其是不动产登记为什么不能作为行政管理制度的看法。

解答提示：主要考虑房地产登记的公法意义和私法意义，即其属于行政行为，还是标志房地产物权变动的私法工具。

6. 实质主义登记和形式主义登记各有什么特征？哪一个更符合物权法的法理和基本原则？

解答提示：实质主义登记和形式主义登记在登记对不动产物权变动的效力、物权变动与债权合同的关系等问题的认识上存在实质性差异。实质主义登记的基本理论将物权和债权的法律效果从静态到动态作出了清晰的区分，应该说其更加符合法理。

7. 预告登记的法律意义是什么？怎样进行预告登记？

解答提示：预告登记旨在赋予关于不动产物权的请求权以物权效力。关于预告登记的生效与失效等制度内容请参阅本书的相关论述。

8. 异议登记的法律意义是什么？异议成立或者不成立的法律效果会怎样？

解答提示：异议登记的直接法律效力是中止现时不动产登记的权利正确性推定效力和公信力，以维护真实权利状态。异议成立则予以更正，不成立则产生损害赔偿之法律效果。

9. 为什么说不动产登记簿在不动产登记制度中具有核心意义？哪些内容应该纳入登记？

解答提示：不动产登记簿实质上是不动产物权的法律根据，它具体地实现着登记对不动产物权的三大效力。关于应该纳入登记的内容请参阅本书的相关论述。

10. 回想本书对物权效力的论述，认真理解顺位制度的法律意义。

解答提示：顺位制度是排列同一不动产上负担的数个物权效力顺序的制度，它标志的是物权对物权的效力。

11. 简述不动产登记的程序原则的含义和内容。

解答提示：不动产登记的程序的启动与进行都必须遵循一定的原则，具体如合法原则、申请原则、形式审查原则等。

12. 谈谈你对完善我国不动产登记制度的看法。

解答提示：认真阅读本书的论述，从不动产登记的性质、法律规范、程序、机构、登记官、登记簿、权利证书等角度进行考虑。

13. 我国法学界有学者认为，交付是一种事实行为，而不是法律行为；交付时当事人有没有意思表示、其意思表示的内容到底是什么都无关紧要。你认为这种理论符合交易的实际情形吗？把交付当做事实行为，在理论上和实务上会出现哪些问题？

解答提示：本题涉及物权行为理论，对这个问题如果你一时认识不到它的重要意义，那么也可以在学习关于物权行为理论之后再来思考这个问题。

14. 如果交付是一种法律行为，那么它的特性在哪里？它要满足哪些条件才可以生效？

解答提示：交付是依法律行为发生物权变动的公示方式，其生效必须符合法律行为生效的一般条件，同时必须是实际的转移占有和当事人物权变动的意思的统一。

15. 请注意机动车的登记的特殊意义。尤其是这种登记在物权公示之外，对于确定交通侵权方面的法律问题，应该给予足够的注意。

16. 请注意船舶以及航空器登记中的内国法制度，及其国际法色彩。也就是因为这样，船舶和航空器的登记，应该联系国际法知识加以学习和掌握。

第 五 章

1. 物权行为的含义是什么，它对于物权法学建设的意义有哪些？

解答提示：物权行为是处分行为在物权法中的表现，它对物权变动和第三人保护规范影响非常大；就此意义而言，它属于物权法的基本理论。

2. 单方物权行为制度建设的意义有哪些？

解答提示：单方物权行为制度是以权利人自己的单方面的意思即可以形成处分标的物的法律效果的行为，该制度明确了权利人处分标的物的意思表示，是确定物的归属的核心判断要素。

3. 双方物权行为的制度建设要点是什么？

解答提示：双方物权行为的制度建设须明确独立的物权合意在双方当事人物权变动时的决定作用。

4. 试想民商法上，还有哪些制度可以适用物权行为理论？

解答提示：物权行为是法律行为的一种，与民法总论中的法律行为制度有关；除此之外，民法基本原则对它也有适用的余地。

5. 在物权法中，物权行为理论是最有争议的理论问题，你对这个争议问题的观点如何呢？

解答提示：物权行为理论的三大原则科学而合理地揭示了处分行为内在含义、外在表征和生效条件之间的逻辑关系，其核心价值在于解决物权与债权的法律界限、物权变动和物权变动中第三人保护等三大问题，对于中国的司法实践和市场经济发展具有重大意义。

6. 请查阅我国《担保法》等法律中的折中主义的体现，分析它们在法律适用上的弊端。

解答提示：我国《担保法》第41条和第64条的规定是折中主义的典型代表。在回答本题时，一定要回想物权与债权的区别、区分原则的内容，并结合本章的论述，只有这样，你才能准确地指出折中主义的不合理之处。

7. 请思考从罗马法中的"主观善意取得"到我国物权法依据物权公示原则来确定善意标准的理论和制度变化。

解答提示：物权行为理论中的抽象性原则在实践中的应用，实现了从罗马法中的"主观善意取得"到依据物权公示原则来确定善意标准的转变。客观善意标准即通过不动产登记及动产交付等物权公示方式，建立交易中符合物权特征的形式主义正义的标准。

第 六 章

1. 对比物权请求权与债权请求权的区别。

解答提示：物权请求权和债权请求权的主要区别在于，前者不能脱离物权而存续，后者则具有相当的独立性。

2. 善意和恶意在民法上占据重要地位，请你分析它们在物权请求权中的作用。

解答提示：请你认真阅读本书关于物权请求权的论述，就会发现善意和恶意在返还请求权中的重要作用。

第 七 章

1. 为何说所有权是一种完全物权、无限制物权？

解答提示：首先要考虑物权的体系，对比所有权与他物权的特点，就应当能看出所有权的完全物权和无限制物权的特性。

2. 试分析所有权在现代财产权体系中的地位与意义。

解答提示：所有权在现代财产权体系中占据了基础权利和核心权利的地位。

3. 所有权在人文发展史上的意义有哪些？

解答提示：所有权是一切政治权利的基础，是自由的保障，是其他一切财产权制度的基础。

4. 试分析近现代以来所有权制度的发展趋势。

解答提示：请特别注意"所有权社会义务"，这表明所有权制度经历了从绝对无限制到有所限制的历程。

5. 如何理解国家所有权的主体？

解答提示：关于公法法人的形成以及是否也应该有民法法人那样的治理结构的制度建设问题，是理解这一问题的关键。对此学员也可以参照公法理论的学习思考此中的法理。

6. 如何理解所有制与所有权之间的关系？

解答提示：这个问题在过去的民法、物权法著作中被当做物权法、所有权法的基本问题，但是本书却没有展开讨论这一问题。本书作者对此的基本看法是，在这个问题上传统民法学背离了民法科学的基点。如果你对这个问题有兴趣，请参阅孙宪忠著《论物权法》中《公有制的法律实现方式问题》这篇论文。该论文在我国第一次提出公有制实现方式改革的观念，为我国这一领域的改革发挥了作用。

7. 如何理解农村土地所有权的主体？

解答提示：这个问题具有很大的实际意义，请你在认真阅读本书相关内容的基础上，结合中国的现实情况予以深入思考。

8. 承认法人所有权具有怎样的意义？

解答提示：承认法人所有权，特别是承认企业法人所有权，将真正确立企业法人的主体地位，理顺投资人与法人之间的财产关系。

9. 你的邻居总是在深夜里弹琴、听音乐、看球，音量很大，吵得你无法入睡。你准备诉诸法律，你的法律上的理由是什么？

解答提示：法律理由就是相邻权制度，请你认真阅读本书相关的论述。

10. 经济学上有一个著名的假说，叫"公地的悲剧"，大意是说公有的草地上，大家都会尽量增加羊的数量，结果草地受到永久性的破坏；但如果明确草地的产权，这种情况就可以避免。我国土地属于国家所有和集体所有，这些是不是都是"公地"？土地资源在我国又是一种怎样的使用情况？

解答提示：我国的土地在本质上属于公有，由于国家所有权主体和农村集体土地所有权的主体不明晰，导致产权也不能得到明确界定，在此意义上，我国的土地可以算是"公地"。

11. 请分析建筑物区分所有权的具体内容。

解答提示：主要包括：全体住户的共有所有权、专有所有权、部分住户的部分共有权、全体住户对地基的权利。请认真阅读本书的相关论述。

12. 我国立法对准不动产登记采用的规则是这些动产的处分必须登记，为什么我国在登记的效果上，规定"不登记不得对抗第三人"而不规定"不登记则不生效"？

解答提示：请从交易安全和交易效率的角度进行分析，"不登记不得对抗第三人"是否更符合交易效率的要求。

13. 从各种动产的取得中，可以看出其背后隐藏的民法对一些基本价值的追求，试分析这些基本价值是什么，这些制度是如何去体现的。

解答提示：请重点考虑公平和效率，看这些制度是如何体现它们的。

14. 动产所有权因出让而消灭和因剥夺而消灭有什么不同？

解答提示：主要从消灭的动因和法律效果这两个角度进行考虑。

15. 共有和单独所有有什么不同？

解答提示：共有与单独所有权的本质区别就在于前者的主体是多人，后者的主体则为一人，它们的区别由此而产生。

16. 按份共有与共同共有存在哪些不同？

解答提示：请注意"按份"和"共同"的内涵，它们的区别就是这两种共有不同之根源。

第 八 章

1. 如何认识用益物权和所有权的关系？

解答提示：用益物权和所有权的关系是他物权与所有权关系的具体表现，请回顾物权体系知识，再认真阅读本书有关用益物权的论述。

2. 你认为在我国恢复许多被否定的用益物权制度有必要吗？

解答提示：法律制度的主要功能之一就在于解决实际问题，否则，就会产生"法律漏洞"，从现实情况来看，我国现行法律规范没有规定地上权、地役权等传统民法中的用益物权，实属"法律漏洞"，当然要予以填补。

3. 指出我国农村土地承包经营权建立以及发展中遇到的问题。

解答提示：请参阅孙宪忠《物权立法中的土地承包经营权问题》，该文可以从"中国法学网"（www.iolaw.com.cn）上查知。

4. 上文多次谈到我国征地制度改革问题。其实从农民方面来看，征地制度也有改革的必要。这就是征地补偿制度。《土地管理法实施条例》规定："土地补偿费归集体经济组织所有"，而不是直接归农民。《物权法》第132条规定："承包地被征收的，土地承包经营权人有权依照本法第四十二条第二款的规定获得相应补偿。"你对此有什么想法？

解答提示：该问题牵涉到中国的现实问题，对此，请认真予以调查，然后进行认真思考，特别要考虑利益平衡。

第 九 章

1. 与用益物权相比，担保物权具有哪些特性？

解答提示：要注意担保物权的功能、权能、客体、行使、实现等方面。

2. 担保物权在设立时应遵循哪些原则？

解答提示：请参阅本书的相关论述，本题不仅涉及担保物权的特性，还涉及物权效力、物权公示等内容，请认真予以把握。

3. 有人戏称"抵押为担保之王"，试分析抵押权之优越性。

解答提示：抵押权最突出的特点在于，抵押人无需移转标的物的占有，自己仍然能以所有权人的身份行使所有权，这样，在抵押权人的利益得到保障的同时，还能最大化地发挥抵押物的效用。

4. 我国在抵押权的设定上采取哪种物权变动模式？

解答提示：请查阅我国物权法的相关规定，看我国相应的规则的特殊性。

5. 抵押权设定之后，抵押物之所有人对抵押物享有哪些权利？

解答提示：所有人仍然对抵押物享有所有权，只不过，为了保护抵押权人的利益，抵押物所有人的这种所有权要受到一定的限制，请参阅本书的相关论述。

6. 总结抵押与质押之异同。

解答提示：它们的不同之处主要在于标的物、设立、权利内容的不同，相同之处在于它们的担保功能是一致的。

7. 试述质权善意取得的构成要件与法律效果。

解答提示：请回顾本书前面提及的善意取得制度，然后再认真阅读本章的相关论述。

8. 责任转质与承诺转质有什么不同？

解答提示：请参阅本书的相关论述。

9. 试分析留置权产生的条件。

解答提示：请参阅本书的相关论述。

10. 留置权人负有哪些义务？

解答提示：请参阅本书的相关论述。

11. 所有权保留与让与担保之间有什么不同？

解答提示：请注意分析它们各自针对的情形和各自的制度构造。

12. 让与担保中，当事人之间具有怎样的权利义务关系？

解答提示：请参阅本书的相关论述。

第 十 章

1. 占有的基本功能是什么？

解答提示：请参阅本书的相关论述。

2. 如何确定占有？

解答提示：请参阅本书的相关论述。

术 语 索 引

后记 关于"通说"的思考

　　本书是给法律硕士编写的教材，第一版的初稿在常鹏翱博士（现供职北京大学法学院，副教授）、朱广新博士（现供职《中国法学》编辑部，副编审）、林新生博士（现供职中国国家电网公司）的帮助下完成。再版修订时，又得到常鹏翱博士和博士后研究人员申海恩博士的协助。这些杰出的年轻人帮助我完成了许多文字工作，包括将我过去的研究心得纳入本书、按照我的思路和设想完成写作等，个别部分也有他们创造性的劳动。这些年来，我所发表的著述，一字一句总是自力完成，唯独此书的撰写借助了学生的辛苦。在此我只能抱着惭愧的感觉，对他们的辛劳在后记里表示感谢。当然要说明的是，在本书第二版修订中，本书作者已经完成了自我知识体系的贯彻工作。

　　对于编写和修订此书，我还有一个特别说明，即本书编制是否必须采纳"通说"的思考。一般的教材编著，均要求作者以"通说"为准，本教材系列也是这样要求的，正如本书"总序"所指出的那样。在物权法学这个范围内，以我从事该学科研究和教学多年的心得，这一采纳"通说"的要求实在是难以遵守。物权法学这门课程，正如中国物权法的立法一样，要更新的内容实在是太多太多了。一些"通说"坚持的观点，包括指导立法的思想、决定法律结构的技术规则等，实在是缺陷多多。如果要以"通说"为准，那么本书的写作和出版就没有什么意义。

　　在编写此书之前，我们也作了一些调查研究。恕我直言，目前各地都在举办法律硕士教育，其中一些教材甚至是著名大学选定的教材，其内容虽然"中规中矩"，但还是没有脱离前苏联民法学的窠臼。改革开放已经多年了，但中国法学界从来没有清理过这种依据政治高压建立的法学。目前很多关于物权法的学问，虽然是"通说"，但是很多部分既不符合法理，也不符合国情。以我之意，在物权法学这门课程上，还是要坚持改革开放，坚持学科科学性，肃清前苏联法学的非民权思想，培养学生真正的专业技能，这才是中国的物权法学教科书的出发点。本书就是这样做的，因此我的这本书和"通说"教科书的内容是不一样的。

一般而言，"通说"，应该是学术争论之后沉淀下来的比较稳定的学说。这种沉淀和稳定，既可能是经过科学证明而无疑的知识，也可能是学术争论被强制停止的结果。因此，"通说"并不一定是科学之说。天文学上的"地心说"长期作为通说就是一个例子，前苏联法学也是这样。这样的非科学和政治强权结合起来就会出现灾难。比如罗马教廷依据地心说将布鲁诺烧死的情形。在物权法学这个范围内，很多的"通说"，害人不浅，比如我国改革开放之前经常搞的"抄家"式革命，那个时候也是大张旗鼓，自以为真理在手、正义在胸，而且坚持了数十年。现在当然我们都知道其狂悖无比。原因是前苏联的法学理论，是依据计划经济体制的要求建立起来的，而且它具有强烈的否定民权的思想。

中国的改革开放本身就是创新和改进，因此不坚持"通说"有坚实的道德基础。本人从事中国物权法学的研究，一直持有这一信念。在我开始从事物权法学研究的时候，这一领域里的"通说"就是前苏联法学，如果到现在还坚持这样的学说，那是违背学术良知的。

在中国物权法制定的过程中，作为比较多地参与这一工作并且提出最初的立法构想的学者，本人一度颇受非议。那些批评我的观点，也是指出我的观点和"通说"差异太大。这样的批评大体上有两种。一是在所有权等权利制度设计上，我提出废止"三分法"，给予各种财产权利"一体承认、平等保护"的观点，以及改造所有权制度的观点，被批评为不符合社会主义的经典理论。二是在物权变动的制度设计上，我主张的依据"区分原则"建立债权变动与物权变动相区分的规则，被认为不符合一般民众"两毛钱一根黄瓜"这样的交易习惯。这两点批评都曾经引起很大的争议。我非常欣喜地发现，随着我国经济体制改革的深入，我的所想所论，不但逐渐被大多数学者所理解，而且已经有许多被改革实践以至于被立法所吸收。由此看来，勇敢地坚持法律科学，而不是抱残守缺地坚持那些"通说"，应该说更符合国家和人民的需要。

在一个需要思想、需要创新的时代里，法学家应该首先考虑的是自己作为一个科学家的本分和良知，而不是政治上的功利。现在看来，强调这一点实属必要。本人衷心地希望以此与各位同仁、与各位青年学者共勉吧。

作　者

2010 年 4 月于北京小马厂

图书在版编目（CIP）数据

物权法/孙宪忠编著. —2 版. —北京：社会科学文献出版社，
2011.1
（法律硕士专业学位研究生通用教材）
ISBN 978 – 7 – 5097 – 1905 – 3

Ⅰ.①物…　Ⅱ.①孙…　Ⅲ.①物权法 – 中国 – 研究生 – 教材
Ⅳ.①D923.2

中国版本图书馆 CIP 数据核字（2010）第 213099 号

法律硕士专业学位研究生通用教材
物权法（第二版）

编 著 者 / 孙宪忠

出 版 人 / 谢寿光
总 编 辑 / 邹东涛
出 版 者 / 社会科学文献出版社
地　　址 / 北京市西城区北三环中路甲 29 号院 3 号楼华龙大厦
邮政编码 / 100029
网　　址 / http：//www. ssap. com. cn
网站支持 / （010）59367077
责任部门 / 社会科学图书事业部（010）59367156
电子信箱 / shekebu@ ssap. cn
项目经理 / 刘骁军
责任编辑 / 关晶焱
责任校对 / 仪莉霞
责任印制 / 郭 妍 岳 阳 吴 波

总 经 销 / 社会科学文献出版社发行部
　　　　　（010）59367081　59367089
经　　销 / 各地书店
读者服务 / 读者服务中心（010）59367028
排　　版 / 北京中文天地文化艺术有限公司
印　　刷 / 北京季蜂印刷有限公司

开　　本 / 787mm×1092mm　1/16
印　　张 / 25　字数 / 425 千字
版　　次 / 2011 年 1 月第 2 版
印　　次 / 2011 年 1 月第 2 次印刷

书　　号 / ISBN 978 – 7 – 5097 – 1905 – 3
定　　价 / 49.00 元

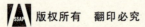